Revital Ludewig-Kedmi
Opfer und Täter zugleich?

»Einem Menschen begegnen heißt,
von einem Rätsel wachgehalten werden.«
Levinas 1983, 120

»REIHE PSYCHE UND GESELLSCHAFT«
HERAUSGEGEBEN VON JOHANN AUGUST SCHÜLEIN
UND HANS-JÜRGEN WIRTH

Revital Ludewig-Kedmi

Opfer und Täter zugleich?

Moraldilemmata jüdischer Funktionshäftlinge
in der Shoah

Psychosozial-Verlag

Wir danken Yad Vashem für die freundliche Genehmigung
zur Veröffentlichung des Gemäldes von Zofia Rosensztrauch.

Die Deutsche Bibliothek - CIP-Einheitsaufnahme

Opfer und Täter zugleich? : Moraldilemmata jüdischer Funktionshäftlinge
in der Shoah / Revital Ludewig-Kedmi. - Gießen : Psychosozial-Verl., 2001
(Reihe Psyche und Gesellschaft)
Zugl.: Berlin, Techn. Univ., Diss., 2000 u.d.T.: Ludewig-Kedmi, Revital:
Moraldilemmata jüdischer Funktionshäftlinge
ISBN 978-3-89806-104-9

© 2001 Psychosozial-Verlag
E-Mail: info@psychosozial-verlag.de
www.psychosozial-verlag.de
Alle Rechte, insbesondere das des auszugsweisen Abdrucks
und das der photomechanischen Wiedergabe, vorbehalten.
Gedruckt mit Unterstützung der Hans Böckler Stiftung, Düsseldorf.
Umschlagabbildung: Zofia Rosensztrauch, Field Justice (Auschwitz 1945)
Permanent loan of the Israel State Archives.
Courtesy of the Yad Vashem Art Museum.
Umschlaggestaltung: Christof Röhl nach Entwürfen
des Ateliers Warminski, Büdingen
Lektorat/Satz: Katharina Hohmann
ISBN 978-3-89806-104-9

Inhalt

Vorwort	9
Die Funktionstätigkeit aus historischer Sicht	15
Tätigkeit der Judenräte	16
Die Erstellung der Deportationslisten als Moraldilemma	19
Die Kapos	24
Moraldilemmata von Kapos	27
Wie ›schuldig‹ sind jüdische Funktionshäftlinge?	31
»Das dunkelste Kapitel in der ganzen dunklen Geschichte«: Die historische Perspektive	31
Gerichtsprozesse: Die juristische Perspektive	33
»Jeder von ihnen hat gemordet«: Gesellschaftlicher Ruf der Funktionshäftlinge	38
Tod der moralischen Person? Im Spannungsfeld zwischen Philosophie und Geschichte	47
Moraldilemmata aus psychologischer Sicht	59
Moral und Psyche	59
Moraldilemmata in psychologischen Ansätzen	61
Bewältigungsstrategien	72
Zur Psychologie der ersten und zweiten Generation	77
Jüdische Funktionshäftlinge in der psychologischen Literatur	77
Die erste Generation: Zwischen Überleben und Überlebensschuld	80
Die zweite Generation: Trauer und Moral	88
Theoretisches Konzept und Fragestellung der Untersuchung	95
Die Entstehung von Moraldilemmata: Die eigene subjektive Moralphilosophie und die NS-Realität	96
Handlungsebene	99
Bewältigungsstrategien: ›Wieder-eins-mit-sich-werden‹	100

Biographieforschung   105
Wie ›objektiv‹ sind Erzählungen?   105
Das autobiographisch-narrative Interview   107
Interviewpartner und Interviewdurchführung   109

Familie Halevi-Oz: Heldentum   117
»Ein Mensch bleiben« Rebekka Halevi-Oz – Erste Generation   117
»Dann war sie dort unter den großen Anführern im Judenrat«
Nathan Halevi-Oz – Zweite Generation   164

Familie Sachaf: Scham   181
»Jahre hat es mich Tag und Nacht gequält«
Yalda Sachaf – Erste Generation   181
Delegation, Erinnern, Korrekturarbeit
Chanan Sachaf – Zweite Generation   211

Familie Fröhlich: Familiäre Loyalität   225
»Sie waren wirklich phantastisch zu mir«
Bagatellisierung des Grauens oder persönliche Entfaltung im KZ?
Lola Fröhlich – Erste Generation   225
Loyalität zu den Lebenden und den Toten
»Ich wollte nicht leben, nur meine Tochter hat mich immer mitgenommen«
Jaffa Jischei – Erste Generation   253
»Ich bin genau in der Mitte« Die gedrittelte Loyalität
Dalia Fröhlich-Neeman – Zweite Generation   261

Familie Chanoch: Solidarität   271
»Wenn ich hier rauskomme, werde ich Sozialarbeiter«
Ran Chanoch – Erste Generation   271
»Ekelhafte Arbeit« Das Verschwinden des Kapo-Begriffs
Liat Chanoch – Zweite Generation   293

**Bewältigungsstrategien jüdischer Funktionshäftlinge
und ihrer Kinder**   305
Umgang mit Moraldilemmata   305
Aktive Helden, passive Opfer: Das Selbstbild als Funktionshäftling   311
Familiäre Bewältigungsstrategien im Umgang mit Moraldilemmata   321

Zwischen lieben und urteilen –
Psychosoziale Bewältigungsstrategien in der zweiten Generation   324
Die Komplexität des Bewältigungsprozesses   333
Ausblick: Implikationen für die Therapie   334

Epilog: Jüdische Kapos zwischen Mythos und Wirklichkeit   341

Anmerkungen   343

Literaturverzeichnis   355

Vorwort

Um ihre Verfolgungs- und Vernichtungsmaschinerie zu optimieren und aufrechtzuerhalten, bildeten die Nazis in den Konzentrationslagern und in den Ghettos eine Zwischenschicht von Häftlingen. Es waren jüdische und nicht-jüdische Funktionshäftlinge, die von der SS Aufgaben erhielten: Sie sollten andere Häftlinge kontrollieren und bewachen und führten auch Verwaltungsaufgaben für die Nazis durch.[1] Umgangssprachlich wurden sie in den KZs auch Kapos genannt. Jüdische Funktionshäftlinge, wie z. B. die Judenratsmitglieder in den Ghettos oder die Kapos in den Konzentrationslagern, wurden so von den Nazis gezwungen, Gehilfen bei der Planung und Durchführung des Völkermordes zu werden. Die Judenräte mußten u. a. die Namenslisten der Juden erstellen, die vom Ghetto in die Vernichtungslager deportiert werden sollten, und die Kapos erhielten Bewachungsaufgaben im KZ und konnten z. B. die ihnen untergeordneten Häftlinge schlagen oder sogar töten.[2] Nach 1945 standen einige Kapos vor Gericht und es sind auch Fälle bekannt, in denen Funktionshäftlinge durch ihre ehemaligen Mithäftlinge getötet wurden.[3]

»Sie waren doch schlimmer als die Nazis. Wie kannst du über dieses Thema schreiben?«, war eine Reaktion, die ich in Israel oft zu hören bekam, wenn ich erzählte, daß ich im Rahmen meiner psychologischen Forschungsarbeit Interviews mit jüdischen Funktionshäftlingen und ihren Kindern durchgeführt habe. »Das ist mutig, daß du es kannst, oder vielleicht bist du ein böser Mensch«, sagte eine jüdische Psychoanalytikerin, die Tochter eines Holocaust-Überlebenden, zu mir.

In Israel und in den jüdischen Gemeinden sind die Funktionshäftlinge selten ein Thema. Vielmehr stellen sie nach meiner Erfahrung ein Tabu dar. Das Sprechen über sie geschieht in leisen Tönen, denn durch ihre Tätigkeit als Judenräte, Kapos oder jüdische Polizisten wurden die Funktionshäftlinge zu einem Teil des Vernichtungssystems und eine Thematisierung ihres Tuns ist die Thematisierung einer Schattenseite der Opfer – die Frage der Mitschuld. Es ist schmerzhaft, wenn das eigene Volk vom Feind vernichtet wird, aber noch schmerzhafter, wenn Personen aus dem eigenen Volk daran beteiligt sind. Wie weitgehend die Beschäftigung mit den jüdischen Kapos tabuisiert ist, wurde mir in der Bibliothek von Yad-Vashem, der nationalen Gedenkstätte in Israel, deutlich. In dieser Bibliothek läßt sich fast die gesamte Literatur über die Shoah[4] finden. Doch die Kategorien Kapo oder Funktionshäftling waren in den Jahren 1996 bis 1998 (in der ich die Bibliothek wiederholt aufsuchte) im Katalog nicht vorhanden. Eine der engagierten Bibliothekarinnen zeigte sich erstaunt, daß man zu diesem »so interessanten Thema« noch keine Kategorie entwickelt habe. Unter der Kategorie »Kollaborateure« fand ich lediglich einen Artikel, der sich mit Kapos beschäftigt: Einen Bericht über einen Gerichtsprozeß gegen einen jüdischen Kapo in Amerika. Das neugierige Erstaunen der Bibliothekarin und die nicht vorhandene Kategorie symbolisieren typische Erfahrungen, die ich während meiner Forschungsarbeit gemacht habe: Man wollte zugleich hören und doch nicht hören, auf welche Art und Weise Juden an der Nazimaschinerie beteiligt waren. Man wollte wissen, wie es diesen Menschen erging und wie es ihnen heute geht, aber fürchtete sich, ihre Geschichte anzuhören.

Doch die Situationen, vor denen die Kapos und die Judenratsmitglieder standen, waren keine einfachen Situationen, in denen sie zwischen gut und böse wählen konnten, sondern stellten extreme Moraldilemmata dar, wie ich durch die Gespräche mit ehemaligen Kapos und Judenratsmitglieder feststellen konnte. *Eine Person steht vor einem Moraldilemma, wenn sie zwei Werte verfolgen möchte, die aber auf der Handlungsebene nicht gleichzeitig durchführbar sind, da sie sich gegenseitig ausschließen.* Judenratsmitglieder waren oft vor Beginn der Verfolgungszeit Persönlichkeiten des öffentlichen Lebens, die den jüdischen Gemeinden viele Jahre gedient hatten. Während der Nazizeit strebten sie danach, sowohl ihre Gemeinde als auch ihre Familie zu schützen. Als Mitglieder des Judenrats konnten sie z. B. ihre eigenen Familien vor den Deportationen in den Osten schützen, mußten dafür jedoch für die Nazis Deportationslisten mit Namen von anderen Juden erstellen. Wie sollten sie in dieser Situation, in diesen Moraldilemmata handeln?

Die zentrale Frage dieses Buches ist, wie ehemalige Funktionshäftlinge mit den damaligen Moraldilemmata heute psychisch leben. Wie haben sie damals gehandelt und wie leben sie jetzt mit ihrer damaligen Entscheidung? Anhand von Interviews mit Funktionshäftlingen und ihren Kindern möchte ich das innere Überleben, die innere Bearbeitung der Moraldilemmata und ihren Einfluß auf die Kinder untersuchen.

Zum Thema »Funktionshäftlinge und ihre Moraldilemmata« bin ich durch Interviews mit zwei Holocaust-Überlebenden gekommen, die Funktionshäftlinge waren. Ich habe zur damaligen Zeit Bewältigungsstrategien (Coping) von Holocaust-Überlebenden untersucht und interviewte Menschen, die das Leben im Ghetto, KZ oder Versteck überlebt hatten. Es war ein Zufall, daß diese von mir interviewten Personen Funktionshäftlinge waren. Die erste Adresse bekam ich vom Sohn einer Überlebenden, als ich erzählte, daß ich Menschen suche, die die Shoah überlebt hatten. Der Sohn wußte nicht, daß seine Mutter zwei Jahre lang im Judenrat tätig gewesen war, und erzählte lediglich, daß sie sich zwei Jahre lang in einem Erdloch versteckt hatte. Nach den ersten beiden Interviews mit Funktionshäftlingen wurde mir die komplexe und komplizierte Rolle der Funktionshäftlinge sowie die Bedeutung von Moralfragen für die Bewältigung deutlich und ich beschloß, sie zum zentralen Thema meiner Dissertation zu machen.[5] Kurz nach dem zweiten Interview begann ich, gezielt nach ehemaligen Funktionshäftlingen und ihren Familien zu suchen. Die Zahl der Funktionshäftlinge war nicht so gering, wie man vermuten würde. »Viele der wenigen überlebenden ehemaligen KZ-Häftlinge waren Funktionshäftlinge« schreibt Wollenberg (1997, S. 80) und nach Pingel stellten die Funktionshäftlinge ca. 10% der KZ-Häftlinge (1978, S. 180).

Die Erforschung der Bewältigungsstrategien von jüdischen Funktionshäftlingen und ihren Kindern stellte für mich eine persönlich Herausforderung dar, da ihre Verfolgungsgeschichte als Zwischenschicht zwischen den Tätern und Opfern oft äußerst komplex und tragisch ist. Als Psychologin arbeite ich mit Holocaust-Überlebenden und ihren Kindern und führe Seminare durch, an denen Kinder von Holocaust-Überlebenden sowie Kinder von NS-Tätern und Mitläufern teilnehmen.[6] In dieser Arbeit steht oft die Identifikation mit dem Leid der Eltern als Holocaust-Überlebende und die Ablehnung der Eltern als NS-Täter im Vordergrund. Die Analyse der Biographien von jüdischen Funktionshäftlingen und ihren Kindern forderte von mir ein besonderes Verständnis für komplexe psychische Situationen. Dabei hatte auch ich das Bild der ›bösen Kapos‹ im Kopf, bis ich die ersten Funktionshäftlinge traf und ihre schwierige Zwischenposition als Opfer und Täter verstehen lernte. Durch den schlechten gesellschaftlichen Ruf der Funktionshäftlinge, insbesondere in Israel, wo ich aufgewachsen bin, stehen sie zusätzlich vor schweren individuellen und gesellschaftlichen Konflikten.

Im allgemeinen betrachte ich die jüdischen Funktionshäftlinge als eine Untergruppe der Holocaust-Überlebenden, die durch ihre Funktionstätigkeit zusätzliche spezifische Erfahrungen gemacht haben. Zur Zeit der Verfolgung gehörten sie vor Beginn ihrer Funktionstätigkeit und nach deren Beendigung in jeder Hinsicht zu der Gruppe der Holocaust-Opfer. Mit den anderen Holocaust-Überlebenden teilen sie die psychische Last durch die Erfahrungen des Völkermordes. Zu Beginn der Verfolgung waren die interviewten Funktionshäftlinge einfache Häftlinge, die aus ihren Häusern vertrieben und in Ghettos interniert wurden. Im Laufe der Verfolgungszeit haben alle befragten Funktionshäftlinge Familienangehörige verloren und mußten während und nach der Verfolgung eine schmerzhafte Trauerarbeit leisten. Wie andere Holocaust-Überlebende leiden sie aufgrund des Traumas, aufgrund der Verluste, Erniedrigung und Beraubung der physischen Freiheit unter psychischen Beschwerden, wie z. B. Alpträumen. Dennoch unterscheide ich aus Gründen der besseren Verständlichkeit in der Arbeit terminologisch zwischen jüdischen Funktionshäftlingen und Holocaust-Überlebenden, d. h. Holocaust-Opfern, die im KZ, Ghetto oder Versteck überlebt haben und keine Funktionstätigkeit ausübten.

Das Buch gliedert sich in drei Teile: Im ersten Teil versuche ich, historische Aspekte mit philosophischen Überlegungen und psychologischen Theorien zu einem theoretischen Konzept über die Entstehung und Verarbeitung von Moraldilemmata zu integrieren. Der zweite Teil enthält das Kernstück des Buches, die biographischen Analysen von vier Familien. Hier untersuche ich die Biographien von vier Funktionshäftlingen und ihren Kindern. Im letzten Teil werden die Ergebnisse der Untersuchung – die herausgefundenen Bewältigungsstrategien im Umgang mit den Moraldilemmata und der Funktionstätigkeit – vorgestellt und diskutiert.

Das Verfassen dieser Arbeit war für mich mit vielen bereichernden und bedeutsamen menschlichen Begegnungen verbunden, mit den Zeitzeugen, mit Freunden, Kolleginnen und mit meiner Familie. Zuallererst bin ich den interviewten Holocaust-Überlebenden und ihren Kindern, die mir die Tür zu ihren schmerzhaften Erfahrungen geöffnet haben, zu tiefem Dank verpflichtet. Ich hoffe, daß ich mit ihren tragischen Erlebnissen und Narben aufgrund der Moraldilemmata behutsam umgehen konnte. Besonderer Dank gilt Frau Prof. Dr. Eva Jaeggi und Prof. Dr. Micha Brumlik, die mich ermutigt haben, über das Thema zu schreiben und mich als Doktormutter bzw. Doktorvater durch fruchtbare und anregende psychologische und philosophische Gespräche unterstützten. Für Besprechungen und kritische Diskussionen, von denen einzelne Teile des Buches profitiert haben, möchte ich mich bei der Historikerin Bettina Durrer, den Psychologen Prof. Roland Scholz und Prof. Harald Mieg, Rabbiner Tovja Ben Chorin, dem Therapeuten Tom Levold, dem Psychiater Prof. Heinz Stefan Herzka und dem Soziologen Prof. Bruno Hildenbrand bedanken.

Den vielen FreundInnen und KollegInnen, die mich über drei Städte – Berlin, Jerusalem und Zürich – bei der Entstehung des Buches begleitet haben, mit mir einzelne Themen diskutierten oder bei der Korrektur des Manuskripts halfen, möchte ich ganz herzlich danken: Adriane Feustel, Dr. Petra Fuchs, Helga Gläser, Kathrin Joerger, Dr. Gabriele Knapp, Dr. Silvia Lange, Anette Manhardt, Ulrike Schätte, Ejal Sela, Hans Schindler, Miriam Spiegel, Silvie Tyrangiel und Christian Wetzel. Sehr dankbar bin ich für die finanzielle Unterstützung durch die Heinrich-Böll-Stiftung in den Jahren 1997-1999.

Meinem Mann Burkhard möchte ich die vorliegende Arbeit widmen. Nur er weiß, inwieweit das Schreiben dieses Buches für mich nicht nur eine wissenschaftliche oder psychologische Auseinandersetzung mit dem Thema der Funktionshäftlinge war, sondern auch viele existenzielle Fragen aufwarf, die mit meiner Identität als Israelin verbunden sind. Diesen Reifungsprozeß konnte ich mit ihm als Freund und Lebenspartner teilen und innerlich weiter wachsen. Für seine Unterstützung, Geduld, Korrekturen, sein Interesse und seine Liebe danke ich ihm zutiefst.

Die Funktionstätigkeit aus historischer Sicht

»Wir sind die unglücklichsten Opfer unseres Volkes: wir sind zu der Kampflinie gegen unsere Schwestern und Brüder eingezogen worden«, schreibt der Funktionshäftling Salman Gradowski[1], Mitglied des jüdischen Sonderkommandos[2] in Auschwitz-Birkenau. Jüdischer Funktionshäftling im Ghetto oder im Konzentrationslager zu sein bedeutete einerseits eine Verbesserung der Überlebenschancen. Andererseits wurden Funktionshäftlinge durch ihre Arbeit für die SS gezwungenermaßen zu einem Teil der Nazimaschinerie, zu einem aktiven Part im Räderwerk der NS-Verbrechen. Alle Häftlinge in den Ghettos und Konzentrationslagern mußten Zwangsarbeit für die Nazis leisten, aber die erzwungene, enge Kollaboration der Funktionshäftlinge stellte eine weitere Stufe dar: Die Funktionshäftlinge waren der SS direkt unterstellt und sollten unter ihren jüdischen Mithäftlingen »Ordnung« schaffen und bewahren, damit die SS ihre Pläne zur Vernichtung der Juden durchführen konnte. Die Funktionshäftlinge wurden von ihren Mithäftlingen oft als direkte Verfolger erlebt. Gleichzeitig planten die Nazis aber, die Funktionshäftlinge genau wie alle anderen Juden zu vernichten, wie Adolf Eichmann 1942 an die Gestapo schrieb[3] und wie es auch durchgeführt wurde. Die Nazis instrumentalisierten die Juden in ihrem Vernichtungssystem und die Funktionshäftlinge waren diejenigen Opfer, die sie zu ihren Mittätern machten (Sofsky 1993). Sie standen damit zwischen den Opfern und den Tätern, sie waren Opfer und Täter zugleich.

In seinem Tagebuch beschreibt Rudolf Höss, der Lagerkommandant von Auschwitz, die Natur des Menschen aus nationalsozialistischer Sicht bzw. die psychologische Erklärung, die hinter der Instrumentalisierung von Funktionshäftlingen im NS-System stand:

> »Selbst Naturen, die im gewöhnlichen Leben draußen stets hilfsbereit und gutmütig waren, können in der Haft ihre Mitgefangenen mitleidslos tyrannisieren, wenn sie sich dadurch ihr Leben ein klein wenig erträglicher gestalten können. Aber um wieviel herzloser schreiten Naturen, die an und für sich egoistisch, kalt , ja verbrecherisch veranlagt sind, unbarmherzig über die Not ihrer Mithäftlinge hinweg, wenn ihnen der winzigste Vorteil winkt«. (1963, S. 100)

Die Nazis gestalteten den Zwangskontext in den Ghettos und in den Konzentrationslagern so, daß die jüdischen Funktionshäftlinge ihr Leben und teilweise auch das Leben ihrer Familien (vorläufig) schützen konnten, wenn sie gegen ihre Mithäftlinge tätig wurden. Hier begann das Moraldilemma der Funktionshäftlinge: Um sich und ihrer Familie zu helfen, mußten sie ihrer Gemeinde schaden. In diesem NS-Zwangskontext war eine gleichzeitige Hilfe für die eigene Familie und die Gemeinde nicht möglich. Dies ist der Kern des Moraldilemmas: Wir müssen zwischen zwei Moralprinzipien wählen, weil beide gleichzeitig nicht zu erfüllen sind, bzw. die Erfüllung des ersten moralischen Prinzips die Erfüllung des zweiten ausschließt (Sartre 1989). Der von den Nazis konstruierte Zwangskontext stellte die jüdischen Funktionshäftlinge vor unzählige Moraldilemmata, innerhalb derer denen sie zwischen der Hilfe für sich selbst, für ihre Familie, ihre Freunde und ihre Gemeinde wählen mußten.

»Der Vernichtungsdruck machte den Funktionshäftling zum Komplizen des Systems. Für ihn war der Terror ein Mittel der Selbsterhaltung. So wurde er in ein unauflösbares Strukturdilemma verstrickt. Um nicht ins Elend zurückgestoßen oder von den Mitgefangenen gelyncht zu werden, mußte er sich dem Machtzentrum andienen«. (Sofsky 1993, S. 31)

Es gab verschiedene Arten von Funktionstätigkeiten.[4] In der ersten Phase der Verfolgung bestand die erzwungene Kollaboration z. B. in der Arbeit im Judenrat oder als Ghettopolizist im Ghetto. In der zweiten Phase, der Phase der Arbeits- und Vernichtungslager, waren Funktionshäftlinge z. B. als Kapos oder Mitglieder der Sonderkommandos tätig.

Im folgenden werden zwei Arten von Funktionstätigkeiten näher beschrieben: die Judenräte und die Kapos.

Tätigkeit der Judenräte

Am 21. September 1939 sollte nach dem Befehl von Reinhard Heydrich jede jüdische Gemeinde einen Judenrat gründen.[5] Damit begann die Arbeit der Judenräte bereits zwanzig Tage nach der Besetzung Polens durch die Deutschen und die Judenratsmitglieder stellten die ersten jüdischen Funktionshäftlinge dar. Heydrichs Befehl legte die Bestimmungen für die erzwungene Kooperation zwischen den Judenräten und den Nazis fest und verdeutlicht, in welchem Ausmaß die Judenräte von den Nazis schon in dieser Anfangsphase instrumentalisiert wurden. Nach diesem Befehl trugen die Judenräte die volle Verantwortung für die genaue Umsetzung aller deutschen Befehle (2, §1). So oblag ihnen die persönliche Verantwortung dafür, daß die Juden ihre Dörfer und Städte verlassen und schließlich in den einzelnen Ghettos untergebracht werden (2, §4, 5). Die Judenräte hafteten im Grunde für die Ausführung der antijüdischen Maßnamen, denn sonst wären sie selbst bestraft worden.

Eine der ersten Aufgaben der Judenräte in den Ghettos selbst bestand darin, die Namen aller Juden in Listen einzutragen und zwar geordnet nach Geschlecht, Alter und Beruf (2, §3). Diese Listen mußten den Deutschen übergeben und sollten von den Judenräten immer wieder aktualisiert werden. Es waren die Listen, die den Nazis in der ersten Verfolgungsphase (1939-1941) für den Arbeitseinsatz der Juden dienten und ab 1941 auch für die Deportationszüge, die die Juden in die Vernichtungslager brachten.

Die Judenräte (auch Ältestenräte genannt) wurden sowohl in den jüdischen Gemeinden Westeuropas als auch in den osteuropäischen Ghettos gegründet und hatten insgesamt Tausende von Mitgliedern. Mitglieder der Judenräte hatten nach Vorschrift der Deutschen einflußreiche, prominente Persönlichkeiten der jüdischen Gemeinden zu sein. Oft waren es Geschäftsleute, Akademiker, Rabbiner oder Beamte der Gemeinde aus der Vorkriegszeit. Damit wollten die Deutschen sicherstellen, daß die jüdische Bevölkerung ihre Anweisungen befolgen würde. Deutschkenntnisse, die für die Kommunikation mit den neuen Machthabern erforderlich waren, wurden meist wie selbstverständlich erwartet. Andere spezielle Vorschriften für die Auswahl der Mitglieder existierten nicht. Oft wurden die Judenratsleiter direkt von den Nazis bestimmt, jedoch nicht die einzelnen Judenratsmitglieder. In den kleinen Ghettos, die weniger als 10.000 Einwohner hatten, hatte der Judenrat in der Regel 10 bis 12 Mitglieder. In den größeren Ghettos besaß der Judenrat bis zu 24 Mitglieder (Arendt 1964, Gutman 1995, Hilberg 1992b, Trunk 1979).

Die Mitgliedschaft im Judenrat war mit kleinen Verbesserungen des Alltagslebens verbunden. Die Mitglieder erhielten oft mehr Nahrungsmittel, was in dieser extremen Situation lebensrettend sein konnte. Judenratsmitgliedern standen auch vergleichsweise bessere Wohnmöglichkeiten zur Verfügung. Diese Vorteile führten z. T. zum Neid bei anderen Gemeindemitgliedern in den Ghettos. Ab 1941 war der wichtigste Vorteil der Mitgliedschaft im Judenrat die Möglichkeit, sich (vorläufig) vor den Deportationen zu schützen. Judenratsmitglieder bekamen teilweise auch Schutzlisten, mit deren Hilfe sie den Eintrag ihrer Eltern und Freunde in die Deportationslisten temporär verhindern konnten. Die Zahl der Personen, die durch die Schutzlisten vor der Deportation bewahrt werden konnten, schwankte zwischen einer und dreißig Personen.

Die Arbeit im Judenrat war unter den Juden in den Ghettos umstritten. Trotz der offensichtlichen Vorteile gab es auch Fälle, in denen jüdische Persönlichkeiten eine Zusammenarbeit mit den Deutschen ablehnten (Trunk 1979, Gutman 1995). Die Diskussionen in den Ghettos darüber, ob man einen Judenrat gründen und ihm beitreten sollte, um jüdisches Leben zu retten oder ob jede Kooperation mit den Nazis absolut vermieden werden sollte, sind in den Tagebüchern aus dieser Zeit präsent (Schweid 1990). In einem Ghetto in der Nähe von Vilna mußte der Rabbiner der Gemeinde per Los entscheiden, wer Mitglied im Judenrat werden sollte, weil »keiner bereit war, diese ›Ehre‹ auf sich zu nehmen« (Trunk 1979, S. 34).[6] Doch Ablehnungen der Mitgliedschaft im Judenrat stellten eher eine Ausnahme dar.

Da innerhalb der Ghettomauern den Juden keine staatlichen Dienstleistungen wie Gesundheitssystem, Post oder Schulen gewährt wurden, erhielten die Judenräte diese wichtigen Versorgungsaufgaben. Die Judenräte waren auch für die Verteilung der Nahrungsmittel im Ghetto zuständig. So versuchten die Judenräte im positiven Sinne, Verantwortung für die jüdische Bevölkerung zu tragen. Um dieses Versorgungssystem zu ermöglichen und um ihre »Pflichten« gegenüber den Deutschen zu erfüllen, durften die Judenräte Personal einstellen sowie Steuern erheben. Bei der Erhebung der Steuer standen dem Judenrat die jüdische Polizei bzw. der Ordnungsdienst und zahlreiche Schreiber zur Seite.

An dieser Stelle kam es aber auch zu Konflikten zwischen den Judenräten und den Ghettojuden. Wie oben bereits erwähnt hatten die Ghettojuden wenig Kontakt zu den Deutschen, weshalb sie den Judenrat als ihren direkten Verfolger erlebten: dem Judenrat mußten sie die Steuern bezahlen, von ihm erhielten sie die Arbeitsbefehle der Deutschen und von ihm wurden die Transportlisten erstellt. Manche Judenräte hatten unter den jüdischen Ghettoinsassen den Ruf, korrupt und ungerecht zu sein. In einigen Ghettos kam es zum »Mißbrauch von Vertrauensstellungen zum persönlichen Vorteil« durch die Judenräte (Gutman 1995, S. 692). Judenratsmitglieder veruntreuten öffentliche Gelder und Nahrungsmittel und waren bereit, für Bestechungsgelder bestimmte Erleichterungen zu ermöglichen, wie z. B. leichtere Arbeit oder Streichung von den Deportationslisten. Der Historiker Trunk – der ein beachtenswertes und bedeutsames Werk über die Judenräte schrieb – betont jedoch, daß nicht alle Judenräte bestechlich oder korrupt waren (1979, 330) und Arad beschreibt den guten Ruf des Judenrats im Ghetto von Vilna (1980, S. 63). Der schlechte Ruf galt u. a. auch für die jüdische Polizei, die all diese Aufgaben ausführen sollte: Sie trieb die Steuern ein, wenn es

Probleme gab und bewachte die Juden auf den Sammelplätzen vor den Deportationen. Dies verunsicherte und vergiftete die Beziehung zwischen dem Judenrat und der Gemeinde (Brumlik 1997, S. 7). Über den Judenrat des Warschauer Ghettos schreibt Chaim Kaplan, ein Häftling im Ghetto, im April 1941 in seinem Tagebuch:

> »Der Judenrat ist eine Schande für die Leute in Warschau. Wenn man den Judenrat erwähnt, beginnt das Blut eines jeden zu kochen. [...] Und ich bin mir sicher, daß bei der ersten Gelegenheit, wenn es uns ein wenig besser mit den Nazis gehen wird, werden wir zur Grzybowskastraße 26 (Adresse des Judenrats) gehen und mit Wut keinen einzigen Stein auf seinem Platz lassen.«(S. 7)

Eine Jüdin, die aus dem Ghetto Theresienstadt in den Osten transportiert wurde, beschreibt die Bestechlichkeit zweier Judenratsmitglieder: »Wenn ich Levinzi oder Gonda eine Wurst und Brot gegeben hätte, wäre ich nicht in den Transport reingekommen« (Redlich 1983, S. 80).

Die Erstellung der Deportationslisten als Moraldilemma

Die Erstellung der Deportationslisten war das schwerste Moraldilemma, vor dem die Judenräte standen.[8] Egon Redlich, der im Ghetto Theresienstadt an der Erstellung der Listen beteiligt war, schreibt in seinem Tagebuch am 24.11.1943:

> »Wir wurden gezwungen, zu unterzeichnen, daß wir die Ermordung unserer Kinder billigen. [...] Angst und Schrecken machen aus Menschen böse Tiere. Und was sage ich: sogar böse Tiere töten ihre Kinder nicht. Was macht man aus uns? [...] Ich habe unterschrieben, daß ich bereit bin, meine Kinder zu töten und am nächsten Tag saß ich und verurteilte einen Jugendlichen, der mit dem Ausweis seines Freundes eine Straftat beging« (1983, S. 205).

Redlich beschreibt hier einerseits die mörderischen Verpflichtungen des Judenrats gegenüber den Nazis und andererseits die Alltagsverpflichtungen gegenüber der Gemeinde. Der Judenrat mußte über die Besetzung der Listen selbst entscheiden, bzw. die Namen der Deportierten nennen. Wenn die Nazis vom Judenrat z. B. eine Liste von 2000 Frauen im Alter zwischen 16 und 45 Jahren verlangten, mußte der Judenrat diese 2000 Frauen selber auswählen und ihre Namen festhalten. Über die große Qual, die mit der Auswahl der Namen verbunden war, berichtet Redlich schon eineinhalb Jahre zuvor, am 12.04.1942:

»In einigen Tagen werden zwei Transporte in den Osten gehen. Es ist schwer die Leute zu wählen, die fahren werden. [...] Schwer ist auch die Frage, ob das Recht existiert, Leute von den Transporten herauszunehmen. Auf jeden Fall wird es nicht leicht, die Liste der Transporte zu erstellen.«

Einen Tag später berichtet er über die Diskussion mit einem anderen jüdischen Funktionär, ob man »gesunde Zionisten oder Kranke und Kinder« aus den Transporten herausnehmen sollte. »Das ganze Problem ist hier sehr schwer, weil es keine theoretischen Fragen sind. Jedes Problem geht praktische Fragen an, Fragen über Leben und Tod« (ebd., 76).

Das Wissen der Judenräte über die Vernichtung ist umstritten. Eine eindeutige Antwort ist schwer zu erhalten und hängt vermutlich jeweils vom Zeitpunkt der Verfolgung ab. Die »Endlösung« in Form von Massenerschießungen und systematischer Vergasung begann im Juni 1941 mit dem Einmarsch nach Rußland. Für die Judenräte, die ihre Tätigkeit bereits 1939 begannen, wurde die Funktionstätigkeit immer verhängnisvoller. Von nun an waren die erstellten Listen nicht mehr nur für die Arbeit gedacht, sondern auch für die Deportationen. Durch die Täuschungsmanöver der Deutschen (»Arbeit macht frei«) erkannten die Judenräte aber anfangs das Endziel der Deportationszüge nicht. Was die Judenräte mit der Zeit aber bemerkten, war, daß keiner von den deportierten Freunden, entfernten Verwandten und Gemeindemitgliedern je zurück kam. Auch nach einem Jahr erhielten sie kein Lebenszeichen von den Deportierten, während die Deportationszüge weiter rollten. Als die Gerüchte über den Völkermord aufkamen, konnten die Judenräte lange – z. T. bis zur eigenen Deportation – nicht daran glauben. Sie konnten sich nicht vorstellen, daß die Nazis eine rationale oder ökonomische Begründung dafür hätten, ihre Arbeitskraft zu vernichten. Mit der Zeit erfuhren einige Judenräte von Massenerschießungen, jedoch noch nicht von der »Endlösung« in ihrer systematischen und absoluten Dimension.

Solange die Judenräte nicht wußten, daß die Deutschen alle Juden vernichten wollten, sahen sie sich als ein verbindendes Rettungsglied zwischen den Deutschen und den jüdischen Gemeinden. In dieser Phase glaubte der Judenrat vor der Alternative zu stehen: (a) entweder einen Teil der Juden zu opfern (die Alten und die Kranken), um die Mehrheit zu retten, oder (b) gegen die Nazis zu sein und alle Juden zu gefährden. In dieser Phase betrachteten die Judenräte sich als eine Art Arbeitsvermittler, die das Überleben der Juden garantieren. Diese Lage änderte sich, als klar wurde, daß die Nazis beabsichtigten, alle Juden zu vernichten. Der Konflikt der Judenräte wurde schwerer, denn von nun an ging es darum, die Mehrheit zu opfern, um eine Minderheit zu retten (Arad u. a. 1978, Redlich 1983, Trunk 1979).

Die Judenräte standen vor Moraldilemmata in dem Sinne, daß sie sowohl sich als auch ihren Familien und Gemeinden helfen wollten, sowohl den Kindern als auch den Alten, den Kranken als auch den Gesunden. Doch das war in diesem Zwangskontext nicht möglich. »Eine Person steht vor einem Dilemma, wenn sie zwischen zwei Alternativen wählen muß, die beide schlecht oder unangenehm sind« (Copi 1982, S. 268).[9]

Vor schweren Moraldilemmata standen die Judenräte auch bei der Entscheidung, ob sie Juden, die aus dem Ghetto fliehen wollten, denunzieren sollten. Wenn jemand aus dem Ghetto floh, kam es zur kollektiven Bestrafung der ganzen Gemeinde und andere Juden hätten getötet werden können. Wenn der Judenrat die Leute, die fliehen wollten, vorher denunzierte, wurden die Denunzierten von den Nazis sofort ermordet. Es gab Fälle, in denen die Judenräte Partisanen und fliehende Personen aus Angst vor einer kollektiven Strafe denunzierten, wie z. B. im Ghetto Stolpce im Jahre 1942. Der Judenratsleiter lieferte den Partisanen Abraham Zaretski der Gestapo aus, weil dieser einer Gruppe zur Flucht verhelfen wollte. Zaretski starb während der Folter (Trunk 1979). Die kollektive Strafe bedeutete kollektive Verantwortung und stellte ein Moraldilemma sowohl für die Judenräte als auch für die fliehende Person dar. Der Judenrat mußte zwischen dem Wohl der Gemeinde und dem Wohl der Fliehenden wählen. Die fliehende Person stand vor dem Moraldilemma: ›Wenn ich mich selber retten will, dann schade ich den anderen‹.

Hier zeigen sich auch die Unterschiede zwischen der Politik der Judenräte und der Partisanen. Die jüdischen Partisanen, die eine sehr kleine Gruppe im Vergleich zu den Ghettojuden darstellten, waren für einen aktiven Kampf gegen die Nazis und lehnten jegliche Kooperation mit ihnen ab. Die Judenräte orientierten sich an den Prinzipien Hoffnung und Anpassung. Sie versuchten, durch ihre Tätigkeit die Umsetzung der deutschen Befehle zu mildern, Kollektivstrafen zu verhindern und Zeit zu gewinnen (Gutman 1995, S. 691). Widerstand gegen die Nazis war in ihren Augen schädlich für die Interessen der Gemeinde und sie vermieden deshalb meist jegliche Kooperation mit den Partisanen.

Bei der Analyse der historischen Literatur lassen sich vier Handlungsstrategien bei den Judenräten bezüglich der Transportlisten beobachten:

(a) *Kooperation zur Rettung der eigenen Person, der Familie, der Freunde:* Für einen Teil der Judenratsmitglieder stand der Schutz der eigenen Familie und Freunde im Vordergrund. Der Judenrat hatte in bestimmten Ghettos das Recht, Widerspruch bei den Nazis einzulegen, was eine Deportation einzelner Personen verhindern konnte. Als der Schwager und die Schwiegermutter von Redlich auf der Deportationsliste standen, erhob der Judenrat Widerspruch. Dafür trugen die Beamten zwei alte und kranke Personen ein (Redlich 1983, S. 132). Redlich stand hier vor einem Moraldilemma und entschied sich für seine Familie. Dieses vorläufige Überleben der eigenen Familie geschah auf Kosten der anderen. Redlich wurde mit seiner Frau und seinem einjährigen Kind 1944 in Auschwitz umgebracht.

(b) *Kooperation, um Schlimmeres zu verhindern:* Die Nazis gründeten die Judenräte, um die Juden leichter zu unterdrücken und zu vernichten. Viele Judenräte selber sahen sich aber in erster Linie nicht als Helfer der Nazis, sondern als Beschützer der jüdischen Gemeinde. Den Deutschen ging es um die Vernichtung, den Juden um das Überleben. Durch die Kooperation mit den Nazis strebten die Judenräte an, möglichst viele Juden zu retten und standen dadurch vor extremen Moraldilemmata zwischen Rettung und Opferung von Leben, wie die Entscheidung des Judenratsleiters des Ghettos Vilna, Jacob Gens, verdeutlicht: Als es dem Judenrat Ende Oktober 1942 klar wurde, daß nur arbeitsfähige Juden vor der Vernichtung gerettet werden konnten, jedoch nicht die Alten und Kranken, beteiligte sich die jüdische Polizei auf Anweisung des Judenrats bei der Sammlung und Tötung von 400 alten und kranken Opfern. Gens glaubte, durch die Beteiligung an der Selektion, die Zahl der Opfer reduzieren zu können. »Unsere Hände sind mit Blut unserer Brüder befleckt«, sagt Gens und betont weiter: »Ja, es ist meine Pflicht, meine Hände zu beschmutzen«, um die Stärkeren und Jungen zu retten. Er macht auch seine moralische Grenze deutlich: »Wir werden ihnen nur die Alten und Kranken geben. Kinder werden wir ihnen nicht geben« (Trunk 1979, S. 376f). Gens beschreibt hier das enorme Dilemma: das Nichthandeln bringt eine größere Opferzahl mit sich; das Handeln macht ihn zum Mittäter. Im Ghetto waren die Meinungen geteilt: Liegt hier ein Mord oder ein Rettungsversuch vor? Selig Kalmanowich – ein Jude aus dem Ghetto Vilna – schrieb über dieses tragische Ereignis im Sinne von Gens: Die Ghettopolizei

> »übernahm die schwere Aufgabe. [...] Das Ergebnis – vierhundert Menschen starben [...], gerettet wurden dadurch hunderte von Frauen und Kindern, und wenn [...] fremde Hände die Arbeit gemacht hätten, dann wären Tausende von Menschen gestorben«. (ebd.)[10]

(c) *Verweigerung:* Es gab auch Fälle, in denen Judenräte sich weigerten, Listen für die Zwangsarbeit oder die Deportation zu erstellen. Häufig bezahlten die Judenratsmitglieder für diese Entscheidung mit ihrem Leben. Josef Parnes, der erste Vorsitzende des Judenrats in Lemberg, wurde im Oktober 1941 ermordet, nachdem er sich geweigert hatte, eine Liste für die Zwangsarbeit anzufertigen. Auch der Judenratsleiter von Baranowicze und seine Sekretärin wurden erschossen, als sie es ablehnten, eine Listen der kranken und alten Juden zu erstellen. Und als Moshe Jaffe, der letzte Vorsitzende des Judenrats von Minsk, statt die Juden zu beruhigen, wie der Befehl der SS lautete, sie zur Flucht aufforderte, wurde er von den Nazis ermordet (Gutman 1995, Trunk 1979).

Die Mitgliedschaft im Judenrat war in bestimmten Fälle eine persönliche Opferung für die eigene Gemeinde. Ein Judenratsmitglied zu sein, konnte somit sowohl lebensrettende Vorteile als auch lebensgefährliche Nachteile bedeuten. Durch ihre Funktionstätigkeit waren die Mitglieder der Judenräte häufig in Kontakt mit den Nazis und dadurch direkt ihrer Willkür ausgesetzt. Dies war gefährlich. Manchmal kam es zur Ermordung von Judenratsmitgliedern, ohne daß sie Befehle der SS verweigert hatten, wie z. B. im Ghetto Vilna, wo die Deutschen die Mehrheit der Judenratsmitglieder umbrachten, um die jüdische Bevölkerung zu verängstigen. Ein zweiter Judenrat wurde wenige Tage später gebildet (Arad 1980).

(d) *Selbstmord:* Einige Judenratsmitglieder zogen den Selbstmord einem Leben mit solch extremen Moraldilemmata vor. Inwieweit Moraldilemmata zu Selbstmord führen können, verdeutlicht der schmerzhafte Fall von Adam Czerniaków – der Judenratsleiter des Ghetto Warschau, dem größten Ghetto in Europa. 1942 kamen dort Gerüchte auf, daß die bevorstehenden Transporte in den Tod führen würden. Czerniaków beschreibt in seinem Tagebuch seine Suche nach der Wahrheit. Am 20. Juli fragte er bei verschiedenen verantwortlichen Stellen an, ob Deportationen wirklich stattfinden werden. Von Scherer, dem stellvertretenden Leiter der Abteilung III im Ghetto Warschau, erhielt er die Antwort, es sei »Quatsch und Unsinn«, »was die Leute reden« (Czerniaków 1986, S. 282). Daraufhin befahl Czerniaków, diese Nachricht allen Ghettoeinwohner mitzuteilen. Zwei Tage später aber bekam er den tragischen Deportationsbefehl von den Deutschen: »Man eröffnete uns, daß – mit gewissen Ausnahmen – die Juden ohne Unterschied des Geschlechts und des Alters in den Osten ausgesiedelt werden sollen.« Bis 16.00 Uhr des gleichen Tages sollten 6000 Menschen bereitstehen. »Und so mindestens wird es jeden Tag sein.« Czerniakóws Frau wurde am 23. Juli mit

Beginn der Deportationen von den Nazis festgenommen und Herman Höfle, der SS-Sturmbannführer, drohte Czerniaków, »wenn die Aussiedlung nicht wunschgemäß verlaufe, werde sie als erste Geisel erschossen« (ebd., 284). Am nächsten Tag sollte der erste Kindertransport stattfinden und damit wurde Czerniaków endgültig klar, daß die Juden ermordet werden sollten. Er schrieb seiner festgenommen Frau eine letzte Nachricht: »Sie verlangen von mir, mit eigenen Händen die Kinder meines Volkes umzubringen. Es bleibt mir nichts anders übrig, als zu sterben« (ebd., S. 285). Czerniaków stand vor dem Moraldilemma, seine Frau oder seine Gemeinde umbringen zu lassen. Er nahm sich am zweiten Tag nach Beginn der Deportationen das Leben. Dieser und viele andere Selbstmorde verdeutlichen, daß die Deportationslisten unlösbare Moraldilemmata, eine Lebenskrise, für einen Teil der Judenratsmitglieder darstellten. Sie wählten ihren eigenen Tod.

Diese vier Handlungsstrategien verdeutlichen, daß es verschiedene Formen des Umgangs mit den Moraldilemmata in den konkreten Verfolgungssituationen gab. Es kam dabei sowohl zu Fällen persönlicher Opferung für die Gemeinschaft als auch zur Opferung der Gemeinde für den persönlichen Vorteil, wie z. B. bei Chaim Rumkowski, dem Judenratsleiter von Lodz. Rumkowski leitete den Judenrat fünf Jahre lang und verfiel zunehmend der Macht. »Als im Ghetto Geldscheine gedruckt und Münzen geprägt wurden, trugen sie sein Konterfei.« Seine »Ansprachen begann er häufig mit Wendungen wie: [...] ›meine Juden‹, oder ›Ich verbiete‹.« (Trunk, 1979, S. 128f, vgl. auch Hilberg 1992b).

Die Kapos

Mit den Deportationen begann die Phase der Vernichtungslager, in der jüdische Kapos tätig wurden, die bereits Kenntnis von der Endlösung hatten. Als Kapo wird nach der »Enzyklopädie des Holocaust« derjenige Gefangene bezeichnet, »der in einer bestimmten Funktion eingesetzt wurde und mit der SS kollaborierte, manchmal sogar für Kollaborateure überhaupt« (Gutman 1995, S. 737f). Der Begriff Kapo wird auch als Oberbegriff für alle Formen der Funktionstätigkeiten in den Konzentrations- und Vernichtungslagern verwendet (Niethammer 1994, S. 15). Der Ursprung des Begriffes Kapo ist dabei umstritten. Meist wird auf seinen italienischen Ursprung verwiesen: »Kopf«, bzw. im erweiterten Sinne des Lagerjargons »Chef.« Nach Niethammer ist der Begriff Kapo jedoch eine Abkürzung des von der SS verwendeten Wortes »Kameradschaftspolizei« (ebd., S. 532f). Den Einsatz von

Kapos im Lagersystem beschreibt Heinrich Himmler, der Reichsführer SS, folgendermaßen (1944):

»Wir haben hier [...] sogenannte Kapos eingesetzt. Also einer ist der verantwortliche Aufseher, ich möchte sagen Häftlingsältester über 30, 40, über 100 andere Häftlinge. In dem Moment, wo er Kapo ist, schläft er nicht mehr bei denen. Er ist verantwortlich, daß die Arbeitsleistung erreicht wird, daß bei keinem eine Sabotage vorkommt, daß die Betten gut gebaut sind. [...] Er muß also seine Männer antreiben. In dem Moment, wo wir mit ihm nicht zufrieden sind, ist er nicht mehr Kapo, schläft er wieder bei seinen Männern. Daß er dann von denen in der ersten Nacht totgeschlagen wird, das weiß er. [...] Weil wir mit den Deutschen nicht allein auskommen, wird es hier selbstverständlich so gemacht, daß ein Franzose der Kapo über Polen, daß ein Pole der Kapo über Russen, [...] daß eben hier nun eine Nation gegen die andere ausgespielt wird.«(S. 11)

Himmler beschreibt hier die zentrale Bedeutung des Einsatzes der Funktionshäftlinge für das Aufrechterhalten des Lagersystems. Dieser Einsatz wurde mit Fortschreiten des Krieges immer zwingender für die Nazis, denn immer mehr SS-Männer mußten an die Front eingezogen werden (1942-1944). So waren im Mai 1944 in Auschwitz ca. 67.000 Häftlinge, die von lediglich 2.300 SS-Leuten bewacht wurden (Pingel 1978, S. 159). Nach Sofsky war die »absolute Macht« der Nazis eine »gestaffelte Macht.« Eine Macht, die durch ein »System von Kollaboration« unterstützt wurde, in dem die Nazis »einige Opfer zu Mittätern machten«. Sie delegierten einen Teil ihrer Macht an die Funktionselite. Die Kapos entlasteten dadurch den Alltag des SS-Personals und trugen zur Stabilität des Lagersystems bei. Durch diese Delegation der Macht war die absolute Macht in jeder Nische des Lagers allgegenwärtig (Sofsky 1993, S. 31). Diese Entwicklung faßt Ernst Busse, ein kommunistischer Kapo, mit seinen eigenen Worten zusammen: »Wir waren faktisch das Instrument in den Händen der SS zur Aufrechterhaltung ihres grausamen Regimes im Lager« (Niethammer 1994, S. 84). Die Kapos wurden zu einem »verlängerten Arm der SS«, wie Langbein dies beschreibt (1980a, S. 60f). Durch das Prinzip »teile und herrsche« versuchten die Nazis, jegliche Solidarisierung unter den Häftlingen zu verhindern.

Funktionshäftlinge wurden in den verschiedensten Bereichen des Lagers eingesetzt. An der Spitze der Hierarchie der Funktionshäftlinge stand der Lagerälteste, der gegenüber der SS Verantwortung für die Ordnung im Lager trug. Er hatte einen Spielraum bei der Auswahl der Blockältesten, den »Chefs« der Baracken. Die Blockältesten waren für die Ordnung im Block zuständig, was Verwaltungstätigkeiten wie Zählappelle, Sauberkeit und Verteilung des Essens umfaßte. Außerdem mußten sie jeden Verstoß der Blockinsassen gegen die Lagerordnung an die SS weitermelden. Dies bedeutete natürlich eine harte Strafe für die Häftlinge, aber wenn der Blockälteste diese Meldung unterließ, konnte er selber von einem der Blockspitzel bei der SS denunziert werden. Jeder Blockälteste hatte Stubenälteste und Stubendienste, die ihm bei der Aufrechterhaltung der Ordnung in der Baracke behilflich waren. Funktionshäftlinge arbeiteten u. a. auch als Schreiber, z. B. bei Totenmeldungen, als Führer von Arbeitskommandos, im Krankenbau, als Lagerläufer, in der SS-Küche, im Sonderkommando und als Lagerpolizisten (Heike u. a. 1994, Kogan 1946, Langbein 1982, Sofsky 1993, Strebel 1995). Bei diesem breiten Einsatzbereich der Funktionshäftlinge[12] überrascht es nicht, daß ca. zehn Prozent der Lagerhäftlinge Funktionshäftlinge waren (Pingel 1978, S. 180).

Eine »tiefe Kluft« trennte

> »die Masse der Gefangenen vom Kapo und anderen Funktionshäftlingen. Die Kapos hatten relativ warme Kleidung, genug zu essen und sie hatten eine eigene abgetrennte Ecke in der Gefangenenbaracke; Vergünstigungen, die für andere Gefangene undenkbar waren«. (Gutman 1995, S. 738)

Viele Funktionshäftlinge brauchten keine physischen Arbeiten zu verrichten, was ihre Überlebenschancen erhöhte. Sie hatten oft ein Bett für sich, sie hatten ein zusätzliches Stück Brot. Durch diese zusätzliche Nahrung konnten sie z. B. tauschen und Beziehungen aufbauen (Pingel 1978, Sofsky 1993). Funktionshäftlinge trugen Armbinden, die ihre Funktion anzeigten, Sofsky bezeichnete sie daher als »Macht der Bindenträger« (ebd., S. 155). Sie wurden auch die »Oberschicht«, die »Prominenten« oder »privilegierte Häftlinge« genannt.

Die Funktionstätigkeit bedeutete Vorteile, Macht, Angst und Lebensgefahr zugleich. Wie verhängnisvoll die Rolle der Blockältesten war und inwieweit Blockälteste durch die Angst vor der SS zu ihrer Tätigkeit motiviert waren, vermittelt der Bericht des Holocaust-Überlebenden Gabór Hirsch (1997, S. 1) über seinen Blockältesten, der in Auschwitz für einen Block mit 600 Jugendlichen verantwortlich war. Nachdem einige Jugendliche »durch die Lüftungsfenster [...] zu fliehen« versuchten, »meldete der Blockälteste den Fluchtversuch an die Lagerleitung[...]. Als Folge davon mußten« 550 Jugendliche statt zum Arbeitslager, »zum Krematorium marschieren«.

»In ihrer Bosheit haben sich die Kapos von den deutschen Wächtern nicht unterschieden«, schreibt der Holocaust-Überlebende Shlomo Graber (1997, S. 69). Denn auch sie durften ihre Mithäftlinge schlagen. Der einzige Unterschied zwischen den jüdischen Kapos und den Deutschen war, daß letztere Waffen trugen, während die jüdischen Kapos nur Stöcke hatten.

»Jede Beschwerdemöglichkeit eines Unterstellten gegen einen Kapo oder Blockältesten war ausgeschlossen. Der Kapo konnte nach Belieben strafen, ja selbst töten. Meldete ein Häftlingsfunktionär einen ›Abgang durch Tod‹, dann wurde in der Regel gar nicht danach gefragt, woran der Häftling gestorben war. Die Nummer mußte stimmen, der Appell mußte in Ordnung sein, das war alles, was die Lagerführung an einer solchen Meldung interessierte«. (Langbein 1980a, S. 26)

Die Kapos selbst aber wurden von der SS geschlagen, wie der Historiker und Holocaust-Überlebende Langbein berichtet.

»Kapo, komm mal her, ruft der Kommandoführer den Kapo und schlägt ihn (bums!). Er verlangt von dem Kapo dann, einen anderen Häftling zu schlagen: ›Kannst du nicht besser schlagen?‹ Nun schlug der Kapo, anscheinend um sein Leben. Wieder: Kapo, komm mal her! Mach den fertig! Meistens bekam der Kapo ein paar ins Gesicht oder mit der Stiefelspitze, wenn er nicht genug schlug«. (ebd., S. 27)

Kriminelle Häftlinge wurden von der SS gerne als Kapos ausgewählt (z. B. zwischen 1933 und 1939 in Dachau), denn die SS erhoffte sich davon eine höhere Brutalität gegenüber den Häftlingen. Erst später wurden auch politische Häftlinge und Juden[13] als Kapos eingesetzt. Um zu überleben, hielten es viele Kapos

»für notwendig, nach außen hin zur Absicherung ihrer Funktion ein Verhalten an den Tag zu legen, das sich im Erscheinungsbild kaum von dem der SS unterschied. Sie brachten aber nicht immer das nötige Differenzierungsvermögen auf, ein solches Verhalten nur an die Situationen zu binden, in denen sie tatsächlich unter der Kontrolle der SS standen«. (Pingel 1978, S. 161)

Moraldilemmata von Kapos

Höss beschreibt in seinem Tagebuch das Dilemma der Kapos sehr treffend. Der Kapo und der Gefangene müssen »als zwei sich feindlich gegenüberstehende Welten betrachtet« werden. Ein Gefangener, der sich entscheidet, Funktionshäftling zu werden, »geht zum Feind über, wird Kalfaktor, Kapo, Blockältester usw. und schafft sich so, auf Kosten seiner Mitgefangenen, ein erträgliches Dasein« (1963, S. 63f). Der Konflikt der Kapos bestand darin, daß sie Erleichterungen und Vergünstigungen nur auf Kosten der anderen erhalten konnten.

Waren die Funktionshäftlinge »verlängerter Arm der SS oder schützende Hand?«, fragt sich Strebel (1995, S. 35) und meint damit, daß die Funktionshäftlinge ihre geliehene Macht auch für die Hilfe an ihren Mithäftlingen nutzen konnten. Dies war auch der Fall: Funktionshäftlinge konnten sich selbst helfen, aber auch ihren besten Freunden oder Verwandten, z. B. indem sie ihnen eine zusätzliche warme Decke gaben, bessere Schuhe oder ein zweites Stück Brot. Da diese im KZ aber so rar waren, galt immer wieder der Spruch: »Des einen Tod ist des anderen Brot« (Langbein 1980a, S. 167). Dieser Satz faßt das Moraldilemma der Funktionshäftlinge zusammen. Die Hilfe für den einen Mithäftling konnte immer nur auf Kosten eines anderen Häftlings erfolgen. Die »roten Kapos« (die Bezeichnung für die politischen, kommunistischen Kapos) versuchten während ihrer Funktionstätigkeit möglichst viele kommunistische Häftlinge zu retten. 1953 wird Walter Bartel, ein »roter« (deutscher) Kapo, vor ein sowjetisches Militärtribunal gestellt. Hier ein Zitat aus seinem Verhör (F: Frage, B: Bartel)

> F: Aber das begreifst du nicht, daß ihr euch zum Werkzeug der SS gemacht habt?
> B: Wir haben Genossen gerettet.
> F: Dafür habt ihr jemand anders geschickt, die ihr nicht kanntet. Vielleicht waren das doch Genossen.
> B: Wenn ich die Möglichkeit habe, 10 antifaschistische Kämpfer zu retten, dann tue ich das.
> F: Aber dafür mußten 10 andere gehen. Du verteidigst das also?
> B: Ja, das hielt und halte ich für richtig.[14]

Vor dem Moraldilemma des »Opfertauschs« (Niethammer 1994) standen auch die Funktionshäftlinge in der Schreibstube. Es handelt sich um ein bürokratisches Dilemma: Als Schreiber konnten sie bestimmte Registrierungen teilweise ohne Wissen der SS beeinflussen, beispielsweise den Namen eines Freundes oder Familienangehörigen in eine Liste von Häftlingen eintragen, die in einen besseren Lagerteil geschickt wurden. Entscheidend für die SS waren immer nur die Zahl der Häftlinge pro Liste. So mußten die Schreiber einen anderen Häftling für das schlechte Lager oder die Todesliste eintragen.

Durch die Funktionstätigkeit konnten die Kapos einzelnen Mithäftlingen also auch helfen. Der Preis dafür war aber immer, daß sie in ihrer Funktionstätigkeit gleichzeitig den Nazis halfen. Die Funktionshäftlinge standen »stets unter der doppelten Forderung« einerseits »funktional nach den Vorstellungen der SS zu handeln und andererseits unter dem Schein, die Funktionen zu erfüllen, die Lage der Mithäftlinge zu verbessern«. Es war gleichzeitig eine »aktive Mittäterschaft« und eine aktive Hilfe für Mithäftlinge (Pingel 1978, S. 165).

Wie wurde man Kapo? Wußte man damals, was es genau bedeutet? Und konnte man die Aufgabe verweigern? Es existierten verschiedene Wege, eine Funktionstätigkeit zu erhalten. Oft wurden Häftlinge, die längere Zeit im Lager lebten, zu Kapos ernannt. So waren z. B. viele der slowakischen Frauen, die bereits 1942 nach Auschwitz deportiert wurden, Funktionshäftlinge bis Ende 1944. Auch Protektion konnte hilfreich sein, um eine Funktionstätigkeit zu erhalten. Manchmal war es so, daß die SS im ersten Zählappell nach dem Ankunft im KZ fragte »Wer spricht Deutsch?«. Die Person, die sich meldete, bekam z. B. die Aufgabe des Blockältesten. Wußte die Person zu diesem Zeitpunkt, mit welchen Moralfragen die Funktionstätigkeit verbunden sein würde? Bei einem Teil der neuen KZ-Häftlinge ist dies anzunehmen, z. B. wenn sie vorher längere Zeit im Ghetto inhaftiert waren und die von den Deutschen entwickelten Strukturen – wie die des Judenrats – bereits kannten. Ein Teil ahnte vermutlich nicht, was hinter dieser Frage stand. In der Regel konnte das Nicht-Annehmen oder spätere Aufgeben der Kapotätigkeit Lebensgefahr bedeuten.

Ich verwende den Oberbegriff Funktionshäftling für Judenratsmitglieder und für Kapos[15], da beide Gruppen eine identische Struktur der Moraldilemmata zeigen, die durch ihre Tätigkeit, durch ihre Funktion im Ghetto oder KZ entstanden ist. Im Zentrum der Moraldilemmata steht der Zwangskontext, in dem die Hilfe für die eigene Familie, für Freunde oder für sich selbst gleichzeitig mögliche Schäden für andere bedeutet. Es geht um das Abwägen zwischen Hilfe und Schaden. Befehlsverweigerung bedeutete für beide Gruppen gleichermaßen Lebensgefahr. Es gibt aber auch Unterschiede zwischen den beiden Gruppen, z. B. bezüglich des Wissens über das Endziel der Nazis. Ein Teil der Judenräte wurde vor Beginn der »Endlösung« gegründet und kannte die verhängnisvolle Rolle der Judenräte bei der Durchführung der Massenvernichtung nicht.

Die Rolle von Frauen und Männern als Funktionshäftlinge, als Kapos und im Judenrat unterschied sich nicht. Männer waren wohl häufiger und in höheren Positionen im Judenrat tätig als Frauen. Die Moraldilemmata, vor denen sie standen, waren aber nicht verschieden. Später, in den Konzentrationslagern, lebten Männer und Frauen oft voneinander getrennt. Dabei wurden meist weibliche Funktionshäftlinge in Frauenlagern wie Ravensbrück oder weibliche Kapos in den Frauenbaracken von Auschwitz eingesetzt.

Wie ›schuldig‹ sind
jüdische Funktionshäftlinge?

Mit der Befreiung endete die Vergangenheit für die Funktionshäftlinge nicht, »viele wurden nach dem Krieg vor Gericht gestellt« (Gutman 1995, S. 738). In verschiedenen Gerichtsprozessen u. a. in Israel, Deutschland und Amerika wurde ihre Schuldfrage auch aus juristischer Sicht behandelt. Weiterhin mußten sich Funktionshäftlinge mit ihrem schlechten gesellschaftlichen Ruf auseinandersetzen. Sie standen auch vor der Frage, wie sie im Nachhinein ihr eigenes Handeln bewerten. »Bin ich ein Mörder, der Henker meiner eigenen Frau« fragte sich Pechechodnik im August 1943, nachdem er als Ghettopolizist seine Frau und Tochter zum Deportationszug gebracht hatte (1997, S. 90). Pechechodnik wurde zuletzt selbst von den Nazis ermordet, aber wie haben die überlebenden Funktionshäftlinge solche Fragen für sich geklärt? In den folgenden Abschnitten möchte ich die Schuldfrage der Funktionshäftlinge aus drei verschiedenen Perspektiven diskutieren: aus historischer, juristischer und gesellschaftlicher Sicht. Es geht mir dabei nicht um die Bewertung oder Verurteilung des Handelns von Funktionshäftlingen. Ich möchte vielmehr die Debatten um die Schuldfrage beschreiben, weil ich davon ausgehe, daß sie die Bewältigungsstrategien von Funktionshäftlingen und ihren Kindern nach der Shoahzeit beeinflußt haben.

»Das dunkelste Kapitel in der ganzen dunklen Geschichte«: Die historische Perspektive

Haben die Judenräte die jüdischen Gemeinden geschwächt oder ihren Lebenswillen gestärkt? Diese Frage nach der Rolle der Judenräte während der Verfolgung ist unter Historikern bis heute umstritten. Besonders kontrovers sind die Meinungen von Hannah Arendt und Isaiah Trunk.

»Diese Rolle der jüdischen Führer bei der Zerstörung ihres eigenen Volkes ist für Juden zweifellos das dunkelste Kapitel in der ganzen dunklen Geschichte«, schrieb Arendt während des Eichmann-Prozesses in Jerusalem (1964, S. 153f).

»In Amsterdam wie in Warschau, in Berlin wie in Budapest konnten sich die Nazis darauf verlassen, daß jüdische Funktionäre Personal- und Vermögenslisten ausfertigen, die Kosten der Deportation und Vernichtung bei den zu Deportierenden aufbringen, frei gewordene Wohnungen im Auge behalten und Polizeikräfte zur Verfügung stellen würden, um die Juden ergreifen und auf die Züge bringen zu helfen – bis zum bitteren Ende«. (ebd.)

Sehr kritisch betrachtet Arendt den Rettungsversuch der ungarischen Juden durch Israel Rudolf Kastner, einem zionistischen Funktionär aus Ungarn. Durch direkte Verhandlungen mit den Nazis und das Versprechen, Lastwagen und Material zu liefern, sollte versucht werden, Juden zu retten, darunter prominente Juden, Judenratsmitglieder sowie Kastners eigene Familie. In dieser Zeit wurden die anderen Juden trotz des Wissens über die bevorstehende Vernichtung nicht gewarnt. Zuerst wollte Kastner »mit hundert Opfern tausend retten, mit tausend Opfern Zehntausende.« Aber in Wirklichkeit rettete Kastner »genau 1.684 Menschen mit ungefähr 476.000 Opfern« (ebd., S. 154.). »Warum habt ihr die Mitarbeit an der Zerstörung eures eigenen Volkes und letztlich an eurem eigenen Untergang nicht verweigert?«, fragt Arendt die Judenräte. Ohne deren Kooperation hätten die Deutschen viel mehr Personal benötigt, das ihnen aber nicht zur Verfügung stand, erklärt Arendt weiter an dieser Stelle. Ohne die Beteiligung der Judenräte an der Organisation von Deportationen und Zwangsarbeit hätten vermutlich mehr Juden überlebt, steht in der letzten Zeile bei Arendt. Dabei sieht sie die Judenräte als »Werkzeuge des Mordens« (ebd., S. 160).

Trunk (1979), der in seinem Werk ebenfalls die Frage diskutiert, ob durch die Kooperation der Judenräte mit den Nazis mehr oder weniger Juden starben, kommt zu dem Schluß, daß die Zusammenarbeit zwischen den Nazis und den Judenräten für das endgültige Ergebnis der Shoah keine Bedeutung hatte. Im besetzten Rußland gab es keine Judenräte und dort ermordeten die Nazis genauso viele Juden. Die Kooperation zwischen den Judenräten und den Deutschen war erzwungen und unvermeidlich und zwar im Gegensatz zu der Kollaboration anderer Völker mit den Nazis, wie Trunk betont. Im Gegensatz zu den anderen Kollaborateuren haben die Judenräte die Früchte ihrer Kollaboration nicht genossen, denn sie sollten wie alle anderen Juden (wenn auch ganz am Ende) vernichtet werden. Nach Trunk starben über 80% der Judenratsmitglieder während der Verfolgungszeit. Etwa 12% überlebten. Das Schicksal der restlichen Mitglieder ist unbekannt. Diese Zahlen verdeutlichen, daß die Judenratsmitglieder letztendlich keine wesentlich besseren Überlebenschancen hatten. Auch Rabinovici (2000), der die Geschichte des Judenrats in Wien untersuchte, gelangt zu einer ähnlichen Schlußfolgerung wie Trunk: Das Verhalten der Judenräte hatte keinen Einfluß auf das Geschehen. Sie waren eher »Instanzen der Ohnmacht«, so der Titel seines Buches.

Folgt man dieser Argumentation, so stehen die positiven Handlungsabsichten der Judenräte im Vordergrund bzw. ihre Versuche, im Zwangskontext das zu retten, was zu retten war.

> »Wenn die Mitglieder jüdischer Räte oder die Ordnungskräfte hätten frei entscheiden können, sie hätten der Vernichtung nicht zugestimmt. Niemand hätte sich an der Tötung anderer beteiligt oder in eine Korruption verstricken lassen, die in Exzesse ausartete wie in Zeiten der Pest. Sie hatten jedoch keine Wahl, oder besser, die Entscheidungsmöglichkeiten waren von anderer Seite vorgegeben«. (Bauman 1992, S. 164)

Die Judenräte sind aus dieser Sicht zwar Werkzeuge der Nazis gewesen, aber nicht aus eigener Wahl. Der Historiker Hilberg fragt sich, ob »die Judenräte ein bewußtes oder ein unbewußtes Werkzeug« waren (Hilberg 1979, S. 31).[1] Er erwähnt z. B. die Tatsache, daß die Judenräte in Ungarn immer wieder die Bevölkerung beruhigt hätten, daß kein Jude festgenommen würde, einfach weil er Jude sei. Zwei Monate später begannen die Deportationen nach Auschwitz. Nach Hilberg erlagen die Judenräte der Illusion, daß sie die Gemeinden leiteten. Sie waren jedoch ein Teil der »machine of destruction« (ebd., S. 44).

Nach einer anderen Position sind alle Funktionshäftlinge unschuldig. Die Nazis allein sind für das NS-Verbrechen verantwortlich. Auch hier wird bei der Entlastung der Funktionshäftlige der von den Nazis erstellte Zwangskontext hervorgehoben:

> »Jede Handlung im KZ, die das Leben eines Mithäftlings beeinflussen konnte – und es gab nur wenige Handlungen, die das nicht getan hätten – war in eine abgründige Schuld verstrickt, die indessen mit der bloßen Errichtung des KZs den Häftlingen als Zwang auferlegt war und deshalb auch nicht ihnen, sondern den Urhebern dieses Systems, der Gestapo, dem Reichssicherheitshauptamt und letzten Endes dem Regime des Nationalsozialismus, angerechnet werden muß. Aber das Dilemma bestand«. (Adler 1960, S. 235)

Die Frage, ob die Judenräte ihren Gemeinden nur halfen oder ausschließlich schadeten, läßt sich meiner Meinung nach nicht nach einem einfachen ›Entweder-Oder-Muster‹ beantworten. Es liegt hier eine Komplexität vor, die vielmehr eine ›Sowohl-als-auch-Antwort‹ erfordert.

Gerichtsprozesse: Die juristische Perspektive

Die ersten Gerichtsverfahren gegen jüdische Funktionshäftlinge fanden vor Ehrengerichten statt, die von Überlebenden direkt nach der Befreiung gegründet wurden. Zuvor kam es bereits zu Fällen von Selbstjustiz, in denen

Holocaust-Überlebende sich direkt an ihren Funktionshäftlingen rächten. Dies geschah z. B., als Überlebende aus dem Lager Greidetz nach ihrer Befreiung den jüdischen Kapo Kolski töteten (Trunk 1979, Diner 1992).

Die Richter der Ehrengerichte, die in den DP-Lagern[2] u. a. in Bergen-Belsen und in München entstanden, waren meist selbst Holocaust-Überlebende. Sie gingen davon aus, daß die Zugehörigkeit zum Judenrat oder die Tätigkeit als Stubenältester alleine die Person nicht schuldig machte. Beurteilt werden sollten die einzelnen Taten der Funktionshäftlinge. Die Strafen der Gerichte reichten vom Tätigkeitsverbot innerhalb jüdischer Organisationen bis hin zur Verurteilung als »Verräter des jüdischen Volkes«. Dies bedeutete, daß der ehemalige Funktionshäftling nicht mehr als Teil der jüdischen Gemeinde gesehen wurde. Es kam zu insgesamt 42 Prozessen gegen Ghettopolizisten und Kapos. In 13 Fällen lautete das Gerichtsurteil Tätigkeitsverbot und in fünf Fällen »Cherem« (Bann), d. h. Ausstoß aus der Gemeinde. Doch einige Funktionshäftlinge wünschten sich selbst, vor Gericht zu stehen, um ihren Ruf wiederherstellen zu können. Einige von ihnen gehören zu den neun Personen, die für unschuldig erklärt wurden (Trunk 1979, S. 488ff).

Prozesse gegen Funktionshäftlinge fanden auch im Rahmen der NS-Prozesse statt.[3] So wurden im Ravensbrück-Prozeß 14 SS-Leute und drei Funktionshäftlinge vor Gericht gestellt. Der britische Anklagevertreter bei diesem Gericht, Major Stewart, »unterschied nicht zwischen SS-Mitgliedern und Funktionshäftlingen, sondern rechnete die Letzteren ebenfalls der Gruppe des KZ-Bewachungspersonals zu.« Für ihn leisteten die Funktionshäftlinge eine »aktive Beihilfe bei der Bewachung der Häftlinge« (Durrer 1996, S. 91). Doch die Funktionshäftlinge waren Opfer, die in der Zwangssituation zur Kooperation gezwungen waren, während die Mitgliedschaft in der SS oder NSDAP freiwillig gewählt wurde.

In diesem Prozeß wurde die Blockälteste Carmen Mory, eine nicht-jüdische Schweizerin, am 3. Februar 1947 zum Tode verurteilt. Morys Vorgeschichte als Spitzel der Gestapo und ihre Handlungen als Funktionshäftling sind vermutlich nicht repräsentativ für Funktionshäftlinge im Lager, aber verdeutlichen die Spannbreite des möglichen Verhaltens: Im Ravensbrückprozeß wurde sie wegen ihres »egoistischen und rücksichtslosen Verhaltens« als Blockälteste beschuldigt (Durrer 1996, S. 74). Sie nutzte »ihre Funktion in erster Linie zur Sicherung ihres eigenen Überlebens« und behielt Essen von anderen Häftlingen für sich, um damit Tauschgeschäfte zu machen (ebd., S. 82). Weiterhin wurde sie als Blockälteste des Krankenhauses beschuldigt, zwei geistig verwirrte Häftlinge durch Spritzen getötet sowie Häftlinge durch kalte Duschen bestraft zu haben. Sie war an der Tötung in »wenigstens sechzig Fällen sowie bei der Beteiligung an Selektionen für die Gaskammer« aktiv beteiligt (ebd., S. 74). Im April 1947, kurz vor ihrer Hinrichtung, nahm sich Mory das Leben.

Zu Prozessen gegen Lagerpersonal und »Häftlinge, die mit den Deutschen kollaborierten« und »Gehilfen der Lagerverwaltung« waren, kam es auch in den Bergen-Belsen-Prozessen im Jahre 1945. Dort erhielt z. B. Stanislawa Staroska, ein weiblicher Funktionshäftling, die wegen ihrer Gewalttaten als ›Stana die Prüglerin‹ bekannt war, eine zehnjährige Freiheitsstrafe, der Lagerälteste Erich Zoddel eine lebenslängliche Freiheitsstrafe (Gutman 1995, S. 1032).

Die rechtliche Grundlage der NS-Prozesse entstand während der Nürnberger Prozesse (Internationaler Gerichtshof). Angeklagt wurden Verbrechen gegen den Frieden, Kriegsverbrechen und Verbrechen gegen die Menschlichkeit (wie Mord, Ausrottung, Versklavung und Deportation). Diese Prozesse wurden nach internationalem Recht durchgeführt, d. h. die Verurteilung war »unabhängig davon, ob die Handlung gegen das Recht des Landes verstieß, in dem sie begangen wurde, oder nicht«. Denn diese Gesetze galten als »Strafgesetze aller zivilisierten Nationen« (Gutman 1995, S. 1487). Hier stand die persönliche und individuelle Verantwortung der Einzelpersonen für die kriminellen Handlungen im Vordergrund. Nicht das System an sich, sondern die Mitglieder des Systems wurden in Nürnberg angeklagt. So konnten sich die Angeklagten nicht als ein »Rädchen« im Verbrechersystem darstellen. Auch der Befehlsnotstand – also die Erfüllung eines Befehls wegen direkter Bedrohung des eigenen Lebens bei Befehlsverweigerung – galt für NS-Täter nicht.

Zu Gerichtsverfahren gegen jüdische Funktionshäftlinge kam es auch in den USA, z. B. gegen den Kapo Jacob Tannenbaum aus dem Lager Görlitz. »Seine Bosheit kannte keine Grenzen«, sagt Shlomo Graber über seinen Kapo Tannenbaum (Graber 1997, S. 88f).[4] Er schlug ältere Häftlinge darunter den Vater von Graber und ermordete den Rabbiner Moshe Selig, weil dieser im Badezimmer Gebetsriemen anlegte. Nach seiner Befreiung lebte Tannenbaum als orthodoxer Jude in New York. In den 80er Jahren wurde er in Amerika festgenommen, und mehrere Überlebende des Lagers konnten gegen ihn aussagen. Aufgrund seines Alters wurde Tannenbaum nicht abgeschoben; 1987 wurde ihm aber die amerikanische Staatsbürgerschaft entzogen (Van Biema 1987).

Die Gerichtsprozesse gegen Funktionshäftlinge in Israel basieren auf dem Gesetz zur Bestrafung von Nazis und Nazihelfern, das am 01.08.1950 von der Knesset bestätigt wurde. Paragraph 10 dieses Gesetzes bezieht sich indirekt auf die jüdischen Funktionshäftlinge. Nach diesem Paragraphen wird »ein verfolgter Mensch« von der rechtlichen Verantwortung für eine kriminelle Tat befreit, (a) wenn »er die Tat ausübte oder unterließ, um sich vor einem sofortigen Tod zu retten [...] oder (b) wenn er die Tat ausübte oder unterließ, mit der Absicht, die Entstehung einer noch schlimmeren Folge zu verhindern.«[5] Nach diesem Gesetz wurden von 1951 bis 1964 Ghettopolizisten und Kapos, jedoch keine Judenratsmitglieder, in Israel vor Gericht gestellt. Der erste Prozeß wurde gegen den Ghettopolizisten Moshe Puczyc geführt. Das Gerichtsurteil befand ihn im Sinne von §10a für nicht schuldig (Trunk 1979). Doch die Prozesse verliefen unterschiedlich: Hirsch Bernblat, ein Polizist im Ghetto Bandzin, wurde vom Bezirksgericht zu fünf Jahren Haft verurteilt. Das Oberste Gericht dagegen nahm das Urteil nach einer Revision zurück. Dr. Landau, Richter des obersten Gerichtshofs in diesem Prozeß, äußerte seine Meinung zu dem Fall und diesem Gesetz: Die Moralmaßstäbe, wie sie im Gesetz zur Bestrafung vorkämen, dürften nicht so eng definiert werden, daß nur wenige sie erfüllen könnten. »Jeder Mensch sorgt für sich und seine Familie« und das Gesetz »wurde nicht für Helden geschrieben, sondern für sterbliche, einfache Menschen mit all ihren einfachen Schwächen.«[6]

Die israelischen Gerichtshöfe beschäftigten sich nicht gerne mit Anklagen gegen Funktionshäftlinge. Prozesse gegen die ›jüdischen Kollaborateure‹ konnten natürlich heikle Implikationen für die Juden und den Staat Israel haben: Wenn die Judenräte und die Kapos mitschuldig waren, implizierte dies, daß die Deutschen weniger schuldig wären (Segev 1995). Moshe Silberg, ein Richter des Obersten Gerichtshofs, formulierte das folgendermaßen:

> »Für uns, für die Richter Israels, ist es schwer, uns von dem Gefühl zu befreien, daß wir mit der Bestrafung eines solch elenden Wurms die abgrundtiefe Schuld der Nazis verringern, und sei es auch nur um ein Geringes.«[7]

Mitte der Fünfziger Jahre gab es etwa 30 Ermittlungen gegen Funktionshäftlinge. Die eingereichten Anklagen wurden nicht als »Verbrechen gegen das jüdische Volk«, sondern als »Verbrechen gegen die Menschlichkeit« formuliert. Ein Teil der Schuldigen wurde freigesprochen, andere erhielten milde Urteile (Segev 1995, S. 348f). Richter in diesen Prozessen wiesen auch immer wieder darauf hin, daß man nicht wisse, wie man selbst in dieser Extremsituation gehandelt hätte und nutzten dabei den Rat früherer jüdischer Weiser: »Urteilt nicht über eure Kameraden, solange ihr nicht an ihrer Stelle steht« (ebd., S. 347).

Jüdische Funktionshäftlinge in der Literatur von Neonazis:
Exkurs
Als ich das Buch von Härtle (1979) »Was Holocaust verschweigt« in die Hand nahm, war ich irritiert. Dort wurden die Judenräte und die jüdischen Kapos z. T. mit den harten Worten von Hannah Arendt beschuldigt, aber eine differenzierte Sichtweise und eine Betroffenheit, z. B. wie die der obigen Richter, fehlten. »Es gab nicht nur deutsche, sondern auch jüdische Judenmörder! Die Zahl der an Judenvernichtung beteiligten Juden ist relativ sogar vielfach höher als jene der Deutschen« (ebd., S. 36). Es dauerte eine Zeit, bis ich verstand, daß ich ein neonazistisches Buch in der Hand hielt. Vielleicht machte mir auch der Ort, an dem ich es gefunden hatte – die Bibliothek von Yad-Vashem – es zunächst schwer, dies zu begreifen. Ich schrieb auf die kopierten Unterlagen: »Vorsicht!«. Was beabsichtigt Härtle genau? Er benutzt die mögliche Schuld der jüdischen Funktionshäftlinge, um die Schuld der Deutschen zu verleugnen und als geringfügig darzustellen. Er schreibt weiter:

> »Jüdische Mordhelfer und Leichenfledderer sicherten dann an Ort und Stelle das Vernichtungswerk.« »Nur dadurch, daß Juden die Juden bis zur Vernichtung ›betreuten‹, konnte es gelingen, sie derart zu betrügen und wehrlos zur Schlachtbank zu führen.« »Auch in den Ghettos sollen die brutalsten Schläger nicht deutsche Funktionäre, sondern jüdische Polizisten gewesen sein«. (ebd.)

Nach Härtle gibt es »Schätzungen, wonach die Hälfte der ermordeten Juden ohne die Mordhilfe von Juden zu retten gewesen wären« (ebd., S. 41). Seine angebliche Quelle gibt er dabei nicht an. Aber aus dieser Darstellung wird seine Sicht deutlich: ›die Juden sind selber an ihrer eigenen Vernichtung schuld bzw. sie haben sie zumindest zur Hälfte selber durchgeführt‹. ›Manchmal haben sie sogar fast die ganze Vernichtungsarbeit durchgeführt‹: »Nur der Kommandant, Arzt und Vergaser waren dabei durchweg Deutsche« (ebd., S. 40). Die Nazis sahen die »Zusammenarbeit mit den Juden« »als die eigentliche Grundlage ihrer Judenpolitik« (ebd.) und damit gibt es nicht »nur schuldige Deutsche und unschuldige Juden«, formuliert Härtle seine Hauptthese (ebd., S. 6). Er halbiert damit die Schuld der Deutschen und wird so dem Untertitel seines Buches »Deutsche Verteidigung gegen Kollektivschuld-Lügen« ›gerecht‹. Härtle fragt sich weiter, ob in Israel unter den »Juden mit KZ-Nummer-Tätowierung [...] keine Leichenfledderer und

Mordhelfer verborgen« sind (ebd., S. 38) und ruft damit dazu auf, die jüdischen Funktionshäftlinge zu verfolgen und nicht nur die Deutschen.

Die Leugner der Shoah lassen sich in zwei Gruppen unterteilen: Diejenigen, die die Existenz des Volkermords absolut verleugnen und die Revisionisten. Letztere verleugnen nicht mehr die Existenz von Auschwitz, jedoch die Zahl der Opfer und die Einzigartigkeit der Shoah. Es kommt bei den Revisionisten zu partiellem Leugnen. Sie wirken dabei differenzierter und sind deshalb auch gefährlicher (Gutman 1995). Wie hier, im Fall der Funktionshäftlinge, bestreiten sie die zentrale Rolle der Deutschen bei dem Völkermord. Die Begegnung mit diesem Material zeigte mir erneut, wie konfliktreich und komplex das Thema der jüdischen Funktionshäftlinge ist.

»Jeder von ihnen hat gemordet«: Gesellschaftlicher Ruf der Funktionshäftlinge

Unabhängig von der Frage, ob einzelne Funktionshäftlinge juristische Schuld tragen oder nicht, leiden Funktionshäftlinge als Gruppe unter einem schlechten gesellschaftlichen Ruf. Schon 1945 bei Demonstrationen in Paris befanden sich »unter den Transparenten auch Parolen gegen die Funktionshäftlinge« (Brzezicki u. a., 1987, S. 231). Diese richteten sich gegen die Funktionstätigkeit als Form der Kollaboration, gegen polnische, kommunistische und jüdische Kapos. Wie aktuell die Verurteilung von »NS-Kollaborateuren« bis heute ist, verdeutlicht eine Zeitungsmeldung über »flämische NS-Kollaborateure« im Jahre 1998. Als die flämischen Regionalparlamente am 10.06.1998 beschlossen, daß auch diese Gruppe Recht auf staatliche Entschädigung und Renten hat, »führte der Entscheid zu Protesten« im französischsprachigen Teil Belgiens (NZZ 13.6.1998, S. 7). In Israel faßt der Abgeordnete und Holocaust-Überlebende Dov Schilansky seine Meinung über die jüdischen Funktionshäftlinge zusammen: »Jeder von ihnen hat gemordet.[...] Die Juden, die für die Deutschen gearbeitet haben, und auch jene, die nur das Abzeichen eines stellvertretenden Kapos am Ärmel trugen, haben gemordet – alle bis auf wenige Ausnahmen« (Schilansky 1980, S. 18, zit. n. Segev 1995, S. 346).

Als ich die Arbeit begann, suchte ich Zeugenaussagen von Holocaust-Überlebenden über ihre jüdischen Kapos. Ich wollte überprüfen, inwieweit der schlechte Ruf der Funktionshäftlinge direkt in den Erzählungen der Holocaust-Überlebenden vorkommt. In Yad-Vashem fand ich mehr als 400 solche Aussagen. Die meisten Überlebenden berichteten negativ über ihre

Kapos. »Wie kann eine Jüdin so böse sein«, fragt sich Lea Gadisch Goldstein in ihrer Zeugenaussage, als sie über ihre jüdische Blockälteste in Auschwitz spricht. »Wir haben immer Schläge bekommen, weil die Blockälteste schnell [mit der Essensausgabe] fertig sein wollte«[8]. Auch Malka Hoffman erzählt, daß ihre Blockälteste sich sehr grob verhielt, »mit solcher Grobheit, so daß wir anfangs nicht glaubten, daß sie Jüdin ist.« »Sie war eine Sadistin«[9]. Hannah Kamil berichtet, wie die Blockälteste ihre Mutter mehrmals heftig schlug.[10]

Doch es existieren auch vereinzelte Zeugenaussagen über gute Erfahrungen mit Kapos. »Edit war eine gute Blockälteste«, sagt die Holocaust-Überlebende Tova Hurwitz Weiss[11] und auch Moshe Slikowitz[12] beschreibt die Menschlichkeit seines tschechischen Blockältesten. Frau Maibaum, die selbst Blockälteste war, sagt: »Natürlich machte ich, was ich konnte. Ich schlug nicht. Nicht so wie man erzählt« und berichtet über die Dankbarkeit seitens sechzig ihrer Mithäftlinge in Form eines Festes in den achtziger Jahren.[13]

Der schlechte Ruf der Funktionshäftlinge hat wahrscheinlich viele von ihnen davon abgehalten, Zeugnis abzulegen. Dies könnte eine Erklärung dafür sein, daß in Yad-Vashem lediglich vereinzelte Zeugenaussagen von jüdischen Kapos zu finden sind, obwohl im dortigen Archiv tausende von Zeugenaussagen verzeichnet sind und die Funktionshäftlinge etwa zehn Prozent der Häftlinge darstellten.

Welche Folgen konnte der schlechte Ruf für die Funktionshäftlinge im Alltag haben? Im folgenden möchte ich insbesondere auf Israel eingehen, denn viele der von mir interviewten Kapos leben heute in Israel. Als Shlomo Graber entdeckte, daß der ihm bekannte Funktionshäftling Gustav in Israel lebt, reichte er eine Anzeige bei der Polizei ein, die aber nicht angenommen wurde (da eine andere Person eine positive Aussage über den Funktionshäftling abgab). Graber und sein Freund beschlossen, die Wahrheit aufzudecken. Auf einer zentralen Straße im Quartier, in der Gustav mit seinem Wagen Lebensmittel verkaufte, warteten sie auf ihn. Sie hielten den Wagen an und berichteten dem sich angesammelten Publikum über Gustavs Handlungen als Funktionshäftling im Lager. »Wir erzählten den Anwesenden, wer das Ungeheuer ist, das im Wagen sitzt«. Gustav sagte nichts. »Seine Frau, die nichts über seine Vergangenheit wußte, hat ihn nachher verlassen.[...] Von diesem Tag wurde Gustav von den Einwohnern boykottiert.« Nach einigen Monaten starb er (Graber 1997, S. 91f.).[14] Es passierte mehrfach, daß Holocaust-Überlebende, die auf der Straße einen Kapo oder ein Judenratsmitglied erkannten, diese Person angriffen und aus Wut auf sie einschlugen (Segev

1995). Die Atmosphäre gegenüber Funktionshäftlingen scheint so negativ gewesen zu sein, daß Magda Blau-Hellinger, die Lagerälteste in Auschwitz war, Israel in den 50er Jahren verlassen hat, wie sie in ihrer Zeugenaussage in Yad-Vashem erzählt.[15] Sie konnte die psychische Belastung und physischen Bedrohungen nicht länger verkraften.

»Rabin, der Kapo«:
Von der Ermordung Kastners bis zum Mord an Rabin
Das Wort »Kapo« oder »NS-Kollaboratur« wurde in Israel zu einer gefährlichen Beschuldigung, zu einer Verhetzung, und spielte nicht zuletzt eine Rolle bei der Ermordung Kastners in den 50er Jahren und Rabins in den 90er Jahren. Das bekannteste Gerichtsverfahren wegen Kollaboration mit den Nazis wurde gegen Kastner durchgeführt. Dieser konnte, wie bereits erwähnt, durch direkte Verhandlungen mit den Nazis im Jahre 1944 ungarische Juden retten. Nach der Staatsgründung betätigte sich der Rechtsanwalt und Journalist Kastner weiterhin politisch und sollte als Kandidat der Mapai (heutige Arbeiterpartei) in die Knesset einziehen. 1952 schrieb Malkiel Grünwald, ein Holocaust-Überlebender, voller Haß über Kastner:

>»Dr. Rudolf Kastner muß liquidiert werden! Seit drei Jahren warte ich auf den Moment, diesen Karrieristen vor Gericht zu bringen. Dieser profitiert bis heute von den Raub- und Mordtaten Hitlers. Wegen seiner kriminellen Machenschaften und seiner Kollaboration mit den Nazis [...], sehe ich ihn als indirekten Mörder meiner lieben Brüder«.[16]

Kastner verklagte Grünwald, doch zuletzt richtete sich der Prozeß gegen Kastner selbst. Der israelische Richter Benjamin Halevi erklärte Kastner am 22. Juni 1955 wegen Kollaboration mit den Nazis für schuldig und schrieb in seinem Gerichtsurteil: »Kastner verkaufte seine Seele dem Satan.«[17] Es wurde nachgewiesen, daß Kastner von der Vernichtung in Auschwitz wußte. Er wußte, wohin die Transporte gingen, warnte aber die Juden nicht. Stattdessen verteilte er sogar aufgrund einer Abmachung mit den Nazis Postkarten, auf denen die bereits Deportierten die neuen Orte als schön schilderten. So wurden die Juden getäuscht. Kastner hat hunderte von Menschen gerettet, darunter auch seine Familie. Die Mehrheit der Juden aus seiner Heimatstadt Cluj (18.000) aber wurde wenig später nach Auschwitz deportiert (Gschwend u. a. 1998, S. 14). Während seiner Aktivität in der zionistischen Bewegung hatte Kastner auch Kontakte zu Adolf Eichmann und dem SS-Offizier Kurt Becher. Sie boten ihm an, gegen 10.000 Lastwagen eine Million Juden freizulassen (Segev 1995, S. 343). Zuletzt platzte diese Verhandlung, Kastner gelang es aber, mit dem sogenannten »Kastnerzug« seine Familie und andere Juden zu retten.

Kastner stand hier vor einem Moraldilemma, zwischen zwei Werten, die nicht gleichzeitig verfolgt werden konnten: (a) man soll Leben retten und (b) man soll nicht (freiwillig) mit den Tätern verhandeln. In diesem Fall ging es nicht um Kastners Überleben, aber um das Überleben seiner Familie, seines Volkes. Er konnte als zionistischer Funktionär, der nicht mehr in Ungarn lebte, ungarische Juden nur durch direkte Verhandlungen mit den Nazis retten. Mit dem Kastnerzug wurde viele Familienangehörige von Kastner gerettet und ihm wurde oft vorgeworfen, diese hätten auf Kosten anderer überlebt. Es läßt sich aber fragen, ob andere Juden z. B. überhaupt bereit gewesen wären, freiwillig in den Zug einzusteigen, wenn Kastners Verwandte nicht auf der Liste gewesen wären. Zweitens: Und hätte Kastner einen besseren Ruf genossen, wenn er niemanden aus seiner Familie gerettet hätte? Das Urteil gegen Kastner führte zu Verhetzungen gegen ihn. Es kam zum Folgeprozeß beim Obersten Gerichtshof. Fast wäre Kastner freigesprochen worden, er wurde jedoch am 3. März 1957 von Zwi Eckstein, einem Rechtsradikalen niedergeschossen und starb zehn Tage später an seinen Verletzungen. Am 17. Januar 1958 wurde das Bezirksgerichtsurteil mit der Begründung aufgehoben, Kastner habe mit den Nazis zusammengearbeitet, um Menschen zu retten (ebd., S. 405ff).

Wie aktuell die Abneigung gegen die Judenräte und die jüdischen Kapos in Israel ist, zeigt z. B. die Hetze rechter politischer Kreise in Israel gegen Premierminister Rabin im Herbst 1995, kurz vor dessen Ermordung. Die Rechtsextremisten, die gegen die Osloer Verträge und den fortschreitenden Friedensprozeß waren und noch sind, nutzten die Nazizeit und besonders den negativen Ruf der Funktionshäftlinge in ihren Anti-Rabin-Aufklebern und Plakaten: »Rabin, der Vorsitzende des Judenrates«, »Die Rabin-Regierung opfert das Leben von Juden«, »Rabin hat einen Vertrag mit dem Feind unterzeichnet«, »Rabin der Kapo«, »Rabin, der Judenrat, hilft uns in die Züge«, »Rabin, Verräter« (Kapeliouk 1996, S. 56f).[18] Rabins Mörder berief sich nach seiner Tat auf den »Din Rodef«, eine »veraltete halachische Vorschrift«, die dazu aufruft, »einen Juden zu töten, der Leben oder Eigentum eines anderen Juden gefährdet« (Karpin und Friedman 1998, S. 157). Sein Mörder nahm an, daß Rabin dem jüdischen Volk soviel Schaden zufügte, daß sein Tod deshalb eine religiös legitimierte Tat wäre. Viele von den beschriebenen Parolen spiegeln die bis heute herrschende Stimmung in der israelischen Gesellschaft gegenüber Funktionshäftlingen wider: Die Funktionshäftlinge opferten Leben von anderen Juden während ihrer Kollaboration mit den Nazis, um davon zu profitieren, um sich selber zu schützen.

Der Blick des israelischen Theaters auf Funktionshäftlinge

Das Theater ist ein Spiegel der Gesellschaft. Seit der Entstehung des Staates Israel beschäftigten sich zahlreiche Theaterstücke mit der Beziehung der israelischen Gesellschaft zu den Überlebenden. Die Holocaust-Überlebenden möchte ich hier in drei Gruppen unterteilen: die Partisanen, die Kapos und die Ghetto- und KZ-Überlebenden. Auf der Bühne der fünfziger Jahre stand die Figur des heldenhaften Partisanen und Untergrundkämpfers im Vordergrund, so Feingold (1989), dessen Buch »The Theme of the Holocaust in Hebrew Drama« mir als Quelle der folgenden Analyse diente.[19] Gezeigt wurde z. B. der Widerstand in den Ghettos, besonders der Widerstand im Ghetto Warschau, sowie die Heldentat der israelischen Fallschirmspringerin Hannah Senesch, die von den Nazis in Ungarn getötet wurde. Der Kampf der Partisanen wurde auf der Bühne (und meist auch in der Politik Israels) als ein Teil des zionistischen aktiven Kampfs gegen den Feind präsentiert. In diesen Stücken stand das Leid der Überlebenden im Hintergrund. Dabei wurde die Gründung des Staats Israel als das gute Ende ihres leidvollen Weges dargestellt, als die Erfüllung all ihrer Wünsche.

Das Theaterstück »Die Schattenkinder« von Tomer beschreibt die Begegnung von Joram, einem Israeli, mit den Überlebenden: »Als die Überlebenden ankamen und erzählten, was damals war, begann ich zu fragen, warum habt ihr keinen Widerstand geleistet?« (1963, S. 71, zit. n. Feingold 1982, S. 208). Der Stolz auf die Partisanen ging mit einem Gefühl von Scham gegenüber der Passivität der Ghetto- und KZ-Überlebenden einher. Dieser Vorwurf an die größte Gruppe der Überlebenden wird meist unter dem Stichwort »wie Schafe zur Schlachtbank« summiert. Er taucht in vielen anderen Theaterstücken auf und spiegelt die intensive Beschäftigung der israelischen Gesellschaft mit dieser Frage wider.

In Tomers Stück wird auch die Problematik der Judenräte angesprochen. Der Judenrat Dr. Sigmund Rabinuwiz verließ seine Familie während der Shoah. Er überlebte allein, erreichte Israel, litt aber unter schweren Schuldgefühlen. »Er flieht vor sich selber, vor seinem Gewissen in eine Welt von Halluzination und Wahn, [...] bis er sich zum Tode verurteilt« (Feingold 1982, S. 206). Sigmund Rabinuwiz bestraft sich damit selbst. Das Stück präsentiert beide Vorwürfe: die Passivität der Überlebenden und die Vorstellung, daß die Judenräte schuldig sind.

Das erste Theaterstück, das sich in erster Linie mit dem Phänomen der Funktionstätigkeit beschäftigt hat, ist »Cheschbon-Chadasch« (Neue Rechnung) von Nathan Shacham, das 1954 uraufgeführt wurde. Es beschäftigt sich mit der Schuldfrage der jüdischen Kollaborateure bzw. mit der Frage, ob die Israelis das Recht haben, Kollaborateure zu verurteilen oder ob sie ihnen verzeihen und ihnen einen Neuanfang in Israel ermöglichen sollten. »Cheschbon-Chadasch« entstand nicht zuletzt im Zusammenhang mit der Kastneraffäre, die zwei Jahre zuvor begonnen hatte (Feingold 1989, S. 23) und stellt eine dichte soziologische Beschreibung der israelischen Auseinandersetzung mit den Funktionshäftlingen in den ersten Jahren nach der Shoah dar. Das Stück handelt von der Beziehung zwischen dem jungen Israeli Ami und einem Kapo. Ami wird als der typische Sabra (Bezeichnung für eine Person, die in Israel geboren ist) vorgestellt: jung, entschieden, von sich überzeugt und naiv zugleich. Er entdeckt, daß der Ingenieur Euerbach ein ehemaliger Kapo im Vernichtungslager war. »Unter uns lebt ein Mörder« und »ich werde ihn mit meinen eigenen Händen töten« sagt Ami und glaubt damit, »im Namen des Gewissens« und als Vertreter des israelischen Kollektivs zu sprechen (Shacham 1954, S. 75f). Zuletzt entdeckt Ami, daß Euerbach kein Kapo, sondern im Untergrund aktiv war. Um zu retten, was zu retten war, hatte sich Euerbach vor den Nazis als Kollaborateur ausgegeben. Euerbach wirft Ami vor: »Glaubst du, daß du verstehst, was Konzentrationslager ist? [...] Du willst uns richten?«. Dahinter steht die Frage, ob man Überlebende richten kann, wenn man selber nie ein Krematorium sah oder von den Nazis verfolgt wurde. Ami wird hier als jemand kritisiert, der Situationen, die seiner Weltsicht und seinen Werten nicht entsprechen, nicht verstehen kann. Er schreit erst »Unter uns lebt ein Mörder« und verzeiht letztendlich Euerbach, aber nur weil dieser nun nicht mehr als Kapo galt, sondern sich als Untergrundkämpfer offenbarte.

Ab den 80er Jahren beschäftigten sich Theaterautoren von neuem intensiv mit der Shoah, dieses Mal aber kritischer gegenüber dem Zionismus und verständnisvoller gegenüber den Überlebenden und Funktionshäftlingen. »Ist die Welt, die unser Volk vernichten läßt [...] weniger unmoralisch als unser Versuch, durch den unvermeidbaren Kontakt mit dem Satan uns selbst zu retten«, fragt der Held in dem Theaterstück »Kollaborateure« (Zachor 1974, S. 34ff, zit. n. Feingold 1982, S. 205). Und Moti Lerner läßt Kastner – in seinem gleichnamigen Theaterstück – mit seinen Gegnern sprechen. Kastner ist hier ein Mensch, der aus Idealen handelt und nicht nur, um seine eigene Haut zu retten:

> »Ihr macht keine Geschäfte mehr mit dem Satan? [...] Ich bin bereit mit ihm Geschäfte zu machen, sogar für einen einzigen Juden und wenn er mir eine Million Juden bietet, wer bin ich, daß ich mit dem Satan keine Geschäfte machen werde? [...] Ich habe keinen

Zweifel, daß das jüdische Volk während des Krieges große Helden hatte. [...] Aber wieviel Juden haben diese Helden gerettet? Was war der Sinn ihres Heldentums? Und der Mann, der aus den Händen der Nazis einen Zug mit 1648 lebenden Juden retten konnte, ist ein Kollaborateur?«. (Lerner 1985, S. 32ff, zit. n. Feingold 1989, S. 30f.)

In dieser kritischen Welle schrieb auch Sobol (1992) das Theaterstück »Ghetto«, in dem er die Beziehungen zwischen dem Judenratsleiter und den Nazis im Ghetto Wilna darstellt. Diese Stücke reflektieren den Beginn einer Veränderung in der israelischen Gesellschaft. Die alten Bilder sind noch da, die Neuen kämpfen um ihren Raum.

Die Soziose – die Verstärkung des Leidens durch die Gesellschaft

Die überlebenden Funktionshäftlinge haben mit gesellschaftlichen Bildern zu kämpfen, die sie einerseits als die Verkörperung des Bösen, andererseits als die tragischsten Figuren der Shoah darstellen. Ich möchte die Wirkung dieser gesellschaftlichen Bilder auf das innere Überleben von Funktionshäftlingen untersuchen. Mich interessieren die Bewältigungsstrategien, die sie im Umgang mit diesem Ruf entwickelt haben. Dabei gehe ich davon aus, daß der negative gesellschaftliche Ruf auch psychischen Einfluß auf die Kinder von Funktionshäftlingen hat. Ruth Bondy, eine Überlebende, berichtet über ihre Erfahrungen: »In Israel wollten die Juden von mir wissen: Wie kam es, daß du am Leben bliebst? Was mußtest du machen, um zu überleben? Und in ihren Augen lag ein Verdacht: Kapo? Prostituierte?« (1997, S. 44).

Diese Fragen beschäftigen bewußt und unbewußt auch die zweite Generation in Familien von nicht-jüdischen Funktionshäftlingen: Um zu verdeutlichen, welche negativen Folgen das Schweigen innerhalb der Familie verursachen kann, berichtet der Psychiater Davidson (1980) über die Entstehung von angstvollen Phantasien bei der zweiten Generation, nach denen der eigene Vater als Kapo oder die Mutter als Prostituierte überlebten. Diese beiden Figuren erscheinen in den Augen der israelischen Gesellschaft tatsächlich meist als das Äußerste, weil sie als amoralische Formen des Überlebens gelten. Ehemalige Kapos stehen vor der Frage, wie sie ihre Handlungen individuell und die Handlungen der Kapos als Gruppe bewerten: Die Gesellschaft hat ein Problem mit ihnen und diesen Konflikt müssen sie für sich lösen.

Der Begriff der »Soziose« von Van den Berg (1960) geht auf diese Problematik zwischen dem Individuum und der Gesellschaft ein. Dieses wichtige, jedoch fast vergessene Konzept versucht, auf den Anteil der Gesellschaft bei der Erkrankung von Individuen aufmerksam zu machen. »Die kranke

Gesellschaft«, bzw. die krankmachende Gesellschaft steht hier im Vordergrund (ebd., S. 196). Der Begriff der »Soziose« entstand in Abgrenzung zum Neurosebegriff der Psychoanalyse. Während die Psychoanalyse in erster Linie innere Faktoren – wie den Kampf zwischen Es, Ich und Über-Ich – als Quelle des Leidens sieht, weist die Soziose auf den gesellschaftlichen Ursprung des Leidens hin. Van den Bergs Konzept ist ein soziologisches Konzept. Der Kapo leidet nicht nur, weil er sich selbst verurteilt, wie z. B. der Judenrat Dr. Sigmund Rabinuwiz aus dem Theaterstück »Schattenkinder«, sondern weil – um bei diesem Beispiel zu bleiben – Ami, als Vertreter des israelischen Kollektivs, ihn als Symbol der Unmoral umbringen will. Das Individuum wird krank, weil die Gesellschaft von ihm etwas verlangt, ihm etwas vorwirft oder sein Recht auf Existenz bestreitet.

Nach Van den Berg sind die Faktoren, die zur Neurose führen, also auch gesellschaftlich bedingt, und damit nicht nur innerpsychisch bestimmt. So versteht Van den Berg die Neurose als einen Versuch des Individuums, »gegensätzlichen und komplizierten Forderungen« der Gesellschaft gerecht zu werden. »Neurosen sind Soziosen«, ist das Resümee Van den Bergs (1960, S. 190):

>»Der Neurotiker ist nicht krank wegen krankmachender Instanzen in ihm selbst, Instanzen also, die in der eigenen Subjektivität beschlossen liegen, sondern durch Instanzen außer ihm. Wohl kann er durch diese Maßregeln noch kranker werden, als er schon ist – und insofern ist er dann krank durch eine Instanz ›in ihm‹ – der krankheitserregende Faktor liegt außer ihm. Die Gesellschaft bringt seine Krankheit hervor« (ebd. 192).

Der Kapo wird krank, weil er einer Gesellschaft angehören will, in diesem Fall der israelischen Gesellschaft, die ihn (im Gegensatz zum Partisanen) aber nicht als Mitglied haben will. Vor diesem Problem stehen auch die Kinder der Kapos. Können sie sich als ›gute Israelis‹ erleben oder von anderen so angesehen werden, wenn ihre Eltern Kapos waren? Ich vermute, daß sowohl die Funktionshäftlinge und als auch ihre Kinder Bewältigungsstrategien im Umgang mit diesen gesellschaftlichen Aspekten entwickelt haben, die ich psychosoziale Bewältigungsstrategien nennen möchte.

Tod der moralischen Person?
Im Spannungsfeld zwischen
Philosophie und Geschichte

War moralisches Verhalten im KZ überhaupt möglich? Konnte es sich ein Kapo oder ein einfacher Häftling eigentlich leisten, im KZ moralisch zu handeln, wenn er überleben wollte? Tadeusz Borowski, ein Auschwitz-Überlebender, sagte: »Wenn wir überlebten wollten, mußten wir nur an uns selbst denken«. In diesem Krieg gerieten Moral oder nationale Solidarität in Vergessenheit, denn »es gibt kein Verbrechen, zu dem man nicht bereit wäre, um sich zu retten«.[1] Anders formuliert heißt die Frage: Ist moralisches Handeln ein ›Luxus‹ im ›Normalzustand‹, aber keine Handlungsmöglichkeit während der Shoah? Viele Autoren vertreten die Meinung, daß es während der Shoah zum »totalen Zusammenbruch menschlicher Ethik und Moral« kam (Battegay 1994, S. 87) und daß die »zentrale Erfahrung des Überlebenden« »die Versagung von Mitmenschlichkeit« ist (Laub und Auerhahn 1992, S. 256). Nach dieser Position haben die »Worte ›gut‹ und ›böse‹ oder ›Recht‹ und ›Unrecht‹« ihre Bedeutung »diesseits des Stacheldrahtes« verloren (Levi 1991, S. 103).

Andererseits hörte ich in Gesprächen mit Holocaust-Überlebenden wiederholt von gegenseitigen Gesten der Menschlichkeit, die zum Teil lebensrettend waren, z. B. das Teilen des zusätzlich erhaltenen Brotes oder die Versorgung einer kranken Freundin. Solch ein In-Schutz-nehmen eines Mitmenschen ist moralisches Handeln. Moral definiere ich dabei aus der subjektiven Perspektive des Individuums und sie umfaßt die Gesamtheit der Werte, an denen sich die Person orientiert. Hatten Häftlinge im Lager wirklich nur die Option, ›moralisch zu sterben oder unmoralisch weiterzuleben‹? Die Antwort auf diese Frage ist komplexer als diese Entweder-Oder-Option nahelegt: Im Lager war der Mensch sowohl fähig, das Brot seines Kameraden zu stehlen, als auch sein letztes Stück Brot mit anderen zu teilen. Den Wunsch, auch im Lager moralisch zu handeln, beschreibt Todorov (1996) in seinem Werk »Facing the extreme. Moral life in the concentration camps« als die »Banalität des Guten.« Er thematisiert den Konflikt zwischen dem Lebenswillen und dem Willen, moralisch zu handeln, die er »vital values and moral values« nennt, und betont, daß beide Wünsche immer nebeneinander existieren. »Both kinds of values are always active« erklärt er und hebt damit die Bedeutung der Moral für die Häftlinge auch in der extremen Situation hervor, denn er glaubt, »that moral values and behaviours are constitutive dimensions of life« (ebd., S. 40).[2] Die beachtliche Bedeutung, die Todorov der Moral im Lagerleben zuschreibt, spielt auch eine zentrale Rolle in meiner Untersuchung.

Wenn eine Person zwischen der Ermordung eines Freundes oder der Ermordung der eigenen Familie wählen soll, dann ist »die Alternative [...] nicht mehr zwischen Gut und Böse, sondern zwischen Mord und Mord«, schreibt Hannah Arendt und summiert das totalitäre NS-System als »Angriff auf die moralische Person des Menschen« bzw. als die »Ermordung der moralischen Person.« »In der Schaffung von Lebensbedingungen, in denen Gewissen schlechthin nicht mehr ausreicht und das Gute unter keinen Umständen mehr getan werden kann, wird die bewußt organisierte Komplizität aller Menschen an den Verbrechen totalitärer Regime auch auf die Opfer ausgedehnt und damit wirklich ›total‹ gemacht« (Arendt 1955, S. 692f). Hinter der Wahl zwischen Mord und Mord steht die Wahl zwischen der Rettung der Familie oder der Rettung des Freundes, des Nachbarn, des Gemeindemitglieds... Doch der Zwang der Wahl führt nach Arendt zu der »Ermordung der moralischen Person«, denn um eine moralische Tat wie die Rettung der Familie zu verfolgen, muß eine unmoralische Tat vollzogen werden.

Es sind meiner Meinung nach die schweren psychischen Folgen von *Moraldilemmata*, die Arendt hier anspricht: Durch die äußere NS-Realität, durch die qualitative und quantitative Zunahme der Moraldilemmata kommt es zur Zerstörung des eigenen moralischen Selbstbilds. An dieser Stelle habe ich mich gefragt, wie das moralische, innere Überleben der Funktionshäftlinge aussieht. Wie leben sie heute mit den Moraldilemmata? Was könnte ihnen geholfen haben, mit den Moraldilemmata weiterzuleben? Enorme Bewältigungsarbeit ist nötig, um diese innere Verletzung mit sich weiterzutragen. Worauf Arendt hier hinweist, muß deshalb nicht der Tod der Moral, nicht die »Ermordung der moralischen Person« in ihrer absoluten Form sein, wie sie annimmt, sondern eine Zunahme der Moraldilemmata und die durch sie geschaffene extreme Belastung für das innere Überleben. Denn um Moraldilemmata wahrzunehmen, muß die Person eine moralische Person sein: Sie hat Werte, an denen sie sich orientiert; sie will moralisch handeln und leidet darunter, den eigenen Werten nicht gerecht zu werden.

Im Gegensatz zu Arendt geht Jean-Paul Sartre (1994) nicht davon aus, daß die Situation des Moraldilemmas die moralische Person tötet, sondern daß moralisches Verhalten sich gerade in schweren Zeiten zeigt. Denn solange alles ›normal‹ und ›gut‹ verläuft, hat das Individuum keinen Grund, unmoralisch zu handeln. Erst in schweren Phasen existiert die Freiheit, zwischen gut und schlecht zu wählen. Für die Situation des Moraldilemmas hebt er hervor, daß die Person zwischen zwei ihr wichtigen Werten wählen muß. Eine zentrale Bedeutung für meine Arbeit hat die folgende Überlegung von Sartre: Jede Entscheidung in der Situation des Moraldilemmas ist eine moralische Entscheidung (1989, S. 17). Denn die Wahl besteht nicht »zwischen gut und böse«, sondern zwischen »Böse und Böse«, aber damit gleichzeitig auch zwischen helfen und helfen, zwischen Gut und Gut. Beide Handlungsalternativen in der Situation des Moraldilemmas sind nach Sartre moralisch gut, aber nicht gleichzeitig erfüllbar. Im Gegensatz zu Arendt macht also bei Sartre der Akt der Wahl in der Situation des Moraldilemmas die Person nicht zu einer amoralischen Person.

Entscheidung bei Moraldilemmata:
Der Mensch steht für sich allein

Im Leben jedes Individuums existieren zahlreiche Werte, die ihm als Orientierung dienen. Diese »Pluralität von Werten« kann in bestimmten Situationen dazu führen, daß ein Wert mit einem anderen in Konflikt gerät (Williams 1984, S. 82). In diesen Situationen stehen wir vor moralischen Konflikten, in denen wir »konfligierende Pflichten« haben: »Ich sollte A tun; und ich sollte B tun und es ist mir nicht möglich, beides zu tun« (Hare 1992, S. 70f). Eine praktische Lösung des Dilemmas auf der Handlungsebene ist notwendig, aber gleichzeitig unauflösbar, da wir beide Werte nicht verfolgen können. Moraldilemmata werden auch Wertkonflikte (conflicts of values), Moralkonflikte oder Pflichtkonflikte genannt.

Als ein junger Mann bei Sartre (1989) nach Rat sucht, ob er bei seiner kranken Mutter bleiben solle, die allein lebt, oder an der Front für sein Vaterland kämpfen solle, erklärt ihm Sartre, daß keine philosophische Lehre ihm helfen kann, die Entscheidung zu treffen. Er stehe ganz allein vor dem Zwang der Wahl. Die verschiedenen Moraltheorien würden nur eine allgemeine Richtung bei der Entscheidung geben. Sie stellen jedoch keine Hilfe im konkreten Einzelfall dar.

> »Wer konnte ihm helfen, zu wählen? Die christliche Lehre? Nein. Die christliche Lehre sagt: Seid barmherzig, liebt euren Nächsten, opfert euch auf für den anderen, wählt den rauhen Weg usw. Aber welches ist der rauheste Weg? Wen soll man lieben wie seinen Bruder: den Kämpfer oder die Mutter? Welches ist die größere Nützlichkeit: jene unbe-

stimmte, in einer Gesamtheit zu kämpfen, oder jene sichere, einem genau bestimmten Mensch leben zu helfen. Wer kann a priori darüber entscheiden? Niemand.« (Ebd., S. 18)

Allgemeine abstrakte Prinzipien wie der kategorische Imperativ von Kant helfen uns nicht, konkrete Entscheidungen zu treffen. Sie »scheitern, wenn sie das Handeln bestimmen wollen« (ebd., S. 33). Denn Kants kategorischer Imperativ besagt: »Handle nur nach derjenigen Maxime, durch die du zugleich wollen kannst, daß ein allgemeines Gesetz werde« (1785, S. 421). Aber welche der beiden Maximen soll hier ein allgemeines Gesetz werden: Die Mutter versorgen oder die Landesverteidigung? An dieser Stelle ist die Kritik an Kant berechtigt, nach der Sein »System zusammenbricht, wenn er von der theoretischen Begründung der Moral zur Lösung praktischer Konflikte übergeht« (Fletcher 1994, S. 226). Dem Jungen sagt Sartre: »Sie sind frei. Wählen Sie. Das heißt finden Sie. Keine allgemeine Moral kann Ihnen angeben, was Sie zu tun haben« (ebd., S. 19). Jeder Mensch muß sein Gesetz, seine Moral finden. Der Mensch ist allein in den Situationen der Moraldilemmata. Eine schwere Entscheidung, wenn er beide Werte zu erfüllen strebt.

Wie entscheidet man sich nach Sartre bei Moraldilemmata, wenn doch beide Werte (gleich) wichtig sind? Bei der Entscheidung solle man sich auf den eigenen Instinkt, auf das eigene Gefühl verlassen, schreibt Sartre. Dabei ist für Sartre jede Entscheidung bei einem Moraldilemma eine moralische Entscheidung. Dieser Sichtweise schließe auch ich mich an.

Wie würde die Lösung eines Moraldilemmas nach Kant aussehen? Kant geht davon aus, daß Moraldilemmata logische Denkfehler sind und an sich nicht existieren. Doch an einer Stelle läßt sich bei ihm ein Beispiel über ein klassisches Moraldilemma finden und auch ein Vorschlag, wie er es lösen würde. Diese Lösung geht von seinem Verständnis und seiner Definition von Moral aus: Der kategorische Imperativ stellt eine absolute Definition der Moral dar und geht von ihrer uneingeschränkten Allgemeingültigkeit aus: Jeder Mensch unterliegt der »strengsten Pflicht zur Wahrhaftigkeit in Aussagen«, schreibt Kant, und zwar auch, wenn diese »ihm selbst oder anderen schaden« (1991, S. 310). Um die Absolutheit der »Pflicht zur Wahrhaftigkeit« zu verdeutlichen, entwirft Kant die folgende Geschichte. Ein Mann versteckt seinen Freund bei sich zu Hause, weil dieser von einem Mörder verfolgt wird. Der Mörder klopft an die Tür und fragt, ob der Freund sich im Haus befindet. Was soll er tun, die Wahrheit sagen oder lügen, um den Freund zu retten? Nach Kant ist die Antwort eindeutig: Er solle die Wahrheit verfolgen, unabhängig von den Konsequenzen der Tat, denn »er selbst tut also hiermit dem, der dadurch leidet, eigentlich nicht Schaden, sondern diesen verursacht der Zufall« (ebd., S. 310). Kant warnt im Namen der Vernunft vor jeder Art des Lügens: »Hast du nämlich einen eben jetzt mit Mordsucht Umgehenden durch eine Lüge an der Tat gehindert, so bist du für alle Folgen, die daraus entspringen möchten, auf rechtliche Art verantwortlich. Bist du aber strenge bei der Wahrheit geblieben, so kann dir die öffentliche Gerechtigkeit nichts anhaben« (ebd., S. 308). Wenn man diese Situation auf die Nazizeit überträgt, handelten nach Kant diejenigen Personen, die Juden versteckten haben und die Nazis deshalb belügen mußten, unmoralisch. Es wird hier deutlich, daß Kants Kategorischer Imperativ ein Idealfall ist: Wenn sich *alle* so verhalten würden, käme es zu keinen moralischen Verletzungen. Jedoch treten in der Realität Moraldilemmata auf und auf die Frage, wie mit diesen umzugehen sei, gibt Kant keine Antwort.

Wahl im Zwangskontext?
Tragen Menschen moralische Verantwortung im Zwangskontext bzw. in einer Situation, die sie nicht gewählt haben und in der sie vor Moraldilemmata stehen? Als Voraussetzung für moralische Verantwortung werden oft das Wollen (Willensfreiheit, Absicht) und das Können (die Fähigkeit, Recht und Unrecht zu erkennen bzw. Kognitionsbedingungen) genannt. Bei Kindern und geistig Behinderten geht man davon aus, daß die Fähigkeit zur moralischen Verantwortung nicht vorhanden ist. Kinder besitzen zwar eine Willensfreiheit, wenn sie beispielsweise eine Katze verletzen, haben jedoch nicht die Kognition, daß diese Tat schlecht ist. Die moralische Verantwortung kann vollständig oder teilweise wegfallen, auch wenn jemand aus Unwissenheit oder Zwang handelt (Aristoteles 1972, III, S. 1-7). Die Frage der Freiwilligkeit (versus Zwang) als Voraussetzung für moralische Verantwortung ist im Fall der Moraldilemmata besonders komplex und schwierig. Dazu schreibt Aristoteles:

> »Wenn ein Tyrann, der unsere Eltern und Kinder in seiner Gewalt hat, eine schimpfliche Handlung von uns verlangte und jene geschont würden, wenn wir die Handlung verrichteten, dagegen sterben müßten, wenn wir uns weigerten –, so kann man zweifeln, ob solche Handlungen freiwillig oder unfreiwillig sind. [...] Schlechthin freiwillig tut das niemand, dagegen um sich und die anderen zu retten, tut es jeder, der Vernunft besitzt. Derartige Handlungen sind also gemischter Natur, indessen neigen sie sich mehr auf die Seite des Freiwilligen. Denn im Augenblick ihrer Ausübung sind sie frei gewählte [...]. Mithin ist solches freiwillig, schlechthin aber vielleicht unfreiwillig, da niemand sich für derartige an sich entscheiden würde«. (ebd. III, 1, S. 5-19)

Folglich wählt man also im Falle eines Moraldilemmas die Situation nicht selbst, aber man muß in der Situation zwischen zwei oder mehreren Handlungsalternativen wählen. Aristoteles verneint damit die Annahme, daß Moral und moralische Verantwortung nur dann existieren, wenn die Person die Situation wählt.

Diese Überlegung, im Zwangskontext eine Wahl zu haben, erscheint paradox. Doch bei einer näheren Betrachtung wird deutlich, inwieweit sie immer existiert und welche psychischen Schwierigkeiten sie für die Betroffenen bedeuten kann. Ich möchte dies anhand des Romans »Sophie's choice« von Styron verdeutlichen (Styron 1996). Wir glauben oft irrtümlicherweise, daß Opfer keine Handlungsmöglichkeiten haben. Das Opfer wählt die Situation nicht, aber in der Situation steht das Opfer vor einem Handlungszwang. Es muß sich für eine der vorhandenen Handlungsmöglichkeiten entscheiden: z. B. zwischen Schweigen, Schreien oder sich willig und kooperativ zu zeigen. Meist denken wir, je mehr Handlungsmöglichkeiten eine Person hat, um so besser müsse ihr es gehen. Aber wenn eine Person während der Shoah, wie Sophie in dem Roman von Styron, zwischen dem Leben ihres älteren und dem des jüngeren Kindes wählen soll, dann ist diese Wahl schrecklicher als keine Wahl zu haben. Während der Selektion auf der Rampe in Auschwitz erteilt ein SS-Mann Sophie das »Privileg« zu wählen, welches ihrer beiden Kinder am Leben bleiben darf. Sophie weigert sich, eine Entscheidung zu treffen. Doch auch Nichtwählen ist eine Wahl (Sartre 989, 28). Am Ende werden beide Kinder in Richtung der Gaskammern geführt und im letzten Moment schreit Sophie: »Nehmen sie das Mädchen.« Sophie überlebt, wird verrückt und begeht einige Jahre nach der Shoah Selbstmord. Wäre eines der Kinder während der Shoah unter anderen Umständen ermordet worden, wäre es für Sophie seelisch erträglicher als in diesem Fall, wo ihre erzwungene Entscheidung für sie emotional eine ›Beteiligung‹ am Mord ihres Kindes darstellt. Das Leid kann u. U. noch viel größer sein, wenn die Person mehrere Handlungsmöglichkeiten bzw. eine Wahl hat. Das Weiterleben mit der bewußten Übernahme von Verantwortung für die moralischen Handlungsmöglichkeiten ist viel schwieriger.

Die Notwendigkeit einer emotionalen Bewältigung

Im Gegensatz zu der seltenen Auseinandersetzung der Psychologie mit Moraldilemmata beschäftigt sich die Philosophie intensiv mit diesem Phänomen. Die philosophischen Überlegungen reichen von der Annahme, daß Moraldilemmata logisch gar nicht existieren können wie bei Kant, bis zu der

Annahme hin, daß fast jeder Akt zu einer Kollision zwischen Pflichten führen kann (Gowans 1987).³ Nach Williams (1984) stehen wir des öfteren vor Moraldilemmata, doch sind diese logisch nicht lösbar. Diese philosophische Überlegung beinhaltet den für die Psychologie interessanten Aspekt, daß Moraldilemmata, da sie sich auf der logischen Ebene nicht lösen lassen, eine persönliche Auseinandersetzung und eine innerpsychische Lösung benötigen.

Williams formuliert vier Verneinungssätze, um die Unmöglichkeit einer logischen Lösung von Moraldilemmata zu verdeutlichen:

> »1. Es gibt keinerlei einheitliche Währung, von der her alle Wertkonflikte gelöst werden können.
> 2. Es trifft nicht zu, daß es für jeden Wertkonflikt einen Wert gibt, der von allen widerstreitenden Werten verschieden ist und auf den man sich zur Lösung des Konflikts berufen kann.
> 3. Es trifft nicht zu, daß es für jeden Wertkonflikt einen (unabhängigen oder nicht unabhängigen) Wert gibt, auf den man sich zur rationalen Lösung des Konflikts berufen kann.
> 4. Kein Wertkonflikt kann jemals rational gelöst werden«. (ebd., S. 88)

Im Fall der Moraldilemmata kann der Handelnde »zu Recht der Ausfassung sein, daß alles, egal was er macht, falsch sein wird: daß es widerstreitende moralische Erfordernisse gibt und keines davon das andere wirklich zunichte machen oder aufwiegen kann«, schreibt Williams. Jede Handlungsweise ist in diesem Fall moralisch erforderlich und dies »bedeutet, daß der Handelnde, was immer er tut, Grund dazu haben wird, auf tiefstliegender Ebene Bedauern zu empfinden« (ebd., S. 85f). Doch jedes Individuum strebt danach, »Konflikte in seinem persönlichen Wertsystem auf ein Mindestmaß zu reduzieren«, erklärt Williams (ebd., S. 83). Aus seiner Beschreibung lässt sich deutlich schließen, daß wir bei Moraldilemmata eine emotionale Lösung benötigen. Es muß

> »ein Fehler sein, ein Bedürfnis nach Konfliktbeseitigung als ein rein rationales Erfordernis der Art zu betrachten, wie sie für ein theoretisches System gilt. Wir sollten derartige Bedürfnisse, wie sie zur Reduzierung von Konflikten und zur Rationalisierung unseres moralischen Denkens bestehen, vielmehr als in einer sozialeren und persönlicheren Grundlage verankert sehen.«

Dieses Streben ist dabei nicht als ein »rationales Erfordernis« zu betrachten, sondern »vielmehr als in einer sozialeren und persönlicheren Grundlage verankert« zu sehen (ebd., S. 91). Diese Überlegung von Williams ist nach meiner Ansicht treffend und zugleich schmerzhaft.

Ein Hinweis auf die Existenz von Moraldilemmata ist die Entstehung von Reue, Gewissensbissen, Schuldgefühlen oder Bedauern (Marcus 1987). Doch gleichzeitig wird darauf hingewiesen, daß solche Schuldgefühle keine geeignete Reaktion auf Moraldilemmata sind, denn die Person trägt keine Schuld für die Situation, in der sie stand (Marcus 1987). Die Schuldgefühle können aus dem Gedanken entstehen, daß ›ich etwas gemacht habe, was ich nicht hätte tun sollen‹, bzw. gern beide Werte verfolgt hätte und nicht nur den einen. Doch obwohl Schuldgefühle bei Moraldilemmata in gewisser Hinsicht als irrational angesehen werden können, da eine logische Lösung ja nicht möglich ist, existieren sie, und meine Frage ist, wie Menschen nachträglich mit den Moraldilemmata zurecht kommen.

Exkurs: Die Vielfalt der Moral.
Ein Konflikt zwischen individueller und universeller Moral?
Die ›richtige‹ Definition der Moral wird in der Philosophie seit Jahrtausenden kontrovers diskutiert.[4] Moral ist die Unterscheidung zwischen gut und schlecht, bzw. das was uns erlaubt, zwischen gut und böse zu unterscheiden. Aber die Frage ist, wer jeweils entscheidet, was gut und was schlecht ist. Soll die Moral individuell oder universell definiert werden? Orientieren sich alle Menschen und Kulturen an den gleichen moralischen Maßstäben oder wird das höchste Gut jeweils individuell definiert? Die Diskussion über die ›richtige‹ Definition von Moraldilemmata und ihre Lösung hängt auch mit der Frage zusammen, wie Moral jeweils definiert wird.

Durch Beobachtungen verschiedener Kulturen läßt sich ersehen, »daß sich moralische Verhaltensweisen und der Inhalt moralischer Urteile von Gesellschaft zu Gesellschaft und von Person zu Person unterscheiden können«, schreibt der Philosoph MacIntyre (1991, S. 9). Die Moral ist ihm zufolge kulturabhängig und jeweils nur die Moral ihrer Zeit. Sie entsteht durch eine bestimmte gesellschaftliche Konstellation und ist damit nicht zeitlich stabil. MacIntyres Moralbegriff läßt sich unter die traditionalistischen Moralkonzepte einordnen. Diese gehen davon aus, daß Gut und Schlecht von Autoritäten wie Gott oder Staat bestimmt werden. Das Individuum gehört wahllos der Gemeinschaft an und seine Autonomie hat keinen besonderen Stellenwert in diesen Konzepten. Man handelt moralisch, weil es vorgegeben ist. Die Kritik an diesem Moralkonzept hängt mit der folgenden Gefahr zusammen: Wenn die Moral nicht universell aufgefaßt wird, dann kann jede Kultur ihr eigenes Handeln rechtfertigen. So konnten die Nazis ihre Handlungen im Namen der ›arischen Moral‹ während ihrer 12jährigen Herrschaft rechtfertigen. Ein Nazi konnte nach dem moralischen System der Nazis handeln und dabei eher ein schlechtes Gewissen haben, wenn er einem

Juden half (Tugendhat 1993, S. 202f). Die aufklärerische Moral dagegen versucht, die Moral ahistorisch zu betrachten. Sie strebt nach einer absoluten Moraldefinition, die für alle Menschen und alle Zeiten gut und richtig ist. In dieser Tradition steht Kants Moraldefinition: Eine unparteiische Moral, die für alle Menschen und nicht nur für einzelne Individuen oder einzelne Gruppen gedacht ist (Huppenbauer 1997).

Doch inwieweit der Begriff »gut« und damit die Definition der Moral perspektivenabhängig und nicht absolut ist, läßt sich relativ leicht verdeutlichen (vgl. Kurt Ludewig 1996). Ein zentrales Moralprinzip ist das Verbot zu töten. Aber wie soll man handeln, wenn jemand die eigene Familie töten will? Sollten die Alliierten im Zweiten Weltkrieg Nazis töten, um Juden zu retten oder war dies auch schlecht? Der Psychologe Mieg (1994) beschreibt die Perspektivenabhängigkeit des Begriffs »gut« folgendermaßen:

> »Was die eine Person für gutes Handeln, also für moralisch, halten mag, stellt sich aus Sicht einer anderen völlig anders dar. Nicht daß es letztlich keinerlei absolute moralische Maßstäbe und Prinzipien gäbe, aber im konkreten Verhalten der Personen untereinander ist ihre Spur kaum mehr sichtbar. Hingegen ist es eine geläufige Erfahrung, daß die Handlungsperspektive beinahe jedes Menschen (auch moralisch) verständlich wird, wenn man sich in sie hineinzudenken bereit ist. Und daß trotz allem Verständnis die Freiheit besteht, die Perspektive des anderen abzulehnen und sich eine moralische Bewertung (aus der eigenen Perspektive heraus) vorzubehalten«. (ebd., S. 13f)

Ich gehe im Sinne von Mieg davon aus, daß eine individuelle Betrachtung notwendig ist, um die Person und ihre Moral zu verstehen. In den biographischen Analysen möchte ich die subjektive Perspektive jeder Person untersuchen: was hält sie für richtig oder falsch. Ich nehme an, daß diese persönlichen Werte u. a. von elterlicher Erziehung, biographischen Erfahrungen, Schulsystem, Zeitgeist, gesellschaftlichen Werten und der Religion abhängen. Dazu entscheidet sich jede Person – teils bewußt, teils unbewußt –, einen Teil der Werte ihrer Umgebung zu übernehmen und einen Teil abzulehnen. Auch wenn zwei Personen viele ähnliche Werte haben, so kann sich die Hierarchie ihrer Moralprinzipien unterscheiden.

Ich kehre zu der oben genannten Problematik zurück: Wenn die Moral subjektiv und individuell definiert wird und nicht objektiv und universell, dann ist moralisch gesehen alles erlaubt, auch die Nazizeit. Ich stimme mit dieser Aussage nicht überein. Ich gehe davon aus, daß jede Gesellschaft ein verbindliches Rechtssystem benötigt, das die Menschenrechte garantiert. Dieses Rechtssystem ist unverzichtbar, um ein gemeinsames Leben zu ermöglichen. Wir brauchen allgemeingültige moralische Regeln, um das gemeinsame Leben zwischen Individuen, Gruppen und Staaten zu regulieren. Eine übergeordnete rechtliche Instanz muß bei Menschenrechtsverletzungen einschreiten können. Diesem politischen Thema könnte ein ganzes Buch gewidmet werden, aber es ist nicht der Gegenstand meiner Untersuchung. Die vorliegende Arbeit ist eine psychologische Untersuchung und die Annahme, daß die Moral subjektiv und individuell ist, ist sowohl zentral für das psychologische Verständnis als auch für die spätere psychologische Analyse. Nur wenn das individuelle Moralsystem der Person entschlüsselt wird, können auch die psychischen Prozesse in ihrer Tiefe verstanden werden. Mich interessieren die eigenen Werten der Person und ich möchte verstehen, an welcher individuellen Moral sich die Person orientiert und welchen Einfluß diese auf sie hat.

Es entsteht hier auf den ersten Blick ein Konflikt zwischen einer psychologischen Definition der Moral, die dazu dient, das Individuum besser verstehen zu können, und der Notwendigkeit einer allgemeinen, absoluten Moral, die ein Zusammenleben ermöglichen soll. Ich gehe davon aus, daß wir mit diesen beiden Moralsystemen – dem individuellen und dem allgemeinen – leben und beide auch benötigen, wobei ich in meiner Arbeit nur auf die erste, die psychologische Ebene eingehe.

Diese Diskussion über eine individuelle versus eine allgemeine Moral spitzt sich im Fall der Moraldilemmata zu. Denn die Person steht in einer Situation, in der die Absolutheit der Moral nicht deutlich erkennbar ist: Die Person muß wählen, welche Handlungsmöglichkeit für sie weniger schlimm sein wird. Oft haben auch Gerichte keine Antworten im Fall von Moraldilemmata. Es existiert auch die Position, nach der Regierungen »never pass laws which interfere with an individual's choice when that individual is in a moral dilemma« (Sinnott-Armstrong 1988, S. 223). Moraldilemmata sind damit eine persönliche, oftmals tragische Angelegenheit.

Motivation moralischen Verhaltens
Wir gehen davon aus, daß die Person bei Moraldilemmata beide moralische Werte verfolgen möchte. Aber was ist die Motivation, moralisch zu handeln? Die Antworten auf diese Frage sind sehr kontrovers. Nach Platon sollte man aus Liebe zur Moral moralisch handeln. Verschiedene Religionen argumentieren ähnlich: Man solle aus Liebe zu Gott moralisch handeln. Eine Handlung ist in diesem Sinne gut, weil sie Gottes Wunsch ist. Kant und Aristoteles glauben, daß die Moral in der Natur des Menschen begründet ist. Bei Kant stellt die Vernunft die Motivation für das moralische Verhalten dar. In diesem Sinne ist es vernünftig, moralisch zu handeln. Die gegenteilige Meinung

äußert Nietzsche (1887): Die Moral ist gegen die Natur des Menschen gerichtet. Die Starken haben die Macht. Die Schwachen haben die Moral, sie brauchen das schlechte Gewissen des anderen. Oder vielleicht handelt man moralisch aus egoistischen Gründen? Nach dem »Ethical Egoism« bzw. Selbstinteresse stehen die eigene Selbsterhaltung und das persönliche Glück immer im Vordergrund. Dabei wird anderen Handlungsmotiven gar kein Gewicht gegeben.

Und vielleicht handeln wir moralisch, um ein schlechtes Gewissen zu vermeiden? Tugendhat spitzt diese Frage zu: »Handelt der moralisch Handelnde so, wie er handelt, weil das gut ist, oder um die innere Sanktion zu vermeiden«? (1993, S. 122f). Das impliziert, daß man die eigenen oder gesellschaftlichen Moralvorstellungen kennt, sie akzeptiert und internalisiert und gleichzeitig andere unmoralische Wünsche hat, die unterdrückt werden. Hier sind wir bei dem Verständnis der Moral aus psychoanalytischer Sicht. Der Mensch würde eigentlich gern unmoralisch handeln, wenn er die inneren Konsequenzen seitens seines Über-Ichs nicht tragen müßte. Es läßt sich hier fragen, ob eine Person nur dann als moralisch anzusehen ist, wenn sie das Gute verfolgt, weil es gut ist, und nicht etwa weil sie Angst von der inneren Sanktion hat. Oder ist die Angst vor inneren Sanktionen und damit die Fähigkeit, Scham zu empfinden, ein Teil der moralischen Motivation? Im Sinne der Psychoanalyse würde die Moral auf jeden Fall auch diese Komponente inne haben. Für Tugendhat selbst hängt die Motivation des Menschen, sich moralisch zu verhalten, mit dem Wunsch zusammen, »sich als Mitglied der moralischen Gemeinde zu verstehen« (ebd., S. 226).

Der Mensch begehrt »nicht nur geliebt zu werden, sondern auch liebenswert zu sein«, schreibt Adam Smith und geht dabei auf den tief verwurzelten Wunsch des Menschen ein, sich als moralisch zu erleben (1759, S. 171). Eine zentrale Grundannahme der vorliegenden Untersuchung basiert auf Smiths Überlegung. Ich gehe in seinem Sinne davon aus, daß wir das Bedürfnis haben, uns als moralisch zu erleben. D. h. nicht, daß wir immer moralisch handeln, aber wir möchten uns selber als moralische Akteure erleben.

Es läßt sich dabei zwischen interner und externer Motivation moralischen Verhaltens unterscheiden (Frey 1984). Wir haben eine interne Motivation, nämlich uns vor uns selbst als moralisch zu erleben. Und wir haben die externe Motivation, von anderen als moralische Akteure wahrgenommen zu werden. Diese zwei Ansätze stehen in enger Verknüpfung mit einigen der oben genannten Motivationen. Im Sinne der Psychoanalyse z. B. streben wir im Namen der internen Motivation an, ein schlechtes Gewissen zu vermeiden. Im Sinne von Tugendhat wollen wir der moralischen Gemeinschaft angehören und von den anderen als moralisch wahrgenommen werden. Wie bereits erwähnt, handeln wir nicht immer moralisch, bzw. nicht immer nach all unseren eigenen Werten, obwohl wir danach streben, uns als moralisch zu erleben. Wegen dieses Verhaltens entsteht ein Defizit im Selbsterleben und ein Bedürfnis dies zu korrigieren. In diesem Kontext stehen auch Moraldilemmata.

Moraldilemmata
aus psychologischer Sicht

Die Intention des Buches ist die psychologische Analyse der Moraldilemmata und der Bewältigungsstrategien jüdischer Funktionshäftlinge. Doch Moraldilemmata, wie sie in den vorherigen Kapiteln beschrieben wurden, waren bisher selten ein Thema der Psychologie. Bei der Aufarbeitung der psychologischen Erkenntnisse über Moraldilemmata ging ich allererst der Frage nach, welcher Stellenwert der Moral in den verschiedenen psychologischen Ansätzen zugemessen wird. Auf diese Weise versuchte ich zu einem Verständnis zu gelangen, wie Moraldilemmata nach dem jeweiligen Ansatz aufgefaßt und definiert werden können. Da mir der Zusammenhang zwischen intrapsychischen, familiären und gesellschaftlichen Prozessen für das Verständnis von Moraldilemmata und ihrer Bewältigung von besonderer Bedeutung erscheint, werde ich insbesondere auf Ansätze aus den Bereichen Psychoanalyse, Familientherapie und Sozialpsychologie, sowie auf humanistische Ansätze eingehen. Der Versuch, Werte und moralisches Verhalten im Lichte verschiedener psychologischer Ansätze zu analysieren, ist natürlich ein großes Unternehmen und kann im Rahmen dieser kurzen Betrachtung nur ansatzweise geleistet werden.[1]

Moral und Psyche

Es wird in verschiedenen psychologischen Theorien angenommen, daß die Moral für die Psyche von zentraler Bedeutung ist, bzw. daß die moralischen Werthaltungen des Individuums sein Verhalten und Wohlbefinden in grundlegender Weise beeinflussen. Jeder Mensch besitzt dabei seine eigenen Werte, deren Entstehung u. a. durch das Elternhaus, die Gesellschaft, die historische Periode, in der er lebt, sowie die eigenen Entscheidungen beeinflußt werden. Im Alltag muß die Person oft eine Wahl zwischen mehreren Werten treffen. Dabei kann sie, wie Fromm (1954) und Benesch (1988) herausstellen, nicht wählen, ob sie idealistisch sein will oder nicht, sondern kann lediglich entscheiden, an welche Ideologie sie glauben möchte. Dieser Annahme stimme ich zu. Denn auch wenn die Person ihre Werte auf bewußter Ebene nicht nennt oder nennen kann, treten sie in ihren ständigen Entscheidungen und Handlungen zutage. Die Verletzung der eigenen Werte oder der Verlust von

Werten kann zu psychischen Störungen führen, die bis zum Selbstmord reichen können (Benesch 1988, Fromm 1954, Hutterer-Krisch 1996).

Doch auch wenn in den verschiedenen psychologischen Konzepten davon ausgegangen wird, daß die moralischen Bestrebungen für die psychische Gesundheit entscheidend sind, ist das, was jeweils unter Moral oder psychischer Gesundheit verstanden wird, unterschiedlich. In der Psychoanalyse wird die Moral aus der individuellen Perspektive beschrieben. Es findet ein Kampf zwischen Über-Ich und Es, zwischen dem Gewissen und den Trieben einer Person statt. In der Familientherapie stehen Wertkonflikte innerhalb der Familie bzw. zwischen verschiedenen Familienmitgliedern oder Generationen im Vordergrund. In der Sozialpsychologie werden Wertkonflikte zwischen dem Individuum und der Gruppe oder zwischen Gruppen analysiert. Diese Unterschiede zwischen den Ansätzen in Bezug auf den zentralen Ort des psychischen Geschehens, haben auch Einfluß auf die Entwicklung von therapeutischen Methoden, auf die Frage, was der rechte Weg für die Heilung einer psychischen Störung ist.

Während die Psychologie das menschliche Verhalten und damit auch moralische Aspekte zu beschreiben und zu erklären sucht, kommt es in der Philosophie oft zur Bewertung desselben. Die Philosophie sucht nach der ›richtigen‹ Antwort (was ein gutes oder ein schlechtes Verhalten sei), die Psychologie dagegen interessiert sich für die ›nützliche‹ Antwort, die der Person, psychisch gesehen, helfen kann. Das Bestreben, das menschliche Verhalten zu bewerten oder zu erklären, stellt einen bedeutenden Unterschied zwischen der Philosophie und der Psychologie bei der Untersuchung von Moralfragen dar. Ein Psychologe wird z. B. eher nach der Erklärung fragen, warum eine Person in bestimmten Kontexten lügt, während der Philosoph die Frage stellen wird, ob es gerechtfertigt sei, in bestimmten Situationen nicht die Wahrheit zu sagen. In der vorliegenden Untersuchung wird versucht, in Erfahrung zu bringen, was dem einzelnen Individuum und seiner Familie half und hilft, mit Moraldilemmata umgehen zu können. Dementsprechend soll keine Bewertung des Verhaltens oder der Bewältigungsstrategie als richtig oder falsch erfolgen. Es wird vielmehr versucht, individuelle und familiäre Prozesse, ihre Hintergründe und Strukturen zu verstehen.

In diesem Zusammenhang wird Psychologen vorgeworfen, daß sie eine ethisch neutrale Haltung anstreben bzw. wertfreie Erklärungen für Verhalten geben und damit das Thema der Moral umgehen. Laut dieser Kritik besteht sogar eine »negative Beziehung der Psychologie zur Moral«, und der

Psychoanalyse wird unterstellt, sie verzichte auf jegliche moralische Wertung (Wolff 1958, S. 64). Zugespitzt könnte das moralische Gebot in der Psychoanalyse folglich formuliert werden: »Richte nicht.« Der Wunsch, nicht richten zu wollen, ist eng mit dem Wunsch verbunden, das Gegenüber zu verstehen. Nur eine solche offene Haltung kann es ermöglichen, daß Therapeut und Patient oder Forscher und Untersuchter sich begegnen, obwohl sie in vielerlei Hinsicht unterschiedliche Werthaltungen haben (z. B. politische Einstellung, Glauben etc.). Eine bewertende Haltung im Rahmen der Therapie würde die notwendige Empathie und Offenheit gegenüber den Klienten verhindern und eine nützliche Veränderung für den Patienten würde folglich nicht stattfinden.

Moraldilemmata in psychologischen Ansätzen

Moraldilemmata als »Über-Ich/Über-Ich-Konflikte«

In dem Versuch, die menschliche Psyche zu beschreiben und zu erklären, nimmt die Moral innerhalb der Psychoanalyse eine beachtliche Rolle ein. So gehört Freuds Begriff des Über-Ich schon lange zum Allgemeinwissen und wird in der Alltagssprache synonym für »Gewissen« benutzt.[2] »Das Moralische versteht sich von selbst« formuliert Freud 1915 und meint, daß ein Zusammenleben ohne Moral nicht möglich sei.[3] Doch sein Zweifeln, inwieweit die Moral sich durchsetzen kann, spiegelt sich in seinem pessimistischen Menschenbild wieder. Einige Jahre später schreibt er: »Ich meine, solange sich die Tugend nicht schon auf Erden lohnt, wird die Ethik vergeblich predigen« (Freud 1930, S. 127). Nach Freud sind die zentralen psychischen Konflikte diejenigen zwischen den Trieben und dem Gewissen bzw. zwischen dem Es und dem Über-Ich. Es existiert ein ständiger Kampf zwischen den wilden Es-Anteilen, die amoralisch und unbewußt sind, und dem Wunsch nach Es-Beherrschung und moralischem Verhalten im Sinne des Über-Ichs.

Der Begriff »*Über-Ich/Über-Ich-Konflikt*« erschien mir angebracht, um Moraldilemmata aus psychoanalytischer Sicht zu beschreiben. Auf diese Art von Konflikten geht Freud nach meinem Wissen nicht ein. Bei »*Über-Ich/Über-Ich Konflikten*« strebt die Person an, zwei ihrer Über-Ich-Werte zu verfolgen, die aber gleichzeitig nicht erfüllt werden können. Damit stellt sich ein Moraldilemma als ein Konflikt innerhalb der gleichen Instanz, innerhalb des Über-Ichs dar. Denn die Konflikte des Über-Ichs bestehen nicht nur gegenüber dem Es (z. B. sittsam sein versus Sexualität ausleben), sondern sie entstehen beispielsweise auch aus dem Wunsch, sich anständig gegenüber verschiedenen Personen zu verhalten, was in bestimmten Situationen nicht immer gleichzeitig möglich ist.

Die wichtige Stellung des Über-Ichs in der Psychoanalyse verdeutlicht, wie stark der menschliche Wunsch ist, sich als moralisch – im Sinne seines Über-Ich – zu erleben. Wenn dies mißlingt, entstehen Schuldgefühle. Die Schuldgefühle wiederum führen zu Bewältigungsversuchen, die als Korrekturversuche verstanden werden können. Unbewußte Schuldgefühle entstehen z. B., wenn es zu Differenzen zwischen Forderungen des Über-Ichs und Leistungen des Ichs kommt. Die Korrekturstrategien stellen z. B. Kompromißbildung zwischen dem Es und dem Über-Ich dar. In seinem Versuch, ein Gleichgewicht zwischen dem »wilden« Es und dem strengen Über-Ich herzustellen, bildet das Ich auch solche Kompromisse, die sich als neurotische Symptome äußern können.

Nach meiner Ansicht können auch »*Über-Ich/Über-Ich-Konflikte*« zur Entstehung von neurotischen Symptomen führen. In diesem Fall befindet sich die Person in einem Moraldilemma bzw. vor einer realen Schwierigkeit: Nachdem sie sich in einer Entscheidungssituation für Wert A oder Wert B entscheiden mußte, kommt es, da sie einen ihrer Werte aufgeben mußte, zu einem Defizit in ihrem Selbsterleben als moralische Person. Sie strebt jedoch danach, dies im Sinne ihres Über-Ichs zu korrigieren. Als Korrekturstrategien können verschiedene Abwehrmechanismen dienen, wie sie in der Psychoanalyse bekannt sind.

In der klassischen Psychoanalyse stehen die Strenge und Dominanz des Über-Ichs oft im Vordergrund, da ihnen pathologische Folgen zugerechnet werden. Das Über-Ich ist noch strenger als die Eltern selber, denn durch das Über-Ich werden nicht allein Taten, sondern bereits amoralische Gedanken bestraft (Freud 1939). An dieser Stelle interpretiert Gottschalch (1988, S. 116) Freud zugespitzt: »Man kann auch an zuviel Moral zugrunde gehen.« Oder anders gesagt: ›der Neurotiker‹ nimmt sein Über-Ich zu ernst im Gegensatz zum ›Gesunden‹. Dies geschieht in der Melancholie, in der sich die Herrschaft des Über-Ichs sehr stark zeigt. So können bei einem strengen Über-Ich Schuldgefühle sehr leicht entstehen und die Person in bestimmten Situationen sogar gefährden, z. B. wenn Schande nicht ausgehalten wird, und die Person sich selber durch Selbstmord zu vernichten sucht (ebd.). »Wo Es war, soll Ich werden«, schrieb Freud (GW XV, S. 86). In Anlehnung daran, und weil das Über-Ich sich als zu streng zeigen und wie der Psychoanalytiker Fenichel herausstellte, viel Unheil mit sich bringen kann, ergänzte er: »Wo Über-Ich war, soll Ich werden« (GW XV, S. 86). Wegen diesen Spannungen zwischen den Trieben und dem Gewissen zieht Freud sein Resümee: Das Ich ist »nicht einmal Herr im eigenen Haus« (GW XI., S. 295).

»Wille zum Sinn«:
Humanistische Psychologie und Moral

Der Kern des Menschen ist gut, formuliert die humanistische Psychologie. Der Mensch ist ein soziales, zielgerichtetes und kreatives Wesen, orientiert sich nach seinen Werten, kann Entscheidungen treffen und Verantwortung für sein Handeln tragen. Im Vergleich zur Psychoanalyse stehen hier eher die positive menschliche Entwicklung und die psychische Gesundheit im Vordergrund und weniger das abnormale, neurotische oder pathologische Erleben und Verhalten. Eine moralische Orientierung und ihre Verfolgung ist im Sinne des humanistischen Menschenbilds zentral für die psychische Gesundheit. Gesund ist der, der Ziele zu definieren und sie zu verfolgen weiß. »Niemand kann lange ohne Ziele und ohne Hoffnung leben und dabei auch noch glücklich und zufrieden sein. Er braucht eine Zukunft, an die er glaubt und auf die er bauen kann, um auf sie hin zu leben«, schreibt Charlotte Bühler (1962, S. 146f), eine der ersten humanistischen Psychologinnen und Psychotherapeutinnen.

Der Mensch gestaltet seine eigenen Werte und bemüht sich, ihnen gerecht zu werden. Wenn dies nicht erfolgreich verläuft, reagiert das Gewissen. So ist nach Fromm (1954, 173) das Gewissen »die Re-aktion unseres Selbst auf uns selbst. [...] In vielen Fällen ist ein neurotisches Symptom die spezifische Erscheinungsform eines moralischen Konflikts« (ebd., S. 8). Damit setzt Fromm die Moralität und die seelische Gesundheit gleich: Wenn die Person ihrer Moral nicht gerecht wird, wird sie krank. Nach der humanistischen Ethik von Fromm ist der Mensch zugleich Normgeber und Gegenstand der Norm. Er gestaltet individuell und autonom seine Werte. Dies steht im Gegensatz zur klassischen Psychoanalyse, der zufolge die Inhalte des Über-Ichs nur von außen bzw. von äußeren Normgebern (Eltern, Gesellschaft) bestimmt werden.

Ich gehe im Sinne der humanistischen Psychologie davon aus, daß die eigenen Werte des Individuums von der Familie und der Gesellschaft (z. B. Schule, Freunde etc.) beeinflußt werden, aber auch von seinen eigenen Entscheidungen und Orientierungen.

Wie wird mit Moraldilemmata in der humanistischen Psychologie umgegangen? Explizit sind sie kein Thema, aber durch die vielen Aussagen über die Moral läßt sich folgendes erschließen: Der Mensch ist an sich gut. Bösartigkeit oder asoziales Verhalten sind für die humanistische Psychologie ein

Ergebnis von ungünstigen Bedingungen in der Umwelt. In diesem Sinne wäre ein Moraldilemma eine Situation mit negativen Bedingungen, in der die Person gezwungen ist, zwischen zwei folgenreichen Optionen zu wählen. Die Absicht der Person ist dabei gut, weil sie als Person gut ist. Die Folgen ihrer Entscheidung können jedoch negativ sein, da die Ausgangsbedingungen schlecht sind. Moralprobleme sind ein zentraler Bestandteil der humanistischen Therapie. »Der Erfolg der therapeutischen Bemühung hängt davon ab, ob das moralische Problem erkannt und dadurch auch eine Lösung gefunden wird«, notiert Fromm (ebd.).

Gilt aber dieses humanistische Gedankengut auch für das extreme Leben im KZ? Hier stellt sich wieder die Frage, ob Moral nicht eigentlich ein Produkt von Wohlstand ist, in bedrohlichen und schweren Situationen jedoch verschwindet? Nein, antwortet Viktor Frankl (1981), der die Verfolgungszeit als KZ-Häftling überlebte und schon vor der Verfolgungszeit eine eigene psychologische Theorie entwickelt hatte, die ganz im Einklang mit der humanistischen Psychologie steht. Frankl glaubte an den Menschen, an seine moralische, seelische und geistige Existenz – auch im KZ. Der Mensch konnte auch im Lager, trotz schwerer körperlicher und seelischer Belastung eine geistige Freiheit bewahren. Man kann dem Menschen viel wegnehmen, aber nicht seine innere Einstellung, nicht seine Freiheit, eine Haltung zum Geschehen zu wählen. Tag für Tag, Stunde für Stunde wählt und entscheidet der Mensch, er reagiert ständig auf das allgegenwärtige Geschehen. Die geistigen und seelischen Fähigkeiten ermöglichten ihm »auch im KZ seine Menschenwürde« zu behalten (ebd., S. 86).

Was den Menschen im KZ Kraft gab und den Menschen im allgemeinen Kraft gibt, ist »der Wille zum Sinn«, sagt Frankl und wirft Freud vor, sich zu sehr auf »den Willen zur Lust« zu konzentrieren (ebd., S. 111). Überleben konnte man nur, wenn man einen Sinn für die eigene Existenz hatte. Frankls Buch »Der Mensch sucht einen Sinn« berührte und beeinflußte mich seit meiner Jugend zutiefst.[4] Die Kraft, selbst im KZ an einem Lebenssinn festzuhalten, beeindruckte mich als eine außerordentliche menschliche Größe. Inwieweit ein Lebenssinn für das Überleben wichtig war, verdeutlicht Frankl mit der Beschreibung eines Selbstmords im KZ: Eine Person, die keinen Lebenssinn für sich sah, die nichts mehr vom Leben erwartete, hat sich buchstäblich aufgegeben. Wenn sie ein Lebensziel gehabt hätte (z. B. die baldige Befreiung oder das Wiedersehen der Ehefrau), so Frankl, dann hätte diese Person die innere Kraft gefunden, weiterzuleben (ebd., S. 92f).

Von Moraldilemmata spricht auch Frankl nicht, aber viele seiner Überlegungen könnten für die Therapie in Fällen von Moraldilemmata hilfreich sein, da ethische Fragen wichtige Aspekte der Logotherapie sind. Diese soll der Person in einer Lebenskrise helfen, einen Lebenssinn zu finden, bzw. ihr helfen, Verantwortung für ein Lebensziel übernehmen zu können.

Kohlbergs Theorie der moralischen Urteilsbildung
Kohlbergs Theorie der moralischen Urteilsbildung beschäftigt sich im Gegensatz zu den oben erwähnten Ansätzen direkt mit Moraldilemmata. Doch sie geht nicht auf Bewältigungsstrategien von Moraldilemmata auf der emotionalen Ebene ein, sondern versucht, mit Hilfe von Moraldilemmata die moralische Urteilsbildung aus entwicklungspsychologischer Sicht zu klären. Daher wird Kohlbergs Ansatz hier vorgestellt, jedoch bei den biographischen Analysen nicht verwendet.

In seiner Forschung über die moralische Entwicklung benutzte Kohlberg Moraldilemmata als Instrument, um die moralische Urteilsbildung und die verschiedenen Moralstufen, die er postulierte, zu untersuchen. In Interviews und Fragebögen sollten die Probanden darlegen, wie sie in einem hypothetischen Moraldilemma handeln würden. Eines der bekanntesten Beispiele aus dieser Untersuchung ist das Hans-Dilemma. »In einem fernen Land lag eine Frau, die an einer besonderen Krebsart erkrankt war, im Sterben«, so lautet der Anfang des fiktiven Moraldilemmas. Ein Medikament, das das Leben der Frau retten kann, existiert seit kurzer Zeit, kostet aber 2.000 Dollar. Hans, der Ehemann, verfügt aber lediglich über 1.000 Dollar, die er mit Mühe und Not sammelte. »Ganz verzweifelt« überlegt Hans, »ob er in die Apotheke einbrechen und das Medikament für seine Frau stehlen soll« (Kohlberg 1995, S. 495).

Von den individuellen Antworten der Probanden, ob Hans das Medikament stehlen soll und wenn ja, warum, schloß Kohlberg auf ihr Moralniveau. Dabei unterscheidet Kohlberg sechs Moralstufen, die er in drei Ebenen gliedert. Die erste Ebene stellt die präkonventionelle Moral dar (Stufe 1-2). Hier hängt die Definition des höchsten »Gutes« von Belohnung und Bestrafung ab. Bei der konventionellen Moral orientiert sich die Person bei der Definition »Gut« an der Meinung ihrer Mitmenschen. »Gut ist das, was für meine Gruppe, für meine Gesellschaft gut ist« (Stufe 3-4). Auf der Ebene der postkonventionellen Moral ist moralisches Verhalten unabhängig von der Reaktion der anderen. »Gut« wird universell definiert (Stufe 5-6). Das Modell ist hierarchisch organisiert. Jedes Individuum erreicht eine bestimmte Moralstufe, die sein moralisches Denken und Handeln in einer bestimmten Form prägt. Wenn die Person z. B. meint, daß Hans das Medikament stehlen soll, um seine Frau zu retten, da das von Gott gegebene Leben heilig ist, erreichte sie die Stufe 4. Wenn sie antwortet, daß eine allgemeine Verpflichtung existiert, »für jeden vom Tod Bedrohten, zu stehlen«, da jeder ein Recht hat, »zu leben und gerettet zu werden«, dann wurde die Stufe 5 erreicht (ebd., S. 154). Ich möchte meine Auseinandersetzung und Kritik auf das Verständnis der Moraldilemmata und ihrer Lösungen bei Kohlberg konzentrieren, nicht auf die Moralstufen an sich, die ein entwicklungspsychologisches Konzept darstellen.

Kernpunkt meiner Kritik ist die These Kohlbergs, wonach Moraldilemmata keine emotionale Verarbeitung benötigen. Kohlberg faßt Moraldilemmata lediglich als kognitive Prozesse auf. Von diesen versucht er über die Moralstufen innerhalb seines entwicklungspsychologischen Konzepts zu schließen. Moraldilemmata sind jedoch komplexe psychische und emotionale Prozesse, ein Aspekt, der bei Kohlberg vollkommen unberücksichtigt bleibt. Wie Williams (1984) verdeutlichte, sind Moraldilemmata logisch nicht lösbar, sondern benötigen eine emotionale Lösung, denn egal wie die Person im Fall eines Moraldilemmas handelt, sie wird etwas Falsches tun. Das Ignorieren des emotionalen Aspektes führt dazu, daß Kohlbergs Ansatz »zu ichfern, intellektualistisch-kognitivistisch, situationsabgehoben usw.« ist.[5] Aus diesen Gründen scheint mir der Ansatz von Kohlberg für das Verstehen von schwerwiegenden Moraldilemmata und für die therapeutische Arbeit in Fällen von Moraldilemmata nicht hilfreich zu sein.

Im Umgang mit Moraldilemmata gibt es für Kohlberg nur eine mögliche Lösung des Konflikts: Die Herstellung einer Hierarchie in der Wert x wichtiger als Wert y ist, und damit auch moralischer als Wert x. Diese Folgerung basiert auf Kohlbergs Annahme, daß Moral universell sei und daher eine feste Werthierarchie existiere. Diese Denkweise ist aber psychologisch nicht sinnvoll, wenn es um Moraldilemmata geht: Was würde passieren, wenn Hans vor der Frage stünde, entweder seine Frau oder seinen Sohn zu retten? In diesem Fall müßte er zwischen Menschenleben und Menschenleben wählen. Hier liegt ein Moraldilemmata zwischen zwei identischen Werten vor. Wie soll Hans dieses Moraldilemma kognitiv lösen, wenn keine Hierarchie ihm mehr als Hilfsmittel dienen kann? Generell sind Moraldilemmata von ihrer Struktur her so definiert, daß sie einen Konflikt zwischen zwei persönlich wichtigen Werten darstellen und nicht einen Konflikt zwischen einem wichtigen und einem unwichtigen Wert. Wenn ein Wert für die Person gar nicht wichtig wäre, stünde sie nicht vor einem Dilemma.

Hinter Kohlbergs Konzept steht das sokratische Modell bzw. die Idee, wenn jemand die Idee des Rechts versteht, dann wird er es auch verfolgen wollen (Edelstein u. a. 1993). Da es nach Kohlberg keine Differenz zwischen dem kognitiven Moralurteil und der Handlungsebene gibt, könnte man daraus schließen, daß Individuen im Zusammenhang mit Moraldilemmata auch nie Schuldgefühle entwickeln können, da sie immer nach der höchsten Moralstufe handeln, die sie zu dem Zeitpunkt erreicht haben. Ist das immer so? Für die psychische Bearbeitung wäre es wichtig zu wissen, wie es Hans nach dem Einbruch in die Apotheke ging und wie er danach weiter handelte. Hinterließ Hans dem Apotheker die 1000 Dollar auf dem Tisch? Oder vielleicht gab er anschließend freiwillig ein Geständnis bei der Polizei ab? Diese Fragen stellt Kohlberg nicht. Für ihn ist das Moraldilemma mit dem Vollzug der Entscheidung bereits unbedeutend geworden.

Eine der häufigsten Kritiken an Kohlberg bezieht sich auf seine Ansicht, daß ein beoachtbarer »Zusammenhang zwischen Urteilsstufe und Handeln« existiert (Kohlberg 1995, S. 488), der sich jedoch nicht bestätigen ließ (Mieg 1994). Eine weitere Kritik am Modell von Kohlberg bezieht sich auf die feste Reihenfolge der Moralstufen, mit der postkonventionellen Moral an ihrer Spitze. Diese Auslegung steht im Widerspruch zu der oben beschriebenen und diskutierten Grundannahme, daß jedes Individuum und jede Gesellschaft andere Werte oder Hierarchien von Werten haben kann bzw. daß verschiedene Moralkonzepte nebeneinander existieren können und das eine nicht besser als das andere ist. Eine der vehementesten Kritiken an Kohlberg in diesem Zusammenhang ist die von Carol Gilligan (1988), die die postkonventionelle Moral als intellektuelle männliche Form der Moral bewertet. Ihr war aufgefallen, daß Frauen bei Kohlbergs Fragebögen oft niedrigere Moralstufen im Vergleich zu Männern erzielten, nicht aber, weil sie weniger moralisch wären, sondern weil sie in ihre Argumente andere Menschen einbeziehen.

Moral und Gruppe: Sozialpsychologie
Gegenstand der Sozialpsychologie ist die Beziehung zwischen dem Individuum und der Gruppe sowie jene zwischen verschiedenen Gruppen. Die Dissonanztheorie, die Attributionstheorie und die Theorie der Soziose[6] sind die drei sozialpsychologischen Theorien, die ich im Zusammenhang mit Moraldilemmata thematisieren möchte. Sie vermitteln Erkenntnisse, die der Analyse von Moralkonflikten, ihrer Hintergründe und Bewältigungsformen dienlich sein können.

Die kognitive Dissonanztheorie: Moralische Dissonanz
Die kognitive Dissonanztheorie beschäftigt sich mit Situationen, in denen ein Individuum mit widersprüchlichen Einstellungen oder Erfahrungen gegenüber einem bestimmten Gegenstand oder einer Verhaltensweise konfrontiert wird, wie im klassischen Beispiel: gern zu rauchen, aber wissen, daß rauchen ungesund ist. Diese Situation wird von der Person als unangenehm erlebt, es entsteht eine Dissonanz (Festinger 1957). Die Dissonanztheorie versucht zu erklären, wie Menschen solche Dissonanzen verarbeiten. Es geht dabei um innere Konflikte, die nach einer bereits vollzogenen Entscheidung entstehen (»postdecisional conflict«).

Die Grundannahme von Festinger, daß das Streben, Dissonanz zu reduzieren, ein menschliches Bedürfnis ist, basiert auf einer Annahme der Gestaltpsychologie, nach der jede Person anstrebt, ein gewisses Gleichgewicht für ihr kognitives System zu erreichen.[7] Die Reduzierung von Dissonanz ist nach Festinger sowohl ein kognitiver als auch ein emotionaler Prozeß und ihre Entstehung ist von Mensch zu Mensch unterschiedlich, bzw. hängt u. a. von seiner Kultur, seinen Normen, spezifischen Meinungen und früheren Erfahrungen ab. Eine Form der Dissonanzreduktion besteht darin, die Informationen, die die getroffene Entscheidung als richtig belassen, aufzuwerten und hervorzuheben, während die gegenteiligen Informationen abgewertet werden. Die verschiedenen Arten, Dissonanz zu reduzieren, können auch als Bewältigungsstrategien angesehen werden.

Welche Situationen begünstigen die Entstehung von Dissonanzen? Eine Dissonanz entsteht »je höher die aversiven Konsequenzen dieses Verhaltens« für die Person und/oder andere sind, und »je geringer die Rechtfertigung für dieses Verhalten ist« (Frey 1984, S. 261). Nach einer Position entsteht Dissonanz, nur wenn die Person eine eigene Verantwortung für die Handlung trug und nur wenn sie freiwillig handelte bzw. Entscheidungsfreiheit genoß (Brehm und Cohen 1962). Sie entsteht ebenfalls nur in solchen Fällen, wenn die Person eine Entscheidung getroffen hatte, die negative Konsequenzen für sie selbst oder für andere hat (Collins 1969). Einer anderen Position zufolge führen unerwartete negative Konsequenzen der eigenen Handlung nicht zur Erhöhung der Dissonanz, wenn die Person externe Faktoren als verantwortlich für die negativen Konsequenzen erkennt (Cooper 1971). Hiernach ließe sich annehmen, daß Judenratmitglieder, die nicht wußten, was die Deportationslisten bedeuteten, im Nachhinein auch keine Schuldgefühle auf Grund der negativen Konsequenzen ihrer Handlungen entwickeln würden. Die Gegenmeinung ist, daß eine Dissonanz bei einer Person auch dann entstehen kann, wenn sie für die negativen Konsequenzen nicht verantwortlich ist (Sogin und Pallak 1976). Nach dieser Hypothese können sich Funktionshäftlinge auch dann schuldig fühlen, wenn sie sich nicht als verantwortlich sehen. Die widersprüchlichen Ergebnisse weisen meiner Meinung nach darauf hin, daß im Falle von Dissonanz bzw. Moraldilemmata unterschiedliche Bewältigungsmuster zu vermuten sind.

Die Dissonanztheorie liefert einen hilfreichen theoretischen Rahmen, um Moraldilemmata besser verstehen zu können. Es lassen sich Ähnlichkeiten zwischen Moraldilemmata und kognitiven Dissonanzen in Bezug auf ihre Entstehung, Struktur und Bewältigungsformen feststellen; in beiden Fällen soll die Person zwischen zwei Alternativen wählen und ihre jeweilige Entscheidung sich selbst gegenüber rechtfertigen. Die Annahme, daß Menschen eine entstandene Dissonanz aufheben möchten, ähnelt sehr stark meiner These, daß Menschen nach Moraldilemmata die Diskrepanz in ihrem moralischen Selbstbild korrigieren möchten. Bei den Moraldilemmata und bei der Dissonanz besteht ein inneres Bedürfnis nach einer »guten Gestalt« bezüglich der Vergangenheit bzw. bezüglich der stattgefundenen Entscheidung. In der Bearbeitung der Dissonanz geht es um die Frage, wie die Person zwei Einstellungen gerecht wird, wobei eine breite Spanne von Einstellungen (oft ökonomische, ökologische oder gesundheitliche Einstellungen) Gegenstand der Dissonanzforschung sind. Im Fall der Moraldilemmata geht es darum, wie die Person die Spannung, die zwischen zwei moralischen Einstellungen, zwischen zwei Werten ihrer subjektiven Moralphilosophie herrscht, reduzieren kann. Moraldilemmata lassen sich daher auch als moralische Dissonanzen auffassen.

Die Erkenntnisse der Dissonanztheorie stammen zum größten Teil aus Laborexperimenten und Fragebogenmethoden. Die vorliegende Untersuchung will schwere moralische Dissonanzen und ihre Bewältigung mit Hilfe von biographischen Methoden erfassen und untersuchen. Die vorgestellten Erkenntnisse aus der Dissonanztheorie lassen vermuten, daß die Moraldilemmata der jüdischen Funktionshäftlinge während der Verfolgungszeit zu schweren Dissonanzen führten. Aus diesem Grund, ist bei jüdischen Funktionshäftlingen ein tiefes Bedürfnis nach Korrektur bzw. nach Reduktion des Dissonanzempfindens zu erwarten.

Attributionstheorie

Menschen interpretieren was ihnen passiert, schreibt Heider (1958), der Begründer der Attributionstheorie. Er postuliert, daß der Mensch mit einem

»naiven Psychologen« oder Wissenschaftler zu vergleichen ist, der sich seine Welt erklären möchte. Dabei haben die Attributionen eine psychische Funktion, denn durch sie will die Person, die Ursachen des eigenen und fremden Verhaltens verstehen. So streben Menschen danach, ihre soziale Umwelt zu erklären und sie damit auch vorhersagbar und kontrollierbar zu machen (Forgas 1992, Meyer u. a. 1984).

In der Attributionstheorie wird von zwei grundlegenden Arten solcher Erklärungen ausgegangen und diese können im Zusammenhang mit Moraldilemmata interessante Aspekte eröffnen: Die Person kann ihr eigenes Verhalten und das Verhalten ihrer Mitmenschen entweder auf innere oder äußere Ursachen zurückführen. Bei Moraldilemmata steht die Person vor der Frage, ob sie sich selbst als Ursache ihrer Entscheidungen sieht oder, ob sie die Ursache für ihr Handeln allein in der Zwangssituation sieht. Diese zwei Attributionsarten können auch als kognitive Bewältigungsstrategien im Umgang mit Moraldilemmata verstanden werden.

So beschäftigte sich Heider nicht nur mit der Attribution von Ursachen, sondern auch mit der Attribution von Verantwortlichkeit. Die Verantwortlichkeitszuschreibung hänge davon ab, ob die Handlung einer Person von ihr intendiert und ihre Folge von ihr absehbar war. Experimentelle Untersuchungen aus dem Bereich der Attributionstheorie zeigen jedoch, daß Menschen sich auch dann als verantwortlich erleben können, wenn gegensätzliche Informationen vorliegen. So leiden Opfer von Unfällen gehäuft unter Schuldgefühlen und übernehmen persönliche Verantwortung für das Geschehen, auch wenn sie juristisch oder »objektiv gesehen« unschuldig sind (Wortman 1976, zit. n. Meyer u. a. 1984).

Die Familie als Ort der Moral: Familientherapeutische Ansätze

Bei der Bearbeitung von Moralfragen konzentriert sich die Familientherapie auf interpsychische Prozesse innerhalb der Familie: Dabei wird sowohl auf die Beziehung zwischen den Familienmitgliedern in der heutigen Familie eingegangen als auch auf die Konflikte zwischen den Generationen. Gerade der intergenerationelle Aspekt macht die Familientherapie geeignet, um die familiäre Bearbeitung von Moraldilemmata zu untersuchen. Welchen Einfluß haben Moraldilemmata der Eltern auf ihre Kinder und wie bearbeiten die Kinder diese spezifische Familienvergangenheit? Im folgenden gehe ich auf drei historisch-analytische Ansätze ein, die sich intensiv mit ethischen Aspekten im Zusammenhang mit der Familienvergangenheit beschäftigen.

Die Wichtigkeit der Familiengeschichte, um aktuelle Probleme zu verstehen, wird von der mehrgenerationellen Familientherapie der Göttinger Arbeitsgruppe um Sperling betont (Sperling u. a. 1982). Sie stellt den Zusammenhang zwischen dem Leiden des Klienten heute und der Geschichte seiner Eltern in den Vordergrund. In die Therapie werden bis zu drei Generationen einbezogen, denn es wird davon ausgegangen, daß Familien den gleichen Konflikt über Generationen forttragen können. Dieses generationsübergreifende, unbewußte Tradierungsmuster soll in der Therapie aufgedeckt und aufgehoben werden (Massing u. a. 1992). Die Göttinger Gruppe beschäftigte sich insbesondere mit den Auswirkungen des Nationalsozialismus auf deutsche Familien. Dabei sehen sie die Nazizeit als ein »kollektives gesellschaftliches Trauma«, das »das individuelle und familiäre Schicksal nachhaltig beeinflußt« (Massing u. a. 1986, S. 27). Das Trauma sowie seine Verleugnung kann neben den Konflikten zwischen den Generationen auch zur Entstehung von psychischen Störungen führen.

»Ohne eine grundlegende Analyse der moralischen Werte des Menschen«, können unsere familientherapeutischen Kenntnisse, »nicht verstanden werden«, schreiben die Familientherapeuten Boszormenyi-Nagy und Spark in der Einleitung ihres Werkes »Unsichtbare Bindungen« (1981, S. 9). Loyalität und Gerechtigkeit sind für sie zwei zentrale familiäre Werte. Durch die Verletzung der familiären Loyalität, z. B. bei einer Verbesserung der eigenen Situation auf Kosten des familiären Zusammenhalts, können Schuldgefühle und psychische Symptome entstehen. In jeder Familie findet eine »Schuld- und Verdienstbuchführung« über Generationen statt. Diese verläuft teilweise bewußt, teilweise unbewußt. Werte und empfundene Schuld werden von einer Generation auf die andere übertragen. Dieser Grundgedanke von Boszormenyi-Nagy (1976), nach dem die »Verletzung der unbewußten, familiären Loyalitätsbindungen« zur Entstehung von Schuldgefühlen führen kann, ist sehr fruchtbar für das Verstehen generationsübergreifender Wirksamkeit von Moraldilemmata. Dieser Gedanke kann auf die besondere Situation der Judenratmitglieder übertragen werden: Durch das Gefühl, einen Loyalitätsbruch gegenüber der Familie oder der Gemeinde begangen zu haben, können Schuldgefühle entstehen. In Therapien strebt Boszormenyi-Nagy an, die familiäre Buchführung aufzudecken und damit Ketten von Ungerechtigkeiten, die zu familiärem Leid führten und führen, zu unterbrechen. Das Ziel ist dabei, Versöhnungsprozesse innerhalb der Familie zu ermöglichen.

Nach dem Delegationskonzept von Stierlin (1978) kommt es zu »Vermächtnissen«, die von einer Generation auf die nächste übertragen werden. Die Delegation läßt sich als eine bewußte oder unbewußte Verpflichtung eines Kindes gegenüber den Eltern verstehen. Durch die Delegation übernimmt das Kind Verantwortung für die Familie und bleibt mit ihr innerlich verbunden. »Im typischen Falle hat der Delegierte lebenswichtige Aufgaben für seine Eltern zu erfüllen« (Stierlin 1978, S. 24). Diese Aufgaben können auf der Es-, Ich- oder Über-Ich-Ebene liegen. Im Fall der Moraldilemmata könnte eine analytische Betrachtung der Über-Ich-Delegationen besonders aufschlußreich sein: Das Kind als Delegierter erfüllt die Bestrebungen der Eltern, etwas im moralischen Bereich zu erzielen, das seine Eltern persönlich nicht erreichen konnten. Es geht also darum, das Gewissen der Eltern zu erleichtern. Stierlin selbst spricht nicht von Moraldilemmata. Meines Erachtens läßt sich die Über-Ich-Delegation dennoch als eine Strategie zur Bewältigung von Moralverletzungen oder von Unterlassungen sehen. Mit Hilfe der Delegation könnten die Eltern z. B. versuchen, eine Wiedergutmachung zu leisten.

Bewältigungsstrategien

Bewältigungsstrategien (Coping strategies) sind ein grundlegendes Muster menschlichen Verhaltens: Dort wo eine psychische Schwierigkeit, ein psychisches Problem vorliegt, wird nach Lösungen gesucht. Moraldilemmata stellen solche psychische Belastungen dar. Das Ziel der Bewältigungsstrategien ist, die durch den psychischen Konflikt entstandene Belastung auf ein tolerierbares Niveau zu reduzieren, und zwar intra- und interpsychisch gesehen.

Der Begriff Bewältigungsstrategien ist ein Oberbegriff für alle psychischen Muster, die dazu dienen, psychische Belastungen zu reduzieren. Bewältigungsstrategien sind keine Eigenschaften der jeweiligen Persönlichkeit, sondern vielmehr, »what one does rather than what one is« (Carpenter 1992, S. 4). »Immer ist Bewältigung ein Prozeß, an dessen Ende die Menschen nicht mehr die sind, die sie vorher waren. Bewältigungsforschung ist Komplexität pur« (Filipp 1997, S. 8). Die Vielfalt der oben beschriebenen psychologischen Theorien spiegelt das Spektrum der möglichen Bewältigungsstrategien wider. Generell haben Bewältigungsstrategien nach Lazarus (1981) zwei zentrale Grundfunktionen, eine äußere und eine innere. Die Bewältigungsstrategien stellen zum einen Versuche zur Verbesserung der äußeren, persönlichen Situation auf der Handlungsebene dar und zum anderen Versuche, das innerpsychische Erleben auszubalancieren, was als die emotional-kognitive Ebene verstanden werden kann. Die Zahl der Publikationen im Bereich der Bewältigungsforschung ist sehr groß. Daher werden hier nur die für die Untersuchung unmittelbar relevanten Aspekte vorgestellt.[8]

Im folgenden möchte ich auf drei Typen von Bewältigungsstrategien eingehen, die in Bewältigungsprozessen von Moraldilemmata von zentraler Bedeutung sind und die deshalb in den biographischen Analysen im Vordergrund stehen werden: individuelle, familiäre und psychosoziale Bewältigungsstrategien. Alle drei Bewältigungsformen können sowohl bewußte als auch unbewußte Aspekte in sich bergen. Sie können auf der Handlungsebene erfolgen oder sie können rein innerpsychische Bewältigungsversuche darstellen. Bewältigungsversuche auf der Handlungsebene werden als externale Bewältigungsstrategien bezeichnet, bei denen die Person anstrebt, ihre äußere Situation zu verändern bzw. zu verbessern. Innerpsychische Bewältigungsstrategien sind emotional-kognitive[9] Bewältigungsversuche. Somit können für das gleiche oder ähnliche Moraldilemma unterschiedliche Bewältigungsstrategien entstehen, wie z. B. individuelle Bewältigungsstrategien auf der Handlungsebene gegenüber unbewußten familiären Bewältigungsstrategien.

Die Hauptfrage in Bezug auf die Bewältigungsstrategien in der vorliegenden Arbeit ist: Was tut die Person auf der individuellen, familiären und sozialen Ebene, um die Belastung durch die entstandenen Moraldilemmata zu reduzieren? Diejenigen Handlungen, kognitive oder emotionale Prozesse, die der Person dabei behilflich sind, werden als Bewältigungsstrategien definiert.

Nach Lazarus (1992) sind die Forschung und die Theorien zu Bewältigungsstrategien noch in ihren Anfängen. Früher wurden bestimmte Bewältigungsformen als pathologisch angesehen, während andere als gesund und positiv definiert wurden. Doch eine Bewertung der Effizienz einer bestimmten Bewältigungsstrategie kann immer nur auf individueller Basis erreicht werden. Wichtig ist dabei, was die Bewältigungsstrategie für das jeweilige Individuum bedeutet (ebd., S. 6). Lazarus plädiert dafür, die Bewältigungsforschung detailliert zu führen, was ich ebenfalls für sehr wichtig halte und in den biographischen Analysen verfolgen möchte. Denn anders können wir nicht erklären, warum die Bewältigungsstrategie X gut für Person A und schlecht für Person B ist.

Die Frage, wie eine adäquate Bewältigung aussieht, ist nicht leicht zu beantworten, denn hierbei spielen viele Faktoren eine Rolle: z. B. die Effizienz, die Angemessenheit oder die Dauer der Bewältigungsstrategie. Die Bewältigung kann als ein Prozeß angesehen werden oder in Form einer einmaligen Handlung stattfinden. Als adäquat läßt sich eine Bewältigungsstrategie im allgemeinen dann bezeichnen, wenn sie der Person eine Erleichterung bringt, auch, wenn es sich dabei nur um eine momentane handelt. Weiterhin wird die soziale Dimension oft untersucht, z. B. ob die Bewältigung positive Wirkungen auf die familiäre und soziale Beziehung hat. Neben den zeitlichen und sozialen Aspekten werden hier auch die intrapsychischen Verbesserungen auf der individuellen Ebene untersucht (Stone u. a. 1984, Lazarus 1981, Bremm 1990).

Es existiert, wie bereits erwähnt, keine psychologische Forschung speziell zu dem Thema Bewältigungsstrategien von Moraldilemmata. Allgemein bekannte individuelle, familiäre und psychosoziale Bewältigungsstrategien werden in den folgenden Abschnitten beschrieben. Bei den darauffolgenden biographischen Analysen sollen sie mir dann als Orientierungshilfe dienen.

Individuelle Bewältigungsstrategien
Es gibt zahlreiche Versuche, individuelle Bewältigungsstrategien zu klassifizieren. Die intrapsychischen Bewältigungsstrategien bzw. Abwehrmechanismen, die von Anna Freud 1936 ausgearbeitet wurden, lassen sich als die erste Klassifikation dieser Art verstehen. Viele spätere Klassifikationen basieren auf den psychoanalytischen Erkenntnissen Anna Freuds, die u. a. folgende Abwehrmechanismen beschrieb: »Verdrängung, Regression, Reaktionsbildung, Isolierung, Ungeschehenmachen, Projektion, Introjektion, Wendung gegen die eigene Person, Verkehrung ins Gegenteil« sowie die Sublimierung (1936, S. 36).

Die Erforschung der psychoanalytischen Abwehrmechanismen fand ihren Anfang in Therapien mit Neurotikern. So wird darauf hingewiesen, daß verschiedene Abwehrmechanismen Dominanz bei den einzelnen Neurosentypen zeigen. Damit zeigte die Psychoanalyse als erste Wissenschaft, daß psychische Symptome Bewältigungsversuche darstellen (bzw. ein Kompromiß zwischen Es und Über-Ich sind). Damit kommt es zu der, zunächst paradox erscheinenden Aussage, daß psychische Symptome Bewältigungsstrategien verkörpern.

Aus der neuen Forschung über Alltagsprobleme und ihre Bewältigungsstrategien entstanden zahlreiche Klassifikationen von Bewältigungsstrategien. Die unterschiedlichen Klassifizierungen ähneln und unterscheiden sich. Für die Analyse der Moraldilemmata schien mir die Unterteilung in Bewältigungsstrategien auf der Handlungsebene und Bewältigungsstrategien auf der innerpsychischen (emotional-kognitiven) Ebene im Sinne von Lazarus (1981) sinnvoll (vgl. auch Jäger 1985). Dabei

kann man sich auf beiden Ebenen mit den Inhalten des Problems auseinandersetzen oder diese verdrängen. Die Bewältigungsversuche auf beiden Ebenen können sich auch gegenseitig beeinflussen. Viele der Bewältigungsstrategien, die ich in verschiedenen Klassifizierungen[10] fand, lassen sich unter diesen zwei Gesichtspunkten einordnen:
- *Bewältigungsstrategien auf der Handlungsebene*: Die Hinwendung zu anderen Aktivitäten oder Einstellungen, Lösungen auf der Handlungsebene, direkte Aktionen, Aktionshemmung.[11]
- *Innerpsychische Bewältigungsstrategien (auf der emotional-kognitiven Ebene)*: Verdrängung, Wunschgeleitetes Denken, Bagatellisierung, Herunterspielen durch Vergleich mit anderen, innerpsychische Prozesse.[12]

Die innerpsychischen Bewältigungsstrategien lassen sich nach meiner Ansicht in drei Untergruppen teilen, die im Zusammenhang mit Moraldilemmata wichtig sind:
- *Eigene Aufwertung*: Suche nach Selbstbestätigung, Situationskontrollversuche, Reaktionskontrollversuche, positive Selbstinstruktion.[13]
- *Eigene Abwertung*: Selbstkritik, Selbstbestrafung, soziale Abkapselung, gedankliche Weiterbeschäftigung, Resignation, Selbstbemitleidung, Selbstbeschuldigung.[14]
- *Ambivalenzaushalten*: Durcharbeiten des Ereignisses, Akzeptanz.[15]

In den oben genannten Klassifikationen werden auch Bewältigungsstrategien erwähnt, die ich familiären Bewältigungsstrategien zuordnen würde (z. B. Aufsuchen emotionaler Unterstützung, Aufsuchen sozialer Kontaktpersonen). Ein Teil der individuellen Bewältigungsstrategien kann ebenfalls den psychosozialen Bewältigungsstrategien zugeordnet werden. Es sind diejenigen Strategien, in denen es um die Reduzierung von Konflikten mit der Gesellschaft geht: z. B. Bedrohungsminimierung, Herunterspielen durch Vergleich mit anderen und Schuldabwehr.

Familiäre Bewältigungsstrategien
Familiäre Bewältigungsstrategien sind solche Strategien, die Eltern und Kindern gemeinsam entwickeln. Dies geschieht z. B., wenn ein Defizit bei einem Elternteil besteht und ein Kind bei der Suche nach der Lösung mit einbezogen wird. Solche familiären Bewältigungsstrategien sind z. B. die Delegationsprozesse, wie sie bereits beschrieben wurden (Stierlin 1978). Die Kinder sind bewußt oder unbewußt beauftragt, entstandene Defizite im Leben ihrer Eltern auszugleichen. In ähnlicher Weise ist auch der »Ausgleich des Schuldkontos« nach Boszormenyi-Nagy und Spark (1981) als familiäre

Bewältigungsstrategie zu verstehen. Insgesamt können familiäre Bewältigungsstrategien in gleicher Art typisiert werden wie die individuellen Bewältigungsstrategien: Sie können bewußt oder unbewußt sein sowie auf der Handlungs- oder der emotional-kognitiven Ebene liegen.

Psychosoziale Bewältigungsstrategien
Bei den psychosozialen Bewältigungsstrategien steht die Beziehung zwischen Individuum und Gesellschaft sowie zwischen der Familie und Gesellschaft im Vordergrund. Psychosoziale Bewältigungsstrategien sind diejenigen Strategien, die die Person entwickelt, um Konflikte mit der Gesellschaft zu reduzieren. Es geht dabei um den Wunsch der Person, sich im positiven Sinne als ein Teil der Gesellschaft zu erleben. Damit wird auch angestrebt, Konfliktsituationen mit der Gesellschaft zu reduzieren. In solchen Konflikten kann die Person vor existenziellen Identitätsfragen stehen, z. B. vor der Frage: Wie definiere ich mich gegenüber der Gesellschaft, die mich als Kapo ablehnt oder ablehnen kann?

Diese Konflikte zwischen Individuum und Gesellschaft wurden unter dem Begriff Soziose zusammengefaßt (Van den Berg 1960). Leider existiert wenig Forschung über Bewältigungsstrategien im Problemfeld der Soziose. Eine der wenigen Untersuchungen hierzu ist die von Herzka u. a. (1989), in der Bewältigungsversuche von Flüchtlingskindern beschrieben werden. Die Strategien der Kinder bezogen sich auf den Versuch, sich sowohl nach den Werten der Eltern und der ursprünglichen Kultur als auch nach den Werten der neuen Gesellschaft adäquat zu verhalten. Es ging ihnen darum, mögliche Konflikte zwischen der Familie und der Gesellschaft zu reduzieren. Die Soziose aufzuheben bedeutete, die Diskrepanzen zwischen dem angestrebten Selbstbild und dem Bild der Gesellschaft zu reduzieren. Auch der Dissonanzausgleich (Festinger 1957) kann als psychosoziale Bewältigungsstrategie gelten, der sowohl auf der Handlungsebene als auch auf der kognitiven Ebene erfolgen kann. Er kann bewußt oder unbewußt stattfinden und als Bewältigungsstrategie für die erste oder die zweiten Generation dienen.

Zur Psychologie der ersten und zweiten Generation

In der umfangreichen psychologischen Literatur über die erste und zweite Generation lassen sich kaum Berichte über jüdische Funktionshäftlinge und ihre Kinder finden. Die Literatur über die Judenräte und die Kapos, die in den vorherigen Kapiteln vorgestellt wurde, stammt meist aus dem Bereich der Geschichtsforschung. Im folgenden möchte ich die wenigen psychologischen Aufsätze, die sich direkt oder indirekt mit Funktionshäftlingen beschäftigen und die ich in meiner Recherche finden konnte, aufführen. Funktionshäftlinge übernahmen ihre Tätigkeit meist, nachdem sie bereits längere Zeit als einfache Häftlinge unter den Nazis gelitten hatten. Viele jüdische Funktionshäftlinge wurden auch schon vor der Befreiung aus ihrer Funktionstätigkeit entlassen und gehörten dann in jeder Hinsicht zur Gruppe der Holocaust-Opfer, so z. B. während der Todesmärsche. Somit stellen die Funktionshäftlinge eine Untergruppe der Holocaust-Überlebenden. Ein Teil der umfangreichen psychologischen Erkenntnisse über Holocaust-Überlebende und ihre Kinder ist damit auf die Gruppe der Funktionshäftlinge und ihre Kinder übertragbar, weshalb ich auf jene im vorliegenden Kapitel näher eingehe. Andererseits nehme ich aber auch an, daß Unterschiede bei bestimmten emotionalen Belastungen und ihrer Bewältigung zwischen einfachen jüdischen Häftlingen und jüdischen Funktionshäftlingen zu erwarten sind.

Jüdische Funktionshäftlinge in der psychologischen Literatur

In der psychologischen Literatur wird das Thema »Funktionshäftlinge« nur sehr selten berührt. So schrieb Viktor Frankl ausführlich über die Psychologie der KZ-Überlebenden, beschrieb die Kapos aber nur sehr knapp als »eine Art negative Auslese« der Nazis (1981, S. 15). Auch die anerkannten Holocaust-Forscher Davidson (1992) und Klein (1986), die viele Jahre auch als Therapeuten mit Personen aus der ersten und zweiten Generation tätig waren, sprechen die Problematik nur kurz an. Davidson thematisiert in seinem umfangreichen psychologischen Werk »Holding on to humanity – The message of Holocaust survivors« die Kapos in zwei Absätzen: Er schätzt das Schweigen der ersten Generation als psychisch gefährdend für die zweite Generation ein, denn dadurch könne die Phantasie entstehen, daß der Vater z. B. ein Kapo war. In einem zweiten Absatz beschreibt Davidson (1990, S. 60) beschreibt die schwierige Situation der Funktionshäftlinge während der Verfolgungszeit als »Vermittler zwischen den Opfern und Tätern« und notiert, wie sehr das Schicksal des einfachen Häftlings von ihrer Güte oder Mißgunst abhing.

Klein erwähnt die Funktionstätigkeit indirekt, indem er die »induzierte passive und willfährige Kooperation mit den Aufsehern« thematisiert und diese Kooperation als eine aktive Bewältigung in einer bedrohlichen Realität darstellt (1986, S. 159f). An einer anderen Stelle geht er davon aus, daß viele Faktoren Einfluß auf die Bewältigungsprozesse von Überlebenden haben, u. a. der Ort, an dem sie überlebt haben (Ghetto, Versteck, KZ) sowie die »Art der Arbeit«, die sie verrichten mußten.

Eine detailliertere Beschreibung der Psychologie der Funktionshäftlinge während der KZ-Haft läßt sich bei Bruno Bettelheim finden. Er beschreibt seine Erfahrungen und Beobachtungen in den KZs Dachau und Buchenwald, wo er ein Jahr lang (1938-1939) inhaftiert gewesen war. In dieser Zeit dienten Deutsche als Funktionshäftlinge, jedoch keine Juden. Es waren meist sogenannte kriminelle und politische Häftlinge. Bettelheim beschreibt die Kapos als die Elite der Häftlinge, die »komplizierte Aufgaben« als Helfer der SS hatten. »Es war also leicht für die Häftlinge, sich freiwillig als Kapos zu melden«, schreibt er, und führt weiter aus, daß diese Funktionen ihnen »Macht, Sicherheit und Vorrechte boten« (1995, S. 195). Auch Bettelheim wirft den Funktionshäftlingen vor, daß durch ihre Tätigkeit »eine Handvoll SS-Leute tatsächlich Zehntausende feindseliger Häftlinge beherrschen« konnten (ebd., S. 196). Das Eigeninteresse und der Wille, die neu erworbene Macht zu behalten, führten die Funktionshäftlinge dazu, alles zu tun, um »im Amt zu bleiben.« Nach Bettelheims Ansicht verloren dabei die Kapos jede Selbstachtung. Sie übten Druck auf ihre Mithäftlinge aus, um ihre eigene Macht zu spüren, bzw. um dadurch die eigene Angst zu reduzieren. Es handelt sich hier um die Identifikation mit dem Aggressor, bei der die Persönlichkeit des Gefangenen sich »derart verändert, daß er sich nunmehr sogar manche Wertvorstellungen der SS zu eigen gemacht hatte« (1952, S. 88). Sie imitierten die verbale und körperliche Aggression der SS und versuchten sich sogar Uniformen der SS zu besorgen. Ihr Ziel war es, die Sympathie des SS-Personals zu gewinnen. Dies geschah nach Bettelheim bei vielen Gefangenen, die lange im KZ lebten, nicht nur bei Kapos, wobei »alte Gefangene«

oft gute Chancen hatten, Funktionshäftlinge zu werden. So geschah es, daß alte Gefangene sich, »wenn sie ihre Mitgefangenen beaufsichtigen mußten, schlimmer aufführten als die SS« (ebd., S. 89). Die Funktionshäftlinge verhielten sich so, um ihre Macht zu beweisen. Die SS, die sich dagegen ihrer Macht sicher war, brauchte sie nicht ständig zu demonstrieren. So übten die Häftlingskapos »ihren Druck ohne Unterlaß aus. Man fühlte ihn beständig – während des Tages bei der Arbeit und nachts in den Baracken« (1995, S. 203). Nur sehr wenige Kapos, betont Bettelheim, zeigten »Mut und Selbstlosigkeit«, und diese nennt er die »Superkapos« (ebd.).

Treffend beschreibt Bettelheim die Moraldilemmata der Funktionshäftlinge:

> »Alle herrschenden Häftlinge wurden, um sich selbst, ihre Freunde oder andere Angehörige der Gruppe zu retten, am Tod einiger Häftlinge mitschuldig. Aber dies wurde als notwendig erachtet, auch die Vernichtung ganzer Gruppen von Häftlingen, wenn es darum ging, an der Macht zu bleiben. So kam es also dazu, daß einige der politischen Gruppen, gebildet, um Mithäftlingen zu helfen, schließlich schweren Herzens zur Vernichtung Tausender von Häftlingen beitrugen, um einige Häftlinge ihrer Gruppe zu retten«. (ebd., S. 200)

Die Vorteile, die mit der Funktionstätigkeit verbunden waren, verursachten bei der Elite der Häftlinge Schuldgefühle und weckten bei ihnen das Bedürfnis, ihre Vorteile zu rechtfertigen. Diese Rechtfertigung wollten die Funktionshäftlinge Bettelheim zufolge durch ihre besondere Erziehung, Kultur, größeren gesellschaftlichen Wert oder Einfluß erbracht sehen; durch solches hatten sie sich diese Vorteile verdient. Als Beispiel für dieses Verhalten nennt Bettelheim Eugen Kogon, der als politischer Häftling eine Funktionstätigkeit erhielt und an Experimenten mit Menschen teilnehmen mußte. Im Jahre 1946 schrieb Kogon das Buch »Der SS-Staat«, in dem er eine historische Analyse des Nationalsozialismus darstellt. Bettelheim notiert in seinem Buch »Aufstand gegen die Masse« (1995):

> »Die Haltung Kogons ist ziemlich repräsentativ. Er war zum Beispiel stolz darauf, in der Stille der Nacht Platon oder Galsworthy zu lesen, während im Raum nebenan die Luft von gewöhnlichen, unangenehm schnarchenden Häftlingen stand. Er schien nicht erkennen zu können, daß nur seine privilegierte Stellung, die sich auf eine Teilnahme an menschlichen Experimenten stützte, ihm die Muße gab, Kultur zu genießen, einen Genuß, den er dann benutzte, um seine privilegierte Stellung zu rechtfertigen. Er konnte nachts lesen, weil es ihn nicht vor Kälte schüttelte, weil er nicht dumm vor Erschöpfung, weil er nicht ausgehungert war«. (ebd., S. 202f)

Aufgrund seiner Beobachtungen im KZ kommt Bettelheim zu folgendem Schluß: »Der Mensch kann ab und zu, wenn ihn die Notwendigkeit dazu zwingt, gegen seine eigenen Überzeugungen handeln und trotzdem durch inneren Vorbehalt einen Anschein von Integrität vor sich selbst bewahren.« Dies ist der »Kampf zwischen moralischer Überzeugung und Selbsterhaltung« (1952, S. 333f). Der innere Konflikt ist dann gravierend: »Soll man zu seinen Überzeugungen stehen und die entsprechenden Risiken eingehen oder soll man auf Nummer Sicher gehen und sich wie ein Feigling fühlen, wie ein Verräter an seinen höchsten Wertvorstellungen?« (ebd., S. 337). Der Frieden, den die Person mit dem totalitären System schließt, wird »mit dem Tod der Seele erkauft«, sagt Bettelheim im letzten Satz seines Aufsatzes aus dem Jahre 1952.

Diese Beschreibungen von Frankl, Bettelheim, Davidson und Klein verdeutlichen, daß die psychisch belastende Situation der Funktionshäftlinge erkannt wurde. Dabei wird fast nebenbei überlegt, wie Funktionshäftlinge damals lebten und sich entschieden. Was nicht beschrieben wird, ist eine Analyse dessen, was mit den ehemaligen Funktionshäftlingen nach Ende der Shoah, mit Beginn des »normalen« Lebens, psychisch geschah.[1] Wie und was denken sie über ihre damaligen Handlungen? Der Kapo existiert als Phänomen im KZ, er verschwindet aber fast vollständig in der psychologischen Literatur über die heutigen Auswirkungen der Shoah.

Die erste Generation: Zwischen Überleben und Überlebensschuld

Psychopathologie oder erfolgreiche Bewältigung?
Die Auswirkungen der Shoah auf Personen, die während der Verfolgungszeit versteckt waren und/oder das Leben im Ghetto und im KZ überlebten, werden seit 1945 beobachtet und untersucht. Dabei lassen sich in der Forschungsliteratur drei Phasen beobachten: In den ersten Jahren nach der Shoah wurden lediglich die physischen Beschwerden der Überlebenden berücksichtigt, die möglichen psychischen Folgen wurden außer Acht gelassen. In der zweiten Phase kam es zum Fokussieren auf die Psychopathologie. Erst in den letzten Jahren scheint die Tendenz zu wachsen, neben den psychischen Schäden auch die Ressourcen der Überlebenden und ihrer Kinder zu erforschen.

Die Untersuchung von Friedman »Some aspects of concentration camp psychology« aus dem Jahre 1948 war die erste, die psychische Folgen der Shoahzeit berücksichtigt hat. In der zweiten Phase prägte sich der Begriff »Überlebenden-Syndrom«, der die psychischen Schäden der Überlebenden beschreibt (Niederland 1980). In seinem Zentrum stehen die psychopathologischen Erscheinungen, an denen die Überlebenden, bedingt durch ihre traumatischen Erfahrungen, leiden: Angstzustände, das Gefühl »Anders-als-die-anderen-zu-Sein«, Überlebensschuld, depressive Zustände, Persönlichkeitsveränderungen und psychosomatische Beschwerden. Niederland hat das »Überlebenden-Syndrom« beschrieben, als er im Rahmen der Wiedergutmachungsprozesse hunderte von Holocaust-Überlebenden begutachtete. Um von Deutschland eine Entschädigung zu erhalten, mußten Holocaust-Überlebende nachweisen, daß sie mindestens zu 25% psychisch oder physisch geschädigt sind. Sie wurden also nicht für ihr Leid während der Verfolgungszeit entschädigt, sondern erhielten nur eine Entschädigung, wenn sie eine andauernde Symptomatik nachweisen konnten. Vermutlich hängt die Vernachlässigung der Ressourcen der Überlebenden bei Niederland nicht zuletzt mit seiner Rolle als Gutachter in diesem spezifischen Kontext zusammen. Auch andere Arbeiten aus den 60er und 70er Jahren strebten in erster Linie an, die langfristigen psychischen Folgen der Shoah nachzuweisen und ließen daher die Bewältigungsstrategien unerwähnt (Eitinger 1990, Eissler 1963).

Da die klinische und theoretische Forschung sich bis in die 80er Jahre mehr auf die Psychopathologie konzentrierte und die Bewältigung außen vor ließ, entstand bezüglich der Überlebenden das Bild eines stark beeinträchtigten Menschen. Seit Beginn der 80er Jahre jedoch wurde das Überlebenden-Syndrom immer häufiger als negative Etikettierung und klinische Verallgemeinerung kritisiert (Epstein 1990, Kestenberg 1993). An Stelle des Begriffs Überlebenden-Syndrom schlug Kestenberg die Anwendung des Begriffs »Überlebendenkomplex« vor, der davon ausgeht, daß »alle diese Überlebenden normal [sind], weil man von einem normalen Menschen erwarten muß, daß er bizarre Lebenssituationen auf eine ihm gemäße Weise bewältigt.« Es kommt hier zu »Heilungsversuchen, die in manchen Fällen sehr erfolgreich sind, während sie in anderen auf dem Wege zur Gesundung scheitern und deshalb Hilfe brauchen« (Kestenberg 1990, S. 773). Neben den möglichen Symptomen zeigten viele Holocaust-Überlebende eine enorme Integrationsfähigkeit, psychische Ressourcen und innere Stärke (Davidson 1992). Sie gründeten Familien und waren viele Jahre berufstätig. Es ist nicht die primäre Intention dieser Beschreibung zu zeigen, daß die traumatischen Shoah-Erfahrungen keine psychopathologischen Folgen hatten oder haben konnten, sondern zu verdeutlichen, daß viele Holocaust-Überlebende auch beeindruckende Bewältigungsstrategien entwickelt haben.

Es lassen sich damit zwei Vorstellungen von Überlebenden in der Literatur finden: (a) Menschen, die durch das Trauma psychisch geknickt wurden und (b) Menschen, denen es trotz des Traumas gelang, sich ein befriedigendes Leben aufzubauen. Ich gehe aufgrund meiner Beobachtungen und aufgrund meiner therapeutischen Arbeit mit Holocaust-Überlebenden davon aus, daß dieselbe Person unter bestimmten Symptomen leiden, zugleich aber auch viele erfolgreiche Bewältigungsstrategien entwickeln kann. So lassen sich Alpträume als eine normale Erscheinung nach schweren Traumata begreifen und ein Überlebender, der unter ihnen leidet, kann gleichzeitig die Fähigkeit besitzen, sich ein sinnerfülltes Leben mit Familie, Arbeit und Hobbies zu gestalten. Ein weiterer Grund für die Vernachlässigung der Ressourcen ist vermutlich der Umstand, daß Psychologen und Psychiater meist nicht der »stillen Mehrheit« begegnen, sondern mit jenen Überlebenden in Kontakt kommen, die momentan Probleme haben, was ihre Sicht prägt und die erfolgreichen Bewältigungsstrategien mehr in den Hintergrund treten läßt.

Bewältigungsversuche
Es ist mindestens genauso wichtig, die Bausteine der Gesundheit und der erfolgreichen Bewältigung zu verstehen, wie die der pathologischen Erscheinungen. Diese Überzeugung liegt dem Salutogenese-Ansatz von Antonovsky zugrunde. Antonovsky war einer der ersten, der sich für erfolgreiche Bewältigungsmechanismen bei Überlebenden interessierte. Schon in den 70er Jahren betonte er, daß ein Teil der Holocaust-Überlebenden unter Symptomen leide, aber daß mehr als 40% der untersuchten Frauen »excellent health« zeigen (Antonovsky 1971, S. 189; Sage und Antonovsky 1992). Für die Untersuchung von Bewältigungsmechanismen plädiert z. B. auch Klein (1986), der feststellen konnte, daß ein Teil der Überlebenden durch die Shoah an einem Gefühl der Diskontinuität des Ichbewußtseins leidet, während ein anderer Teil trotz der Shoah das Gefühl der Kontinuität und Selbstkongruenz beibehalten konnte.

Die Überlebenden bilden damit keine einheitliche Gruppe, wie das oben beschriebene klinische Bild vielleicht nahelegt. Die einzelnen Überlebenden machten verschiedene Erfahrungen während der Nazizeit und bearbeiten diese individuell unterschiedlich. So unterscheidet Davidson (1981) drei Verarbeitungsverläufe: (a) Ein Teil der Überlebenden hatte schon vor der Verfolgungszeit psychische Beschwerden. Diese wurden durch die Verfolgung bedeutend schwerer. Um diesen Holocaust-Überlebenden therapeutisch zu helfen, sollten ihre früheren neurotischen Störungen behandelt werden und erst dann die traumatischen Shoah-Erfahrungen. (b) Für eine andere Gruppe der Überlebenden hat die Zeit seit der Verfolgung aufgehört, sich zu bewegen. Sie zeigten direkt nach der Shoah schwere Symptome im Sinne des Überlebenden-Syndroms. (c) Die dritte Gruppe verleugnete nach der Verfolgung jegliche psychische Beeinträchtigung durch das traumatische Erleben. Diese Personen waren oft sehr aktiv, sogar überaktiv. Dieser Mechanismus kann in bestimmten, krisenhaften Situationen Risse zeigen, z. B. bei Problemen in der Ehe, beim Tod eines Verwandten oder eines Freundes. Dies löst einen Trauerprozeß aus, dessen Wurzeln in die Verfolgungszeit reichen, und der damals nicht statthaben konnte, da die Person immer weiter um ihr Überleben kämpfen mußte.

Welche weiteren Bewältigungsformen sind bekannt? Direkt nach der Shoah schauten viele Überlebende ausschließlich in die Zukunft bzw. flüchteten in die Gegenwart. Sie versuchten »ohne Vergangenheit« zu leben, bzw. ein »neues Leben« zu beginnen. Dabei kommt es zu einem Konflikt zwischen Erinnern und Vergessen-wollen. Das Vergessen dient dabei als Schutz vor den schmerzlichen Erinnerungen. Doch das Erinnern ist notwendig für die Orientierung in der eigenen persönlichen Welt, denn ohne Vergangenheit hat man keine Identität. Es läßt sich aber auch das gegenteilige Muster beobachten: Überlebende suchten Kontakt zu anderen, die Ähnliches erlebt hatten oder sie heirateten einen anderen Holocaust-Überlebenden und erlangten dadurch das Gefühl, verstanden zu werden. Ein Teil der Überlebenden zweifelte nach der Shoah an Gott, andere hielten sich noch fester an ihren Glauben. Auch schwarzer Humor und Zynismus werden immer wieder als Bewältigungsstrategien angeführt (Segall 1974, Klein 1986, Mazor und Gampel 1990, Kestenberg 1991, Ludewig-Kedmi 1998, 1999, Rehberger 1992).

Welche Lebensphasen beeinflussen die Bewältigung?
Wovon ist die Bewältigung der Shoah-Erfahrungen abhängig und wie lassen sich die individuellen Unterschiede in der Bewältigung erklären? Das intrapsychische, familiäre und soziale Leben des einzelnen Überlebenden war vor, während und nach der Verfolgung unterschiedlich. Dies beeinflußte die Bewältigungsmechanismen grundlegend und darauf lassen sich auch die Unterschiede zurückführen. Im folgenden möchte ich auf die genannten drei Lebensabschnitte und ihren Einfluß auf die Bewältigung eingehen. In den biographischen Analysen werden diese drei Phasen im Leben der Funktionshäftlinge für sich sowie hinsichtlich ihres Einflusses auf die Bewältigungsstrategien betrachtet.

(a) Die Zeit vor der Verfolgung: Die Bewältigungsmechanismen der Überlebenden hängen nicht zuletzt von ihrer »frühkindlichen Erfahrung, Lebensgeschichte, Familienkonstellation bzw. emotionalen Bindung innerhalb der Familie« ab, schreibt Klein (1986, S. 160) und auch nach Matussek (1977) spielen die Kindheitserfahrungen vor der KZ-Zeit und besonders die Beziehung zur Mutter eine wichtige Rolle bei der Bewältigung. Es läßt sich insgesamt kein einheitliches Syndrom unter den Überlebenden finden und entsprechend auch keine homogene Bewältigungsform, da die Überlebenden bereits vor der Verfolgung unterschiedliche individuelle und familiäre Erfahrungen machten und unterschiedliche Persönlichkeitsstrukturen hatten (ebd.).

(b) Die Zeit während der Verfolgung: »Nicht alle Überlebenden sind erkrankt«, schreibt Grubrich-Simitis (1979, S. 1001f). In ihrer Arbeit beschreibt sie das »kumulative Trauma«: Die Bearbeitung des Traumas hängt von vielfältigen Faktoren ab: Wo war die Person während der Verfolgung, z. B. im Lager, Ghetto oder im Versteck? Wie lange lebte sie unter diesen Umständen und wie war ihr Ich-Zustand zu diesem Zeitpunkt? In welchen Alter befand sie sich damals und war sie mit Verlust von Verwandten konfrontiert? Ähnlich resümiert auch Ruth Klüger ihre Erfahrungen und Beobachtungen im Ghetto und im KZ: »Hinter dem Stacheldrahtvorhang sind nicht alle gleich, KZ ist nicht gleich KZ. In Wirklichkeit war auch diese Wirklichkeit für jeden anders« (1994, S. 83).

(c) Die Zeit nach der Verfolgung: Inwieweit die Lebensumstände in der ersten Phase nach der Shoah für die Bewältigung wichtig sind, verdeutlichte der Psychoanalytiker Keilson (1991), der ehemals versteckte Kinder aus den Niederlanden untersuchte. Die Nachkriegsperiode konnte für diese Kinder ebenfalls traumatisch sein, wenn sie z. B. plötzlich von ihren Kriegspflegefamilien getrennt und in ein Kinderheim geschickt wurden. Auch für ältere Überlebende konnte diese Nachkriegsperiode traumatisch sein, je nach der Reaktion der Gesellschaft, in die sie zurückkehrten. In Polen war das jüdische Leben vernichtet und bereits 1946 gab es erneut ein Pogrom in Kielce, wo 42 Juden umkamen. Dies war anders in Norwegen und Dänemark, wo die Überlebenden mit Blumen und Flaggen als Helden begrüßt wurden, nachdem sie aus den Lagern zurückkehrten (Eitinger 1991, Gutman 1995).

Überlebensschuld und Moral

Ein psychologisches Phänomen, das mit Moral zusammenhängt und in der psychologischen Literatur häufig beschrieben wird, ist die »Überlebensschuld.« »Warum habe gerade ich überlebt, während alle anderen starben«, fragen sich Überlebende. Dieses »tiefe Schuldgefühl« ist »wahrscheinlich die stärkste psychische Belastung der Überlebenden«, notiert Niederland bei der Beschreibung des Überlebenden-Syndroms. Nach Schätzung des klinischen Leiters von Amcha[2], Nathan Durst, leiden 95% der Überlebenden unter der Überlebensschuld (1996). Was ist die Quelle der Überlebensschuld und leiden wirklich alle Überlebenden daran? Ruth Bondy (1997, S. 44), eine Autorin und selbst Holocaust-Überlebende, widerspricht dieser These:

> »Ich finde in mir kein Gefühl von Schuld dafür, daß ich am Leben blieb. Wunder, Freude über jeden weiteren Tag, Wille, die übrige Zeit nicht zu verschwenden, Schmerz der Verluste, Verpflichtung gegenüber denen, die nicht da sind – aber keine Schuld.«[3]

Auch der Psychologe Hass (1995) sieht das Phänomen der Überlebensschuld in der Realität nicht so verbreitet, wie in der psychologischen Literatur angenommen. Er machte die gegensätzliche Beobachtung und fand, daß die Überlebenden meist stolz sind, überlebt zu haben und daß sie, falls sie Schuldgefühle haben, Strategien entwickeln, um diese zu bewältigen.

In der psychologischen Literatur wird die Entstehung der Überlebensschuld meist durch die Überzeugung der Überlebenden erklärt, daß vielleicht ein anderer wegen des eigenen Überlebens umgekommen sei oder durch das Gefühl, daß das Überleben ein Zeichen für ›Schlechtigkeit‹ sei, da ›die Guten‹ umgekommen seien. Dabei wird oft betont, daß die Überlebensschuld ein »irrationales Gefühl« sei, denn es sei offenkundig, daß die Täter und nicht die Opfer sich schuldig fühlen müßten (Segall 1974, Niederland 1980). In welchem Zusammenhang thematisieren Shoahopfer ihre Überlebensschuld? Oft hängen die Schuldgefühle mit der Trennung von der eigenen Familie zusammen. Die Überlebensschuld ist mit dem Gefühl verbunden, die eigene Familie betrogen und deshalb »als Betrüger« eine Strafe verdient zu haben (Dreifuss 1980, Shoshan 1986, Tyrangiel 1989, Hass 1995). Die Funktion der Überlebensschuld kann auch mit dem Wunsch zusammenhängen, die Ermordeten am Leben zu halten. So kommt es im Zusammenspiel mit Überlebensschuld oft auch zu einer Idealisierung der ermordeten Verwandten (Hass 1995).

Nach der Studie von Robinson u. a. (1991) leiden 37% der von ihnen untersuchten Shoahopfer an Überlebensschuld. Da nicht alle Shoahopfer an Überlebensschuld leiden, wie diese Studie verdeutlicht und wie auch ich selbst in meiner therapeutischen Arbeit mit Holocaust-Überlebenden erfahren konnte, ist es wichtig zu erkennen, was im Einzelnen zur Entstehung der Schuldgefühle führt und was zu deren Auflösung beiträgt. Das Phänomen der Überlebensschuld interessiert mich insbesondere, da ich annehme, daß Entstehung und Bewältigung der Überlebensschuld mit Moralfragen und mit Moraldilemmata zusammenhängen. Ich nehme an, daß die Überlebensschuld durch eine Verletzung der eigenen Wertvorstellungen entstehen kann. In den biographischen Analysen werde ich jeweils der Frage nachgehen, wer unter den untersuchten Funktionshäftlingen an Schuldgefühlen leidet und warum diese auftreten.

Die häufigste Erklärung für die Überlebensschuld bezieht sich auf das Gefühl der Überlebenden, auf Kosten anderer überlebt zu haben. Interessant ist an dieser Stelle, wie Holocaust-Opfer sich ihr Überleben erklären, bzw. wie sie sich selbst die Frage: »Warum habe ich überlebt?« beantworten. In der psychologischen Literatur werden hierfür meist zwei Antworten der Überlebenden zitiert: »Zufall« und »Egoismus«. Doch auf diese Frage geben Überlebende tatsächlich zahlreiche und differenzierte biographische Erklärungen, wie die wichtige und ausführliche Untersuchung von Matussek festhält (1977, S. 875). Bei der Befragung von über 200 Überlebenden erhielt er die folgenden Erklärungen für das eigene Überleben (Mehrfachnennungen waren möglich):

- Disziplin und Selbstbeherrschung (22.8%)
- Zufall oder Glück (20.1%)
- Kameradschaftlichkeit mit Lagergenossen (19.6%)
- Gedanken an die Familie (14.1%)
- Gute Arbeit, guter Posten (14.1%)
- Religiöser Glaube (11.4%)
- Aktive Anpassung an die Lagerverhältnisse (10.0%)
- Guter körperlicher Zustand (8.2%)
- Menschlichkeit einzelner Bewacher (5.5%)
- Rückzug auf das eigene Innenleben (4.1%)
- Hass und Rachegedanken gegen die Nazis (3.6%)
- Glaube an politische Überzeugung (1.4%)

»Psychopathologie des Über-Ichs«?
Die Vorstellung, daß die Moral während der Nazizeit unter den Häftlingen »gestorben« war, ist in der psychologischen Literatur und dabei besonders in der psychoanalytischen Literatur ausgeprägt. So wird in der psychoanalytischen Literatur die Annahme formuliert, daß es bei den verfolgten Juden zu Veränderungen des Über-Ichs kam, wie der Titel eines Artikels der Psychoanalytikerin Maria Bergmann (1995) verdeutlicht: »Überlegungen zur Über-Ich-Pathologie Überlebender und ihrer Kinder.« Ich stimme dieser Annahme über einen »Tod der Moral« und der Annahme einer »Über-Ich-

Pathologie«, wie bereits dargelegt, nicht zu. Aber ich möchte diese verbreitete Position diskutieren, da sie Moralfragen und auch das Phänomen der Überlebensschuld betrifft.

Es kam während der Verfolgung zur »Versagung von Mitmenschlichkeit«, formulieren die Psychoanalytikerinnen Laub und Auerhahn, als sie die »zentralen Erfahrungen des Überlebenden« resümieren (1992, S. 256). Als Folge möchten die Überlebenden »dem Bild entfliehen, das sie von sich selbst in den Lagern gewonnen haben« (ebd., S. 263) Nach dem Psychoanalytiker Battegay (1994, S. 87) zeigten die Häftlinge untereinander keine Solidarität, sie lebten »ohne jegliche Selbstachtung« und achteten folglich auch die anderen nicht. Es kam zu einem »Haß gegen die eigene Gruppe« und zu einer Identifizierung mit dem Aggressor. Als Folge fühlen sich die Überlebenden heute als Außenseiter und haben das Gefühl »gar Geächtete zu sein und zu bleiben« (ebd., S. 87ff).

Auch für die deutsche Psychoanalytikerin Grubrich-Simitis steht die Identifizierung der Häftlinge mit dem Aggressor im Vordergrund. Diese Identifizierung verursachte »Veränderungen im Über-Ich« (1979, S. 999). Um die eigene Selbsterhaltung im KZ zu sichern, »wurde alles Verhalten eindeutig und eindimensional« und das »Es« gewann die Überhand. Das Über-Ich scheint sich nach Grubrich-Simitis zu verändern und zu schmälern und zuletzt verschwindet es gänzlich, wie ihre nächste Überlegung zu verstehen gibt. Die Realität im KZ führte ihrer Ansicht nach zu einer Verkehrung des Strukturmodells von Freud. Freuds Einsicht, »wo Es war, soll Ich werden« (GW XV, S. 86), gilt Gubrich-Simitis zufolge für die Häftlinge im Lager nicht mehr. Sie formulierte eine neue Gleichung: »Wo Ich war, soll Es werden« (1979, S. 997). Damit verschwinden Über-Ich und Ich aus der Psyche. Doch mir scheint, daß das Ich im Lager – psychoanalytisch gesehen – unerläßlicher denn je war. Gerade in diesen schweren Zeiten war die Funktion des Ich als Vermittler zwischen Es, Außenwelt und Über-Ich von enormer Bedeutung. Vielmehr stand der Mensch häufig vor schweren Entscheidungen: Es versus Über-Ich sowie Moraldilemmata als Konflikte zwischen zwei Über-Ich-Werten.

Die Beeinträchtigung des Über-Ichs durch die Shoah beschreibt Bergmann als dauerhaft und schwer.

> »Oft war die Über-Ich-Struktur des überlebenden Elternteils durch die Nazi-Ideologie, die die Psyche infiltriert hatte, erheblich zerstört worden. [...] Der überlebende Elternteil identifizierte sich unter Umständen mit der Nazimoral, die er zugleich verurteilte. Aufgrund solcher Spaltungen waren die Botschaften, die den Kindern von den Eltern vermittelt wurden, häufig widersprüchlich.«

Auch »nach der Befreiung befand sich das Über-Ich des Überlebenden in einem gefährdeten Zustand – bedroht von weiterer Regression und Entdifferenzierung«, bemerkt Bergmann weiter (1995, S. 333ff).

Und ganz in diesem Sinne ist auch der Aufsatz »Rückgewinnung des Schamgefühls« der Psychoanalytikerin Amati (1990) zu verstehen. Das Über-Ich war durch die Nazizeit ›schon so zerstört‹, daß die Überlebenden die Fähigkeit verloren hatten, Schuld empfinden zu können, meint Amati und schildert als Beispiel die Geschichte einer jüdischen Häftlingsfrau, die im Lager Hilfe von einem Deutschen erhielt. Diese Patientin fühlte sich zuerst gar nicht schuldig, berichtet Amati. Erst nach längerer Therapie

> »war es ihr möglich, durch Träume und Erinnerungen ein bis dahin unerreichbares Schamgefühl zum Ausdruck zu bringen: die Tatsache, daß sie sich an den Zynismus und die Unmenschlichkeit der KZ-Situation und an gewisse Handlungs- und Denkformen angepaßt hatte«. (ebd., S. 738f)

Amati spricht von »Stufen der Scham«, die sich nach und nach in der Therapie ›entfalten‹ bzw. ›wieder gewonnen‹ werden. Das Ziel der Therapie scheint hier zu sein, Schamgefühle zu empfinden und nicht, Schuldgefühle abzubauen!

Wie bereits erwähnt, gehe ich im Gegensatz zu diesen psychoanalytischen Arbeiten nicht davon aus, daß pauschale Verallgemeinerungen über eine totale Zerstörung des Über-Ichs oder der Moral möglich sind. Denn eine nähere Betrachtung des Lebens im KZ zeigt, daß Häftlinge sich sowohl moralisch als auch unmoralisch verhalten haben, Brot stehlen, aber auch ihr letztes Stück Brot mit anderen Häftlingen teilen konnten. Auch die Berichte aus Tagebüchern aus den Jahren 1939-1945, die in vorangegangenen Kapiteln zitiert wurden, verdeutlichen, daß das Über-Ich der damaligen Häftlinge und Funktionshäftlinge während der Verfolgungszeit nicht zerstört war.[4] Aus diesem Grund denke ich, daß die Untersuchung des Einzelfalls besonders wichtig ist. Dabei soll auch analysiert werden, wie die einzelne Person ihre Handlungen und Erfahrungen verarbeitet und bewertet.

Die zweite Generation: Trauer und Moral

Als zweite Generation werden die Kinder Überlebender bezeichnet, die nach dem 8. Mai 1945 geboren sind. Was bedeutet es, Kind eines Holocaust-Überlebenden zu sein? Diese Frage versuchten viele psychologische Untersuchungen in den letzten Jahren zu klären. Hier stehen oft Themen wie die symbiotische Beziehung zu den Eltern, Trauerarbeit oder Probleme in der

Autonomieentwicklung im Vordergrund. Zahlreiche Autoren untersuchten auch die Kinder der NS-Täter.[5] Hier werden oft die Probleme der Kinder im Umgang mit Schuld- und Moralfragen, die im Zusammenhang mit der elterlichen Vergangenheit stehen, thematisiert. Auf die Probleme und Bewältigungsversuche von Kindern der NS-Täter werde ich in der Diskussion näher eingehen und diese mit jenen der Kinder jüdischer Funktionshäftlinge vergleichen. Auch hier erwarte ich sowohl Unterschiede als auch Ähnlichkeiten bezüglich der Bearbeitung der elterlichen Vergangenheit.

Psychische Auffälligkeit?
Die Beschäftigung mit der zweiten Generation begann, als Psychiater und Psychologen gegen Ende der 60er Jahre bemerkten, daß Kinder von Holocaust-Überlebenden zu ihnen überwiesen wurden, die ähnliche Symptome wie die des Überlebenden-Syndroms zeigten. Bemerkenswerter weise blieben die Eltern dieser Kinder teilweise sogar symptomfrei (Rakoff u. a. 1966, Sigal 1971). Sie litten »unter gestörten Objektbeziehungen, geringem Selbstwertgefühl, narzißtischer Verwundbarkeit, negativer Identitätsbildung, Verarmung der Persönlichkeit und erheblichen Beeinträchtigungen des Affektlebens«, schreiben Barocas und Barocas (1979, S. 331). Die Tendenz zur Psychopathologisierung läßt sich damit auch in der Literatur über die zweite Generation erkennen. Sie hat sich über die Jahre abgeschwächt, ist aber z. T. bis heute spürbar. Demnach reagieren Angehörige der zweiten Generation vermehrt mit Depression auf Belastungssituationen und haben Schwierigkeiten, ihre Berufsziele zu formulieren. Weiterhin leiden sie unter sexuellen Störungen, Phobien, Beziehungsproblemen, psychosomatischen Störungen und Alpträumen (Freyberg 1980, Wardi 1990, Krystal zit. n. Epstein 1990).

Diese pathologisierenden Beschreibungen der zweiten Generation stammen zum größten Teil aus klinischen Berichten und ihre Verallgemeinbarkeit wurde kontrovers diskutiert. Nach einer Welle von klinischen Berichten wurden auch zahlreiche kontrollierte Studien durchgeführt, die die Frage der klinischen Verallgemeinbarkeit überprüfen sollten. Allerdings kommen die Studien, wie beispielsweise jene von Axelrod (1980) und Rieck (1987), in der Frage, ob Angehörige der zweiten Generation epidemiologisch mehr an psychopathologischer Symptomatik wie z. B. Depression oder Angst leiden, zu gegensätzlichen Antworten.

Die Diskussionen über die ›Psychopathologie‹ versus ›Normalität‹ der zweiten Generation dauern bis heute an. Doch diese und viele andere konträre Forschungsergebnisse[6] weisen eher darauf hin, daß bei der zweiten Genration eher verschiedene Reaktionsmuster nebeneinander zu finden sind. Eine einfache und einheitliche Verallgemeinerung ist von daher nicht möglich und wäre auch undifferenziert. Sinnvoll scheint die Erforschung verschiedener Typen von Verhaltensweisen und Bewältigungsstrategien.

Im allgemeinen haben sich mit der Zeit immer mehr Forscher und Therapeuten von einer klinischen Verallgemeinerung sowie der Verwendung von psychopathologisierenden Begriffen distanziert. Diese Entwicklung wurde auch durch eine Art »Protest« von seiten der zweiten Generation beeinflußt, die diesen Ruf als beleidigend erlebte, denn viele Angehörige der zweiten Generation entwickelten diese schwere Symtomatik nicht und sind z. B. sehr erfolgreich in ihren Beruf. Heute stehen Aspekte wie Trauerarbeit, Identitätsfragen und Autonomieentwicklung in Gruppentherapien mit Angehörigen der zweiten Generation im Vordergrund (Fogelman 1992, Ludewig-Kedmi und Tyrangiel 1999).

Identifizierung mit dem Leid der Eltern
Auf jeden Fall wird ersichtlich, daß Angehörige der zweiten Generation mit einer traumatischen Familienvergangenheit konfrontiert sind und sowohl erfolgreiche Bewältigungsstrategien als auch psychopathologische Symptomatik entwickeln können. An dieser Stelle möchte ich zunächst auf die Tradierung der Traumata von der ersten auf die zweite Generation eingehen.

Die Tradierung der Traumata entsteht durch die Identifizierung mit den elterlichen Traumata. Innerhalb der Psychoanalyse wird insbesondere die unbewußte Identifizierung mit den Eltern als Schlüssel für die Entstehung der generationsübergreifenden Tradierung gesehen. Nach meiner Überzeugung, erfolgt die Identifizierung mit dem Leid der Eltern sowohl bewußt als auch unbewußt und beide Formen können eine Tradierung des Traumas bewirken. Die unbewußte Tradierung spielt vermutlich eine zentrale Rolle, wenn die Eltern nie oder kaum über ihre traumatischen Erlebnisse sprechen. In Holocaust-Familien, in denen viel oder ununterbrochen über die Shoah gesprochen wird, erfolgen die Tradierungsprozesse vermutlich eher auf der bewußten Ebene.

Durch die Identifizierung mit der familiären (Verfolgungs-)Vergangenheit ist das Kind bewußt und/oder unbewußt von dem Trauma betroffen (Kogan 1990, Gampel 1995, Ludewig-Kedmi und Tyrangiel 2000). Die »innerpsychischen Folgen« einer solchen Identifizierung sollten nicht unterschätzt werden, schreibt Ahlheim (1985, S. 350). Denn die Angehörigen der zweiten Generation tragen die Last der Vergangenheit. Zum Teil leisten sie auch stellvertretend für ihre Eltern wichtige Trauerarbeit.

Wie eine solche familiäre Trauerarbeit aussehen kann, beschreibt die israelische Therapeutin Dina Wardi (1990) mit dem Phänomen der »Gedenkkerze«[7] sehr eindrücklich. Sie beobachtete, daß in Holocaust-Familien oft ein Kind ›beauftragt‹ wird, sich an die Vergangenheit zu erinnern und damit zur »Gedenkkerze« der Familie wird. Das Kind soll sich an die toten Verwandten, an die Großeltern, die es nie kannte, und an die verlorene, vernichtete Welt der Eltern erinnern. Die Eltern sind dem Kind dankbar für das Teilen der Last. In diesem Sinne verstehe ich die von der zweiten Generation geleistete Trauerarbeit als die Erfüllung eines moralischen Auftrags, der ihr von den Eltern erteilt ist. Die anderen Geschwister in diesen Familien sind von diesem Auftrag oft befreit. Diese Trauerarbeit führt aber auch zu der Entstehung von Belastungen. So beschreibt der Sohn zweier Überlebender, daß er von seinen Eltern drei Namen erhalten hat und zwar die Namen von drei ermordeten Familienverwandten. Damit habe er das Gefühl, »die Toten auf seinem Rücken zu tragen« (ebd., S. 33).

Das innere Verbot, die Eltern je zu verletzen
Holocaust-Überlebende werden oft als »overprotective parents« beschrieben. Die Überbehütung ist eine direkte Folge der Verfolgungserfahrungen: Die Geburt des Kindes ist für eine Person, die die Shoah überlebt hat, ein Symbol des Weiterlebens. Dieses neue Leben ist ein Leben, das sie als Eltern mit aller Macht schützen wollen. Zum Teil sind die Kinder der einzige Lebensinhalt ihrer Eltern und werden ihnen zum Ersatz für alle ermordeten Familienangehörigen. Deshalb sind auch die Erwartungen der Eltern an das Kind meist sehr hoch. Das wiederum kann leicht dazu führen, daß die individuellen Bedürfnisse des Kindes von den Eltern übersehen werden (Freyberg 1980, Niederland 1980, Davidson 1981, Bunk und Eggers 1993).

Auch wenn einzelne Holocaust-Überlebende Probleme haben, die emotionalen Bedürfnisse ihrer Kinder zu erfüllen, wie dies in der Literatur wiederholt beschrieben wird, spüren die Kinder in der Regel, wie wichtig sie für die Eltern sind. Es entsteht ein besonders starkes Verpflichtungsgefühl gegenüber den Eltern, das in der Wahrnehmung ihres großen Leids verwurzelt ist. Diese Verpflichtung ist verbunden mit dem Gefühl der Ohnmacht, die schmerzhaften Verfolgungserfahrungen der Eltern nicht tilgen oder wiedergutmachen zu können und mit dem Wunsch, die Eltern vor zukünftigen Schmerzen zu schützen.

Aufgrund dieses starken Verpflichtungsgefühls stehen Kinder von Holocaust-Überlebenden vor einem Konflikt in der Beziehung zu ihren Eltern:

Der Wunsch, die Eltern zu schützen, kann z. B. zum Rollenwechsel führen (Parentifizierung). Es kommt hier zu einer Verletzung der Generationengrenze (Minuchin 1977). Andererseits gehört zu der normalen Autonomieentwicklung des Kindes ein im Laufe der Zeit zunehmender innerer und physischer Abstand von den Eltern. Doch weil die Trennung von den Eltern zu deren Verletzung führen könnte, da diese bereits schmerzhafte Trennungen während der Shoah erlebt haben und jede Trennung fürchten (denn Trennung bedeutet Tod), kommt es bei der zweiten Generation oft zu Problemen in der Autonomieentwicklung: ein Teil der Kinder bleibt bei den Eltern, aber will gleichzeitig unabhängig werden. Ein Teil der Kinder verläßt die Eltern, leidet als Folge aber unter schweren Schuldgefühlen (Lempp 1979, Kestenberg und Brenner 1986, Halik u. a. 1990, Keilson 1991, Bromm u. a. 1996). Ein Kind, daß sich als moralisch erleben will, wird demnach versuchen, Verletzungen der Eltern zu vermeiden. Doch in einer absoluten Form kann ein Kind dies nie erreichen.

Vor einem ähnlichen Konflikt stehen Kinder von Überlebenden auch in Situationen, in denen es um minimale Aggressions- oder Kritikäußerungen gegenüber den Eltern geht. Die Eltern können Aggressionsausbrüche seitens ihrer Kinder als extrem bedrohlich und als Verlängerung der Verfolgung erleben. Doch alle Holocaust-Überlebende haben als Eltern – wie alle Eltern – Seiten, die von ihren Kindern geliebt werden, und solche die von ihnen weniger geschätzt werden. Da aber Kritik an den Eltern deren Verletzung bedeuten könnte, wird diese Kritik oft zurückgehalten. Denn die Kinder stellen sich die Frage: »How can I attack someone who has already suffered so much?« (Sigal 1971). Auch feindselige Gedanken gegenüber den Eltern können zu Schuldgefühlen bei den Kindern führen. Daher berichten zahlreiche Autoren über Aggressionsgehemmtheit bei der zweiten Generation (Karr 1973, Freyberg 1980, Kestenberg 1991, Bunk und Eggers 1993).

Bewältigungsversuche
Der Umgang mit der familiären (Verfolgungs-)Vergangenheit und die Beziehung zur ersten Generation (heutige Familiendynamik) sind zwei Themenkomplexe, die im Zentrum der Bewältigungsversuche der zweiten Generation stehen. Ich möchte hier vier Bewältigungsmuster kurz skizzieren:
- Beruflich erfolgreich zu werden, ist eine häufige Delegation der ersten an die zweite Generation. Die Übernahme dieser elterlichen Delegation ist eine Möglichkeit, mit den widersprüchlichen Erwartungen der Eltern umzugehen, denn einerseits sollen die Kinder stark an die Familie gebun-

den sein, von den Eltern abhängig bleiben, gleichzeitig aber werden sie beauftragt, in der Außenwelt erfolgreich und unabhängig zu werden, z. B. um die in der Nazizeit propagierte Minderwertigkeit der Juden zu widerlegen. Das Kind bekommt die ›Erlaubnis‹ das Elternhaus zu verlassen, um zu studieren. Doch auch dann besteht oft weiterhin eine starke innere Gebundenheit an die Eltern (Epstein 1990, Kestenberg 1991, Felsen 1998).
- Die intensive Beschäftigung mit der Shoah, wie sie mit dem Phänomen der Gedenkkerze beschrieben wurde, ist ebenfalls als eine Delegation und als eine Bewältigungsform zu begreifen.
- Eine weitere Bewältigungsstrategie äußert sich in dem Wunsch vieler Angehöriger der zweiten Generation, eine bessere Welt mitzugestalten, z. B. durch politische oder soziale Tätigkeit. Wenn sie das Gefühl haben, dabei gescheitert zu sein, suchen sie eine Therapie auf.
- Die Teilnahme von Angehörigen der zweiten Generation in Gruppentherapien und Selbsthilfegruppen nahm in den letzten zwanzig Jahren zu und weist gute Erfolge in der Erhöhung der Ich-Stärke dieser Personen auf (Kestenberg 1991, Lansen 1991, Fogelman 1992).

Theoretisches Konzept und Fragestellung der Untersuchung

Durch die erzwungene Kollaboration mit den Nazis standen jüdische Funktionshäftlinge während der Verfolgungszeit vor schweren Moraldilemmata. Welchen Einfluß haben diese Moraldilemmata auf das psychische Überleben der Funktionshäftlinge nach Ende der physischen Verfolgung und welche Auswirkungen hat diese spezifische Vergangenheit auf ihre Kinder? Meine Forschung widmet sich der Analyse der Bewältigungsstrategien von jüdischen Funktionshäftlingen und ihren Kindern im Umgang mit Moraldilemmata aus der Nazizeit. Dabei gehe ich davon aus, daß die psychische Verarbeitung von Moraldilemmata ein komplexer Prozeß ist. In diesem Kapitel versuche ich ein Modell über die Entstehung und die Bewältigung von Moraldilemmata zu entwickeln, das mir als Orientierung bei der Analyse der Biographien der jüdischen Funktionshäftlinge und ihrer Kinder dient (vgl. Abb. 1). Drei Phasen kennzeichnen die Entstehung und psychische Bewältigung von Moraldilemmata:
a) Der Ursprung der Moraldilemmata: Wie entstehen Moraldilemmata auf der individuellen Ebene und im Zwangskontext der NS-Zeit.
b) Die Handlungsebene und ihre Bewertung: Wie entscheidet sich die Person in der Situation eines Moraldilemmas und wie bewertet sie ihr eigenes Handeln.
c) Bewältigungsstrategie bzw. Korrekturstrategie: Welche Bewältigungsstrategien entwickelt die Person nach der konflikthaften Situation des Moraldilemmas, um sich wieder als moralisch erleben zu können.
Im Zentrum der Analyse steht die dritte Phase, die Erforschung der Bewältigungsstrategien. Doch ohne die Analyse der ersten zwei Phasen, ließe sich diese dritte Phase nicht untersuchen. Die Entwicklung der Fragestellung möchte ich mit Hilfe dieses Modells im letzten Abschnitt vorstellen.

Grundannahme
In der Untersuchung gehe ich von folgender Grundannahme aus: Jeder Mensch strebt danach, sich als moralisch gut zu erleben und zwar im Sinne seiner eigenen Werte bzw. im Sinne seiner eigenen subjektiven Moralphilosophie. Hinter dieser Grundannahme steht ein humanistisches Menschenbild, nach dem die Moral eine entscheidende Wirkung auf das

psychische Erleben hat. Doch trotz des Strebens nach moralischem Selbsterleben, handeln Menschen nicht immer moralisch im Sinne ihrer eigenen subjektiven Moralphilosophie. Der Wunsch, sich als moralisch zu erleben, wird somit nicht lückenlos erfüllt. Gerade im Fall der Moraldilemmata, wünscht sich die Person zwei Werte, die ihr persönlich wichtig sind, gleichzeitig zu verwirklichen. Doch dies ist nicht möglich, weil beide Werte sich in dieser spezifischen Situation gegenseitig ausschließen. Gravierende Moraldilemmata lassen sich als moralische Traumata bezeichnen, die mit einer totalen Zerstörung des moralischen Selbstbildes einhergehen können und deshalb eine intensive psychische Verarbeitung verlangen. Die Verletzung der eigenen Werte führt zu Defiziten im moralischen Selbstbild der Person und es entsteht daher der Wunsch, das moralische Selbstbild zu korrigieren. Hier orientiere ich mich u. a. an der Annahme von Festinger (1957), daß Menschen sich als konsistent erleben möchten, weshalb sie Dissonanzen im Selbsterleben – auch und gerade im moralischen Selbsterleben – ausgleichen möchten. Im Fall der Moraldilemmata wird ein moralischer Wunsch verletzt und bleibt unerfüllt. Deshalb nehme ich an, daß ehemalige Funktionshäftlinge verschiedene Korrektur- bzw. Bewältigungsstrategien entwickelten, um ihr moralisches Selbstbild wiederherzustellen. Die verschiedenen Formen dieser Bewältigungsstrategien sollen untersucht werden.

Die Entstehung von Moraldilemmata: Die eigene subjektive Moralphilosophie und die NS-Realität

NS-Realität und Moraldilemmata: Die Moraldilemmata jüdischer Funktionshäftlinge entstanden durch den von den Nazis initiierten Zwangskontext, in dem ihr physisches und psychisches Überleben bedroht war. Dieser Zwangskontext verstärkte sowohl Qualität als auch Quantität der Moraldilemmata der Funktionshäftlinge in entscheidender Form. Moraldilemmata als Konflikte zwischen zwei persönlichen Werten können auch im Alltag auftreten. Doch durch das Leben in den Ghettos und den KZs gerieten die persönlichen Werte des einzelnen Funktionshäftlings sehr schnell miteinander in Konflikt und wurden zu einschneidenden Moraldilemmata, die durch Konflikte um Leben und Tod gekennzeichnet waren: Das eigene Überleben, das Überleben der eigenen Familie, das Überleben von anderen (vgl. Abb. 1). *Die eigene subjektive Moralphilosophie:* Die gesamten Werte einer Person nenne ich die »eigene subjektive Moralphilosophie«. Die Entstehung eines Moraldilemmas hängt jeweils von den Inhalten der subjektiven Moralphilo-

Theoretisches Konzept und Fragestellung der Untersuchung

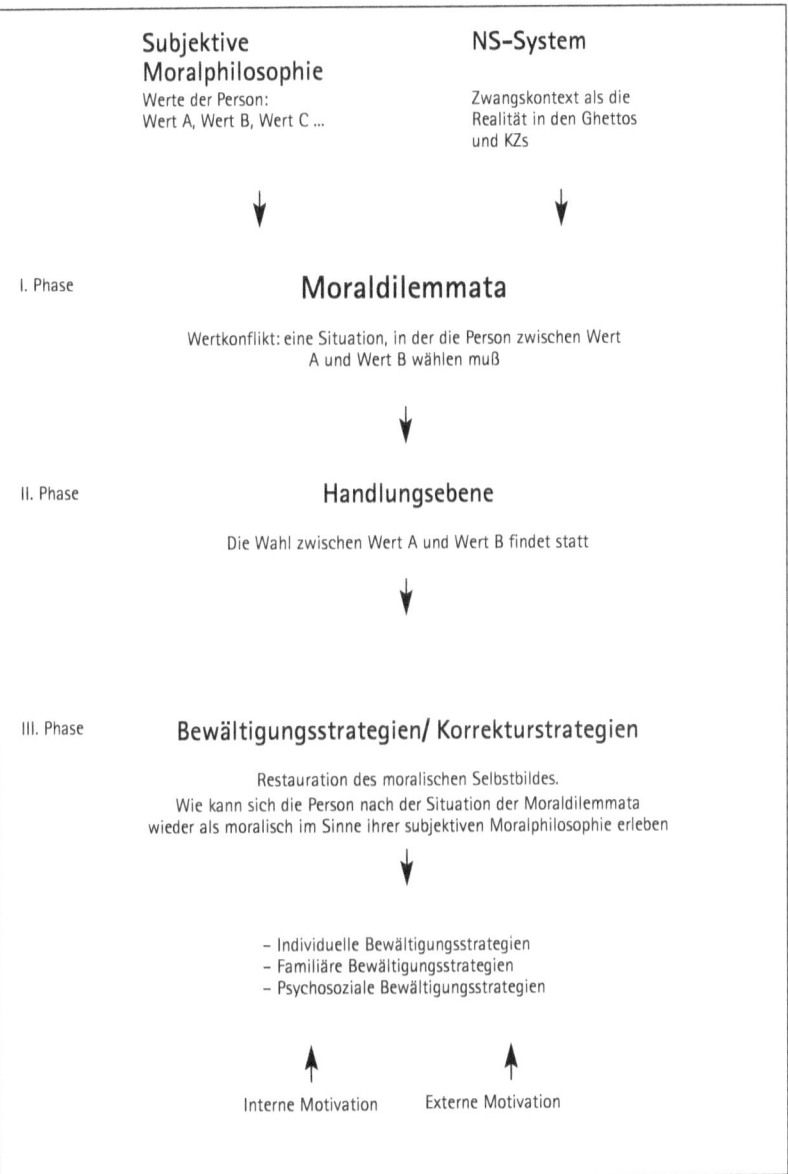

Abbildung 1: Entstehung und Bewältigung von Moraldilemmata

sophie der einzelnen Person ab. Jeder Mensch hat viele verschiedene Werte (andere nicht verletzen, ehrlich sein, nie lügen, anderen helfen etc.). Gerade durch diese Wertevielfalt entstehen die Moraldilemmata, denn in bestimmten Situationen können sie in einem wechselseitigen Ausschlußverhältnis zueinander stehen (Höffe 1997). Moraldilemmata entstehen nur dann, wenn beide Werte, zwischen denen ein Konflikt besteht, für die Person wichtig sind. Nur ein Vegetarier wird vor einem Moraldilemma stehen, wenn er nach einer Flugzeugkatastrophe auf einer einsamen Insel sein Leben und das seines verletzten Freundes allein durch die Jagd auf Tiere retten kann. Es sind die eigenen Werte und ihre Inhalte, die die Entstehung der Moraldilemmata bestimmen. Für die Entstehung der Moraldilemmata müssen beide Werte wichtig, aber nicht unbedingt genau gleich gewichtet sein. Denn auch bei einer klaren Wertehierarchie können Moraldilemmata entstehen. Wenn beispielsweise der wichtigere Wert – Schutz der Familie – verfolgt wird, kann die Person Defizite erleben, weil der andere Wert – Schutz der Gemeinde – nicht geleistet wird. Auch hier wäre eine emotionale Verarbeitung – innerpsychisch – gesehen, nötig.

In meiner psychologischen Untersuchung gehe ich von einer subjektiven, individuellen Definition der Moral aus, denn diese ermöglicht das Verständnis von individuellen psychischen Bewältigungsprozessen. Das, was die Person als moralisch gut oder moralisch schlecht definiert, macht ihre eigene subjektive Moralphilosophie aus. Die subjektive Moralphilosophie jeder Person, jedes Funktionshäftlings ähnelt und unterscheidet sich gleichzeitig von der der anderen. Der Familientherapeut Ned Gaylin (1999, S. 11) sagt in diesem Sinne, »an internal sense of right and wrong guides the individual«, d. h. jeder Mensch hat eine persönliche Moral bzw. einen persönlichen Moralkodex. Diese entsprechen dem Konstrukt der eigenen subjektiven Moralphilosophie. Ähnlich schreibt Sartre zu diesem Aspekt:

>»Der Mensch wählt seine Moral. [...] Der Mensch schafft sich, er ist nicht von Anfang an fertig geschaffen: Er schafft sich, indem er seine Moral wählt, und der Druck der Umstände ist derartig, daß er nicht anders kann, als eine wählen«. (1989, S. 30)

Wie entsteht die eigene subjektive Moralphilosophie? Die Werte des Individuums werden u. a. durch Familie, Gesellschaft, sowie durch seine eigenen Erfahrungen, Bewertungen und Entscheidungen geprägt. Die subjektive Moralphilosophie wird damit von individuellen, sozialen und kulturspezifischen Aspekten beeinflußt. Auch hier orientiere ich mich an der humanistischen Psychologie bzw. an Bühler (1969), die davon ausgeht, daß Werte sich bereits in der Kindheit zu prägen beginnen, wobei die Person später ihre Werte mit sich selbst und anderen diskutiert.

Psychologisch gesehen interessierten mich die Werte, die Unterscheidung zwischen gut und schlecht aus der subjektiven Perspektive der Person, denn nur wenn diese Werte bekannt sind, kann auch rekonstruiert werden, vor welchen Moraldilemmata die Person stand. Ein Moraldilemma ist dementsprechend die Wahl zwischen Gut und Gut, zwischen Handeln und Handeln, zwischen Böse und Böse, zwischen Unterlassen und Unterlassen, und zwar aus der subjektiven Perspektive der jeweiligen Person. Aus ihren spezifischen Moralvorstellungen entstehen für eine Person wiederum spezifische moralische Konflikte. Durch die Erkundung der eigenen subjektiven Moralphilosophie der Person werden ihre Moraldilemmata sichtbar und verständlich. Wie läßt sich die eigene subjektive Moralphilosophie der Person erfassen? Menschen neigen dazu, moralische Geschichten, narrative Darstellungen zu erzeugen, in denen sich die Verwirklichung des Guten ausdrückt. Damit verleihen sie ihren Handlungen eine Bedeutung (Taylor 1996, S. 185f). Somit läßt sich die eigene subjektive Moralphilosophie anhand von biographischen Erzählungen jeweils rekonstruieren. Formulierungen wie »man muß immer«, »man darf nie« oder »bei uns in der Familie tut man xx nicht«, sind Hinweise auf Wertvorstellungen.

Handlungsebene

In der Situation der Moraldilemmata muß die Person eine Wahl treffen und sie auf der Handlungsebene vollziehen. Wie entscheidet sich die Person in der Wahl zwischen Wert A und Wert B, in dem Konflikt zwischen der Familie und der Gemeinde, zwischen dem ersten und dem zweiten Freund, zwischen dem eigenen Wohl und dem Wohl der anderen? Nach der Handlung kommt es zu ihrer Bewertung auf dem Hintergrund der eigenen subjektiven Moralphilosophie. Die Person steht vor der Frage: ›Bin ich mir selbst gerecht geworden?‹ ›Konnte ich meine eigenen Werte verfolgen?‹ Es ist diese Selbstbewertung der Person, die mich interessiert. Wenn die Bewertung eine positive ist, läßt sich erwarten, daß keine Defizite im Selbsterleben als moralische Person entstehen werden. Ist dies bei Moraldilemmata möglich? Vermutlich nicht, denn im Fall der Moraldilemmata bleibt immer ein moralisches Streben unerfüllt, bzw. ein Teil des moralischen Strebens wird zerstört. Ich gehe im allgemeinen davon aus, daß die Bewertung der eigenen Handlungen einen zentralen Einfluß auf das Selbstbild, das zukünftige Verhalten, die Beziehung zu den eigenen Kindern und der Umgebung hat.

Man ist »der Richter« und gleichzeitig die Person, »über die gerichtet wird«, so sieht der Philosoph Adam Smith den Prozeß der Selbstverurteilung

(1759, S. 171). Treffend beschreibt er auch zwei der zentralsten menschlichen Wünsche: nach Liebe und moralischer Anerkennung. Der Mensch strebt danach,

> »liebenswert und belohnungswürdig zu sein. [...] Welches Glück ist so groß, als geliebt zu werden und dabei zu wissen, daß wir Liebe verdienen! Welches Elend ist so groß, als gehaßt zu werden und dabei zu wissen, daß wir Haß verdienen«. (ebd.)

Bei der Analyse der Moraldilemmata aus psychologischer Sicht geht es mir um die Frage, was passiert, wenn die Person ihren eigenen Moralvorstellungen, ihrer eigenen subjektiven Moralphilosophie nicht gerecht wurde? Welche Mechanismen entwickelt sie, um damit umzugehen? Die Verletzung des eigenen Moralempfindens kann das psychische Wohlbefinden in Form von Schuldgefühlen und Selbstvorwürfen beeinflussen. Es sind die Schuldgefühle, die die Person in Richtung einer Korrektur treiben. Nach Gaylin (1999) sollte die Empfindung von Schuld deshalb positiv bewertet werden. Die Fähigkeit zur Schuldempfindung kann als Zeichen der moralischen Person, als »der Motor des guten Menschen« gesehen werden.

Bewältigungsstrategien: ›Wieder-eins-mit-sich-werden‹

Eine emotionale Verarbeitung der Moraldilemmata ist notwendig, da Moraldilemmata nicht logisch-rational gelöst werden können, wie die These des Philosophen Williams (1984) nahelegt[1]. Die emotionale Verarbeitung bedeutet, Bewältigungsstrategien im Umgang mit Moraldilemmata zu entwickeln. Wenn Risse im moralischen Selbstbild erscheinen, versuchen wir, sie zu korrigieren, denn die Verletzungen der eigenen subjektiven Moralphilosophie führen zu einer psychischen Belastung. »Mit sich selbst innig befreundet« zu sein, wäre nur möglich, wenn die Person sich tugendhaft verhält, schreibt Platon (1916, S. 171). Dazu sagt Tugendhat (1993, S. 262): »Der Mensch wird, wenn er tugendhaft wird, eins mit sich.« Ich betrachte die Korrekturstrategien als Versuch ›wieder-eins-mit-sich-zu-werden‹. Um sein moralisches Gleichgewicht wieder herzustellen, greift der Mensch zu Korrekturstrategien.

Wie zuvor bereits beschrieben existieren zahlreiche Formen von Bewältigungsstrategien. Und dementsprechend können jene im Umgang mit Moraldilemmata vielfältige Formen aufweisen. Ich möchte individuelle, familiäre und psychosoziale Bewältigungsstrategien und ihre jeweiligen Unterformen untersuchen, d. h. bewußte und unbewußte sowie emotionale Bewältigungsstrategien und Bewältigungsstrategien auf der Handlungsebene.

Interne oder externe Motivation der Korrekturstrategien: Die Motivation der Korrekturstrategien, wie sie bis jetzt besprochen wurde, ist eine interne. Es handelt sich um das eigene moralische Selbstbild, um den Wunsch, sich selbst als moralisch zu erleben. Es gibt jedoch eine Diskussion, z. B. innerhalb der Sozialpsychologie, ob Menschen danach streben, sich als moralisch zu erleben (Festinger 1957) oder sich lediglich wünschen, nach außen hin moralisch konsistent zu wirken. Nach der letzten These entwickeln Menschen Korrekturstrategien nur in den Fällen, in denen ihre moralische Inkonsistenz anderen sichtbar wird (Tedeschie u. a. 1971). Ich gehe davon aus, daß Menschen versuchen, sowohl in ihren eigenen Augen moralisch konsistent zu wirken als auch – was der ersten Annahme nicht widerspricht – in den Augen der anderen. In den biographischen Analysen soll u. a. untersucht werden, welche Art der Motivation, die interne oder die externe, für die untersuchten jüdischen Funktionshäftlinge besonders zentral ist.

Fragestellung

Im Rahmen der Untersuchung führte ich Gespräche mit jüdischen Funktionshäftlingen und ihren Kindern durch. Das Ziel der Forschungsarbeit ist, ihre Bewältigungsstrategien im Umgang mit Moraldilemmata aus der Nazizeit anhand von biographischen Analysen zu untersuchen. Dabei wird auf die drei oben erwähnten Typen von Bewältigungsstrategien fokussiert. Die Fragestellung möchte ich zunächst (a) in ihrer Prozeßhaftigkeit zusammenfassen und (b) bezüglich der drei Bewältigungsstrategien, die untersucht werden sollen, vorstellen:

(a) *Entstehung und Bewältigung von Moraldilemmata in ihrer Prozeßhaftigkeit* (vgl. Abb. 1).

Vor welchen Moraldilemmata standen jüdische Funktionshäftlinge? Wie handelten sie im konkreten Fall des Moraldilemmas? Wie bewerten sie ihre eigenen Handlungen? Sind sie ihrer subjektiven Moralphilosophie gerecht geworden?

Welche Korrekturstrategien entwickelten sie? Welche individuellen, familiären und psychosozialen Bewältigungsstrategien halfen ihnen, sich wieder als moralisch zu erleben? Ist die Motivation ihrer Korrekturstrategie eine interne oder eher eine externe?

(b) Ich gehe davon aus, daß Menschen sehr unterschiedliche, aber auch ähnliche Bewältigungsstrategien im Umgang mit Moraldilemmata entwickeln.

Ihre Bewältigungsstrategien auf den folgenden Ebenen sollen analysiert und miteinander verglichen werden:

1. Individuelle Bewältigungsstrategien: Welche individuellen Bewältigungsstrategien entwickelten ehemalige Funktionshäftlinge und ihre Kinder im Umgang mit Moraldilemmata aus der Nazizeit? Die individuellen Bewältigungsstrategien dienen der Person als innerpsychische Korrekturarbeit, um sich wieder als moralisch erleben zu können, nachdem ein Defizit im moralischen Selbstbild durch die Moraldilemmata entstanden ist. Gelingt der Person diese Korrektur und wenn ja, wie sehen diese Bewältigungsprozesse genau aus? Welches sind die Prozesse, die der Person dabei behilflich waren und noch sind, um die psychische Belastung durch die entstandenen Moraldilemmata zu reduzieren? Sind diese bewußt oder unbewußt, sind sie emotional oder liegen sie eher auf der Handlungsebene?

Im Rahmen der Untersuchung wurden auch Kinder von jüdischen Funktionshäftlingen interviewt. Was wissen diese über die Funktionstätigkeit ihrer Eltern und über die damit verbundenen Moraldilemmata? Welchen Einfluß hat die Familienvergangenheit auf sie und welche Bewältigungsstrategien entwickelten sie im Umgang mit dieser Familienvergangenheit? Erleben sie das Verhalten ihrer Eltern während der Funktionstätigkeit als moralisch oder eher nicht? Entwickelten sie eigene Strategien, um die Funktionstätigkeit ihrer Eltern zu rechtfertigen?

2. Familiäre Bewältigungsstrategien: Welche familiären Bewältigungsstrategien bzw. gemeinsame Bewältigungsstrategien entwickelte die erste und zweite Generation einer Familie im Umgang mit den damaligen Moraldilemmata? Welche generationsübergreifenden Übertragungsphänomene entstehen bei der familiären Verarbeitung der Moraldilemmata? Kommt es z. B. zu Delegationen oder familiären Geheimnissen, die mit Moraldilemmata und ihrer Verarbeitung zusammenhängen? Kann man hier von einer Tradierung der Schuld- und Schamgefühle im Sinne des Spruches »Die Väter haben saure Trauben gegessen und den Kindern sind die Zähne stumpf geworden«, sprechen?

3. Psychosoziale Bewältigungsstrategien: Die gesellschaftliche Beschäftigung mit der Frage, »wie schuldig sind Funktionshäftlinge«, wie sie oben besprochen wurde, verdeutlicht, daß jüdische Funktionshäftlinge sich mit dem schlechten Ruf der Kapos und Judenräte in der israelischen Gesellschaft auseinandersetzen mußten und müssen. Welche psychosozialen Bewältigungsstrategien entwickelten sie im Umgang mit diesem negativen Ruf? Denn jeder Mensch hat »den Wunsch nach einem guten Ruf«, bzw. »alle

Menschen in unserer Gesellschaft (mit einigen pathologischen Ausnahmen) haben das Bedürfnis oder den Wunsch nach einer festen, gewöhnlich recht hohen Wertschätzung ihrer Person, nach Selbstachtung und der Achtung der anderen« (Maslow 1977, S. 87). Bei der Analyse der psychosozialen Bewältigungsstrategien geht es um Bewältigungsstrategien im Zusammenhang mit der Soziose als Konflikt zwischen dem Individuum und der Gesellschaft, zwischen der Familie und der Gesellschaft (Van den Berg 1960). Was bedeutet dies für die Kinder von jüdischen Funktionshäftlingen, die in Israel mit dem schlechten Ruf und der Ablehnung der Funktionshäftlinge konfrontiert werden?

Ich gehe davon aus, daß die Lebensphasen vor, während und nach der Verfolgung Einfluß auf die Bewältigungsprozesse haben und werde somit die gesamte Biographie der interviewten Funktionshäftlinge analysieren. Im Rahmen der Diskussion soll ein Vergleich zwischen Familien von jüdischen Funktionshäftlingen und Familien von Holocaust-Überlebenden, die keine Funktionstätigkeit ausübten, bezüglich des Phänomens der Moraldilemmata und ihrer Bearbeitung sowie bezüglich des Zusammenhangs zwischen den Moraldilemmata und der Überlebensschuld durchgeführt werden.

Biographieforschung

Um Moraldilemmata von Holocaust-Überlebenden sowie ihre Bewältigungsstrategien zu erfassen, ist ein Zugang zu ihrer individuellen Biographie elementar. »Wer ich bin, weiß nur der, der weiß, wer ich geworden bin« (Schimank 1988, S. 55). Die Lebensgeschichte ist damit eine Art Selbstdefinition. Mit der Erzählung ihrer Lebensgeschichte beschreibt die Person ihre individuelle Entwicklung. Ihre Erinnerungen lassen sich gleichzeitig als Bausteine ihrer Identität betrachten (Kotre 1996). Funktionshäftlinge und ihre Kinder können uns durch ihre Erzählungen eine Tür zu ihrem Lebensweg und ihrem inneren Überleben eröffnen.

Ich interviewte Familien von Funktionshäftlingen, in denen ich Einzelgespräche mit den Überlebenden und ihren Kindern durchführte. Die Lebensgeschichten der ersten und zweiten Generation wurden mit Hilfe des autobiographisch-narrativen Interviews von Schütze erhoben (1983). Im ersten Teil des Interviews wird die Person nach ihrer gesamten Lebensgeschichte befragt, bzw. nach den für sie wichtigen Lebensereignissen. Diese offene Interviewform ermöglicht, die Sicht der Person zu erfassen und dadurch auch das, was für sie persönlich vor, während und nach der Shoahzeit schwer war und was ihr später half. Durch die Erzählung ihrer Biographie strukturiert die Person ihr bis dahin gelebtes Leben und zwar so, daß ihre Handlungen und Erfahrungen für sie einen inneren Sinn ergeben. Bei der Rekonstruktion dieser Strukturierung können Bewältigungsstrategien gefunden werden, bzw. Denk-, Handlungs- und emotionale Bearbeitungsweisen, die für die Person einen inneren Sinn ergeben und ihr helfen, mit ihren Moraldilemmata umzugehen.

Wie ›objektiv‹ sind Erzählungen?

Werden die erzählten Geschichten der Funktionshäftlinge und ihrer Kinder objektiv sein? Ich gehe davon aus, daß es keine objektiven oder wertfreien Lebensgeschichten oder persönliche Berichte per se gibt. Die Person kann sich aber »richtig erinnern« und das damals Erlebte aktualisieren (Wierling 1991, S. 51). Das Erinnern an das damalige Geschehen ist dabei sowohl eine Gedächtnisleis- als auch eine emotionale Leistung. Aber ›richtig‹ erinnern, heißt noch nicht, daß man sich ›objektiv‹ erinnert. Menschen erinnern sich in dem Sinne nicht objektiv, da sie sich eher an das erinnern, was für sie persönlich wichtig und das, was einzigartig und besonders folgenreich war (Kotre 1996).

»Jede Thematisierung des Lebens stellt eine Selektion dar«, denn ›alles‹ kann nicht erinnert und erzählt werden (Fischer und Kohli 1987, S. 29). Weiterhin fragt man sich als Leser und Interviewer, ob die ehemaligen Funktionshäftlinge ›wirklich alles‹ über ihre Handlungen und Entscheidungen erzählen werden. »Jede/r dreht und wendet, deutet und verfälscht, vergißt und verdrängt, was ihr/ihm widerfährt« beschreibt Haug treffend die Erzähl- und Erinnerungsprozesse (Haug 1983, S. 13). Diese Verzerrungen der Erzählung hängen mit der sozialen Erwünschtheit zusammen, bzw. mit dem Wunsch, sich im positiven Licht darstellen zu wollen. Sie hängt mit dem Streben, sich als moralisch erleben zu wollen und damit mit der Rekonstruktion von moralischen Geschichten zusammen. Doch neben der Tendenz zur Verzerrung im Zuge der sozialen Erwünschtheit und Korrekturstrategien will die Person sich auch an die ›nackte Realität‹ erinnern. Sie möchte einen exakten Bericht über die damalige ›objektive Wirklichkeit‹ abgeben. Holocaust-Überlebende erzählen oft ihre Verfolgungsgeschichte, weil sie ein historisches Zeugnis über die Shoahzeit ablegen möchten. Hier leitet uns beim Erzählen das »Gewissen des Gedächtnisses« (Kotre 1996, S. 146). An vielen Stellen enthalten die Erzählungen deshalb wichtige Beschreibungen der damaligen Realität. Damit befindet sich jede biographische Erzählung in der Ambivalenz zwischen bewußten und unbewußten Verzerrungstendenzen und Exaktheit, zwischen der sozialen Erwünschtheit und der genauen Schilderung der damaligen ›Wirklichkeit‹.

Die soziale Erwünschtheit und die entsprechenden Verzerrungen sind aber nicht nur Störfaktoren, sondern auch, wie ich zeigen möchte, sehr wichtige Momente für die Analyse von Bewältigungsstrategien. Die Glättung von Brüchen kommt in den Biographien von Funktionshäftlingen und in jeder anderen Biographie vor. Die Verzerrungen verdeutlichen zum einen, daß die damalige Realität durch die Interviews nicht erfaßt werden kann. Was erfaßt wird, ist die Verarbeitung dieser Wirklichkeit durch die Person. Es kann analysiert werden, wie die Person aus ihrer heutigen Perspektive auf das damals Erlebte reagiert. Das Ziel der biographischen Rekonstruktion ist, den psychischen Sinn hinter der Verzerrung zu suchen. Wenn es uns gelingt, diesen Sinn zu rekonstruieren, dann kommen wir den heutigen Bewältigungsstrategien der Person sehr nahe. Die Fragen bei der Analyse dieser Verzerrungen sind z. B.: Welches Selbstbild versucht die Person uns durch eine bestimmte Verzerrung zu vermitteln? Wie will sie sich selber sehen und erleben? Warum bemüht sie sich, an dieser Stelle bestimmte Aspekte in den Vordergrund zu stellen und andere eher als unwichtig zu erachten? Die Verzerrungen sollen Differenzen zwischen dem Idealbild und bestimmten Handlungen oder Empfindungen ausgleichen und sind damit Bewältigungsstrategien. Die psychischen Mechanismen der Person beim Ausgleich dieser Differenzen stehen im Zentrum der Analyse. Als Grundlage und Hilfe für das Erkennen möglicher Verzerrungen dient z. B. die historische Analyse, wie sie in früheren Kapiteln dargestellt wurde. Dort wurde die Funktionstätigkeit im Zwangskontext und die daraus resultierenden Moraldilemmata beschrieben. Wenn ein ehemaliges Judenratsmitglied die Transportlisten in seiner Erzählung nebenbei oder gar nicht erwähnt, können wir z. B. annehmen, daß er damit einen schmerzhaften, unangenehmen Teil seiner Tätigkeit zu dethematisieren versucht. Weiterhin dient auch der Vergleich der Biographien untereinander als eine Möglichkeit für das Erkennen von Verzerrungen.

Das autobiographisch-narrative Interview

Im ersten Teil des autobiographisch-narrativen Interviews erzählt die Person ihre Lebensgeschichte, ohne vom Interviewer unterbrochen zu werden. Das autobiographisch-narrative Interview von Schütze ist damit eine offene Interviewform, die sich von dem üblichen, bekannten Frage-und-Antwortschema grundlegend unterscheidet (1983). Erst im zweiten Teil dieses sozialwissenschaftlichen Erhebungsverfahrens werden direkte Fragen gestellt. Der Interviewer motiviert die befragte Person durch eine Eingangsfrage, ihre Lebensgeschichte an einem Stück zu erzählen (Haupterzählung). Die Eingangsfrage wird so formuliert, daß eine zusammenhängende Geschichte mit einem Anfang und Ende von dem Interviewpartner gestaltet werden kann (Hermanns 1991). Die Person erzählt ihre Lebensgeschichte im Zusammenhang mit der zu erforschenden Fragestellung, z. B. als Holocaust-Überlebende, als Lehrer oder Immigrant. In der Eingangsfrage bat ich den Interviewpartner, mir seine Lebensgeschichte als eine Person, die die Nazizeit überlebt hat, zu erzählen. Der zweiten Generation wurde die identische Eingangsfrage gestellt, mit dem Unterschied, daß sie als Kinder eines Elternteils, der die Shoah überlebt hat, befragt wurden:

> »Ich interessiere mich für die Lebensgeschichte von Holocaust-Überlebenden und ihren Kindern. Ich möchte Sie bitten, mir ihre Familiengeschichte und ihre eigene Lebensgeschichte zu erzählen. Sie können mit ihrer Familiengeschichte beginnen: alles was sie

über ihre Eltern und Großeltern wissen und mit ihnen erlebt haben. Dann interessiert mich ihre Lebensgeschichte von der Kindheit bis heute und zwar alle Erlebnisse, die für Sie persönlich wichtig waren. Bitte erzählen Sie so ausführlich, wie Sie können. Ich werde Ihnen erstmal keine Fragen stellen und notiere mir nur einige Stichworte für spätere Fragen, während Sie erzählen.«[1]

Diese Eingangsfrage verwandte ich in den Interviews mit Funktionshäftlingen, sowie in den Interviews mit »einfachen« Ghetto- und KZ-Häftlingen, versteckten Juden und jüdischen Partisanen. Die Frage zeigte sich als sinnvoll, um die Perspektive der Person, um das Wesentliche für sie im Zusammenhang mit der Shoah zu erfassen.

Die erzählten Ereignisse und deren Reihenfolge bleiben durch diese offene Eingangsfrage, »dem Relevanzsystem der Erzählenden überlassen« (Südmersen 1983, S. 295). Die Themenwahl, die Struktur der Erzählung wird nach den Prioritäten der Person gestaltet. In dieser ersten Erzählphase läßt sich ersehen, welche Themen die Person wählt und welche sie eher vermeidet (wird z. B. die Übernahme der Funktionstätigkeit erwähnt und wenn ja, in welcher Form?). In der Analyse kann dann der Frage nachgegangen werden, wie die Person mit den für sie belastenden Themen umgeht.

Die Eingangsfrage ist in ihrer Offenheit sehr ungewöhnlich für die Interviewpartner, und meist sind sie selber überrascht, daß sie so viel zu erzählen haben. Die Haupterzählungen variierten in ihrer Länge zwischen fünfzehn Minuten und fünf Stunden. Die durchschnittliche Dauer der Haupterzählungen lag bei einer halben bis eineinhalb Stunden. Wenn die Person die Erzählung ihrer Geschichte beendet, signalisiert sie es meist mit einem typischen Satz wie z. B.: »Das war's« oder »Tja, und vor drei Jahren hat unsere jüngste Tochter geheiratet und wir haben jetzt zwei Enkel«.

Nach Ende der Haupterzählung beginnt die zweite Phase des Interviews, der sogenannte »Nachfrageteil.« Mit den Nachfragen sollen Lücken in der Erzählung geschlossen werden. Die Person wird gebeten, über fehlende oder zu kurz erwähnte Phasen mehr zu erzählen sowie unklare oder unplausible Erzählungen zu präzisieren (»Können Sie mir mehr über die Zeit erzählen, nachdem Sie aus der Funktionstätigkeit entlassen wurden?«). Gegen Ende des Interviews werden auch globale Fragen gestellt, die dem Forscher in Bezug auf die Fragestellung von Bedeutung erscheinen. Diese Fragen werden allen Interviewpartnern gestellt und dienen dem direkten Vergleich. Es können direktive Fragen sein, bzw. Fragen auf der Metaebene, in denen nach Einstellungen, Selbsteinschätzung und Selbstdefintion der Person gefragt wird. (»Was war das schwerste Erlebnis für sie während der Shoahzeit?« oder »Wie würden Sie sich selbst definieren?«).

In diesen zweiten Teil des Interviews integrierte ich auch Fragetechniken aus der systemischen Therapie. Diese sollten helfen, familiäre und psychosoziale Komponenten zu erfassen, die bei der Bewältigung der Moraldilemmata eine Rolle spielen. Mit den systemischen Fragetechniken läßt sich die Perspektive der anderen Familienmitglieder erheben. So fragte ich oft nach den Beziehungen innerhalb der damaligen und der heutigen Familie sowie nach der Sicht und Reaktion der ehemaligen Mithäftlinge, Freunde und der Gesellschaft auf die eigenen Shoah-Erlebnisse. Eine wichtige Fragetechnik aus der systemischen Familientherapie ist das zirkuläre Fragen: Eine Person wird über eine dritte Person befragt und zwar in An- oder Abwesenheit dieser dritten Person (Selvini-Palazzoli u. a. 1981). Eine zirkuläre Frage, die ich gestellt habe, war z. B.: »Wenn ich ihren Vater fragen würde, was ihm nach der Shoah geholfen hat...?« Durch die Fragen nach der Perspektive einer dritten Person wird die familiäre und psychosoziale Realität im Gespräch miterfaßt. Dabei geht es nicht darum, die ›objektive Wahrheit‹ zu finden, sondern um den Versuch, das persönliche Realitätsbild bzw. die subjektive Realität der Person abzubilden.

Interviewpartner und Interviewdurchführung

Zu Beginn meiner Forschungsarbeit suchte ich Interviewpartner, die während der Nazizeit als Juden verfolgt worden waren (KZ, Ghetto, Versteck, Partisanen) sowie ihre Kinder. Hierfür veröffentlichte ich Zeitungsannoncen in Deutschland und suchte Interviewpartner mit Hilfe des ›Schneeballsystems‹ in Israel. Als ich mit der Zeit feststellte, daß unter den Interviewten mehrere Funktionshäftlinge waren und daß das Thema der Moraldilemmata mich zunehmend zu interessieren begann, spezifizierte ich mein Forschungsthema und konzentrierte mich daraufhin auf die Bewältigungsstrategien von Funktionshäftlingen und ihren Kindern. Ich suchte dann weitere Interviewpartner, die Funktionshäftlinge gewesen waren, was meist durch den Kontakt mit anderen Funktionshäftlingen ermöglicht wurde.

Auf die Suchanzeigen meldeten sich meist Angehörige der ersten Generation. Sie schienen das größere Bedürfnis zu haben jetzt im Alter ihre Lebensgeschichte mitzuteilen. Die Kontaktaufnahme mit der zweiten Generation erfolgte überwiegend über die erste Generation, von denen ich die Namen und Telefonnummern ihrer Kinder erhielt. Die Kontaktaufnahme über die zweite Generation zeigte sich in einigen Fällen als weniger vorteilhaft, weil die Kinder nicht immer sicher waren, ob ihre Eltern zu einem Interview bereit wären. Umgekehrt haben die Überlebenden immer mindestens ein Kind in der Familie ›gefunden‹, mit dem ich sprechen konnte.

Im Rahmen der Untersuchung wurden in den Jahren 1993 bis 1999 achtundzwanzig Familien interviewt, davon siebzehn Holocaust-Familien und elf Familien von Funktionshäftlingen. In jeder Familie wurden in der Regel Einzelgespräche mit zwei Familienmitgliedern durchgeführt. In einigen wenigen Familien wurden auch mehr Familienmitglieder interviewt, z. B. Ehepartner, wenn sie selber Holocaust-Überlebende waren oder mehrere Geschwister aus der zweiten Generation. Insgesamt wurden 62 Interviewpartner befragt. Ich erwähne an dieser Stelle auch die Interviews mit den Holocaust-Familien, da sie in einem Vergleich mit Familien von jüdischen Funktionshäftlingen in einem späteren Kapitel berücksichtigt werden.

Zum Zeitpunkt des Interviews waren die Überlebenden zwischen 62 und 91 Jahren alt. Ihre Kinder waren im Alter zwischen 22 und 50 Jahren. Etwa zwei Drittel der interviewten Familien leben heute in Israel, in zwei Fällen leben Familienmitglieder sowohl in Deutschland als auch in Israel. Die anderen Holocaust-Familien sind in Deutschland ansässig. Die Mehrzahl der Interviews wurde in der Wohnung des Gesprächspartners durchgeführt, was sich als günstig erwies (z. B. auf Grund der vertrauten Umgebung oder des Zugriffs auf Familienphotos). Zwei Interviews mit Kindern von Funktionshäftlingen, die in Australien und Israel leben, wurden wegen der zu großen Entfernung am Telefon durchgeführt. Hier waren mir meine Vorerfahrungen durch die Mitarbeit bei einer telefonischen Beratungsstelle hilfreich. Die Dauer der Gespräche war offen, die Interviews dauerten zwischen zwei und zehn Stunden, im Durchschnitt fünf Stunden. Bei etwa einem Drittel der Interviews kam es wegen der Länge des Gesprächs zu einem zweiten Interviewtermin.

Ich empfand die einzelnen Begegnungen als bereichernde Erfahrung, und begegnete meinen Interviewpartnern mit einer neugierigen, unterstützenden, interessierten und wohlwollenden Haltung. Die Interviews sollten keine therapeutischen Gespräche sein, jedoch hatte ich das Gefühl, daß ich therapeutische Verantwortung trage, und bemühte mich, die Gespräche unterstützend zu gestalten, d. h. die Bewältigungsstrategien zu erfassen, ohne diese dabei zu gefährden, was z. B. durch Hinweise auf Widersprüche in der Erzählung der Person hätte geschehen können. Die Bedeutung von Widersprüchen sollte ohnehin dem Auswertungsprozeß vorbehalten bleiben. Nach dem Interview wurde ich meist zum Kaffee oder zum Essen eingeladen. An dieser Stelle wurde ich oftmals selbst von meinem Gesprächspartner ›interviewt‹, bzw. zu meiner Person, meinem Leben und meiner Arbeit befragt.

In den ersten Interviews mit Holocaust-Überlebenden beschäftigte mich die ethische Frage, ob ich durch das Interview und durch meine Fragen bei den befragten Überlebenden nicht Leid auslöse, indem ich sie dazu bringe, ihre schmerzhaften Erinnerungen zu thematisieren. Doch das große Bedürfnis der von mir befragten Holocaust-Überlebenden ihre Erlebnisse zur Sprache zu bringen, überzeugte mich immer wieder von Neuem, wie wichtig das Sprechen und das Zuhören ist. Die Überlebenden waren für das Zuhören und für das geteilte Leid dankbar. Die Holocaustforscherin Gabriele Knapp beschreibt diesen Prozeß in ihren Interviews mit überlebenden Musikerinnen aus dem Frauenorchester in Auschwitz. Eine von ihr interviewte Musikerin erlebte das Nicht-gefragt-werden wegen der Gefahr des Aufreißens »alter Wunden« als eine Ausrede:

> »Nur wissen die Leute, die keine Wunden haben, gar nicht, daß es viel schlechter für die Wunden ist, wenn man sie nicht anfaßt. Aber es gehört einiger Mut dazu zu fragen, ›Erzähl‹ doch mal, wie war's eigentlich im KZ?« (Knapp 1996, S. 50)

Anonymisierung und Transkription

Alle Namen und andere Personendaten, die zur Identifizierung der Interviewpartner führen könnten, wie Wohnort oder Beruf, wurden anonymisiert. Die Anonymisierung der persönlichen Daten wurde den Gesprächspartnern bereits im ersten Telefongespräch und in den Zeitungsanzeigen angekündigt. Die Garantie der Anonymität war für einen Teil der Holocaust-Überlebenden sehr wichtig, für einen anderen Teil eher nicht. Einige Interviewpartner wünschten sich sogar, daß ihre Geschichte namentlich veröffentlicht würde. Bei einem Teil der Funktionshäftlinge war die Anonymisierung vermutlich eine persönliche Voraussetzung für die Teilnahme am Interview. Die Anonymisierung wurde bei allen Interviewpartnern ausnahmslos durchgeführt. Aufgrund der Anonymisierung (z. B. von Orts- und Lagernamen) sind in einigen Fällen geschichtliche Ungenauigkeiten entstanden.

Weiterhin wurde versichert, daß Informationen auch innerhalb der Familie vertraulich behandelt würden (Schweigepflicht). Dies bedeutet, daß mir von einem Familienmitglied anvertraute Details nicht an andere Familienmitglieder weitergegeben wurden. Für den größten Teil der Interviewpartner erschien die Schweigepflicht innerhalb der Familie zu Beginn des Interviews eher unwichtig (»Wir haben keine Geheimnisse in der Familie«), doch während des Interviews erwies sich die Schweigepflicht als günstig (»Sie haben gesagt, daß Sie es meiner Tochter nichts erzählen... Als ich fünfzehn Jahre alt war...«).

Die Interviews wurden auf Tonband aufgenommen. Für die biographischen Analysen wurden die Haupterzählungen der durchschnittlich fünf Stunden dauernden Interviews schriftlich festgehalten. Diese Haupterzählungen dauerten zwischen einer halben und zwei Stunden. Aus dem Nachfrageteil wurde das, »was mir als das Interessanteste, Typischste, Ergiebigste erscheint«, transkribiert (Südmersen 1983, S. 296). Die auf Hebräisch durchgeführten Interviews wurden erst auf Hebräisch transkribiert und später ins Deutsche übersetzt. Die Mehrzahl der Interviews, die für die biographische Analyse ausgewählt worden waren, wurden auf Hebräisch durchgeführt. Die Muttersprache der in Israel interviewten Überlebenden ist u. a. Tschechisch, Polnisch, Ungarisch, was sich in der Transkription z. T. sprachlich bemerkbar machte.

»Grounded Theory«: Die Suche nach Bewältigungsstrategien
Das Ziel der Untersuchung ist, verschiedene Typen von Bewältigungsstrategien herauszufinden und diese zu einem Bewältigungsmodell zu integrieren. Dabei diente mir die »Grounded Theory« (Gegenstandsbezogene Theorie) von Glaser und Strauss als Orientierung (1967). Dieses qualitative Auswertungskonzept hat zum Grundsatz, »daß die Theorie ihre Grundlagen in empirischen Daten hat, die systematisch und intensiv analysiert werden, oft Satz für Satz oder Abschnitt für Abschnitt«. Die Theorie wird während der Analyse des Interviewtextes »Schritt für Schritt erarbeitet und formuliert« (Strauss 1994, S. 51). Die entwickelten Theorien haben nach der »Grounded Theory« »nützlich« zu sein und dies bedeutet, daß eine Theorie neue Einsichten über das untersuchte Problem zu vermitteln hat und nicht allein Befunde wiedergibt. Zentral bei der Analyse der Daten ist die Plausibilität der Interpretation. Dazu schreibt Strauss:

> »Wenn jemand einwendet: ›Ich habe nicht gesehen, was Sie gesehen haben‹, dann sagen Sie: Natürlich nicht, Sie sehen die Arbeit auch in einem anderen Bezugsrahmen oder Sie haben den Umgang mit dem Schmerz vielleicht auf einer anderen Station beobachtet. Wenn Sie mir aber Schritt für Schritt in meine Arbeit folgen, dann werden Sie mit Sicherheit das sehen, was ich gesehen habe«. (1994, S. 83)

Die »Grounded Theory« stellt mehr als nur eine Methode dar. Sie ist vielmehr ein »Forschungsstil«, an dem sich viele andere qualitative Auswertungsmethoden orientieren. Ich wählte die »Grounded Theory« als globale

Orientierung für den Analyseprozeß. Für die konkrete Interpretationsarbeit am Interviewmaterial bezog ich drei weitere Auswertungsmethoden in die Analyse mit ein, die ebenfalls im Sinne der Grounded Theory die Entwicklung einer Theorie anhand von qualitativen Daten anstreben. Es sind zwei Methoden aus der objektiven Hermeneutik von Oevermann: Die Analyse der objektiven Daten und die Feinanalyse (Oevermann 1979), sowie die Erzähl- und Textanalyse von Schütze (1982, 1983).

Diese qualitativen Methoden sind hermeneutische Verfahren, in denen der Einzelfall in seiner Eigenlogik untersucht wird. Gesucht wird der verborgene Sinn der Handlungen und Erzählungen der Subjekte. Das Thema der Moraldilemmata und der Funktionstätigkeit ist mit vielen Tabus verbunden. Verfahren des Sinnverstehens, in denen die Interpretation des latenten, gemeinten Sinns und das Lesen zwischen den Zeilen im Vordergrund steht, sind hier günstig.

>Wer Interviews analysiert«, schreibt Wierling, »tut dies unter der Voraussetzung, daß die Interviewpartner mehr mitteilen, als sie mitteilen wollen. Quasi hinter ihrem Rücken setzt sich sprachlich durch, was sie auch vor sich selbst verschweigen wollen, taucht Verdrängtes, Widersprüchliches, Unintegrierbares als abgebrochene Sätze, überraschende Verknüpfungen, Versprecher und symbolische Geschichten im Text auf«. (1991, S. 51)

Der Analyseprozeß, mit der Verknüpfung der drei obigen Verfahren, ist komplex. An dieser Stelle möchte ich deshalb nur verkürzt schildern, wie eine biographische Analyse anhand dieser Methoden erfolgt. An anderer Stelle habe ich dieses Vorgehen ausführlich beschrieben (Ludewig-Kedmi 2000, S. 100ff). Des weiteren können sie bei Hildenbrand und Rosenthal, an denen ich mich zur Verknüpfung dieser drei Verfahren orientierte, nachgelesen werden (Rosenthal 1987, 1990, Hildenbrand 1990, 1991a,b).

Zunächst aber noch zu der Vorbereitung der biographischen Analyse. Direkt nach dem Interview, noch am gleichen Nachmittag oder Abend, wird ein Kontextprotokoll durchgeführt, in dem alle ersten Eindrücke von der Person, der Gesprächssituation und des Interviewverlaufs niedergeschrieben werden (Jaeggi und Fass 1993). In den folgenden Tagen wird eine Globalanalyse nach Legewie (1988) durchgeführt. Die Globalauswertung ermöglicht »ein erstes ganzheitliches Verständnis und eine übersichtliche Zusammenfassung des Interviews« (ebd., S. 13) Das gesamte Interview wird gehört und die zentralen Gesprächsthemen ausgewertet. Ein Inhaltsverzeichnis der Themen wird erstellt und es wird auf Besonderheiten und Widersprüche geachtet. Die Globalanalyse stellt dabei eine Vorarbeit zur Auswahl der Familien für die biographischen Analysen dar, denn das umfangreiche Material kann nicht in seiner Gesamtheit mit Hilfe der zeitintensiven hermeneutischen Auswertungsverfahren analysiert werden. Es wird geschaut, welche Interviews für die biographische Analyse besonders geeignet sind bzw. einen Erkenntniszugewinn möglich erscheinen lassen.

Erst dann beginnt die biographische Analyse, mit ihren drei (bzw. fünf) Schritten.

(a) In der Analyse der objektiven Daten werden die äußeren Daten (wie Geburtsjahr, Ortswechsel, familiäre Verhältnisse: Heirat/Scheidung) in ihrer chronologischen Reihenfolge einzeln analysiert. Dabei wird überlegt, welche Einflüsse dieses Ereignis auf die Person haben könnte sowie welche Handlungsmöglichkeiten ihr zur Verfügung standen. Damit wird bereits in diesem frühen Auswertungsschritt versucht, das Entscheidungsmuster der Person zu rekonstruieren bzw. zu prüfen, ob spezifische Selektionsmechanismen die Entscheidungen wiederholt beeinflußten (Hildenbrand 1991a, S. 57).

(b) In der Erzähl- und Textanalyse (verkürzt Textanalyse) wird der Interviewtext Abschnitt für Abschnitt interpretiert und den Selektionsmechanismen der Erzählung nachgegangen. Es wird davon ausgegangen, daß die Reihenfolge des Erzählten auf keinen Fall zufällig ist, sondern in spezifischer Weise die heutige Perspektive der Person in Bezug auf ihre Lebensgeschichte und ihre Selbstrepräsentation vermittelt (Rosenthal 1990). Gesucht werden die Strategien, die die Person nutzt, um ihre Geschichte zu strukturieren, bzw. die individuellen Mechanismen, die die Themenwahl ihrer Erzählung bestimmen. Es wird untersucht, welche Themen sie in der Haupterzählung anspricht und welche nicht. Weiterhin wird analysiert, welche Themen miteinander verknüpft werden und welcher Logik dies unterliegt.

(c) In der Feinanalyse werden einzelne kürzere Textstellen Wort für Wort oder Satz für Satz analysiert. Mit Hilfe der Feinanalyse läßt sich die latente Sinnstruktur des Falles schon anhand eines kurzen Interviewabschnitts rekonstruieren (Oevermann 1979). Zur Feinanalyse werden besonders unverständliche und widersprüchliche Interviewstellen herangezogen, sowie Stellen, die neue Informationen enthalten und solche, die in allgemeiner Weise der Rekonstruktion der Sinnstruktur dienlich sein können. Als besonders ergiebig zeigt sich bei offenen Interviews die Feinanalyse des Interviewbeginns (Bude 1990).

(d) Am Ende der biographischen Einzelanalyse erfolgt die Fallrekonstruktion, in der die Ergebnisse aus den ersten drei Analyseschritten miteinander verglichen und summiert werden. »Ein Interview ist niemals vollständig auswertbar, so viele Ebenen und Facetten hat es« schreiben Jaeggi und Fass treffend (1993, S. 144). Die erzählte Lebensgeschichte wird aber solange analysiert, bis eine Fallstruktur bezüglich der Fragestellung erkennbar ist und sich wiederholt bestätigt. In der Untersuchung der Moraldilemmata liegt eine plausible Fallrekonstruktion vor, wenn durch die biographische Analyse die individuellen, familiären und gesellschaftlichen Bewältigungskomponenten eines Falls erfaßt sind und untereinander verknüpft werden können.

(e) Nach Abschluß der einzelnen Fallanalysen kann der Fallvergleich im Sinne des »theoretical sampling« von Glaser und Strauss durchgeführt werden (Glasar und Strauss 1967). Die Fälle werden einer sogenannten minimalen und maximalen Kontrastierung unterzogen. In der minimalen Kontrastierung wird ein Fall mit ihm ähnlichen Fällen verglichen, d. h. in die Analyse werden Fälle einbezogen, die vergleichbare Strukturen aufweisen. Bei der maximalen Kontrastierung wird nach Ende der Fallrekonstruktion gedankenexperimentell überlegt, welcher Fall sich von diesem ersten möglichst stark unterscheidet, bzw. eine konträre Strukturgesetzlichkeit aufweisen könnte. Die Entdeckung und Bereicherung von Theorien ist durch den Vergleich der Differenzen bei maximaler Kontrastierung besonders vielversprechend. Vorteilhaft ist es, mit der minimalen Kontrastierung zu beginnen und mit der maximalen zu schließen.

Durch den Fallvergleich wird auf die »Varianz« der Moraldilemmata und ihrer Bewältigungsversuche abgezielt. Mit »Varianz« ist die Vielfalt der Typen, die Spanne bzw. die mögliche Erscheinungsbreite des Phänomens gemeint (Hildenbrand 1991a, S. 52). Für die biographischen Analysen wurden vier Holocaust-Familien ausgewählt: Diese Familien stellen vier verschiedene Typen im Zusammenhang mit der Bewältigung von Moraldilemmata dar. Ich wählte die Biographien von diesen Funktionshäftlingen und ihren Kindern für die Analyse des Phänomens aus, da in diesen Familien die Existenz extremer Moraldilemmata besonders deutlich sichtbar wird. Ein weiterer Grund für die Auswahl dieser vier Familien sind die grundsätzlich unterschiedlichen Strategien im Umgang mit den durch die Funktionstätigkeit ausgelösten Moraldilemmata – sowohl in der ersten als auch in der zweiten Generation. Die Fälle wurden also im Sinne der maximalen Kontrastierung ausgewählt (Strauss 1994). Und zuletzt, aber nicht unwichtig: »Für

›gute Ideen‹ braucht man ›interessante Fälle‹«, notiert der Sozialforscher Bude (1988, 425) und ich hoffe, auch dieses Prinzip nicht vernachlässigt zu haben.

Grenzen der Methoden
Mit Hilfe der qualitativen Verfahren läßt sich nicht die objektive Realität und auch nicht die Person analysieren, sondern lediglich der Text in seiner schriftlichen Fassung, das aufgenommene Interview und damit nur ein begrenzter Ausschnitt der Realität, lautet eine häufige Kritik an der qualitativen Forschung. Dies ist eine berechtigte und wichtige Feststellung sowie eine Warnung, die sowohl für die qualitative als auch für die quantitative Forschung gilt. Denn jede Methode kann die Realität nur ausschnittweise untersuchen.

Ein anderer Kritikpunkt betrifft die Subjektivität der Forscher, denn »was Ursache und Wirkung ist, hängt selbstverständlich von der Interpretation durch den Beobachter ab« und zwar in jedem Forschungsbereich (Quekelberghe 1990, S. 159). Die gefundene Kausalität, die entwickelte Interpretation ist damit nie eine absolute Wahrheit. »Das Erfassen der Wahrheit wird von der Perspektive bestimmt«, von der Zielsetzung des Forschers, sagt Wurmer (1989, S. 431) und zitiert damit Kant. Denn die

> »absolute Wahrheit ist uns prinzipiell nicht zugänglich. [...] Auch in der qualitativen Forschung ist der Wahrheitsanspruch relativ zur Methode und zu dem, was a priori vorausgesetzt wird. [...] Die Wenn-Dann-Aussage ist eine relative, richtig für das Fachgebiet, die Methode usw.« (ebd.)

Die vorliegenden biographischen Analysen sind auch nur *eine* mögliche Interpretation der Lebensgeschichte.

Familie Halevi-Oz: Heldentum

»Ein Mensch bleiben«
Rebekka Halevi-Oz – Erste Generation

Rebekka Halevi-Oz[1] war Leiterin des Judenrats und später Kapo im Arbeitslager. Als ich sie zum ersten Mal anrief, bemerkte sie mehrmals: »Ich habe eine sehr interessante Geschichte«. Neugierig auf das Interview wurde ich besonders, als ich bei Rebekka eine Art Stolz auf die eigene Vergangenheit zu hören glaubte. Wir trafen uns zweimal in Rebekkas Haus in Haifa und sprachen sieben Stunden miteinander. Zu diesem Zeitpunkt war Rebekka vierundachtzig Jahre alt, sah aber erheblich jünger aus: Eine lebhafte, dynamische, schlanke Frau mit einer tiefen Stimme und kurzen, grauen Haare. Sie trug Hosen und eine schlichte Bluse. Zehn Monate später führte ich auch ein Gruppeninterview mit Rebekka und zwei Frauen, die mit ihr im Arbeitslager gewesen waren (April 1997).[2]

Zu unserem ersten Treffen brachte ich Rebekka Blumen mit. Ich überreichte ihr sie, nachdem wir uns begrüßt hatten und Rebekkas erste Frage an mich war: »Woher weißt du, ob ich diese Blumen verdient habe?«[3] Rebekkas Frage begleitete mich lange. Die Formulierungen »ob« und das »verdient habe« irritierten mich. Ich brachte Rebekka die Blumen, um mich bei ihr für das Gespräch zu bedanken. Weiß Rebekka aber selber nicht, ob sie die Blumen angesichts ihrer Handlungen während der Nazizeit verdient hat? Oder wußte nur ich noch nicht, ob sie die Blumen verdient hat? Welche Geschichten wird Rebekka über ihre Judenrats- und Kapotätigkeit erzählen? Wird sie versuchen, mich zu überzeugen, daß sie die Blumen verdient hat oder eher nicht?

Ursprungsfamilie – Rabbinisches Vorbild
Welche Geschichte bringt Rebekka mit sich in die Shoah? Welche Welt ging ihr durch die Shoah verloren? Rebekka Halevi-Oz ist 1914 in einer kleinen Stadt in Ungarn als dritte Tochter einer angesehenen, gebildeten und reichen jüdischen Familie geboren. Ihr Großvater war ein berühmter Rabbiner. Die Erzählung ihrer Lebensgeschichte beginnt Rebekka auch mit ihrer Ursprungsfamilie, die sie prägt. Enthusiastisch und liebevoll beschreibt sie

ihren Großvater und Vater. Der Leitfaden dieser ersten Sequenz der Erzählung ist der Stolz auf die eigene Familie: »Ich bin in Ungarn geboren, in einer reichen Familie. Meine Eltern hatten eine Textilfirma. Mein Vater war Leiter der Gemeinde, ein sehr geehrter Mann.« Jedes Jahr organisiert die Familie in ihrem Haus drei jüdisch-religiöse Feste für die Gemeinde, zu denen zweihundert Gäste eingeladen werden. Das Haus der Familie ist so groß, daß es genug Platz für alle gibt, ergänzt Rebekka nicht ohne Stolz. Beide Brüder haben studiert, Rebekka und ihre Schwester machen Abitur. Neben dem Schulbesuch arbeiten alle vier Geschwister im Familienbetrieb mit: »Man kann sagen, daß wir im Geschäft aufgewachsen sind. Wir mußten ab dem Alter von sechs Jahren den Eltern im Geschäft mithelfen.« Rebekka kritisiert anschließend die heutige Erziehung: »Nicht wie heute, wo man glaubt, daß nur das Lernen allein für die Kinder ausreicht. Bei uns gab es beides.«

Besonders lange berichtet Rebekka über ihren Großvater und mit seinem Tod in Auschwitz schließt sie die Erzählung über die Familiengeschichte ab:

> »Mein Großvater hat die Firma aufgebaut. Dazu war er ein berühmter Rabbiner in ganz Europa, nicht nur in Ungarn.[...] Ich erinnere mich, als ich für mein Abitur lernte und auch vorher, wenn ich etwas nicht wußte, dann ging ich zu ihm und sagte: Opa, kannst du mir eine Antwort auf die und die Frage geben? Er sagte: Sicherlich. Ich bekam alle Antworten von ihm. Dann sagte ich: Wie kann es sein, daß du nicht auf dem Gymnasium gelernt hast und mir alle Antworten geben kannst? Er sagte: Weißt du, in der Gemara [Teil des Talmud[4]] steht alles geschrieben, was man wissen soll. Man muß nur lesen können... Deshalb hat er gesagt: auf alles was du wissen willst, weiß ich die Antwort. Er lernte vom Morgen bis zum Abend und dann begann er auch zu lehren... Man sagt, daß es so einen Mensch nur in einer Million gibt... mit einem Computer im Kopf... Auch er kam in Auschwitz um.«

Die zentralen Themen in Rebekkas Familiengeschichte sind Bildung, Reichtum sowie die Hochachtung der Gemeinde gegenüber der Familie. Der persönliche Erfolg und das eigene Ansehen sind für Rebekka wichtig: der Großvater ist berühmt »in ganz Europa, nicht nur in Ungarn«. Auf der anderen Seite steht die Verantwortung der Familie gegenüber der Gemeinde, ausgedrückt durch ihre Wohltätigkeiten. Der sehr verehrte und geliebte Großvater repräsentiert die Spanne all dieser Werte am besten: Er erfüllt das Ideal des weisen Rabbiners. Rebekkas Stolz ist hier deutlich spürbar. Die gute Beziehung zum Großvater, zu dem Rebekka mit jeder Frage gehen kann, wird sichtbar und ebenfalls ihre selbstbewußte, mutige und freche Art (»Wie kann es sein, daß du nicht auf dem Gymnasium gelernt hast und mir alle Antworten geben kannst?«). Neben seinem Thorastudium legt der Großvater auch die Grundlage für den Reichtum der Familie. Als Rabbiner übernimmt er viel Verantwortung für die Gemeinde. Sein Wissen ist nicht nur theoretisch, denn der rabbinische Gelehrte muß auch das rechte Verhalten kennen und es in seiner Gemeinde praktizieren, z. B. bei Konflikten zwischen Gemeindemitgliedern schlichten.

Rebekkas Erzählungen über ihre Familie sind eine Auswahl ihrer familiären Erlebnisse. Es werden keine Konflikte oder traurigen Erlebnisse thematisiert, sondern die guten und schönen Erinnerungen und Motive, auf die sie stolz ist, die für sie ein Vorbild sind. Mit ihrer Erzählung vermittelt Rebekka die Werte der Familie, mit denen sie sich identifiziert. Sie erzählt die Familiengeschichte oft in der »Wir«-Form: ›Wir haben Familienfeste gemacht, wir haben gearbeitet‹. ›Ich und meine Familie‹ ist das Motto der Erzählung.

Es ist auffallend, daß Rebekka viel über die Männer der Familie berichtet und diese bewundert. Dieser Linie folgt sie auch in späteren Erzählungen: »Mein Vater war ein Einzelkind, gebildet, modern, sehr religiös. Er hat das Leben geliebt.« Den ältesten Bruder bezeichnet Rebekka als »Genie«, der alles blitzschnell verstanden habe, genau wie der Vater. Der jüngere Bruder war ein fleißiger Schüler. »Er lernte alles von A bis Z und dann von Z bis A zurück. Und er lernte nicht nur, was er lernen sollte, sondern auch alles was dazu gehörte. Sonst hat es ihm nicht gereicht.« Dagegen bleibt Rebekkas Schwester während der ganzen Haupterzählung im Hintergrund und die Mutter wird überhaupt nicht erwähnt. Auf meine Frage nach der Schwester zählt Rebekka die Unterschiede zwischen ihr und ihrer Schwester auf. Sie selbst liebte Mathematik, Sport, Reiten, Fechten und Laufen, während sich ihre Schwester der Literatur, dem Schreiben von Gedichten und schönen Kleidern widmete. Die beiden Schwestern verstehen sich aber trotz ihrer Verschiedenheit gut. Als Rebekka einen Aufsatz über den Mond schreiben muß, erledigt dies ihre Schwester für sie. »Meine Schwester ist hier viel besser. Wenn sie den Mond sieht, kann sie drei, vier Seiten schreiben. Ich nur vier Zeilen.« Dafür macht Rebekka ihrer Schwester die Matheaufgaben.[5]

Als ich nach der Mutter frage, erzählt Rebekka gütig, aber relativ kurz von ihr und wechselt dann sofort zu ihrem Vater und Großvater. Als ich wiederholt nach der Mutter frage, sagt sie:

> »Wenn du meine Schwester gekannt hättest, dann hättest du gesagt: Sie ist wie die Mutter und ich bin wie der Vater. Meine Mutter war eine solide Frau... Sie war eine familiäre Frau, aber half im Geschäft, weil man jeden im Geschäft brauchte. Mein Vater hatte die Phantasie und sie war eine ruhige Frau, eine gute Frau. Mutter, jiddische Mamme in einem Wort. [...] Meine Mutter hast du einfach nicht gehört. [...] Neben meinem Vater waren alle ruhig, weil er so dominant war. Aber was das Haus anging, da war meine Mutter die Hausherrin und auch was die Versorgung der Kinder anging.«

Rebekka beschreibt hier in wenigen Worten die ganze Familiendynamik, die traditionelle Rollenverteilung, in ausgeprägter Form. Der Vater ist die dominante Figur der Familie und zwei Kinder sind wie er, Rebekka und der älteste Bruder. Die Schwester und der jüngere Bruder sind »solide« und ruhig wie die Mutter. Die Rollenverteilung zu Hause ist klar: der Vater führt das Geschäft, die Mutter ist für die Erziehung der Kinder zuständig, sie ist die Hausherrin. Aber nicht das Geschlecht allein bestimmt die Rollen- und Arbeitsverteilung in der Familie. Rebekkas Schwester arbeitet in der Buchhaltung, aber auf Rebekka wartet nicht das gleiche Schicksal, nur weil sie ein Mädchen ist. Ihr Vater erkennt ihre Stärken und unterstützt ihre autonome Entwicklung, wie die nächste Geschichte veranschaulicht.

Mit sieben Jahren wird Rebekka von ihrem Vater beauftragt, die Zahlung eines Transportzugs mit acht Waggons zu regeln. Der Beamte am Güterbahnhof glaubt Rebekka anfangs nicht, als er sie mit so viel Geld sieht und wirft ihr vor, sie hätte es gestohlen. Rebekka fordert ihn auf, ihren Vater einfach anzurufen. »Wenn meine Tochter sagt, daß ich es ihr gegeben habe, dann können Sie ihr glauben. Ich habe es ihr gegeben. Und versuchen Sie nur, mit ihr krumme Geschäfte zu machen, sie wird es Ihnen schon zeigen«, zitiert Rebekka ihren Vater. Diese und andere Geschichten vermitteln einen Eindruck davon, wieviel Liebe und Wertschätzung Rebekka von ihrer Familie bekam: mit jeder Frage zum Großvater gehen zu können und immer willkommen zu sein; vom Vater schon mit sieben Jahren als verantwortliche Person gesehen und geschätzt zu werden. Verantwortung für die Familie und für die Gemeinde zu tragen, ist normal in der Familie. Die Familie und ihre Werte leben bei Rebekka weiter und geben ihr viel Kraft für die Zukunft. Diese stolze, schöne Familientradition wird durch Auschwitz unterbrochen: »Auch er kam in Auschwitz um«, sagt Rebekka über ihren Großvater und beendet damit den ersten Teil ihrer Erzählung. Das Thema der Shoah ist somit von der ersten Erzählung an im Gespräch präsent. Die Shoah wird nicht verschwiegen, sondern in ihrem vollen Schmerz thematisiert. Häufig konnte ich beobachten, daß Holocaust-Überlebende dieses Thema in ihrer Familiengeschichte erst einmal vermeiden, und es erst ansprechen, wenn sie direkt danach gefragt werden, wer aus ihrer Familie umgebracht wurde. Die direkte Thematisierung läßt sich als eine gute Trauerarbeit sehen. Die Shoah hat die reiche Familientradition zerstört, aber Rebekka kämpft um die weitere Existenz dieser Tradition. Nach der Shoah veröffentlichen Rebekkas Mann und ihr Sohn die Schriften des Großvaters, nach dem auch Rebekkas Sohn benannt ist. Die Familientradition, das rabbinische Vorbild, soll durch Auschwitz nicht zerstört werden.

Familie Halevi-Oz: Heldentum

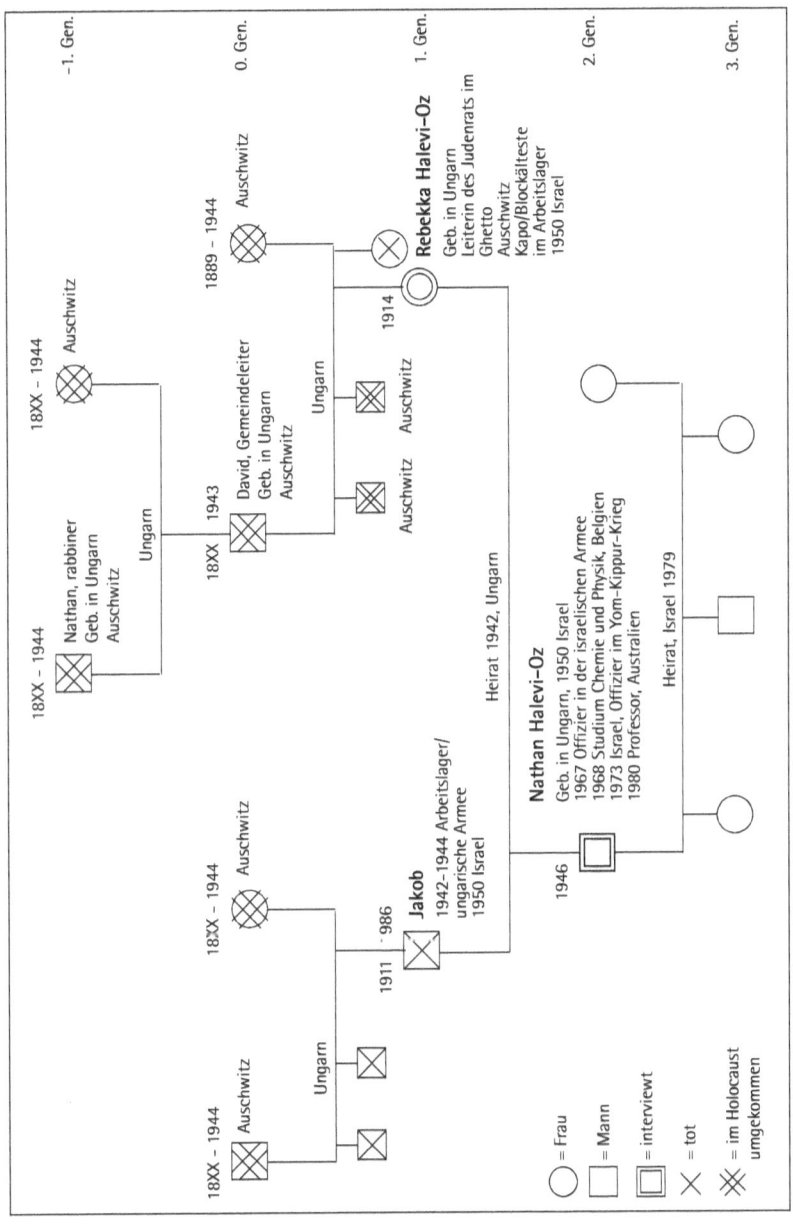

Abbildung 2: Genogramm der Familie Halevi-Oz

Die Zeitspanne zwischen 18 und 28 Jahren bleibt trotz meiner intensiven Nachfrage sehr verschwommen. Es sind die Jahre 1932 bis zu der relativ späten Heirat 1942. Die versagte Chance auf einen Medizinstudienplatz wegen des zunehmenden staatlichen Antisemitismus und die Arbeit im Familienbetrieb stehen in dieser Lebensphase für Rebekka im Vordergrund. Es scheint eine eher farblose, unerfreuliche Zeit für Rebekka zu sein, die zu einer detaillosen Einheit verdichtet wird. Ihre Heirat 1942 erwähnt Rebekka schon im Kontext des Krieges. Sie zieht in die Heimatstadt ihres Mannes, der als Jude kurz danach zum Arbeitsdienst in die ungarische Armee eingezogen wird. Das Eheleben beginnt damit für die beiden erst nach der Shoah.

Judenrat:
»Und am Ende war ich der Boß, weil alle Angst hatten«
Die relativ späte Besetzung Ungarns durch die Deutschen (19. März 1944) half den Juden nicht. Mit der Besatzung fing die extrem rapide und mörderische Verfolgung der ungarischen Juden an. Die Ghettoisierung der Juden begann Ende April 1944. Jedes Ghetto wurde von einem Judenrat (ungar. Zsidó Tanács) verwaltet. Die einzelnen Ghettos existierten zwischen zwei und sechs Wochen und schon in dieser Zeit begann die Deportation der Juden in die Vernichtungslager. Vom 15. Mai bis zum 9. Juli 1944 werden 434.351 Juden aus 55 Ghettos nach Auschwitz-Birkenau deportiert. Die meisten von ihnen werden direkt nach ihrer Ankunft in den Vernichtungslagern vergast (Gutmann 1995, S. 1464f).

Was erlebt Rebekka persönlich während der Verfolgungszeit? Schon in den ersten Minuten des Interviews, nach der Erzählung über ihre Ursprungsfamilie, thematisiert Rebekka zum ersten Mal ihre Tätigkeit im Judenrat. Anschließend wechselt sie zu ihrem Leben in Auschwitz und zuletzt spricht sie sehr ausführlich über ihre Tätigkeit als Kapo im Arbeitslager. Die Tätigkeiten im Judenrat und als Kapo sind für Rebekka keine Tabuthemen. Mich interessiert, wie Rebekka ihre eigenen Handlungen als Judenrätin erlebte, beschreibt und bewertet. Was und wie Rebekka ihre Tätigkeit im Judenrat thematisiert, möchte ich anhand der ersten Erwähnung des Judenrats Satz für Satz vorstellen. Aus der Art, wie Rebekka die Aspekte ihrer Judenratstätigkeit beschreibt, können wir etwas über ihre heutigen Bewältigungsstrategien im Zusammenhang mit den damaligen Moraldilemmata lernen.

Aufnahme der Funktionstätigkeit

Rebekka eröffnet ihre Erzählung über den Judenrat mit der Erklärung, wie sie zu dieser Tätigkeit gekommen ist: »Eine kurze Zeit, nachdem mein Mann nicht mehr da war, wurde ich gebeten, zum Judenrat zu gehen.« Mit diesem ersten Satz betont Rebekka, daß es nicht ihre eigene Initiative oder Idee war »zum Judenrat zu gehen«. Andere haben ihr angeboten, Judenratmitglied zu werden. Was will Rebekka damit vermitteln? Wie in der Begrüßungssituation mit dem Blumenstrauß ist auch hier die Frage, ob es sich um Stolz oder Schuldgefühl handelt. Für ersteres spricht die positive Formulierung des Satzes. Er kann als eine Einladung durch andere verstanden werden; eine Einladung in die neu gegründete Institution des Judenrats, die anfänglich unter den ungarischen Juden vermutlich eher einen positiven oder neutralen Ruf hatte. Er galt als die Organisation, die zwischen den neuen Besatzern und den Juden vermitteln sollte. Sprachlich gesehen läßt sich hier kein Zwang erkennen und der Satz könnte auch als Kompliment verstanden werden. Sie wird aus den fünfzehntausend anderen Ghettobewohnern für den zehnköpfigen Judenrat ausgewählt. ›Ich wurde zu der wichtigen Tätigkeit im Judenrat eingeladen‹, könnte sich Rebekka damals vielleicht gesagt haben. Aber vielleicht will sie auch im nachhinein mit dieser ›Einladung‹ ihre Mitgliedschaft im Judenrat wegen des heutigen schlechten Rufs der Judenräte rechtfertigen. ›Ich wollte diese Tätigkeit nicht ausführen, aber irgend jemand mußte es tun.‹ Kann Rebekka damit einen Teil der Verantwortung ablegen wollen? Die Frage, ob es sich hier um Stolz oder Schuldgefühl handelt, bleibt zunächst offen.

Rebekka verwendet die Passivform, und wir erfahren nicht, wer genau sie gebeten hat, Mitglied des Judenrats zu werden. Wir können davon ausgehen, daß es jemand aus der jüdischen Gemeinde war, denn die Gemeinden sollten sehr rasch nach Einzug der Deutschen einen Judenrat gründen. Dies geschah, indem sie eine Liste der möglichen Judenratsmitglieder vorlegten, die von den Deutschen meist bestätigt wurde (Arad 1980).

Anschließend erklärt Rebekka, warum gerade ihr angeboten wurde, dem Judenrat beizutreten: »Weil ich Deutsch konnte. In Ungarn haben 80% der Juden nur Ungarisch gekonnt.« Es sind ihre Sprachkenntnisse, ihre Bildung. Für Rebekka besteht hier ein Erklärungsbedarf, denn nicht jeder konnte und nicht jeder wollte Judenratsmitglied werden. Die Mitgliedschaft im Judenrat sicherte ihren Mitgliedern z. B. mehr Nahrung in dieser schweren Zeit, bedeutete aber andererseits eine gezwungene Kooperation mit den Nazis – eine Kooperation, die schon zur Ghettozeit kritisiert wurde. Deutschkenntnisse waren *ein* Auswahlkriterium für den Judenrat. Generell waren gelehrte, reiche, oder bekannte männliche Bürger der jüdischen Gemeinde von den Deutschen dazu vorgesehen, die Gemeinden zu repräsentieren. Aufgenommen wurden auch Personen, die gute Beziehungen zu anderen Judenratsmitgliedern hatten (Trunk 1972, S. 320). Rebekka ist neu in der Stadt, in die sie wegen der Heirat zwei Jahre zuvor gezogen war. Sie ist eine Frau und mit dreißig Jahren relativ jung. Sie ist allerdings reich und stammt aus einer sehr angesehenen rabbinischen Familie. Vielleicht hat sie sich bereits einen Namen in der neuen Stadt gemacht. Es sind wahrscheinlich nicht allein ihre Sprachkenntnisse, die Rebekka zum Judenrat führen, denn 20% der Juden, d. h. etwa dreitausend Ghettoinsassen, sprachen nach Rebekkas Einschätzung Deutsch.

»Dann wurde ich gebeten, dorthin zu gehen und ihnen zu helfen«, erzählt Rebekka weiter. Das Motiv der »Hilfe« ist ihr wichtig und positiv besetzt. Sie wird Mitglied im Judenrat, um den anderen Juden und nicht, um in erster Linie sich selbst zu helfen. Die Moralkategorie, die Rebekka hier vermittelt und nach der sie handelt, ist ›anderen zu helfen‹. Sie handelt im rabbinischen Sinne, für die Gemeinde, für die anderen.

Leiterin des Judenrats
Bis hierhin beschreibt Rebekka, wie sie Mitglied im Judenrat wurde. Dann beschreibt sie ihren ›Werdegang‹ im Judenrat: »Und am Ende war ich der Boß, weil alle Angst hatten, wenn die Deutschen kamen.« Mit abschätziger Stimme berichtet Rebekka, daß »alle Angst« hatten und »weggerannt« sind. In der Notsituation, in der Angst herrscht, übernimmt Rebekka die Führung. Sie hat keine Angst vor Verantwortung und erwirbt sich schnell Respekt und Ansehen, die für die Aufgabe der Leiterin notwendig sind. Sie handelt hiermit weiter im Sinne ihres Vaters und Großvaters. Rebekka ist nicht die ganze Zeit »der Boß«, sondern nur »am Ende.« Sie entschließt sich aber, über die Phase zu sprechen, in der sie Chefin war und scheint stolz, »der Boß« geworden zu sein.[6]

Die ›Macht‹ als »Boß« bekommt Rebekka von den Deutschen, die im Ghetto herrschen.[7] Diese Macht ist nach ›unten‹ auf die Ghettojuden gerichtet. Als Judenratsleiterin untersteht Rebekka – wie alle anderen Vorsitzenden der Judenräte – die jüdische Polizei[8] zur Durchsetzung ihrer Anordnungen sowie zur Durchführung von Sanktionen, wenn bestimmte Regeln nicht erfüllt werden. Diese jüdische Polizei existierte in Rebekkas Ghetto, aber Rebekka erwähnt sie nicht und ihre Erzählung läßt offen, ob sie die Macht der jüdischen Polizei während ihrer Tätigkeit benutzt hat.

Aus Rebekkas Perspektive sind es die Sprachkenntnisse, die ihr den Eintritt in den Judenrat verschaffen und ihr persönlicher Mut, der sie zur *Chefin* macht. Die Werte, die Rebekka in ihrer Darstellung bis jetzt vermittelt hat, lauten: ›anderen helfen‹ und ›Angst überwinden‹. Sie wird ihren Werten gerecht, da sie selber nicht wegrennt. Rebekka vermittelt durch ihre Beschreibung hier schon die Art und Weise, in der sie ihre Funktionstätigkeit erfüllt hat: Sie ist eine gute Chefin. Sie übernimmt Verantwortung für die anderen Juden gegenüber den Deutschen trotz ihrer Angst.

Liefen wirklich »alle« weg? Ich weiß es nicht, aber in Rebekkas Beschreibung klingt es so, als nähme sie sich als die einzige mutige und verantwortungsvolle Person in diesen Situationen wahr bzw. als rekonstruiere sie sich in dieser Rolle. Rebekka erklärt nicht, warum die anderen Angst haben, ob es z. T. berechtigt war, sondern sie stellt sie als feige dar. Die anderen Juden haben in Rebekkas Erzählung keine Gesichter, keine Namen – es sind »alle«. Rebekkas Aufmerksamkeit gilt nur ihrer eigenen positiven moralischen Rekonstruktion, jedoch nicht jener der anderen Judenratsmitglieder. Das Muster ist ›ich versus die anderen‹.

In den nächsten Zeilen beschreibt sie ihre Beziehung zu den Deutschen:

> »Und ich war ein bißchen frech und dann habe ich mit ihnen gesprochen. Und eine Sache habe ich gesehen: wenn sie die Chuzpe [Jiddisch: Frechheit] gesehen haben, wenn sie gesehen haben, daß du keine Angst hast, dann hast du Respekt bekommen oder das, was ein Deutscher an Respekt geben konnte.«

Rebekka bestärkt hier das obige Bild: Sie ist anders als die anderen Juden, sie steht ohne Angst vor den Deutschen, von denen sie sogar »Respekt« entgegengebracht bekommt. Rebekkas Rekonstruktion läßt sich als die Rekonstruktion einer aktiven Heldin ansehen. Sie erlebt sich nicht als passives ohnmächtiges Opfer, sondern hat das Gefühl, Kontrolle über die Situation zu haben. Wir können davon ausgehen, daß Rebekka sich entweder damals nicht ohnmächtig fühlte oder daß sie die Ohnmacht im nachhinein dekonstruiert. Denn Rebekka stellt sich gewissermaßen auf eine Machtebene mit den Deutschen, hat aber natürlich nicht so viel Macht gehabt. Dies kann eine Art Bewältigungsstrategie sein, die Rebekka hilft, sich als stärker zu erleben als sie damals tatsächlich war, und zwar um das Gefühl von Ohnmacht und Todesangst der damaligen Situation zu dekonstruieren.

Den Deutschen helfen, den Juden helfen! Ein Widerspruch?
»Einige Male haben sie mich dorthin eingeladen, damit ich ihnen helfen werde«, sagt Rebekka über die Deutschen gleich anschließend. In welcher

Form konnte Rebekka den Deutschen als Judenratsleiterin helfen? Vielleicht nimmt sie an, daß ich es weiß, vielleicht scheint es ihr nebensächlich oder aber unaussprechlich. Sie konnte als Judenratsleiterin den Deutschen bei der Erstellung von Listen für Nahrungsverteilung oder für Transporte behilflich sein. Sie konnte ihnen helfen, die jüdische Gemeinde besser kennenzulernen, damit die Deutschen ihre Pläne effizienter durchführen konnten. Vielleicht wurden Informationen über Leute verlangt, die geflüchtet waren. Auf jeden Fall war die Situation in den Judenräten so, daß fast alles, was den Deutschen helfen konnte, den Juden schadete. Fällt Rebekka dieser Widerspruch auf? Oder erfaßt sie den Widerspruch gerade deshalb nicht, weil genauso gut der folgende Satz stimmt: Man mußte den Deutschen helfen, um den Juden zu helfen. Dieser Widerspruch wird von Rebekka nicht thematisiert. Positiv gesehen können wir vorläufig formulieren: Rebekka gelingt die Trennung zwischen der Hilfe an den Juden und den Deutschen.

In Rebekkas Äußerungen findet sich bis hierher sehr deutlich die positive Pflicht ›anderen zu helfen‹ im Sinne von Kant. Die negative Pflicht, ›anderen nicht zu schaden‹, ist bis jetzt kein Thema für sie. Das Moraldilemma, in dem Rebekka steckt, ist aber genau dieses. Von dem Moment an, seit sie dem Judenrat angehört, muß sie den Deutschen helfen, um den anderen Juden und sich zu helfen (letzteres erwähnt Rebekka nicht). Den Deutschen zu helfen, bedeutet aber gleichzeitig den Juden zu schaden. Den Deutschen die Unterstützung jedoch zu verweigern, könnte aber vielleicht noch größere Schäden nach sich ziehen. Rebekka thematisiert einfach diesen Aspekt der möglichen Schäden nicht. Dies ist eine mögliche Lösung des Moraldilemmas in der damaligen Situation, die eine Bedingung für ihre Handlungsfähigkeit war und auch eine Hilfe für ihre heutige Bewältigung darstellt.

»Was war der Judenrat? Die Deutschen [...] wollten verschiedene Sachen und du mußtest es ihnen geben.« Hier unternimmt Rebekka den Versuch, das problematische Feld des Judenrats zu definieren. Rebekkas Definition ist kurz, klar, nicht verschönernd. Die Deutschen verlangen »verschiedene Sachen« und die Aufgabe des Judenrats ist es, diese Forderungen zu erfüllen. Was der Judenrat den Deutschen genau geben muß, bleibt aber unbestimmt und fällt unter »verschiedene Sachen.« Die »Sachen« waren wahrscheinlich Geld, Waren und Informationen. Wie zuvor bleibt auch hier alles, was der Gemeinde schaden kann, unerwähnt. Rebekka verdeutlicht ihre geringe Handlungsfreiheit durch das Wort »müssen« (»du *mußtest* es ihnen geben«) und will mir diesen Zwang so nah wie möglich bringen. *Ich* werde in die Situation hineinversetzt: »*du* mußtest es ihnen geben«. ›Was hättest du an meiner Stelle gemacht?‹, fragt Rebekka mich damit, und antwortet für mich: ›Nichts anderes‹, »denn du mußtest es geben«. Statt zu sagen, ›ich mußte es ihnen geben‹, integriert Rebekka mich in das damalige Geschehen. So werden wir als zwei Jüdinnen, zwei Frauen, zwei Menschen zu einem ›Wir‹, was die weitere Erzählung erleichtert. Rebekkas Definition des Judenrats ist einerseits treffend und schmerzhaft (»mußtest es ihnen geben«), anderseits bleibt sie verschwommen (»verschiedene Sachen«).

Mit der nächsten Geschichte beendet Rebekka ihre Erzählung über den Judenrat: »Und wenn ich nicht geben konnte, weil es nichts gab, dann habe ich gesagt: Chevre [auf Hebräisch: Leute] wir haben nichts. Nichts. Dann haben sie gesagt: Was heißt das. Ihr müßt« [imitiert die böse Stimme der Deutschen]. Es wird deutlich, daß hier mehrere Konflikte entstehen konnten (z. B. hatten die Juden nichts mehr gehabt oder wollten die *Ghettojuden* dem *Judenrat* und damit den *Deutschen* ihr Geld und ihre Wertsachen nicht geben?). Rebekka spricht einen bestimmten Konflikt an, den Konflikt zwischen dem Judenrat und den Deutschen bzw. zwischen ihr und den Deutschen (»wenn *ich* nichts geben konnte«). Interne Konflikte zwischen dem Judenrat und den Ghettojuden werden von Rebekka dagegen nicht angesprochen. Solche Konflikte sind jedoch aus der Literatur bekannt (Trunk 1972, Gutman 1995). Sie entstanden beim Eintreiben der »verschiedenen Sachen«, und dabei wurde der Judenrat als der direkte Ausbeuter erlebt. Wir können annehmen, daß auch Rebekka als Leiterin des Judenrats solche Konflikte erlebt hat. Sie spricht diese ebenso wenig an, wie das, was sie den Deutschen geben sollte. Das »nichts« steht hier als Synonym für ›kein Geld‹, ›kein Pelz‹, bzw. für »verschiedene Sachen«.

Die Deutschen akzeptieren Rebekkas Antwort nicht (»Ihr müßt«). Jetzt sind Angst und Gefahr noch größer. Rebekka antwortet ihnen: »Ihr könnt mich nehmen, wohin ihr wollt. Was möglich ist, wird gemacht, was nicht möglich ist, nicht.« Rebekka spricht hier ihr Leben an. Ihre tapfere Äußerung läßt sich folgendermaßen übersetzen: ›Ihr könnt mich töten, umbringen, foltern. Ihr könnt mit mir machen, was ihr wollt. Ich bleibe bei meiner Aussage‹: »wir haben nichts«. Dies ist die Haltung einer Heldin. Ein Held ist »jemand, der sich durch Tapferkeit im Kampf auszeichnet« oder »jemand, der sich durch bedeutende Arbeiten zugunsten anderer auszeichnet« (Knaur 1985). Rebekka befindet sich im Krieg mit den Deutschen. In diesem Kampf verhält sie sich tapfer und setzt sich für andere ein (»Wir haben nichts«). Ein Held ist auch »jemand, der (kurzfristig) im Mittelpunkt steht.« Rebekka steht im Mittelpunkt ihrer Erzählungen im Vergleich zu den ›gesichtslosen anderen‹ und zwar als tapfere Frau. Ein weiteres Charakteristikum eines Helden ist seine Bereitschaft, seinen Idealen zu folgen, »koste es, was es wolle« (Todorov 1993, S. 53). Der höchste Preis ist das Leben. Womit kann Rebekka zahlen? Sie hat nur noch ihr Leben und bei der Wahl einen Heldentod zu sterben, wegzulaufen oder um das eigene Leben zu bitten, entscheidet sie sich gemäß ihrer Ideale. »Die Helden lieben nicht unbedingt die Menschen, nicht einmal die Menschen, die sie selber sind« (ebd., S. 66). Die Ideale stehen im Vordergrund und dieses Gefühl entsteht auch beim Hören von Rebekkas Erzählung.

Die *Rekonstruktion als Heldin* dient der *Selbstwertsteigerung*. Sich als Held zu erleben ist besonders für Funktionshäftlinge, die in der Gesellschaft einen schlechten Ruf haben, eine Möglichkeit, sich als moralisch zu empfinden und läßt sich als eine gelungene Bewältigungsform sehen. »Ohne die rühmende Erzählung ist der Held kein Held mehr« sagt Todorov (ebd., S. 55). Dies ist auch Rebekkas Erzählmotivation (»ich habe eine interessante Geschichte«). In der Rekonstruktion ihrer Geschichte präsentiert sich Rebekka mir gegenüber als eine gute Leiterin und die Heldin der Situation. Sie hat schon längst die Blumen verdient.

Zwischen positiven und negativen Pflichten als Judenratsleiterin
Es sind zwei Moralkategorien, an denen sich Rebekka bei der Rekonstruktion ihrer Judenratstätigkeit orientiert. Die erste Moralkategorie umfaßt die positiven Pflichten, bzw. die moralische Regel ›anderen zu helfen‹. Die zweite beinhaltet die negativen Pflichten, bzw. die moralische Regel ›anderen nicht zu schaden‹. Rebekka thematisiert die positiven Pflichten, während sie die negativen Pflichten nicht thematisiert. Man könnte sich an dieser Stelle fragen: beinhalten die positiven Pflichten nicht auch die negativen? Drei Argumente sprechen für die Trennung der beiden Moralprinzipien. Kant ging davon aus, daß negative Pflichten immer Vorrang vor den positiven haben. Eine Person könne nie allen Menschen helfen, nie ihr Stück Brot mit allen Häftlingsfrauen teilen. Die positiven Pflichten lassen sich somit unmöglich gegenüber allen Menschen erfüllen, sondern nur gegenüber einigen wenigen. Dies ist anders bei den negativen Pflichten, die sich gegenüber allen Menschen gleichzeitig einhalten lassen. Es lassen sich Schädigungen gegenüber allen Häftlingen vermeiden, indem man *kein* Brot stiehlt, *niemanden* schlägt oder denunziert usw. Die negativen Pflichten sind auch wichtiger, denn »es scheint schlimmer, verletzt zu werden, als daß einem nicht geholfen wird« (Tugendhat 1993, S. 332). Dazu kann man zur selben Zeit einer Person sowohl helfen als auch

schaden. Die Unterscheidung zwischen ›helfen‹ und ›nicht schaden‹ ist sinnvoll. Rebekka spaltet die beiden, bzw. läßt eine Seite einfach weg. Und zwar die Seite, die zu ihrer subjektiven Moralphilosophie nicht paßt. Auch wenn Rebekka niemandem schaden wollte, so wird sie dies nicht immer verhindert haben können, was von ihr jedoch nicht akzeptiert werden kann. Dies würde erklären, warum Rebekka die Hilfe für andere so überbetont.

Wenn wir dies alles in Betracht ziehen, können wir die folgende Annahme formulieren: Rebekkas Erzählmuster ist für ihr moralisches Selbstbild günstig. Sie erzählt, was zu ihrer subjektiven Moralphilosophie paßt und läßt aus, was ihr unpassend zu sein scheint. Hier stellt sich die Frage, ob Rebekka ihrer eigenen subjektiven Moralphilosophie immer gerecht werden konnte oder ob sie wählt, nur die Geschichten zu erzählen, in denen sie nach ihrer subjektiven Moralphilosophie handelte. Daraus läßt sich die Annahme formulieren: Wenn Rebekka ihrer subjektiver Moralphilosophie in bestimmten Situationen nicht gerecht werden konnte, so können wir bei ihr Korrekturstrategien erwarten. Die erste dieser Korrekturen könnte bereits die Dethematisierung bzw. Nicht-Thematisierung der »negativen Pflichten« bzw. der möglichen Schäden sein.

Wissen über die Vernichtung als Judenratsleiterin?
Nach der Erzählung über den Judenrat wechselt Rebekka zu der Erzählung über das ungarische Arbeitslager, in das sie nach Auflösung des Ghettos geschickt wurde, und sagt:

> »Wir haben noch nicht gewußt, daß Auschwitz existiert, weil es uns nicht erzählt wurde. Das heißt, es kamen Polen und sagten uns: ›Juden, ihr müßt wissen: Auschwitz existiert und man tötet die Juden. Man kehrt nicht zurück. Wer fliehen kann, soll fliehen‹. Niemand hat ihnen geglaubt.«

Es ist nicht Unwissen, das Rebekka hier beschreibt, sondern die damalige Unmöglichkeit, trotz des Vorwissens an eine solch grausame Realität wie Auschwitz zu glauben, da eine solche Realität nie zuvor existiert hat.

Wenn eine Person unwissend handelt, dann ist sie für die Folgen ihrer Tat moralisch nicht verantwortlich; d. h. bei unvorhersehbaren Folgen trägt die Person keine Verantwortung, auch wenn die Folgen ihrer Handlung unmoralisch sind. Rebekka erweitert diese moralische Regel durch den plausiblen Unglauben an Auschwitz wider besseres Wissen. Sokrates sagt, daß Menschen nicht mit Absicht unmoralisch handeln, sondern nur aus Unwissen. Rebekka argumentiert hier mit Sokrates und behauptet indirekt, daß, hätte sie das Wissen bzw. den Glauben an das ihr Mitgeteilte gehabt, sie anders gehandelt hätte. Das heißt, wir beurteilen hier nur die Absicht der Person und nicht das Ergebnis der Handlung (Tugendhat 1993). Für Rebekka ist es heute eine ganz wichtige Erklärung ihres damaligen Handelns – als Privatperson und als Judenratsleiterin.

Alle Aspekte der Deportation, die mit dem Judenrat zusammenhängen könnten, werden von Rebekka umgangen. Auch die Erzählung über den Unglauben an Auschwitz wird von Rebekka in einer allgemeinen und unpersönlichen Form geschildert (»niemand hat ihnen geglaubt«). Sie beschreibt das Geschehen als unbeteiligte Beobachterin, nicht als eine aktiv handelnde Person oder Judenratsleiterin, wie wir sie bisher kennengelernt haben. Ob Rebekka als Judenratsleiterin an der Weitergabe der Transportlisten an die Deutschen beteiligt war, erfahren wir hier nicht. Hätte ich nicht im nachhinein erfahren, daß die Judenräte am Schreiben der Transportlisten beteiligt gewesen waren, wäre ich gar nicht auf die Idee gekommen, Rebekkas eher allgemein gehaltene Geschichten über die Transporte mit ihren eigenen Handlungen zu verknüpfen. Vermutlich überreichte Rebekka den Deutschen im Rahmen ihrer Funktionstätigkeit die Liste der Einwohner, unter denen sie sich selber befand.

Der damalige Unglauben führt Rebekka zur Entscheidung, freiwillig nach Auschwitz zu gehen, obwohl sie dies als Judenratsleiterin hätte vermeiden können, wie im folgenden deutlich wird. In der »Enzyklopädie des Holocaust« steht:

> »Historiker betonen, daß die Judenratsmitglieder in Ungarn ihre Gemeinden nicht warnten, obwohl sie selbst sehr wohl wußten, was mit den Juden in anderen Ländern unter deutscher Besetzung geschehen war. [...] Den Mitgliedern des Judenrats wurde deshalb auch Versagen vorgeworfen.« (Gutman 1995, S. 698)

Rebekka hätte im Gespräch das Überreichen der Listen durch ihr Unwissen begründen können, aber sie wählt, das Thema der Transportlisten gar nicht anzusprechen. Vielleicht weil sie diese Handlung trotz des damaligen Unglaubens im nachhinein selbst nicht gut findet. Es kommt hier wieder zu einer Dethematisierung von möglichen Schäden für andere Juden. Aus der heutigen Perspektive hilft Rebekka das Unwissen und das Absichtsprinzip als moralische Orientierung im Zusammenhang mit ihren Handlungen als Judenratsleiterin.

Vorteile durch die Arbeit im Judenrat
In der dritten und siebten Stunde des Interviews erzählt Rebekka von dem Angebot, mit dem Kasztnerzug[9] Ungarn im Juni 1944 zu verlassen, »weil ich

im Judenrat war«. Dies ist das erste und einzige Privileg, das Rebekka als Mitglied des Judenrats erwähnt. Sie nimmt es aber nicht in Anspruch. Der Grund dafür ist die Loyalität zu ihrer Familie. Sie fragt, wieviele Leute sie mitnehmen darf. Da sie niemanden mitnehmen darf, lehnt sie das Angebot deshalb. Rebekka erwähnt den abgelehnten Vorteil, als sie ihre Loyalität zu ihrer Familie beschreiben möchte. Wegen ihrer Loyalität zu ihnen und trotz der Fluchtmöglichkeit entscheidet sie sich dafür, nach Auschwitz zu gehen: »So kamen wir nach Auschwitz. Ich bin zurückgekommen und sie sind alle geblieben.« Rebekka teilt das Schicksal der meisten Juden und nicht das der privilegierten. Sie weiß, daß auf sie in Auschwitz nichts Gutes wartet, aber sie glaubt nicht, daß sie in den Tod fährt. Somit wußte sie damals wahrscheinlich auch nicht, daß es für die auf den Listen eingetragenen Juden eine Fahrt in den Tod war.

Rebekka präsentiert mit dieser Beschreibung ihre heutige moralische Perspektive: ›ich bin mit ihnen nach Auschwitz gegangen, obwohl ich fliehen konnte. Ich ging in die Gefahr hinein genau wie sie‹. »Ich bin zurückgekommen«, ›nicht wegen meiner Tätigkeit, sondern unabhängig von meiner Tätigkeit‹. Schuldgefühle hätten wir bei Rebekka dann erwarten können, wenn sie ihre Familie verlassen hätte, um sich selbst zu retten. Denn nach ihrer subjektiven Moralphilosophie ist die Loyalität zur Familie, der Zusammenhalt, wichtig. Sie handelt nach ihrer eigenen subjektiven Moralphilosophie und kann ohne Schuldgefühle sagen: »Ich bin zurückgekommen.«

Wie steht die Gesellschaft – aus Rebekkas Sicht – zu der Judenratstätigkeit?
Ihre positive Deutung der Tätigkeit im Judenrat überträgt Rebekka auch auf die Gesellschaft, in der sie nach der Shoah lebt. Eine symbolische Erzählung für die positive Einstellung der Gesellschaft zu Rebekkas Tätigkeit im Judenrat findet sich in der Geschichte über Rebekkas Arbeitsuche in Israel. Bei der Bewerbung für eine Arbeit in einer Näherei benötigt Rebekka eine Empfehlung. Ein Arzt, der Rebekka noch aus Ungarn kennt, empfiehlt, Rebekka zu beschäftigen: »Sie war im Judenrat. Nimm sie«. Rebekka bekommt die Arbeit. Von allem, was dieser Arzt über Rebekka gesagt hat, benennt Rebekka ihre Tätigkeit im Judenrat als den wichtigsten Teil der Empfehlung. Damit thematisiert Rebekka im Zusammenhang mit ihrer Judenratstätigkeit nur die positive Bewertung durch die Gesellschaft.

Kapo: »Ich war Kapo und auch Aufseherin und auch Blockova

und auch Blockälteste«[10]
Das ungarische Arbeitslager wird aufgelöst, und Rebekka wird Anfang Juli 1944 nach Auschwitz deportiert. Kurz darauf wird sie in ein Arbeitslager in Deutschland weiter deportiert, wo sie Kapo wird. In der ersten Stunde in Auschwitz erlebt und überlebt Rebekka die erste Selektion und erfährt die schwarze Wahrheit. Während der Selektion weigert sich Rebekka, sich von der Familie ihres Mannes zu trennen. Erst als Mengele sie direkt mit seiner Waffe bedroht und nachdem er ihr das Versprechen gibt, daß sie ihre Familie in einer halben Stunde wiedersehen wird, ist sie bereit, ihre Reihe zu verlassen.

>»Mengele kommt, nimmt mich aus dieser Reihe raus und sagt: Du gehst dorthin. Ich will mit der Familie bleiben. Er sagte: Du hast gehört. Du gehst hin, Du Verfluchte. Du gehst hin. Er nahm seinen Revolver raus. Ich sah den Revolver und er hat geschrien. Dann habe ich gesagt: wann werde ich sie sehen? Ich habe auf Deutsch gefragt. Noch eine halbe Stunde. Aber jetzt renn. Dann habe ich irgendwo eine Gruppe gesehen. Ich rannte hinter ihnen, bis ich drin war« [in der Dusche].

Einige Minuten später – in der Desinfektionsdusche – erfährt Rebekka von einer älteren Häftlingsfrau, daß der Rauch aus dem Krematorium die Erfüllung des Versprechens sei. Erst verflucht sie die ältere Häftlingsfrau als böse Lügnerin, aber das Unglaubliche wird zur grausamen Wirklichkeit. Die Diskussion mit Mengele verdeutlicht erneut Rebekkas Mut und Loyalität zu ihrer Familie. Die Geschichte und wie sie erzählt wird, läßt sich als eine Bewältigungsstrategie betrachten, die ich *Heldentum in Auschwitz* nennen möchte. Rebekka bleibt ihrer subjektiven Moralphilosophie in Auschwitz treu: loyal und mutig bis zuletzt. Sie trennt sich erst von ihrer Familie, nachdem sie von Mengele angelogen wird.

Im August 1944 wird Rebekka mit weiteren ungarischen Frauen in das deutsche Arbeitslager deportiert. Die Beschreibung ihrer Tätigkeit als Blockälteste (Blockova, Kapo) beginnt sie chronologisch und spricht dabei verschiedene Aspekte ihrer Funktionstätigkeit in zwölf Erzählungen an. Diese Geschichten repräsentieren ihr Selbstverständnis als Kapo sowie ihre Bewältigungsstrategien im Umgang mit der Funktionstätigkeit und ihren Moraldilemmata.

Beginn der Kapotätigkeit

>»Ich war Blockova. Die Mädchen wollten mich als Blockova. Die Arbeit der Blockova war das Aufpassen auf ihren Block. Wir bekamen das Essen zusammen. Das Essen war hier zum Teil ein wenig besser. Das Essen zu verteilen, sowie die Kranken zu versorgen

und die Sauberkeit im Block zu halten, war ein Teil der Aufgabe. [...] Aber was, manchmal bekam ich eine Liste, wer zum Arbeiten geschickt werden soll. Es gab unter ihnen Kranke. Dann habe ich, was verboten war, statt Kranker Gesunde hingeschickt... Ich dachte, wenn sie zur Arbeit gehen werden, dann werden sie noch kränker.«

Die erste Erzählung über die Tätigkeit als Blockova stellt eine Wiederholung des Erzählmusters über die Tätigkeit im Judenrat dar. Rebekka betont, daß ihre Wahl als Blockova von anderen gewünscht wurde. Dann wird die Tätigkeit positiv für die Mithäftlinge beschrieben (Essen verteilen, Sauberkeit) und zuletzt wird eine moralische Heldentat erzählt: Es wird den kranken Häftlingsfrauen geholfen, obwohl dies verboten und gefährlich für Rebekka war. Die Macht als Kapo wird moralisch eingesetzt.

Beziehung zu den deutschen Aufseherinnen

Als nächstes thematisiert Rebekka ihre Konflikte mit den deutschen Aufseherinnen im Zusammenhang mit ihrer Tätigkeit als Blockälteste:

»Und es gab deutsche Aufseherinnen. Deutsche, die schauen sollten, daß wir die Arbeit machen, die wir als Blockova zu tun hatten. Jede Nacht, jeden Abend kamen sie, um die Zimmer zu besichtigen, um Probleme zu machen. Und wenn es eine kleine Sache gab, dann mußten alle aufstehen und im Zählappell stehen. Das war eine Strafe nach zehn Stunden Arbeit... Sie suchten die ganze Zeit Gründe für eine Bestrafung. Denn die Blockovas sollten alles so tun, daß es in Ordnung sein wird. Wir wußten, daß sie um 23 Uhr kommen, um zu schauen. Wir mußten deshalb durch den Block gehen und alles aufheben, was auf dem Fußboden lag. So daß sie nichts sehen werden und so daß eine Strafe vermieden wird.«

Einmal will eine deutsche Aufseherin Rebekkas »Mädchen« (so nennt Rebekka die jüdischen Frauen, für die sie zuständig ist) bestrafen. Nach der langen Arbeit sollen die »Mädchen« nochmals im Zählappell stehen. Rebekka erklärt sich bereit, stellvertretend für die Mädchen im Zählappell zu stehen, wofür sie von der Aufseherin doppelt bestraft wird. Der Zählappell findet nicht statt, aber Rebekka muß dafür zwei Stunden lang Steine hochhalten, während ihre Mithäftlinge zuschauen müssen. Wenig später erzählt Rebekka, wie sie brutal von einer Aufseherin geschlagen, fast getötet wird, als sie versucht, eine ältere jüdische Frau aus ihrer Gruppe zu schützen. Rebekka sagt zu der Aufseherin: »Wie können sie eine ältere Frau so stark schlagen? Haben Sie keine Mutter?« Dieser Satz beinhaltet einen moralischen Vorwurf an die deutsche Aufseherin: ›Schämen Sie sich nicht‹, fragt Rebekka die deutsche Aufseherin damit. Die Aufseherin schlägt Rebekka daraufhin fast bis zur Bewußtlosigkeit: »Du schmutzige Jüdin, wie traust du dich, den Namen meiner Mutter in deinen Mund zu nehmen.« »Ich dachte, daß ich dort sterbe. Das war auch eine der netten Sachen.«

Den drei Geschichten ist gemeinsam, daß Rebekka als Blockova die jüdischen Häftlingsfrauen, ihre Mädchen, schützt und wegen ihrer moralischen Eingriffe in Lebensgefahr gerät. Durch sorgfältige Ordnung im Block schützt sie die Mädchen vor den Strafen der deutschen Aufseherinnen, die immer »Probleme machen« wollen. Als Blockova ist Rebekka eigentlich vor den Zählappellen und den Schlägen der Aufseherinnen geschützt, aber sie bringt sich freiwillig in Situationen, in denen dies nicht mehr der Fall ist, weil sie sich für ihre Mithäftlinge einsetzt. Als Blockova könnte sie die Augen vor Ungerechtigkeiten schließen und bestimmten physischen Gefahren leichter entgehen. Sie tut dies aber nicht.

Es werden von Rebekka hier zwei Personengruppen mit unterschiedlicher Moral dargestellt. Sie thematisiert einerseits die Beziehung der deutschen Aufseherinnen zu ihr und andererseits ihre eigene Beziehung zu den jüdischen Häftlingsfrauen. Rebekka ist in ihrer Funktion als Blockova den deutschen Aufseherinnen direkt unterstellt: Die Deutschen sind absolut böse, unmoralisch und unmenschlich gegenüber ihren Untergebenen. Die Juden unter sich sind die zweite Gruppe, die sich moralisch zu verhalten versucht, bzw. Rebekka verhält sich zu ihren Mädchen moralisch. Sie setzt sich für sie ein und schützt sie. In einem unmoralischen System, das von den Deutschen geführt wird, rekonstruiert sich Rebekka – wie im Judenrat – auch hier als eine gute, moralische und heldenhafte Chefin.

Beziehung zu den Häftlingsfrauen
Die Aufgaben und die Sonderrechte der Kapos konnten zu Spannungen und Konflikten zwischen diesen und ihren Häftlingen führen. Aber Konflikte zwischen Rebekka und den Frauen in ihrem Block werden von ihr mit Ausnahme der folgenden Stelle nicht angesprochen. In bestimmten Blocks, berichtet Rebekka, gaben die Blockovas ihren Freunden und Verwandten mehr Nahrung als den anderen. Eine Gruppe von Frauen aus Rebekkas Stadt in Ungarn kommt zu Rebekka und wirft ihr vor:

> »Warum gibst du uns nicht mehr, wie die andere Blockova es macht. Dann habe ich geantwortet: Auch die aus den anderen Orten wollen am Leben bleiben. Wenn ich von ihnen ein bißchen stehle, dann stehle ich von ihrem Leben. Wie könnt ihr darum bitten, daß ich euch mehr gebe, wie die andere es tut. Ich sagte ihnen, schau mal: ich weiß nicht, was die andere macht. Ich mache so was nicht... Ich kann auch soviel für mich nehmen, wie ich will. Ihr wißt nicht, was ich mache. Aber was? Ich nehme mir nicht und ich nehme euch nichts weg. Es gibt so was nicht. Wenn sie arbeiten gingen, sagte man: die Mädchen aus Block fünf haben am meisten Essen, weil ich niemanden bestohlen habe.«

Rebekka spricht hier auf der Metaebene über die Moral. Sie betont ihre

Entscheidungsfreiheit: Sie kann stehlen, tut es aber nicht; sie kann einige bevorzugen, tut es aber im Namen der Gerechtigkeit nicht. Damit betont Rebekka, daß sie keine Vorteile durch ihre Tätigkeit hatte und auch nicht amoralisch handelte, um sie zu haben. In der extremen Zeit der Shoah denkt sie nicht allein an ihr eigenes Wohl, sondern an das Wohl aller ihrer Häftlingsfrauen.

Nach den Regeln des »common sense« können wir annehmen, daß wir sowohl aus egoistischen als auch aus altruistischen Motiven handeln, obwohl die beiden Handlungsmotivationen die entgegengesetzten Pole eines Spektrums verkörpern. Nach der philosophischen Position des »Ethical Egoism« handeln wir allein aus egoistischen Motiven (Bond 1996). Rebekka jedoch widerlegt diese Hypothese. Obwohl ihr Magen wie der der anderen knurrt, und obwohl sie reale Möglichkeiten hat, ihren Hunger zu stillen, verteilt sie das Brot in gerechter Form und gibt der Versuchung nicht nach.

Ich kehre zu Rebekkas Erzählung zurück. Mit anderen Blockovas organisiert Rebekka die Möglichkeit, an den Sonntagen Theater zu spielen, was sie mehrmals stolz erwähnt. Sie sammelt auch Milch für die Kranken, indem sie »von jedem um einen Löffel Milch« bat. In sehr schönen und rührenden Erzählungen beschreibt Rebekka ihr Umgehen mit ihren Mädchen im Block, als diese selber moralische Konflikte haben.

»Und mein Block war die ganze Zeit sehr voll. Ich hatte ein Zimmer mit sehr religiösen Mädchen. Sehr, sehr religiöse Mädchen, die gebetet haben und kein Fleisch essen wollten. Stell dir das vor. Es gab zwei Schwestern und ich habe gesehen, daß sie fast nichts essen. Sie waren schon ganz mager wie eine Mumie. Dann ging ich zu ihnen und fragte: Sagt mir, eßt ihr kein Fleisch? ›Nein es ist nicht koscher‹. Ich sagte: Aber Chevre [Leute]: man muß am Leben bleiben [hebt die Stimme wie eine Lehrerin]. Ihr wißt, wer krank ist, darf sogar am Yom Kippur [Versöhnungstag] essen, damit er am Leben bleibt. Ich übernehme die Verantwortung gegenüber Gott, daß wenn ihr dafür eine Strafe bekommen werdet, dann wird die Strafe auf mich übertragen. Aber ich als eure Blockova will, daß ihr jetzt neben mir essen werdet, was es zu essen gibt. Nein [antworten sie]. Ich sagte, meine Lieben, es ist auf meinem Gewissen. Ich werde die ganze Strafe übernehmen. Dann fingen sie an, zu essen. Plötzlich sehe ich, daß sie weinen. Ich sagte, warum weint ihr. Dann sagten sie: auf Jiddisch, aber ich sage es auf Hebräisch, wenn man schon Schwein ißt, soll es so sein, aber daß es auch schmeckt. Dies ist schon eine Gemeinheit.« [Ich lache und bitte Rebekka mir es auf Jiddisch zu sagen]. »Wenn man ißt Treife, meile, aber de Treife ist noch gut, man esse es mit Taanug [Vergnügen]. Das ist schon eine greiße, greiße Nevele [Schande].«

Rebekka fühlt sich in ihrem Block auch für moralische Regelungen verantwortlich und versucht, ihren Häftlingsfrauen zu helfen, moralische Regelungen für sich zu finden. Ganz im rabbinischen Sinne verlangt Rebekka von ihren Mädchen, sich auch von dem nicht koscheren Essen zu ernähren, um zu überleben. Die Gewissensfrage, »die Verantwortung gegenüber Gott«, übernimmt sie für die zwei Schwestern und kann so ihr Leben retten. Rebekka spricht hier als religiöse Frau. Von allen Funktionshäftlingen, die ich interviewt habe, blieb Rebekka als einzige während und nach der Shoah gläubig. Ihr dienen Gott und der Talmud als moralische Orientierung.

Der Talmud läßt sich als ein Diskussionsraum betrachten, in dem Probleme aller Art, die mit der hebräischen Bibel und dem Judentum zusammenhängen, behandelt werden. Damit werden oft auch Moraldilemmata diskutiert, denn keiner kann alle 613 Vorschriften der Thora gleichzeitig verfolgen. Sind alle Vorschriften (Mitzvot) der Thora gleichwertig? Wann darf man eines der 365 Verbote und 248 Gebote zu Gunsten eines anderen wegfallen lassen? Der Talmud dient genau dazu, Widersprüche zwischen zwei Geboten oder Verboten miteinander zu versöhnen. Die Lösung ist oft die Erstellung von Hierarchien von Moralprinzipien. So wird der Konflikt zwischen Sabbathruhe und der Rettung des eigenen Lebens diskutiert: »Wenn der Dieb beim Einbruch getroffen wird, bei diesem ist es je zweifelhaft, ob er [nur] des Geldes wegen kommt oder [auch] auf das Leben geht [...]. Um wieviel mehr verdrängt die Lebensrettung den Sabbath« (Der babylonische Talmud. Joma 85a).[11] Es wird dann eine Moralhierarchie gebraucht. Die Lebensrettung verdrängt den Sabbat, denn »die Thora sagt: will jemand dich töten, so komme ihm zuvor und töte ihn« (Ebd. Joma 85b). In vielen Fällen solcher Moralkonflikte kommt der Talmud der Person entgegen und diskutiert viele Ausnahmen, bei denen Regelverletzungen erlaubt und sogar gefordert werden. Damit können wir den Talmud als ein Buch sehen, das sich leidenschaftlich und intensiv mit Moraldilemmata beschäftigt.

Rebekka übersetzt dieses Prinzip in die dunkle Periode des Holocaust. Die Lösung für das Moraldilemma ›koscher essen oder überleben‹ findet sie, indem sie wie im Talmud eine Hierarchie von Moralprinzipien erstellt. Man soll koscher essen, aber wenn dies den Tod bedeutet, dann soll man erst das eigene Leben retten. Die Parallele dazu ist eine Regelung zu Yom-Kippur, an dem Kranke ihr Fasten unterbrechen müssen, um Lebensgefahr zu vermeiden. Rebekka überträgt diese alltägliche religiöse Regel auf die Realität der Shoahzeit. Ihr Großvater sagte ihr: »Weißt du, in der Gemara steht alles geschrieben, was man wissen soll. Man muß nur lesen können.« Oder, wie Rebekka in dieser Situation, nur übertragen können.

Schlechtes Gewissen vermeiden

Auch in der Geschichte, die Rebekka anschließend erzählt, löst sie Moralkonflikte in ihrem Block, bzw. schlichtet und greift im rabbinischen Sinne ein, als eine Tochter aus ihrem Block ihrer eigenen Mutter Essen wegnimmt. Auch hier verknüpft Rebekka die moralische Aufgabe, die sie auf sich nimmt, mit ihrer Funktionstätigkeit. Interessant sind hier die Argumente, die Rebekka als Motivation für Moralhandlungen nennt:

> »Ich habe gesehen, daß eine Mutter immer dünner wird, obwohl sie die gleiche Menge an Essen bekommt und obwohl ich sie nicht zur Arbeit geschickt habe. Was ist passiert? Plötzlich höre ich eines Tages, daß die Tochter der Mutter sagt: Mutter, du bist schon alt. Ich bin noch jung. Ich muß am Leben bleiben und nahm ihrer Mutter fast das ganze Essen weg. Ich sagte erstmal nichts. Später sagte ich der Mutter: du kommst ab jetzt immer bei mir essen. Dein Essen ist bei mir und du kommst zu mir und ißt neben mir. Der Tochter habe ich gesagt: Du ißt ab heute das Essen deiner Mutter nicht. Was heißt es, Mutter ist alt? Und wenn wir morgen nach Hause gehen? Mit welchem Gewissen wirst du leben, weil deine Mutter an Hunger starb? Du wirst nie im Leben glücklich sein. Hier denkst du, daß so was möglich ist. Aber wir kehren zurück. Ich hoffe. Angenommen wir kehren zurück. Oder wenn wir nicht zurückkehren, wenn wir alle am Ende sind: welches Gewissen wirst du haben, daß du deiner Mutter das angetan hast? Deine Mutter ißt bei mir.«

Warum verhält man sich moralisch oder amoralisch? Weil man kein schlechtes Gewissen haben will, antwortet Rebekka. Kein schlechtes Gewissen nach der Shoah, nach dem Zurückkehren und kein schlechtes Gewissen, auch wenn man nur noch eine kurze Zeit zu leben hat. Es geht Rebekka darum, in ihren eigenen Augen moralisch zu sein. Die moralische Motivation ist hier intern: moralisch *vor sich selbst*, nach der eigenen subjektiven Moralphilosophie. Also kein ›psychological egoism‹, denn schon im fünften Buch Moses (8,3) steht: »Nicht vom Brot allein lebt der Mensch.« Nicht die physischen Bedürfnisse allein bestimmen das Verhalten, auch die Moral. Damit läßt sich auch Maslows Motivations- und Bedürfnishierarchie (1977) in Frage stellen: Nicht erst das Stillen des Hungers und dann die Moral, sagt Rebekka damit. Die Motivation moralischen Verhaltens erklärt Rebekka hier ähnlich wie Tugendhat (1993) oder die Psychoanalyse: mit dem Wunsch, ein schlechtes Gewissen zu vermeiden. Die Angst vor der inneren Sanktion ist hier entscheidend.

Rebekka thematisiert mit dieser Geschichte moralische Verletzungen unter den Häftlingen und selbst innerhalb einer Familie. »Aber meistens waren meine Mädchen nicht so schlecht«, sagt Rebekka am Ende dieser Erzählung. Ich sage dann zu Rebekka:

I: »Du hast versucht ein Stück Gerechtigkeit an diesem Ort zu bewahren.«
R: »Es war notwendig. Es war notwendig. Du weißt es. Es gibt es nicht oft. Es ist wie

Kapo. Ich war Kapo und auch Aufseherin und auch Blockova und auch Blockälteste. Und alles habe ich gemacht [spricht ganz aufgeregt].«

Rebekkas Wunsch und Wille, unter allen Bedingungen moralisch zu handeln, beeindruckte mich. Eine Kapofrau, die zugleich eine moralische Instanz in ihrem Block ist. Es war mein erstes Interview mit einer Kapofrau und während des Gesprächs mit Rebekka gewann ich einen Eindruck, der nicht zu dem negativen, amoralischen Bild paßte, das ich –wenn auch in einer sehr diffusen Weise – zuvor von Kapos hatte. Rebekka verknüpft meine Bemerkung über ihren Versuch, Gerechtigkeit zu bewahren, mit ihrer Tätigkeit als Kapo und nicht mit ihren Handlungen als Individuum während der Shoah (»Es war notwendig... Ich war Kapo«). Rebekkas Stolz ist groß. »Es gibt es nicht oft«, prahlt sie und benutzt geradezu übertrieben vier Bezeichnungen, um ihre Funktionstätigkeit zu beschreiben: Kapo, Aufseherin, Blockova und Blockälteste. Drei von ihnen sind identisch, wie ich oben schon erwähnt habe: Rebekka war Blockälteste, Blockova war hierfür der polnische Begriff und die Blockältesten wurden auch Kapos genannt. Aufseherinnen waren die deutschen Wächterinnen (Langbein 1980a), aber im Lager oder von Rebekka selbst wird dieser Begriff umgangssprachlich verwechselt und auf die jüdischen Funktionshäftlinge übertragen. Vielleicht will mich Rebekka durch diese Aufzählung aufklären. Rebekka ist nicht auf die Kapotätigkeit stolz, sondern auf *die moralische Art, wie sie diese Tätigkeit erfüllt hat.*

Die anderen »jüdischen Aufseherinnen«:
Sie haben unter ihr bis zum Tode gelitten
Anschließend beschreibt Rebekka zwei aus ihrer Sicht schlechte »jüdische Aufseherinnen« und geht ausführlich auf die Blockälteste ihrer Schwester und die Blockälteste aus dem Block nebenan ein, die ihre Mithäftlinge schlugen. Die Kapos hatten das Recht, ihre Mithäftlinge zu schlagen und auch zu töten (ebd., S. 27). Beim Zählappell war es nur wichtig, daß die Zahl der lebenden Häftlinge und der Toten von den jüdischen Kapos an die deutschen Aufseher genau weitergegeben wurde.

> »Die Tochter unserer Nachbarn, die immer von meinem Vater Geld für ihr Geschäft bekamen, sie war die Aufseherin meiner Schwester. Und sie hat meine Schwester und ihre Freundinnen geschlagen und sie kamen aus dem gleichen Ort, aus der gleichen Stadt! Sie haben unter ihr bis zum Tode gelitten. Nicht Leben war es, Tod. Als alle zurückkehrten – nicht alle, aber wer zurückgekommen ist – haben sie sie gesucht. Sie floh bis nach Brasilien, damit man sie nicht erwischen wird, weil man sie töten wollte.«

Auch die zweite »jüdische Aufseherin« flieht bis heute vor ihren damaligen

Häftlingen während ihrer Besuche in Israel. Rebekka thematisiert hier die unmoralischen Handlungen der jüdischen Kapos und ihren schlechten Ruf unter den anderen überlebenden Häftlingsfrauen. Ihr Leben in Israel wird damit zu einem ›moralischen Zeugnis‹ für sie. Im Gegensatz zu den verfolgten, schlechten Kapos, kann sie sich das Leben an jenem Ort leisten. Auch an einer späteren Stelle zeigt Rebekka kein Verständnis für das Schlagen von Häftlingen durch Kapos:

> »Und jeder hatte eine Ausrede, daß man mir drei Kinder nahm, die gestorben sind. Die zweite sagt: man hat mich geschlagen. Ich sagte gut, dafür wirst du unsere Nachbarin schlagen [...] Und wenn man mir sagt, du mußt sie verstehen, dann sage ich: ich verstehe sie nicht.«

Ein Unrecht legitimiert kein neues Unrecht, sagt Rebekka damit. Dies ist ein wichtiges Moralprinzip. Rebekka identifizierte sich nicht mit den anderen Judenratsmitgliedern, und auch von anderen Kapofrauen distanziert sie sich deutlich.

Rebekkas Sicht (»Solche hat es auch gegeben«) läßt sich einerseits als eine differenzierte Sicht betrachten: nicht alle Kapos waren gut, nicht alle schlecht. Aber kann es nicht sein, daß es vielleicht Kapos gab, die sowohl gut als auch schlecht waren? Dies jedenfalls sagt Rebekka nicht über sich und nicht über andere: das Bild ist schwarzweiß. Erst der nächste Absatz führt uns zu den moralischen Schwierigkeiten, die Rebekka als jüdische Kapo-Frau hatte.

Der Kampf um die Moral während der Kapotätigkeit: Leben oder Moral?
»Denn es ist kein Mensch so gerecht auf Erden, daß er nur Gutes tue und nicht sündige«, steht in der hebräischen Bibel (Der Prediger Salomo, 7, 20). Dieser Spruch thematisiert die Unmöglichkeit in einer absoluten Form, während des ganzen Lebens und ohne Ausnahmen immer moralisch zu handeln, was auch für die Shoahzeit gilt. Die Betonung des moralisch-gerechten Verhaltens wird jedoch während des ganzen Gesprächs mit Rebekka immer wieder deutlich. Hat Rebekka nach ihrem eigenen Empfinden nie unmoralisch gehandelt oder kann sie sich und anderen solche Momente nicht zugestehen? Wußte Rebekka für sich immer, was richtig oder falsch war?

Ich widme mich jetzt den Konflikten, die Rebekka mit ihrer Funktion hatte. Denn erst nachdem ich im Interview Rebekkas Bemühen um Gerechtigkeit anspreche und nachdem sie über die schlechten jüdischen Aufseherinnen erzählt, spricht sie diese Konflikte, wenn auch eher indirekt, an. Das Thema des folgenden Abschnitts ist ›Leben oder Moral‹. Die Stelle ist relativ schwer zu lesen, denn Rebekka ist aufgeregt, spricht schnell und vergißt, daß das Aufnahmegerät da ist.

[1] »Also solche hat es auch gegeben...
[2] Die Menschlichkeit des Menschen, ich weiß es nicht, die Lage hat ihm viel von ihr weggenommen.
[3] Ein Mensch in solch einem Ort zu sein, das ist am schwierigsten.
[4] Das Gebet mußte die ganze Zeit sein: Gott hilf mir, daß ich bleibe. Damals war dies mein Gebet jeden Abend. Es gab kein anderes Gebet.
[5] Daß ich ein Mensch bleiben werde. Wenn ich kein Mensch mehr sein kann, brauche ich schon nicht am Leben zu sein.
[6] Wenn du hier in einem Dienst und dort in einer Funktion bist. Das ist sehr leicht in einer Funktion zu sein.
[7] Eine Funktion an so einem Ort, wo die Deutschen von dir verlangt haben, grausame Sachen zu machen. Und trotzdem das nicht zu tun und ein Mensch zu sein.
[8] Daß es nicht gegen die Menschen sein wird. Das ist nicht leicht.
[9] Und zusammen mit 1000 Frauen zu sein. Dann waren wir dort, wo das Lager war
[10] Ich habe vergessen, daß es dort ist [Rebekka zeigt auf das Aufnahmegerät]«.

»Solche hat es auch gegeben«, sagt Rebekka und meint die schlagenden jüdischen Aufseherinnen, über die sie zuvor sprach [1]. Dann versucht sie, die fehlende »Menschlichkeit« der jüdischen Aufseherinnen zu erklären. »Die Lage« ist für die fehlende Moral bei den anderen zuständig, sagt Rebekka und distanziert sich gleichzeitig von dieser Erklärung durch ihre Zwischenbemerkung »ich weiß es nicht« [2]. Die Sondersituation der Shoah – die Lebensgefahr, die Gesetzlosigkeit, der Hunger – bestimmte die Moral. »Ein Mensch in solch einem Ort zu sein, das ist am schwierigsten«, sagt Rebekka und spricht von dieser Stelle an über sich [3]. Die Situation bestimmt die Moral der anderen, Rebekka aber kämpft um ihre Moral. Der Kampf um die Moral (»Ein Mensch in solch einem Ort zu sein«) ist schwer, aber nicht unmöglich, schildert sie ihr Empfinden. Man kann den Kampf gewinnen. Nicht »die Lage« allein bestimmt die Moral, erklärt Rebekka mit diesem dritten Satz. Es sind zwei Moralpositionen, die sie hier anspricht: In Extremsituationen, wie der Shoah, stirbt die Moral (Arendt 1955) und in extremen Situationen, in Ausnahmesituationen, hat man noch größere moralische Verantwortung bzw. sollte man Kontrolle über die eigene Moral haben (Sartre 1989). Für sich nimmt Rebekka die zweite Position in Anspruch.

Den Kampf um ihre eigene Moral beschreibt Rebekka durch den Dialog mit Gott [4]. Das Gebet, der Ruf an Gott sind die Momente, in denen sie um Hilfe bittet. Die Not, die Dringlichkeit des Moralproblems ist sprachlich spürbar (»mußte die ganze Zeit«, »jeden Abend«). Sie kämpft die ganze Zeit um ihre Moral. Der Dialog mit Gott dient ihr als Hilfe in dem Kampf um ihre Moral: »Gott hilf mir, daß ich bleibe.« Sie meint aber nicht die physische Existenz. Sie will nicht lediglich am Leben bleiben, sondern verknüpft dies mit einer moralischen Bedingung: »Wenn ich kein Mensch mehr sein kann, brauche ich schon nicht am Leben zu sein.« Die Moral – »ein Mensch bleiben« ist für Rebekka wichtiger als das Leben. Dies ist eine Forderung an Gott und an sich. Rebekka sagte sich damit: ›Ich verdiene das Leben nur, wenn ich moralisch bin. Also Gott hilf mir, moralisch zu bleiben, damit ich am Leben bleiben kann‹. Dies ist die Haltung einer Heldin: Nicht Leben oder Moral heißt es bei Rebekka, sondern Leben nur mit Moral. Eine Heldin, die streng mit sich ist, die Gott in sich hat und entweder ihrer subjektiven Moralphilosophie immer gerecht werden oder Abweichungen von ihrer Moralphilosophie sehr gründlich korrigieren muß.

Gott und die Shoah
»Durch keinen menschlichen Angriff kann mir mein Gott in Frage gestellt werden«, sagte der jüdische Philosoph Herman Cohen (1916/17, S. 81). Hier fragte ich mich, wie Gott und die Shoah für Rebekka zusammenhängen. Denn als religiöse Frau und als einsame Heldin sucht Rebekka Hilfe bei Gott, jedoch nie bei ihren Mitmenschen. War die Shoah für Rebekka ein menschlicher Angriff im Auftrag Gottes? Waren die Deutschen die Vollstrecker von Gottes Wort? Bestimmte orthodoxe Gruppierungen glauben daran[12] und auch Rebekka formuliert die Shoah als die Strafe Gottes an einer späteren Stelle. Die Juden bekamen von Gott eine Strafe, immer wenn sie ihre Religion verlassen wollten, sagt Rebekka und gibt die Zerstörung des ersten und zweiten Tempels in Jerusalem sowie die Inquisition in Spanien als Beispiele. In Rebekkas Augen scheint Gott das Glück und Unglück der Juden zu sein: Es geht ihnen gut, solange sie glauben. Aber wenn die Juden »ihre Religion verlassen wollten, das Judentum, dann bekommt man den Schlag. *Aber dieser Schlag war ein bißchen zu viel*«, sagt Rebekka über den Holocaust. Der Schlag kommt, damit die Juden als Juden weiterleben, erklärt Rebekka den Sinn des Schlages: »Alle Menschen (Völker), die damals (vor Tausenden Jahren) lebten sind nicht mehr da, nur die Juden. Keiner, nur die Juden«. Ich frage Rebekka dann: »Wenn du sagst, daß es ein Schlag von Gott ist, und daß es ein wenig zu viel war, glaubst du, daß es für religiöse Leute leichter war, die Shoah (seelisch) zu überleben oder für Leute, die nicht geglaubt haben?« »Für die, die geglaubt haben, war es leichter«, antwortet Rebekka. Denn die Strafe bekommt nicht immer die Generation der Sünder, erklärt Rebekka mit dem nächsten Satz: »Es kann sein, daß der Großvater des Großvaters etwas gemacht hat, und ich leide.

Deshalb ist es leichter.« Rebekka leidet damit für die Sünden der anderen und kann deshalb weiterhin eine gute Beziehung zu Gott haben. Andererseits besitzt sie auch die Fähigkeit, Gott zu kritisieren, wenn er in ihren Augen ›übertreibt‹ (»Aber dieser Schlag war ein bißchen zu viel«) und hat damit starke Moralforderungen an sich und an Gott.

Rebekkas religiöse Erklärung der Shoah als Strafe Gottes lasse ich dahingestellt. Es geht mir bei Rebekkas Analyse nicht darum, ob Gott existiert und uns Juden alle 40 bis 400 Jahre ›begründet‹ oder ›übertrieben‹ bestraft, sondern um die Bedeutung der Religion für Rebekka. Mich interessiert die Idee der Religion aus der psychologischen Perspektive. Der Glaube an Gott ist eine bekannte Bewältigungsstrategie (Stone u. a. 1984). Inwieweit kann der Glaube bei der Bewältigung der Shoah eine Rolle spielen? Nach Feuerbach ist Gott nichts »an sich«, sondern ist das, »was der Mensch sein will«. Feuerbachs Position ist eine psychologische Position, denn es geht hier um das Selbstideal, das jede Religion für die Gläubigen bildet.

> »Wo der Mensch kein Wesen außer sich mehr hat, da setzt er sich in Gedanken ein Wesen. [...] Dieses Wesen ist Gott [...]. Diese Vorstellung ist ihm keine Vorstellung mehr, sondern [...] [wird] Realität. [...] So kommt der Gott nur aus dem Menschen. [...] Nur im Elend des Menschen hat Gott seine Geburtsstätte. [...] Gott ist was der Mensch sein will – sein eigenes Wesen, sein eigenes Ziel, vorgestellt als wirkliches Wesen«. (Feuerbach 1843/1959, § 29)

Der Glaube an Gott zeigt sich im Gesamtgespräch als Hilfe im Umgang mit dem eigenen Erleben und der Ermordung der Familie während der Shoah. Mit Gott ist Rebekka nicht allein; durch den Glauben an Gott leben ihre Familie, ihr Großvater weiter mit ihr. Mit Gott ist es »leichter«. Ohne Gott hat Rebekka keine Erklärung für die Vernichtung. Und nicht zuletzt ist Gott bei ihren Moralkonflikten, bei ihrem Wunsch, keinem zu schaden, ein innerer Partner. Wenn wir Gott als ein »Selbstideal« im Sinne von Feuerbach verstehen, dann will Rebekka ihrer subjektiven Moralphilosophie gerecht werden. Sie tut es, indem sie mit sich spricht. Dies sagt sie an einer späteren Stelle, in einem anderen Kontext, mit ähnlichen Worten: »Aber mir blieb die wichtigste Sache: daß du mit dir selbst sprechen kannst: bleib ein Mensch.«

»Grausame Sachen zu machen«
Wie bleibt man ein Mensch in der Situation, »wo die Deutschen von dir verlangt haben, grausame Sachen zu machen«? [7]. Eine Funktion zu haben, »ist sehr leicht«, sagte Rebekka zuvor [6] und meint vielleicht, daß es für sie nicht schwer ist, in einer Führungsposition zu sein. Aber Blockova bei den

Nazis ist keine neutrale Position. Sie verlangen das Grausame und Rebekka betont, daß sie dies nicht machen wollte: »und trotzdem das nicht zu tun und ein Mensch sein« [7].

Was verlangen die Deutschen von Rebekka? Rebekka führt es an dieser Stelle mit Beispielen oder Erzählungen nicht aus. Wir können versuchen, es im Gedankenexperiment zu rekonstruieren: andere prügeln, erniedrigen, beschädigen, töten, ungerecht behandeln. Die negative Phantasie endet immer wieder an der gleichen Stelle: anderen schaden bzw. bei den negativen Pflichten, anderen nicht schaden. Dies genau faßt Rebekka in ihrem anschließenden Satz zusammen: »daß es nicht gegen die Menschen sein wird« [8]. Anderen schaden, das ist das Grausame, was die Nazis von ihr verlangen. Damit thematisiert Rebekka die negativen Pflichten zum ersten Mal direkt von sich aus. Anderen Juden nicht schaden, dies ist das Ziel von Rebekka und das Gegenziel der Deutschen. Wie schafft es Rebekka? »Das ist nicht leicht«, antwortet sie sich selbst [8]. Wir erfahren aber an dieser Stelle nicht, welche »grausamen Sachen« die Nazis von ihr genau verlangten und wie sie sie vermieden hat.

An dieser Stelle beendet Rebekka ihre Erzählung über ihre Tätigkeit als Blockova ganz plötzlich. »Ich habe vergessen, daß es dort ist« sagt sie und zeigt auf das Aufnahmegerät [10]. Ohne Pause erzählt sie dann über ihre Befreiung weiter. Inwieweit hätte sich Rebekka anders verhalten, was hätte sie anders erzählt, wenn sie das Aufnahmegerät nicht vergessen hätte? Rebekka erzählt jetzt ihre Lebensgeschichte seit etwas mehr als einer Stunde, ohne daß ich ihren Erzählfluß unterbreche. Später frage ich sie: »Du hast erzählt, daß die Deutschen von dir sehr schwere Sachen verlangt haben. Erinnerst du dich an etwas, was für dich schwer war. Etwas, was sie von dir verlangt haben?« Das Thema ist schwer. Ungewöhnlicherweise braucht Rebekka hier eine Denkpause von einigen Sekunden, bevor sie antwortet. Rebekka antwortet aber nicht auf meine Frage, sondern erzählt hier wieder die Geschichte, in der sie einer älteren Häftlingsfrau in einer Notsituation half und dafür selber einen teuren Preis bezahlen mußte (»Ich habe dir erzählt, daß ich gesagt habe: Wie kannst du eine ältere Frau so schlagen.... Sie hat mich geschlagen, ein halber Tod«). Rebekka thematisiert an dieser Stelle nochmals ihre Hilfeleistung, die positiven Pflichten, nicht aber die möglichen Schäden, die »grausamen Sachen«. In dieser erzählten Situation verlangen die Deutschen von ihr direkt nichts, sie greift vielmehr moralisch-autonom ein und hilft als Privatperson oder als Kapo, je nachdem wie sie sich selbst sieht. Es ist eine Heldengeschichte, die sie nach dem obigen beschriebenen Muster wiederholt: ›Thematisierung der Hilfe‹ bei einer gleichzeitigen ›Nicht-Thematisierung der Schäden‹.

Anschließend erzählt Rebekka, wie sie ihre Funktionstätigkeit verloren hatte, weil sie den Befehlen der Nazis keinen blinden Gehorsam leistet. Der Hauptsturmbannführer im Arbeitslager wirft ihr vor, daß sie »zu gut zu den Leuten« sei, bzw. als Kapo die Kranken nicht zur Arbeit schickt.

> »Dann habe ich ihm gesagt, wenn sie mit meiner Arbeit nicht zufrieden sind, dann schicken sie mich doch dorthin, wohin ihr auch die anderen schickt. Ich verstehe meine Arbeit. Ich kann den Mädchen helfen zu arbeiten. Ich muß es für euch machen, um eine produktive Arbeit zu leisten. Dies ist ein Problem. Aber wenn du denkst, daß ich es anders machen soll, bitte. Du kannst mich bestrafen. Dann hat er gesagt: Wir brauchen Dich noch. Aber später haben sie mich zur schweren Arbeit geschickt. Und ich ging. Aber ich wurde nicht in die Gaskammer geschickt.«

Rebekka ist nicht bereit, die »grausamen Sachen« zu machen, die Kranken zur Arbeit zu schicken. Damit erzählt sie, wie es ihr gelang, »trotzdem das (die grausamen Sachen) nicht zu tun und ein Mensch zu sein.« Der Preis, den sie zahlt, um die anderen nicht zu verletzten, ist die Aufgabe ihrer Tätigkeit. Sie war bereit, einen noch höheren Preis zu zahlen: ihr Leben (»schicken sie mich doch dorthin...«). Und so arbeitet Rebekka in der letzten Zeit vor der Befreiung in der Fabrik. In dieser Erzählung steht die Sabotage der deutschen Waren für sie im Vordergrund, über die sie lange berichtet.

Nach diesen zwei heldenhaften Erzählungen habe ich während des Gesprächs das Gefühl, daß meine Frage nach den von den Deutschen verlangten grausamen Sachen nicht beantwortet ist. Rebekka besiegt das Böse immer wieder durch ihr mutiges moralisches Verhalten. Aber ich weiß noch nicht genau, ob, und wenn ja, inwieweit Rebekka von ihren eigenen Werten abgewichen ist. Ich frage Rebekka wieder:

> I: »Aber ich denke, daß es sicher nicht immer möglich war, es so zu machen, daß es für alle in Ordnung sein wird. Sicher war das, was die Deutschen wollten, nicht immer so leicht zu regeln?«
> R: »Natürlich war es nicht einfach. Ich habe meine Stimme verloren. Nach dem ersten Tag konnte ich nicht sprechen.«

Rebekka erzählt dann, daß ihre Stimmbänder geschädigt waren und daß ihre Stimme bis heute deshalb sehr tief ist. »Am Telefon habe ich eine Männerstimme«, sagt sie. Ich verstehe den Kontext, in dem Rebekka ihre Stimme verloren hat nicht und frage weiter:

> I: »Was ist der Grund?«
> R: »Weil ich viel sprechen und schreien mußte.«

Anschließend berichtet Rebekka lange über die medizinische Behandlung der Stimmbänder. Ihre Stimme hat sich im Lager so verändert, daß Leute, die sie vor der Shoah kannten, zu ihr sagten: »Das ist nicht deine Stimme.« »Meine Stimme ist tiefer geworden, zwei Oktaven.« Wie intensiv und laut muß man schreien, um die Stimme so zu verändern? An anderer Stelle imitiert Rebekka die Stimme der männlichen jüdischen Kapos in Auschwitz, die immer »Los, los, los« geschrien haben. Rebekka holt tief Luft und schreit vom Bauch her mit noch tieferer Stimme auf Deutsch: »Los, los, los.« In dem Moment, hört es sich so echt an, daß ich mir zum ersten Mal Rebekka als Kapo-Frau vorstellen kann.

Ohne Schreien konnte man mit Sicherheit kein Kapo sein. Es war etwas, was die Deutschen von den Kapos auf jeden Fall verlangten. Die Veränderung der Stimme ließe sich auf zweierlei Art verstehen: Die Deutschen haben Rebekka gezwungen, als Kapo die anderen Juden anzuschreien (»schreien *mußte*«). Damit wäre das Schreien das höchste, was Rebekka als negativ, als unmoralisch empfindet und zugibt. Aber man kann es auch genau gegenteilig verstehen. Vielleicht meint Rebekka eher die Schäden, die sie selber durch die Kapotätigkeit zu ertragen hat: ›Ich habe gelitten durch meine Tätigkeit. Ich habe sogar meine Stimme verloren‹. Mit der Veränderung der Stimme durch die Kapotätigkeit trägt Rebekka symbolisch ihre Kapotätigkeit immer mit sich. Jeder, der sie vorher kannte, fragte nach der Veränderung der Stimme und jeder, der sie danach kennenlernte, wunderte sich über die kleine Frau mit der tiefen Stimme.

Damit erzählt Rebekka in den ganzen sieben Stunden keine aus ihrer Sicht amoralische Geschichte. Wenn es auch zu einem moralischen Kampf mit sich und zu schweren Konfliktsituationen mit den Deutschen kam, Rebekka blieb ihrer subjektiven Moralphilosophie treu, bzw. sie erzählt ausschließlich von den gewonnenen Moralkonflikten. Sich nur an das moralisch positiv besetzte Erleben zu erinnern, ist eine psychische Fähigkeit, eine Bewältigungsform. Sie weist andererseits auf die Existenz von nachträglichen Reparaturstrategien hin.

Korrekturstrategie:
Moralische Pflichten gegenüber sich selbst?
Korrekturstrategien dienen dazu, ein Geschehen moralisch erzählbar, vertretbar für sich und andere zu machen, wenn im damaligen Verhalten nach dem Empfinden der Person moralische Risse vorhanden waren oder wenn ihrer Meinung nach solche Risse von möglichen Zuhörern vermutet werden könnten.

Ein Weg, Korrekturstrategien zu erkennen, ist durch den Vergleich der Erzählung der Person über sich mit Erzählungen anderer über sie. Rebekka erzählt viele bzw. ausschließlich moralische Geschichten über sich. Ich war neugierig, wie ihre Mithäftlinge sie erlebt hatten. In einem Gruppeninterview mit Rebekka und zwei Frauen, die mit ihr im Lager waren, ging ich dieser Frage nach. Mich interessierte z. B., was die Nazis von Rebekka verlangt hatten und ob andere Häftlinge Rebekka als moralisch oder eher als unmoralisch erlebt hatten bzw. an welche Heldengeschichten sich die anderen erinnern würden. Diese Fragen werden in der Analyse des Gruppeninterviews im nächsten Abschnitt des Kapitels weiter thematisiert.

In diesem Teil will ich zunächst einen anderen Weg gehen, um Korrekturstrategien zu erfassen: Eine Erzählung von Rebekka wird zweimal analysiert: zum einen (a) unter Berücksichtigung ihrer subjektiven Moralphilosophie, wie wir sie bis jetzt kennengelernt haben, und zum anderen (b) ohne Berücksichtigung ihrer Moralphilosophie. Das heißt, wie Rebekka eine Geschichte entlang ihrer subjektiven Moralphilosophie erzählt und wie diese Geschichte unabhängig von ihrer subjektiven Moralphilosophie außerdem verstanden werden könnte. Dann werden beide Interpretationen miteinander verglichen.

Rebekka befindet sich in extremer Lebensgefahr in Auschwitz, als sie während einer Selektion nach ihrer Einschätzung nur noch achtunddreißig Kilo wiegt. Ein Thema dieser Stelle ist die Frage, inwieweit eine Selbsthilfe nach Rebekkas subjektiver Moralphilosophie erlaubt ist und inwieweit dies auf Kosten anderer zustande kommt:

»Es gab die ganze Zeit Selektionen. Mengele, Selektion. Als wir – Block vier – dran waren, dann habe ich gesagt [Rebekka unterbricht ihre Erzählung und beginnt sie von neuem] Nein. Es gab viele Mütter und Töchter und wir haben gewußt: Selektion – rechts, links. Und Mengele ist dort. Als die Mädchen kamen, hat er gesagt: links, rechts, links, rechts. Wer zur Arbeit und wer in den Tod. Und es gab zwei Schwestern, kleine süße Puppen. Und wir haben gewußt, daß Zwillinge für Mengele ein Hobby sind. Er machte Versuche mit Zwillingen: welchen Einfluß sie aufeinander haben. Sie waren keine Zwillinge, aber pfiffig. Er hat eine nach rechts und eine nach links geschickt. Dann haben sie gesagt: wir sind Zwillinge. Sie müssen uns an den gleichen Ort schicken, weil wir ohne einander nicht sein können. Sie machten eine sehr schöne Show und am Ende hat Mengele sie zu dem guten Ort geschickt. Ich habe es gesehen und ich habe gesagt: Leute lauft [spricht mit lauter Stimme und aufgeregt]. Und ich war 38 Kilo. Muselmann schon. Ich war mitten drin krank. Dann sagte ich: neben ihnen sind wir Helden. Es begannen etwa dreißig, vierzig [Frauen] zu laufen. Wir passierten ohne Selektion. Nachdem wir passierten, begann er wieder mit der Selektion. Er war [zuvor] mit seinen Gedanken bei den Zwillingen. Und weißt du, ich hatte in meinem Mund einen Pilz. Ich konnte nicht essen. Dann habe ich Gewicht verloren bis 38 Kilo. Stell dir es vor – Muselmann. Dann neben ihnen, als er nicht geschaut hatte, eine Mutter und noch Kinder und ich. Und schon passierten wir dreißig ohne Selektion. Danach begann die Selektion wieder. Die Selektion.«

(a) Während der lebensbedrohlichen Selektion ist Rebekka nicht vor Angst gelähmt, sondern ergreift die Initiative, während Mengele in seine Gedanken vertieft ist. Sie handelt für die anderen, für das Blockkollektiv (»wir – Block vier«), aber besonders für die »vielen Mütter und Töchter«, die aus ihrer Perspektive vor allem bedroht erscheinen. Nur wer den Deutschen arbeitsfähig erscheint, hatte eine Überlebenschance. Die »dreißig – vierzig« Frauen laufen nach Rebekkas Anweisung (»Leute lauft«) und so werden sie alle gerettet, indem »wir ohne Selektion passierten«. »Neben ihnen sind *wir Helden*«, sagt Rebekka weiter und meint wahrscheinlich, daß sie als erwachsene Frauen neben den zwei Geschwistern ebenfalls mutig und heldenhaft sind. Aber die Heldin in dieser Geschichte ist Rebekka selber und nicht das »Wir«-Kollektiv. Rebekka übernimmt die Verantwortung für das Leben anderer und rettet sie, auch wenn sie in Auschwitz keine ›offizielle‹ Funktion hatte. Es ist eine weitere Heldengeschichte. Dies kann die erste mögliche Interpretation entlang der subjektiven Moralphilosophie von Rebekka sein: ›Ich half, Leben von Müttern und Töchtern aus Mengeles Händen zu retten‹.

(b) Die zweite Möglichkeit ist hier, dem Konflikt zwischen dem eigenen Wohl und dem Wohl der anderen nachzugehen. Dabei können wir versuchen, das Wissen über Rebekkas subjektive Moralphilosophie für eine kurze Zeit auszuklammern oder sogar versuchen, dem zu widersprechen. Ohne den Befehl der Deutschen während einer Selektion zu laufen, konnte eine lebensgefährliche Handlung sein. Denn, wenn diese Handlung von den Deutschen entdeckt worden wäre, hätten im schlimmsten Fall *alle* Frauen in die Gaskammer geschickt oder auf der Stelle erschossen werden können, d. h. auch die in den Augen der Deutschen arbeitsfähigen Frauen. Gerade diese Frauen waren in der Situation des Laufens gefährdet. In der Selektionssituation ist aber besonders Rebekka wegen ihres Gewichtsverlustes gefährdet (»Ich war 38 Kilo«). Sie hat Angst, Todesangst in dieser Extremsituation. Eigentlich kann sie nichts verlieren, wenn sie handelt, denn sie schätzt ihre Chancen als sehr schlecht ein (»Stell dir es vor – Muselmann«). Die Selbstbezeichnung »Muselmann« verdeutlicht Rebekkas Todesangst am meisten. »Bis zum Skelett abgemagerte« Häftlinge, die kurz vor dem Tod standen, die »apathisch und gleichgültig« waren, wurden als Muselmann bezeichnet. Sie waren unfähig »längere Zeit aufrecht zu stehen«, ihr Blick war stumpf und ausdruckslos. »Ein Mensch, der das Stadium des Muselmanns erreicht hatte, hatte keine Chance zu überleben und starb nach wenigen Tagen oder Wochen« (Gutman 1995, S. 977). Dieser Beschreibung folgend war Rebekka jedoch kein Muselmann: zwar abgemagert aber wach, energisch und aktiv durchschaut sie die Situation und reagiert schnell. Der Ruf »Leute lauft« und das Laufen ist eine lebensrettende Maßnahme für Rebekka, jedoch nicht unbedingt für alle anderen Frauen. Waren Rebekkas Überlebenschancen vielleicht durch das gemeinsame Laufen in einer Gruppe größer als wenn sie allein, mager und ungeschützt vor den Augen der Deutschen gelaufen wäre? Im Gegensatz zu der obigen Interpretation läßt sich an dieser Stelle die Annahme formulieren, daß Rebekka hier in erster Linie für sich und nicht für andere gehandelt hat.

Aus dem *Vergleich beider möglicher Interpretationen* läßt sich mehr über Rebekkas Moralkonflikte und wie sie mit ihnen umgeht, lernen. Bis zu dieser Stelle erzählt Rebekka keine direkten Erzählungen, in denen sie in erster Linie sich selbst hilft, sondern nur Geschichten, in denen sie sich für andere einsetzt. Selbsthilfe ist nicht Teil von Rebekkas subjektiver Moralphilosophie, sondern ist in ihren Augen eine egoistische Handlung. Denn Rebekka geht in allen ihren Erzählungen davon aus, daß die Moral sich nur auf andere bezieht und nie auf die eigene Person. Nach ihrer subjektiven Moralphilosophie handelnd darf Rebekka sich selbst nicht an erster Stelle helfen.

Ist es möglich oder sinnvoll, die Pflichten gegenüber sich selbst nicht als einen Teil der Moral zu sehen? In der »Metaphysik der Sitten« schreibt Kant, daß die Pflichten gegenüber sich selbst nur »dem ersten Anscheine nach einen Widerspruch« in sich enthalten (Kant 1797, §1). Denn wenn die Person sich selbst nicht verpflichtet ist, dann ist sie auch anderen nicht verpflichtet. »Denn ich kann mich gegen andere nicht für verbunden erkennen, als nur so fern ich zugleich mich selbst verbinde« (ebd., §2). Ein Moralbegriff, der sich nur auf das Wohl der anderen bezieht, würde bedeuten, daß die Person sich zu einem Mittel zum Zweck anderer macht. Und dies widerspricht Kants kategorischem Imperativ.

In der Thora steht es ähnlich wie bei Kant: »Du sollst deinen Nächsten lieben wie dich selbst« (3. Buch Moses, 19,18). Die Interpretation davon ist: Liebe deinen Nächsten wie dich aber nicht mehr als dich selbst (Talmudic Encyclopedia 1987). Zentral sind die Pflichten der Person sich selbst gegenüber und erst dann kommen die Pflichten anderen gegenüber. Nach Rebekkas bewußter subjektiver Moralphilosophie stehen aber die Pflichten gegenüber sich selbst nicht an erster Stelle. Als ich Rebekka in unserem letzten Gespräch, im Gruppengespräch traf, folgte ich dieser Hypothese. Ich fragte Rebekka und die beiden anderen Frauen, wie sie zu dem Satz ›Dein Leben geht vor und erst dann soll man anderen helfen‹ stehen. Ich fügte meiner Frage die Talmudgeschichte über zwei Männer an, die sich in der Wüste verlaufen. Nur der eine hat Wasser und dieses reicht für das Überleben einer

Person. Der Talmud sagt: derjenige soll das Wasser trinken, der das Wasser besitzt, denn »dein eigenes Leben geht dem Leben deines Nächsten vor«.[13] Doch Rebekka formuliert in ihrer Antwort ihre Überzeugung, daß man erst den anderen helfen soll und nicht sich selber. Dieses Prinzip, wie es in der Analyse rekonstruiert wurde, ist Rebekka bewußt. Aber Rebekka orientiert sich auch hier am Talmud. Das Dilemma der zwei Männer in der Wüste wurde im Talmud von Gelehrten in späteren Generationen weiter diskutiert und die letzte Zeile in der Geschichte spricht über die Moral der Gerechten im Gegenteil zu der Moral der »normalen Menschen«. »Dein eigenes Leben geht dem Leben deines Nächsten vor« ist das Moralprinzip für »normale Menschen«. »Sollten die zwei Wüstenwanderer jedoch Gelehrte sein, müssen sie sich das Wasser teilen, wohlwissend, daß sie dann beide sterben werden« (Steinsaltz 1995, S. 265). Diese Regelung läßt Raum für Ausnahmen, die jeweils von der moralischen Stufe der Person abhängt, bzw. davon wie die Person sich versteht. »Eine angemessene Handlungsweise eines einfachen Menschen« kann »bei einem anderen, der auf einer höheren Stufen steht, als ungenügend angesehen werden« (ebd., S. 262). Der Gerechte wird sein Wasser mit den anderen teilen, auch wenn dies den sicheren Tod bedeutet und auch bei Rebekka steht die Moral vor dem Leben.

Dieses Verständnis der Moral – als Hilfe an anderen, und erst dann an sich selbst – beeinflußt Rebekkas Erzählform. Handlungen, die von der subjektiven Moralphilosophie abweichen, wie z. B. Handlungen im Sinne des Selbstschutzes bei gleichzeitiger möglicher Gefährdung anderer, müssen anders erzählt werden. Das Muster lautet: Rebekka hilft sich und anderen, aber Handlungen, in denen sie sich selber hilft, werden nicht thematisiert, müssen tabuisiert werden. Das zweite Muster ist die *Selbsthilfe in Fremdhilfe zu verpacken*, wie in der obigen Geschichte bzw. die Hilfe an sich selbst in die Hilfe an anderen einzubetten. Für Rebekka ist die Selbsthilfe nur dann gerechtfertigt, wenn die Handlung der Selbsthilfe auch den anderen hilft.

Die Befreiung
Wegen des Näherrückens der Alliierten wird das Arbeitslager, in dem Rebekka interniert ist, von den Nazis aufgelöst und die Häftlingsfrauen werden auf den Todesmarsch[14] geschickt. Rebekka und weiteren vierzig Frauen gelingt die nächtliche Flucht. Anschließend verstecken sie sich zwei Tage lang im Wald, bis die Alliierten die Stelle erreichen. Mit der Frage ›Wie reagiert die Gesellschaft auf meine Kapotätigkeit nach der Befreiung‹, wird Rebekka schon einige Tage nach ihrer Befreiung konfrontiert und zwar durch die Alli-

ierten. Im DP-Lager, in dem Rebekka sich aufhält, wünschen sich die Engländer eine jüdische Vertreterin für die ungarischen Frauen. Für diese Aufgabe wird Rebekka von den anderen Frauen gewählt, wie sie erzählt. Der englische Kommandant fragt Rebekka: »Was warst du?« Sie antwortet: »Kapo, Blockova, Blockälteste, was du willst.« »*Und trotzdem wollen sie dich?*« fragt der Kommandant zurück. Daraufhin erzählt sie dem Kommandanten einen Teil der obigen Heldengeschichten, die ihm vermitteln sollen, daß sie anders als die anderen Kapos ist. Dies überzeugt den Kommandanten und später erhält Rebekka von den Engländern eine weitere wichtige Aufgabe: die Betreuung von befreiten Häftlingen in verschiedenen DP-Lagern. Rebekka betont, daß sie im Gegensatz zu anderen Kapos nicht fliehen mußte. Vielmehr vermittelt Rebekka durch ihre Erzählungen, daß sie ›Pluspunkte‹ bei ihren Mithäftlingen und Mitmenschen durch ihre Funktionstätigkeit erhalten hat. Auch hier wird nur das Positive erzählt. Die Soziose, also der Konflikt zwischen der Person und der Gesellschaft, beeinflußt dennoch Rebekkas Leben und ihren Erzählstil auf eine spezifische Weise: Sie muß stets beweisen, daß sie eine gute Kapo war, daß sie – im übertragenen Sinne – die Blumen verdient hat. Vom DP-Lager kehrt Rebekka 1945 nach Ungarn zurück, wo sie ihren Ehemann wiedertrifft. Zusammen wandern sie nach Israel aus.

Das Gruppeninterview: »Erinnerst du dich nicht?«
Rebekkas Selbstrekonstruktion als eine heldenhafte Judenrätin und Blockälteste, die keine Konflikte wegen ihrer Funktionstätigkeit mit ihren Mithäftlingen hatte, hat mich lange beschäftigt. Ich wollte die Ergebnisse der Analyse weiter daraufhin prüfen, ob ich vielleicht etwas Wichtiges übersehen hatte. Ich fragte Rebekka deshalb, ob ich mit einigen ihrer Mithäftlinge aus dem Ghetto oder Arbeitslager sprechen könnte. Daraufhin schlägt Rebekka vor, zwei ihrer Mithäftlinge einzuladen, so daß ich mit ihnen und mit ihr gemeinsam sprechen kann. Im Gruppeninterview interessierten mich insbesondere die zwei folgenden Fragen: (a) Wie wird Rebekka ihre Funktionstätigkeit in der Anwesenheit ihrer Mithäftlingen vorstellen und (b) wie werden die Mithäftlinge Rebekkas Verhalten und Haltung während der Nazizeit beschreiben? Das Gruppeninterview fand in Rebekkas Wohnung im Frühling 1997 statt und dauerte vier Stunden. Es ermöglichte mir, Rebekka in zwei verschiedenen Gesprächskontexten kennenzulernen.

Eine Woche später führte ich auch Einzelgespräche mit den beiden anderen überlebenden Frauen – Lola Fröhlich und Mina Dunkelmann, sowie mit ihren Kindern, durch.[15] Während Lola Fröhlich Funktionshäftling in Auschwitz und im Arbeitslager war, lehnte Mina Dunkelmann die Möglichkeit, eine Funktion zu übernehmen, ab und überlebte als einfacher Häftling. Die drei überlebenden Frauen unterstützten und kritisierten sich während des Gruppeninterviews gegenseitig. Differenzen und Einigkeit existierten nebeneinander. Sie lachten, weinten und sangen gemeinsam Lieder aus dem Lager.

(a) Die moralischen Heldengeschichten: Während der Shoah zeigte man sein wahres Gesicht, sagt Rebekka im Gruppeninterview. In der Anwesenheit ihrer Mithäftlinge wiederholt sie viele der moralischen Heldengeschichten, die sie im Einzelinterview erzählt hat, z. B., daß sie Milch an kranke Mithäftlinge verteilte, ihre Mithäftlinge vor einer ungerechten Arbeitsverteilung schützte und das Brot an alle Häftlinge gleich verteilte. Auch im Gruppengespräch wird deutlich, daß Rebekka sich als moralisch erlebte. Ihre Geschichten gewinnen an Glaubwürdigkeit, weil sie in Anwesenheit anderer Zeitzeugen wiederholt werden.

Die beiden anderen Überlebenden erinnern sich nur an einen Teil der Erzählungen von Rebekka, widersprechen Rebekka jedoch nicht. Die Tatsache, daß sie sich nicht an alles erinnern, spricht nicht dagegen, daß die Geschichten ›wahr‹ sind, sondern hängt eher mit natürlichen Erinnerungsprozessen zusammen: jeder erinnert sich am besten an das, was er selbst erlebt hat. So hat jede Frau im Interview das Bedürfnis, über sich, ihr Leid, ihre eigenen Verluste und Moraldilemmata zu sprechen – weshalb sie auch einander häufig unterbrechen.

(b) Die Thematisierung der Konflikte, die Rebekka umgeht: Auch im Gruppeninterview spricht Rebekka von sich aus keine Moraldilemmata an, die mit ihrer Funktionstätigkeit zusammenhängen, sowie keine Situationen, in denen es aufgrund ihrer Funktionstätigkeit zu Konflikten mit ihren damaligen Häftlingen kam. Doch solche Situationen existierten und werden von ihren Mithäftlingen angesprochen.

Lachend sagt Mina Dunkelmann: »Jetzt erzähle ich Dir was. Wie habe ich Rebekka das erste Mal getroffen?« Mina war mit Rebekka im gleichen Block im Auschwitz. In diesem Block hat Mina eine Freundin und zwischen dieser Freundin und Rebekka kommt es zu einem Streit. »Ich weiß nicht mehr genau«, beginnt Mina ihre Erzählung, »entweder hat Rebekka oder meine Freundin dieses Stück Stoff gefunden. Und es gab dort eine ältere Frau, die meine Freundin gekannt hat. Und sie (Rebekka) hatte auch jemand, dem (sie helfen wollte). Und sie (die Freundin) wollte den Stoff und sie (Rebekka) wollte den Stoff. Und beide fingen an, einander hin- und herzuziehen. Erinnerst Du dich daran?« fragt Mina Rebekka. »Nein«, antwortet Rebekka mit einer düsteren Stimme. Erstaunt fragt Mina zurück: »Erinnerst Du Dich nicht?« Rebekka erinnert sich nicht. Lachend erzählt Mina weiter: »Immer wenn ich Rebekka sehe, muß ich daran denken, daß sie (die Freundin) daran für diese ältere Frau zog und sie (Rebekka) hat gesagt, sie braucht es für die andere ältere Frau.« Der Stoff zerreißt und kann von keiner benutzt werden. »Und so waren wir in einem Raum in Auschwitz«, beendet Mina ihre Erzählung. Mina thematisiert hier einen Konflikt zwischen Häftlingen, in dem Rebekka eine Konfliktpartei ist. Rebekka dagegen schildert immer Konflikte in denen sie eine vermittelnde Rolle im rabbinischen Sinne übernommen hat. Sie erinnert sich lediglich an das, was sie für gut hält.

Hat Rebekka Mithäftlinge denunziert? Diese Frage thematisiert Mina Dunkelmann während des Gruppeninterviews indirekt mit der folgenden Erzählung. Als Rebekka im Arbeitslager als Blockälteste dient, warnt sie zwei Mithäftlinge, daß sie ihren Körper den männlichen Mithäftlingen nicht mehr zeigen sollten, denn sie könnten von den Deutschen erwischt und dafür bestraft werden. Die beiden Häftlingsfrauen sind aber weiterhin an dem Brot interessiert, daß sie von den Männern dafür erhalten und laufen weiter zu dem Zaun. Einige Tage später werden sie von den Deutschen erwischt und für eine Woche im Bunker in Einzelhaft interniert. Als Strafe werden ihnen auch die inzwischen länger gewordenen Haare abrasiert.

Fünfzig Jahre später, Anfang der 90er Jahre, kommt es zu einem Treffen der ehemaligen im Arbeitslager Inhaftierten. An diesem Treffen nehmen die zwei bestraften Häftlingsfrauen sowie Rebekka Halevi-Oz, Mina Dunkelmann und Lola Fröhlich teil. Die beiden bestraften Häftlingsfrauen sind überzeugt, daß Rebekka sie damals denunziert hat und wechseln mit Rebekka während der ganzen viertägigen Tagung kein Wort. Dies alles erzählt Mina in der Anwesenheit von Rebekka und Lola. Doch Rebekka weiß wiederholt gar nicht, wovon Mina redet. Rebekka hat bei dieser Tagung gar nicht gemerkt, daß diese zwei Frauen nicht mit ihr sprechen wollten. Ich frage Rebekka danach. Sie erinnert sich wohl, daß sie die beiden gewarnt hat und betont, am Ende auch Recht behalten zu haben, da die beiden wirklich erwischt wurden: Wenn sie auf sie gehört hätten, dann wären sie nicht bestraft worden. In den Einzelgesprächen mit Lola Fröhlich und Mina Dunkelmann frage ich erneut, wie das Treffen nach 50 Jahren war. Lola und Mina meinen, daß es unschwer zu merken gewesen sei, daß die beiden damals bestraften Frauen mit Rebekka auf dieser kleinen Tagung nicht gesprochen hätten. Interessant ist die Tatsache, daß Rebekka es nicht gemerkt hat, bzw. nicht merken wollte oder es innerlich nicht durfte. Vermutlich hat Rebekka die beiden Frauen nicht denunziert, aber sie will auch nicht wahrnehmen, daß die beiden dies über sie denken. Als ich im Gruppeninterview frage, ob es zu Situationen kam, in denen Rebekka Mithäftlingen schlagen mußte, antworten beide Frauen: »Neeiiin.«

Im Gruppeninterview läßt sich bestätigen, daß Rebekka das ›vergißt‹ und verdrängt, was zu ihrem Selbstbild als moralische Person nicht paßt. Es ist ein Abspalten im Dienste der Korrekturstrategien, um sich im Sinne der eigenen subjektiven Moralphilosophie als moralisch zu erleben.

Exkurs: Trauerarbeit und erlebtes Leid:
Auschwitz, der Schatten der Seele
Die Moralfrage ist zentral bei der Bewältigung der Shoah. Neben ihr sind auch die Verarbeitung des erlebten Leids und die Trauerarbeit für den Bewältigungsprozeß von Bedeutung. Rebekka mußte den Verlust ihrer ganzen Ursprungsfamilie bewältigen, auch wenn die Werte ihrer Familie mit ihr weiterleben.

Als ich Rebekka frage: »Was denkst du, hast du deine Shoaherlebnisse gut bewältigt oder könntest du es noch besser machen?« antwortet Rebekka: »Noch besser war es nicht möglich, wäre es nicht möglich.« Doch die Bewältigung war nicht leicht und ist bis heute nicht schmerzlos. An der traurigsten Stelle im Gespräch erzählt Rebekka von ihrer verlorenen Familie, von ihrem inneren Schatten.

»Es gab Auschwitz. Ich habe zwei Schatten. Ein Schatten meines Körpers. Und auch die Seele hat einen Schatten. Das ist Auschwitz. [...] Das ist mein Schatten. Das verläßt mich nicht. Das kommt mit mir überall, wohin ich gehe. Wenn ich darüber spreche oder wenn ich darüber nicht spreche oder denke. Das ist mit mir. [...] Ohne das lebe ich nicht«.

In Auschwitz werden Rebekkas Mutter, ihr Vater, beide Brüder und der Großvater ermordet. Der Schatten ist die Vernichtung, die Zerstörung ihrer Familie. Ihre Trauer, ihr Schmerz ist unbeschreiblich nah und groß an dieser Stelle (»Das kommt mit mir überall, wohin ich gehe«). Die Lebensfreude, das Lachen aus ganzem Herzen, geht Rebekka verloren, als sie erfährt, daß ihre Familie nicht zurückkehren wird. »Mich aus tiefstem Herzen zu freuen. Nein, das gibt es nicht.« Ich frage nach und Rebekka erklärt:

»Ja ich habe mich vorher von ganzem Herzen gefreut, aus tiefstem Herzen. Heute nicht... Ich liebe Menschen, ich liebe meine Familie, aber ich habe nicht das Gefühl, wie es damals war. Ich weiß nicht, wie ich es dir erklären kann. Etwas hat mich verlassen, im Gefühl. Etwas. Man sagt Lebensfreude. Ich lebe, ich liebe, ich bin ein Mensch geblieben. Ich bin nicht verbittert. Wenn man Hilfe braucht, bin ich dort und gebe. Ich habe das Minimum. Aber Lebensfreude. So.«

Die verlorene Lebensfreude steht für die verlorene Welt. Gerade das Fehlen der Worte an dieser Stelle (»Ich weiß nicht, wie ich es dir erklären kann«) verdeutlicht die Schwere der Verluste und das emotionale Loch durch die mörderische Zerstörung der Familie: »Etwas hat mich verlassen, im Gefühl.«

Partnerschaft: »Die schmutzigste Arbeit«

Ihre Heirat und die Verfolgungserfahrungen ihres Mannes im ungarischen Arbeitsdienst[16] beschreibt Rebekka sehr knapp und etwas distanziert. Ihr Ehemann Jakob, den Rebekka als schönen Mann bezeichnet, war der Sohn jüdischer Geschäftsleute.

> »Dann habe ich 1942 geheiratet. Nach einer kurzen Zeit haben sie meinen Mann genommen. Sie nahmen die Juden für verschiedene Arbeiten in die Armee, für die schmutzigsten Arbeiten, die die Tiere sonst gemacht haben. Sie schickten die Juden dorthin, wo es Minen gab. Falls die Minen explodieren, sollen die Juden sterben. Mein Mann ging mit den Ungarn bis ans Ende von Rußland. Sein Leben war nicht das bequemste, nicht das schönste. Er war dort im Krankenhaus. Das war ein Krankenhaus für Typhuskranke. Und dann haben sie das Krankenhaus abgebrannt. Und einige Leute, die noch ein wenig Verstand hatten, gingen raus. Ich weiß nicht wie. Und sie blieben am Leben.«

Rebekka hat verschiedene Möglichkeiten, das Leben und Überleben von Jakob während der Nazizeit zu beschreiben. Sie kann z. B. sein Glück, nicht im KZ gewesen zu sein, ansprechen oder die heldenhaften Anteile seiner Tätigkeit als Hilfssoldat betonen. Weiterhin kann sie eher die düsteren und negativen Anteile seines Schicksals beschreiben. Sie wählt die letztere Möglichkeit, indem sie Jakobs Arbeit als die »*schmutzigste Arbeit*« bezeichnet. Mit »schmutzig« beschreibt Rebekka die Arbeit auf den Minenfeldern. Eine Arbeit, die von Tieren gemacht wurde, bevor es Minensuchgeräte gab und jetzt von Juden verrichtet wird. Schmutzig im Sinne von ›tierisch‹ und nicht für Menschen gedacht. Man empfindet weniger Empathie oder Mitleid, wenn eine Person eine schmutzige Arbeit macht, als wenn sie z. B. eine lebensgefährliche, schwere oder wichtige Arbeit macht, wie man die Räumung von Minenfeldern ebenfalls beschreiben könnte. Die Beschreibung »die schmutzigsten Arbeiten« hört sich insgesamt abwertend an.

Auch die Beschreibung »sein Leben war *nicht das bequemste*, nicht das schönste« ist eher distanziert, vielleicht sogar zynisch. Eine Formulierung wie ›Es war eine schwere Phase für ihn‹ würde sich beispielsweise empathischer anhören. »Nicht das bequemste« bedeutet, daß er Typhus hatte und im Krankenhaus war. Auch die Rettungsgeschichte aus dem brennenden Krankenhaus wird in einer nicht heldenhaften Form beschrieben (»Und einige Leute, die noch ein wenig Verstand haben, gingen raus«). Das heißt man brauchte nur wenig Verstand, um am Leben zu bleiben, nicht viel.

Diese gesamte Stelle steht im Kontrast zu Rebekkas Erzählstil über sich selbst als eine aktive, autonome und einfallsreiche Heldin. Ihr Mann wird dagegen »genommen« und als ›Kanonenfutter‹ benutzt. Es bleibt hier die Frage: Warum Rebekka die Shoah-Erfahrungen ihres Mannes abwertet. Hat Jakob selbst seine Erfahrungen so geschildert oder wird der Mann als passives Opfer rekonstruiert – vielleicht auch, damit Rebekka sich weiter als aktive Heldin erleben kann?

Als ich Rebekka frage, ob die Shoah mehr Einfluß auf sie oder auf ihren Mann hatte, erwidert sie:

> »Auf ihn. Er war nicht in Auschwitz. Aber er kehrte krank zurück und er war nie wieder ein gesunder Mensch. [...] Und er war ein Typus, der so viel für sich behalten hat, an sich gedacht hat, daß es zuviel war... Jede Sache: das darf ich nicht tun und das darf ich nicht essen. [...] Ich fing an zu arbeiten, dann [sagte er] hier tut's mir weh und da tut's mir weh [...].«

Jakob ist der ›eigentliche‹ Holocaust-Überlebende in der Partnerschaft, auch wenn er »nicht in Auschwitz« war. Dies erscheint zunächst paradox, da Jakob als Hilfssoldat diente, während Rebekka im Ghetto, KZ und Arbeitslager war. Aber Jakob leidet noch lange an den Folgen des Typhus und Rebekka versorgt ihn durch ihre Arbeit als Näherin in den ersten Jahren nach der Verfolgung. Erst später öffnet sie eine gut laufende Bäckerei. Allerdings sind Rebekkas Vorwürfe an Jakob sehr deutlich. Sie beschreibt ihn als einen selbstsüchtigen Mensch, der sich und seine Krankheiten zu ernst nimmt. Für Rebekka, die einen Gegentypus darstellt und die dazu neigt, ihr eigenes Leid und ihre Krankheiten zu bagatellisieren, ist das Verhalten ihres Mannes eher verachtenswert.

Den Preis für die egoistische Art Jakobs bezahlt Rebekka (»Ich fing an zu arbeiten, dann hier tut's mir weh und da tut's mir weh«). Damit thematisiert Rebekka ihren verpaßten Traum, an der Universität zu studieren. Sie konnte sich in den ersten Jahren in Israel wegen der Krankheit ihres Mannes diesen Wunsch nicht erfüllen. Aber auch als sie später eine Ausbildung anfing, hat sie das Gefühl, daß Jakob ihr dies zerstört: »Ich habe etwas angefangen und er hatte etwas.« So konnte Rebekka einmal wegen des staatlichen Antisemitismus in Ungarn und einmal wegen der Krankheit ihres Mannes nicht studieren. »Nur das tat mir weh«, offenbart sie verbittert an einer anderen Stelle.

Als ich Rebekka frage, für wen das Thema der Shoah in der Familie am wichtigsten sei, antwortet sie:

»Man sagt, daß für mich, weil ich nicht allein war. Ich hatte eine Gruppe. Ich habe viele Leute zurückgebracht. Wegen mir blieben sie am Leben. Es ist nicht so, daß ich dir zeigen will, daß ich eine Heldin war. Ich war keine Heldin.«

Aber Rebekka versteht sich als Heldin und Retterin der anderen. Wenn wir an dieser Stelle den Kontext berücksichtigen, dann erlebt sich Rebekka im Vergleich zu ihrem Mann als Heldin. Die Shoah wird hier als »wichtig« im positiven Sinne formuliert: Sie ist wichtig für Rebekka, weil sie Leute gerettet, weil sie moralisch gehandelt hat. Interessant ist der Unterschied zu der obigen Frage über den *Einfluß* der Shoah bzw. zwischen Rebekkas Differenzierung zwischen der ›Wichtigkeit‹ und dem ›Einfluß der Shoah‹. Ihr Mann ist mehr von der Shoah *beeinflußt* und zwar im negativen Sinne, da er durch sie krank und egoistisch wurde, für Rebekka ist die *Shoah wichtig*, weil sie zur Heldin wurde.

Es kommt aus Rebekkas Sicht zu einer klaren Rollenverteilung in der Partnerschaft: eine gerechte Heldin versorgt ein leidendes egoistisches Opfer. Es entsteht eine Kollusion im Sinne von Willi (1975), die mit der Shoah zusammenhängt. Der Ehemann ist aufgrund seiner Krankheit der schwächere Partner. Rebekka würde ihn deshalb auch nie verlassen, denn dies würde ihrer subjektiven Moralphilosophie widersprechen. Er ist schön und krank, sie ist stark und moralisch. Je kränker und je egoistischer der Mann ist, desto moralischer und stärker erlebt sich Rebekka. Es ist eine *moralische Kollusion*. In ihrer Kollusion sind beide Partner letztendlich schwach und stark zugleich. Der Mann ist stark durch seine Schwäche und bringt Rebekka dazu, sich um ihn zu kümmern. Rebekka ist vielleicht die Moralischere, bezahlt dies aber mit der Aufgabe ihres beruflichen Traums und mit der täglichen Versorgung des pedantischen Ehemannes.[17]

Jakob ist etwa zehn Jahre vor meinem Treffen mit Rebekka gestorben. Die Kollusion lebt jedoch weiter. Die Lebhaftigkeit, mit der Rebekka weiter ihre hohe Moral im Gegensatz zu der ihres Mannes hervorhebt, erfüllt für sie noch heute eine Funktion: Durch die Abwertung des Mannes kommt es zur eigenen Aufwertung. Ich weiß nicht, wie ihr Ehemann ›wirklich‹ war. Für die Analyse ist bedeutsam, wie Rebekka sich im Vergleich zu ihrem Mann erlebt. Sie konstruiert ihn als einen Gegentyp zu sich selbst und zwar auf der gleichen Dimension: Sie ist eine gutmütige und starke Frau und er ein egoistischer, schwacher Mann. Diese Wahrnehmungsweise gilt für die Zeit der Shoah und für das Leben danach.

Die einzige schöne und positive partnerschaftliche Erzählung im gesamten Gespräch bezieht sich auf das Wiedersehen des Paares nach der Befreiung, als Rebekka als Leiterin einer Gruppe befreiter Häftlingsfrauen nach Ungarn zurückkehrt. Jakob, der eine Leitungsposition in der jüdischen Gemeinde inne hat, liest die telegraphische Nachricht: Frau Halevi-Oz kommt mit tausend Frauen. »Dies kann nur meine Frau sein«, gibt Rebekka Jakobs stolze Reaktion wieder. Auch hier dient Rebekka die Aussage ihres Mannes zur positiven Bewertung ihrer selbst. Mit dieser Stelle vermittelt Rebekka, daß Jakob sie schätzt und bewundert: Er würdigt ihre Verfolgungsgeschichte, ihren Einsatz für andere und damit ihre Funktionstätigkeit.

Mutter-Sohn-Beziehung:
›Meine Mutter ist besser als Lea Rabin‹

Rebekkas Liebe und Bewunderung für ihren Sohn Nathan ist unerschöpflich. Das Motto ihrer Erzählung ist: ›Mein Sohn ist so wie ich‹. Seine Leistungen, Fähigkeiten und nicht zuletzt seine Moral stehen in den Erzählungen über ihn im Vordergrund. Er war das Lieblingskind der Kindergärtnerin, seinen Soldaten ein guter Offizier und der Beste in seinem Studiengang.

> »Mein Sohn hat in Belgien studiert. [...] Er ging dorthin, ohne ein Wort Französisch zu können und binnen sechs Jahren hat er Summa Cum Laude bekommen. Ein Junge von hundert Prozent. Er war der einzige, der nach sechs Jahren ein Diplom mit Summa Cum Laude bekommen hat. Das ist alles. Jetzt kannst du mich befragen.«

Mit diesem Satz beendet Rebekka ihre zweistündige Haupterzählung. Die Leistungen ihres Sohnes stehen als Zeichen für die Fortsetzung der Familientradition. Der Sohn bekommt von Rebekka die Delegation, ein moderner Nachfolger des Großvaters zu werden, dessen Namen er auch trägt. Als »ein Junge von hundert Prozent« erfüllt Nathan diese Delegation:

> »Es gibt einige, die Geld, Briefmarken oder Servietten sammeln. Er [der Sohn] sammelt Diplome. Und dazu kann er sieben Sprachen und die ganze Zeit Prüfungen hier, Prüfungen da. Das ist mein Sohn. Das ist genau, wie mein Großvater war: nur Lernen und Wissen, Lernen und Wissen.«

Der latente partnerschaftliche Kampf wird z.T. über das Kind ausgetragen, was Rebekkas Erzählstil prägt: Nathan soll ihr emotional näher stehen, ihr ähnlich sein und nicht ihrem Mann. Der Ehemann war dem Kind gegenüber »strikt in der Erziehung. Ich habe ihm mehr Freiheit gegeben«. Der Vater hat Nathan zu hart bestraft, sie dagegen glaubte an die moralischen Absichten ihres Sohnes, nachdem sie ihn im Alter von acht Jahren geprüft hat. »Ich habe mit ihm einen zweimonatigen Versuch gemacht.« Sie läßt Nathan aus ihrem Portemonnaie sein Taschengeld entnehmen und zählt die in ihrer Geldtasche verbliebene Summe im nachhinein. Mit der bestandenen Probe wird Nathan in die Welt der Erwachsenen aufgenommen, wie seine Mutter damals von ihrem Vater. Und wie ihr Vater beteiligt auch Rebekka Nathan seit diesem Tag an allen finanziellen Angelegenheit der Familie, obwohl ihr Mann dagegen ist.

Als ich Rebekka frage, wem Nathan mehr ähnelt, entgegnet sie kurz: »Er ist schön wie sein Vater« und auch pünktlich. Dann berichtet sie aber lange über die Ähnlichkeiten zwischen ihr und Nathan. Nathan ist aus der Perspektive seiner Mutter äußerlich schön wie sein Vater, aber moralisch und stark wie sie.

Als Nathan acht Jahre alt ist, erzählt ihm Rebekka zugleich auch »alles, alles« über die Shoah, obwohl ihr Mann auch in diesem Fall dagegen ist. Sie erzählt ihm:

> »Alles, alles, weil es wie eine Kette ist. Wenn du nur ein Kapitel kennst, hast du kein vollständiges Bild. Ich sprach darüber, daß es Kapos gab und wie schlimm sie waren. Und wie schwer es war, ein Mensch zu sein im Vergleich zu dem Leben heute.«

Rebekka vermittelt Nathan, daß sie trotz der extremen Bedingungen moralisch blieb. Nathan hört auch über das Ghetto, den Judenrat, die Folter, Auschwitz und die Selektionen, wie Rebekka an einer anderen Stelle ausführt. In allem, was sie Nathan erzählt, steht jedoch nicht das erlebte Leid bzw. die Opferperspektive im Vordergrund, sondern immer wieder die erkämpfte Menschlichkeit. Rebekka strebt danach, Nathan ihr moralisches Handeln im Kontext der Shoah zu vermitteln.

Nachdem Rebekka über sich sagt »Ich bin keine Heldin« (und dennoch genau dies meint), kritisiert sie scharf und gnadenlos Lea Rabin, die Witwe des israelischen Premierministers Izchak Rabin, der am 4.11.1995 von einem rechtsextremen, religiösen Mann ermordet wurde.[18] Rebekka ist eine religiöse Frau, im Gegensatz zu Lea Rabin, und befindet sich politisch eher auf der rechten Seite der israelischen Politikskala. Jedoch weint Rebekka, als sie die Nachricht von Rabins Ermordung hört. Aber über Lea Rabin sagt sie, sie sei nicht einen Pfennig wert. Auf das Begräbnis ihres Mannes sei sie ohne Kopfbedeckung gegangen und habe eine Kette, sechs Armbänder und viele Ringe getragen, was aus Rebekkas Sicht die jüdischen Trauerrituale verletzt. Lea Rabin habe damit den Toten und den jüdischen Friedhof nicht gewürdigt. Die zehnminütige Kritik an Lea Rabin ist ausführlich: Die Familie Rabin schreibe Bücher über den Ermordeten, um Geld zu verdienen, statt es zu spenden. Lea Rabin ließe zu, daß ihre Tochter sich von einem Kriegsverletzten scheiden lasse, um einen reichen Mann zu heiraten. Diese lange moralische Kritik dient Rebekka als Vorbereitung auf einen Satz ihres Sohnes. Als in einer Veranstaltungen in Australien darüber gesprochen wird, Lea Rabin als eine der zehn wichtigsten Persönlichkeiten des Jahres 1996 vorzuschlagen, regt sich der Sohn, der ähnlich wie seine Mutter über Lea Rabin denkt, auf und sagt zu den Veranstaltern:

> »Wenn Sie jemand wollen, dann nehmen Sie doch meine Mutter. [Rebekkas Stimme ist aufgeregt]. Meine Mutter war im Konzentrationslager. Frag die tausend Frauen, für die sie dort zuständig war, wie sie sie nach Hause gebracht hat [...] und wie sie ihnen geholfen hat, ein Mensch zu sein. Die Leute haben geschaut. Ich habe [zu Nathan] gesagt: stop. Leute wie ich gab es noch andere. Wir sind nicht unter den zehn. Wir sind nur Menschen. Aber Lea Rabin verdient es nicht.«

Rebekka glaubt damit, daß ihr Sohn sie so sieht, wie sie sich selber sieht. ›Ich bin Heldin in den Augen meines Sohnes‹, sagt diese Geschichte unmißverständlich. Psychisch gesehen ist dies günstig für Rebekkas Selbstbild und ihren Bewältigungsprozeß: Sie erlebt sich als moralisch während der Shoah und ihr Sohn übernimmt diese Sichtweise. Aus Rebekkas Sicht betrachtet Nathan ihre Funktionstätigkeit als eine heldenhaft.

Zusammenfassung: Heldin im rabbinischen Sinne
Das zentrale Moraldilemma der Funktionshäftlinge ist die Frage des eigenen Lebens und relativen Wohlergehens versus dem der anderen. Die Bewältigung dieses Dilemmas hängt von den drei folgenden Aspekten und ihrem Zusammenspiel ab:
1. Von der eigenen subjektiven Moralphilosophie,
2. vom eigenen Verhalten bzw. von der *Handlungsebene*, wobei es hier um den Zusammenhang zwischen der subjektiven Moralphilosophie und der Handlungsebene geht, und
3. von den geleisteten *Korrekturstrategien*, wenn es zu Abweichungen von der subjektiven Moralphilosophie auf der Handlungsebene kam.
Diesen Prozeß möchte ich anhand Rebekkas biographischer Analyse zusammenfassend vorstellen (Abb. 3).

Die subjektive Moralphilosophie und die Handlungsebene:
Die Heldenmoral
Ein Held »par excellence« ist nach Urmson eine Person, die *im Kontext von Angst und Terror ihre moralische Pflichten erfüllt und zwar dort, wo ein*

Familie Halevi-Oz: Heldentum

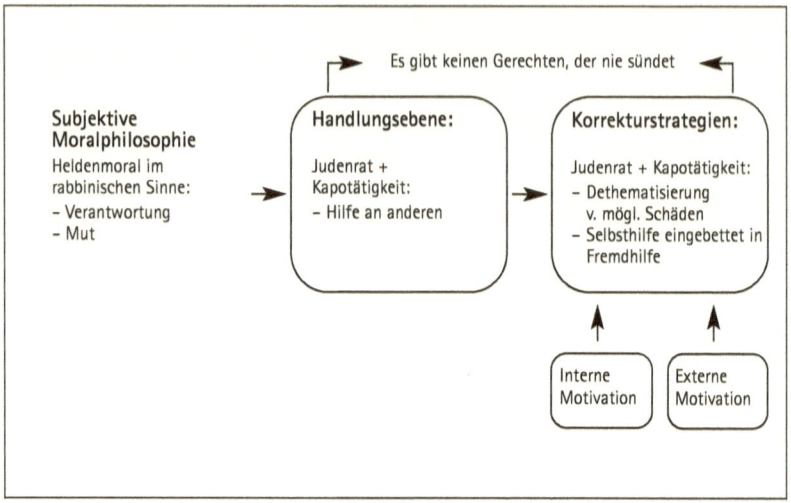

Abbildung 3: Rebekka Halevi-Oz: Bewältigungsversuche – Heldin im rabbinischen Sinn
Die Heldenmoral im rabbinischen Sinne spiegelt Rebekkas subjektive Moralphilosophie wider, der sie auf der Handlungsebene durch die Hilfe für andere gerecht wird. Da es aber keinen Gerechten gibt, der nie sündigt, kommt es auch zu Korrekturstrategien, z. B. zu der ›Dethematisierung von möglichen Schäden an anderen‹ und der ›Einbettung der Selbsthilfe in Fremdhilfe‹. Die Korrekturstrategien hängen mit der internen und externen Motivation zusammen

anderer dies nicht gemacht hätte. Sie macht es durch Kontrolle der natürlichen Angst. Die Heldenmoral ist in diesem Sinne eine ›Extra-Moral‹, eine Supermoral, die mehr als nur die Erfüllung von Pflichten umfaßt (Urmson 1969, S. 61f). Damit definiert Urmson den Unterschied zwischen der ›Heldenmoral‹ und der ›normalen Moral‹. Rebekka orientiert sich während der gefährlichen Shoahzeit an der Heldenmoral bzw. handelt im rabbinischen Sinne. Viele von ihren Handlungen erfüllen diese Kriterien der Heldenmoral. Im gefährlichen, angstvollen Zwangskontext übernimmt sie im Judenrat und als Kapo Verantwortung für ihre Mithäftlinge vor den Deutschen und überwindet ihre Angst. Dabei steht die eigene Belohnung nicht im Vordergrund. Die Verantwortung, die Pflichten, die Rebekka auf sich nimmt, stellen in moralischer Hinsicht mehr dar als jeder von ihr verlangt hätte. Aber sie verlangt es von sich selbst.

Bei der Anonymisierung nannte ich Rebekka mit Nachnamen Halevi-Oz, weil sie sich als mutige, aktive Heldin im Sinne ihrer rabbinischen Familie rekonstruiert. Halevi bedeutet zum Stamm Levi gehörig, dem Stamm der jüdischen Priester, die Verantwortung für das Volk trugen. Das Wort Oz steht im Hebräischen für Mut, Courage, Furchtlosigkeit.

Rebekkas Glaube an ihre Moral ist während der Shoah nicht zerbrochen. Bei ihr kommt es nicht, wie Hannah Arendt (1955) vermutet hat, zur »Ermordung der moralischen Person« durch die Nazis. Sie erlebt ihre Moral als konstant und nicht situationsabhängig. Trotz des extremen Zwangskontextes im Ghetto und im Arbeitslager, in dem sie ihre Funktionstätigkeit ausüben mußte, verwendet Rebekka kaum Wörter wie ›mußte‹ oder ›gezwungen‹ in ihren Erzählungen als Rechtfertigung. Im Gegenteil, sie betont ihre eigenen *Entscheidungsspielräume*, ein wichtiges Zeichen für erlebtes moralisches Verhalten. In der siebten Stunde des Interviews resümiert Rebekka ihre Handlungsweise während der Shoah aus ihrer Sicht: »Ich habe viele Leute zurückgebracht. Wegen mir blieben sie am Leben.« Mit ihren Erzählungen vermittelt sie, daß sie nach ihrer eigenen subjektiven Moralphilosophie handelte und die Absicht und Folgen ihrer Handlungen als moralisch erlebt.

Rebekkas moralische Handlungen haben mich beeindruckt und während des Interviews und der Analyse habe ich mich wiederholt gefragt: Wie hätte ich mich an Rebekkas Stelle verhalten? Ich kam zu keiner Antwort. Mal sah ich mich an Rebekkas Stelle und mal nicht. Während des Nationalsozialismus als Jüdin für andere Juden Verantwortung zu tragen, bedeutete gleichzeitig, vor unzähligen Moraldilemmata zu stehen. Das Dilemma begann mit der Aufnahme der Funktion. Bei Rebekka entsteht der Eindruck, daß sie sich anderen gegenüber immer verantwortungsvoll fühlte und Schuldgefühle empfunden hätte, wenn sie keine Verantwortung in Form einer offiziellen Aufgabe übernommen, sondern nur als Privatperson um ihr Überleben gekämpft hätte. Ich hatte zum Teil das Gefühl, daß die hohe moralische Verantwortung und der Mut von Rebekka meine Mut- und Moralvorstellungen in Frage stellen. Neid auf den Mut und ein Gefühl moralischer Unterlegenheit tauchten bei mir an bestimmten Interview- und Analysestellen auf. Wäre ich oder bin ich moralisch so kompromißlos und mutig wie Rebekka? Bin ich meiner subjektiven Moralphilosophie spurlos treu? An anderen Stellen hingegen, wenn es um die grausamen, von den Deutschen verlangten »Sachen« ging, war ich froh, daß ich in der Realität nicht vor diesen schweren Fragen stand, daß ich nicht an der Stelle des Judenrats oder Kapos war, sondern nur suchend in meinen Gedanken, geschützt in meinem Arbeitsraum.

Korrekturstrategien
Sich als moralisch zu erleben, ist eine wesentliche Komponente der psychischen Bewältigung. An ihrer Seite steht die Fähigkeit, den moralisch erlebten Teil erzählbar zu machen. Das Erzählen ist umso leichter, je größer dieser Teil für die Person ist. Der erzählbare Teil ist auch größer, je ausgereifter die Korrekturstrategien sind, die die entstandenen moralischen Risse ausgleichen sollen.

Ein Ziel der Analyse war, die Moraldilemmata der Person zu rekonstruieren und dabei möglichem moralischem Fehlverhalten, wie es in der individuellen Perspektive wahrgenommen wurde, nachzugehen. Das moralische Fehlverhalten sollte nicht der alleinige Fokus sein, denn dann wären wir bei der Psychopathologie. Seine Analyse sollte vielmehr helfen, das innere Überleben näher kennenzulernen und die Frage zu beantworten, wie die Person sich selbst moralisch gerecht wird. Die Korrekturstrategien sind die Helfer der Person bei der Suche nach einem inneren Gleichgewicht und sind somit wichtiger als das Fehlverhalten an sich. Sie sind das Geheimnis des inneren Überlebens.

Es war in Rebekkas Fall nicht leicht, die Korrekturstrategien zu rekonstruieren, da sie mögliche Konfliktsituationen umgeht und umschreibt, indem sie z. B. nur die in ihren Augen erfolgreich gelösten Problemsituationen anspricht. Heldsein ist »die Sehnsucht nach Vollkommenheit« (Wirth 1987, S. 96) und aus diesem Grunde thematisieren Helden ihre Ambivalenzen nicht. Dies heißt natürlich nicht, daß sie sie nicht hatten oder haben. Genau diese Vermeidung von Ambivalenzen bestimmt Rebekkas Korrekturstrategien. Lange versuchte ich vergeblich, gerade diese Ambivalenz bei Rebekka zu finden, denn eine Nicht-Thematisierung von Ambivalenzen ist auch eine Nicht-Thematisierung von Moraldilemmata, denn Moraldilemmata sind Entscheidungskonflikte zwischen zwei Werten. Und tatsächlich spricht Rebekka ihre Moraldilemmata – bis auf eine Stelle in den sieben Stunden des Interviews – nie direkt an. An dieser einen Stelle vergißt sie das Aufnahmegerät und erzählt von ihrer Hilfesuche bei Gott wegen den von ihr verlangten »grausamen Sachen«. Rebekkas Moraldilemmata ließen sich insgesamt nur durch den Vergleich der historischen Gegebenheiten mit ihren Erzählungen rekonstruieren. Dadurch wird deutlich, daß Themen wie Angst, Scham und Schuld bei Rebekka auf der Metaebene nie angesprochen werden, weil sie ihrer subjektiven Moralphilosophie nicht entsprechen. Ihrer Auffassung nach muß man die Angst überwinden, und Scham und Schuld empfindet man, wenn man glaubt, nach der subjektiven Moralphilosophie falsch gehandelt zu haben.

Dort, wo Ambivalenzen im Zusammenhang mit der eigenen subjektiven Moralphilosophie auftauchen könnten, kommen bei Rebekka Korrekturstrategien zum Tragen. Es kommt zu einer *Dethematisierung von möglichen Schäden an anderen* und parallel dazu zu einer Überbetonung der Erzählungen, in denen Rebekka anderen hilft. Eine weitere Korrekturstrategie wird in Momenten der Selbsthilfe angewandt. Die Selbsthilfe wird in Erzählungen über Hilfe an anderen eingebettet. Die Distanzierung vom Kapo-Kollektiv ermöglicht ebenfalls effektive Korrekturen: ›Ich bin anders, als die anderen Kapos.‹ Dies ist insoweit eine Korrekturstrategie, als das Böse bei den anderen betont wird, um die eigenen guten Seiten aufzuwerten. Die anderen waren aber natürlich nicht *nur* böse und Rebekka vermutlich nicht immer *nur* gut. Rebekka hat nicht auf Kosten anderer überlebt oder gelebt. Es sind kleine Abweichungen von der subjektiven Moralphilosophie, die diese Korrekturstrategien bei ihr aktivieren.

Mit den Heldengeschichten und Korrekturstrategien erfassen wir die Spanne zwischen Stolz und Scham im Zusammenhang mit der Funktionstätigkeit. Vieles spricht für den Stolz, einiges für Korrekturen von moralischen Rissen. Insgesamt ist der individuelle Bewältigungsprozeß nie abgeschlossen, denn Rebekka verändert sich, aber auch ihre Familie und die Gesellschaft, wie wir sehen werden.

Individuelle versus familiäre Bewältigungsstrategien
Rebekkas individuelle Bewältigungsstrategien spiegeln sich auch in den Erzählungen über ihren Ehemann und Sohn wider. Sie ist moralischer im Vergleich zu ihrem Ehemann und ihr Sohn erlebt sie als eine ›moralische Heldin‹. Insgesamt gesehen produziert Rebekka mit ihrer Familie keine neue Arten von Bewältigungsstrategien im Zusammenhang mit den Moralfragen. Die Familie ist der Ort, an dem ihre individuellen Bewältigungsstrategien lediglich verstärkt werden, z. B. indem ihr Sohn sie als moralische Heldin bewundert. Rebekka löst ihre Moraldilemmata im Zusammenhang mit der Funktionstätigkeit selbst und braucht relativ wenig Hilfe von anderen Personen bei der Bewältigung.

Interne oder externe Motivation der Korrekturstrategien
Welche Motivation steht hinter Rebekkas Korrekturstrategien: eine interne oder eine externe? Macht sie die Korrekturen für sich oder für die anderen? Korrigiert Rebekka die schweren Momente z. B. in Form von Dethematisie-

rung, weil sie die eigenen moralischen Risse *sich selbst* gegenüber nicht zugeben kann oder will? Dies würde einer internen Motivation der Korrektur entsprechen. Damit würde z. B. die Dethematisierung von möglichen amoralischen Geschichten gleichzeitig deren Verdrängung bedeuten. Von einer externen Motivation würden wir dagegen sprechen, wenn Rebekka sich zwar noch an diese schweren Momente erinnerte, sich aber gezwungen sieht, die Korrekturen für mich, für ihre Familie oder für die Gesellschaft zu ›produzieren‹.

Für die interne Motivation der Korrektur sprechen Rebekkas hohe Ansprüche an sich selbst: ›Leben oder Moral‹. Sie verlangt viel von sich und auch von anderen. Die externe Motivation hängt nicht zuletzt mit dem Wunsch der Person zusammen, der moralischen Gesellschaft im Sinne von Tugendhat (1993, S. 122f) zugehören zu wollen, sie will von der Gesellschaft als moralisch erlebt werden. Diese gesellschaftliche Zugehörigkeit ist auch für Rebekka nicht unwichtig. Dies läßt sich in Textstellen wiederfinden, in denen sie die positive Einschätzung der Engländer, ihres israelischen Arbeitgebers oder ihres Sohnes im Zusammenhang mit ihrer Funktionstätigkeit hervorhebt. Oder wenn sie ihre Zugehörigkeit zur moralischen Gemeinde betont, indem sie sich vom Kapo-Kollektiv distanziert. Kann Rebekka selber an persönliche Niederlagen nicht mehr herankommen oder wird mir nur die Tür nicht geöffnet? Ich finde es schwierig, die Frage zu beantworten, ob Rebekka die Korrekturen ausschließlich im Namen der sozialen Erwünschtheit oder nur für ihr inneres Überleben leistet. Die Korrektur geschieht bei Rebekka offensichtlich sowohl im Dienste des inneren Überlebens im Zusammenhang mit der rabbinischen ›Heldenmoral‹, aber sie dient auch der sozialen Erwünschtheit, denn ohne die moralisch rühmende Erzählung ist der Held kein Held.

»Dann war sie dort unter den großen Anführern im Judenrat«
Nathan Halevi-Oz – Zweite Generation

Das eigene Leben im Schatten der Vergangenheit
Durch das Gespräch mit Nathan wollte ich erfahren, wie er mit der Vergangenheit seiner Mutter als Judenratsleiterin und Kapofrau umgeht. Im Zentrum stand für mich die Frage, wie die Shoaherfahrungen seiner Vorfahren sein Leben beeinflußten. Nathan ist Anfang 1947 in Ungarn geboren. Im Alter von drei Jahren emigrierte er mit seinen Eltern nach Israel. Als das einzige Kind von zwei Holocaust-Überlebenden ist bei Nathan eine Art

historisches Pflichtbewußtsein gegenüber den ermordeten Familienmitgliedern zu spüren. Das Sprechen über sie ist gleichzeitig ihre Würdigung und dies war auch Nathans zentrale Interviewmotivation. Er zählte alle ermordeten Familienmitglieder mütterlicherseits und väterlicherseits nacheinander auf: Großeltern, Onkel, Tanten, Cousins und Cousinen.

Auf seinem Lebensweg scheint Nathan sich an seiner Ursprungsfamilie zu orientieren, sich mit ihr zu identifizieren. Auch für Nathan, der heute erfolgreicher Chemieprofessor und Vater von drei Kindern ist, sind Studium, Religion und Familie zentral (vgl. Abb. 2). Fast identisch wie seine Mutter beginnt er die Familienerzählung mit seinem verehrten Urgroßvater, dessen Namen er trägt.

>Ich hätte mir das Gedächtnis meines Urgroßvaters gewünscht. [...] Er las ein Kapitel in der Bibel nur einmal und es reichte ihm, um sich bis zur Unendlichkeit daran zu erinnern. Er hatte so ein Talent, daß es etwas Ungewöhnliches ist. Aber man verbrannte auch ihn in Auschwitz, wie jeden anderen auch. Und damit schließen wir das ungarische Kapitel.«

Mit dem Abschluß des »ungarischen Kapitels« meint Nathan die Immigration seiner beiden Eltern nach Israel. »Sie haben gedacht, wenn Israel groß und stark wird, dann wird die Shoah sich nicht wiederholen.« Die Existenz Israels und ihre Verteidigung werden auch für Nathan sehr zentrale Werte. So diente er während des Sechstagekrieges (1967) als Offizier in der israelischen Armee und wirkte bei der Befreiung von Jerusalem mit, was er als das schönste Erlebnis seines Lebens beschreibt. Während des Gesprächs thematisiert Nathan mehrmals den Antisemitismus und den Haß der Araber und hebt damit auch die notwendige militärische Stärke Israels hervor. Denn »wenn wir verlieren werden, dann bedeutet es noch eine Shoah«.

Das eigene Moraldilemma

Der Stolz auf seinen Bildungsweg (vor der religiösen Grundschule bis zum Professor) und auf seine Armeezeit (ein kämpfender, starker Israeli) sind zwei dominierende Themen in Nathans Erzählung über sein eigenes Leben. Sein eigenes Moraldilemma hängt auch mit diesen zwei Themen zusammen. Als ich Nathan frage: »Welches Ereignis oder Phase in deinem Leben war die schwierigste«, erwidert er:

>Die Entscheidung, Israel zu verlassen, weil ich immer da sein wollte, da bleiben wollte. Ich wollte mein Wissen und Aktivitäten [als Akademiker] dort fortsetzen. Ich habe gelernt und ich habe es vorbereitet. Aber ich konnte dort meinen Beruf in dieser Form [als Professor] einfach nicht ausüben. Du kannst in der eigenen Wohnung doch nicht

lehren und forschen.«

Es ist das Dilemma zwischen seinem beruflichen Traum als ›Gelehrter im Sinne des Urgroßvaters‹ und seiner Identität als Israeli. Auf der Handlungsebene wählt Nathan die Karriere und rechtfertigt seine Entscheidung an dieser Stelle noch relativ lange. In Israel glaubt er, aufgrund der Personalpolitik der Universität seine Traumstelle nie bekommen zu können.

Die Lösung von Nathans Dilemma geschah vor fünfzehn Jahren auf der Handlungsebene. Ihre psychische Bewältigung dauert bis heute an. Trotz seines Lebens in Australien definiert sich Nathan weiterhin als Israeli. Er lehnt die Annahme der australischen Staatsbürgerschaft ab und fährt zu jeder Wahl nach Israel. Als »Sabre« Israel zu verlassen, stellt für Nathan zwei Probleme dar. Für den »Sabre« gilt das Verlassen von Israel als Verrat des Landes. Die Diaspora symbolisiert auch Schwäche, Verfolgung, Schutzlosigkeit im Vergleich zu der »Stärke« und »Wehrhaftigkeit« Israels (Wolffsohn 1991). Nathan befürchtet, in der Diaspora zum schwachen passiven Juden zu werden. Sein Urgroßvater wurde in Auschwitz vergast und verbrannt, obwohl er ein berühmter und geehrter Gelehrter war. Nathans wählt auf der Handlungsebene, in die Diaspora zu gehen, aber bleibt in seinem Herzen Israeli.

Er lebt seit fünfzehn Jahren in Australien. Lange überlegte ich, wie ein Interview mit ihm trotz seines weit entfernten Wohnortes zu arrangieren wäre. Zu diesem Zeitpunkt habe ich in Israel bei einer telefonischen Beratungsstelle gearbeitet und so kam ich auf die Idee, das Interview mit Nathan am Telefon durchzuführen. Die Aufnahmemodalitäten stellten keine Schwierigkeiten dar. Mein Telefon hatte ein gutes Mikrophon und die Erfahrung aus der telefonischen Beratungsstelle war mir hilfreich.[19] Fünf Monate nach unserem ersten Treffen bat ich Rebekka um Nathans Telefonnummer. Sie fand die Idee gut und schlug mir vor, Nathan am nächsten Tag nach seiner Arbeit anzurufen. Nathan erwartete meinen Anruf. Rebekka schien ihm ausführlich von unseren Gesprächen erzählt zu haben und er war mit der Idee eines Interviews sofort einverstanden. Wir testeten kurz die Aufnahmequalität und verabredeten einen Termin für das Gespräch in der folgenden Woche um ca. 22 Uhr Ortszeit in Australien.

Unser Gespräch dauerte nahezu zwei Stunden. Wir sprachen auf Hebräisch. Nathan hat eine vertrauenerweckende, ruhige, tiefe Stimme. Er ist ein großer Mann, mit vollem Haar und grünen Augen, wie ich auf zahlreichen Photos bei Rebekka sehen konnte. Im Gegensatz zu der sprudelnden Erzählart von Rebekka neigt Nathan eher zu einer überlegten Sprechweise. Dies spiegelt auch seine gesamte Art wider: ein ernster, sachlicher, verantwortungsvoller, bescheidener und gleichzeitig selbstsicherer Mann, der seine Gefühle selten anspricht. Nur, als wir über die israelische Politik sprachen, wurde sein Redefluß schnell und aufgeregt, er war kaum zu stoppen.

Die Mutter: ›Die Besten zum Judenrat‹

»Plötzlich begann man ihnen alles wegzunehmen, was ihnen gehörte... Man steckte sie einfach in die Ghettos«, beschreibt Nathan den Beginn der Verfolgungszeit und thematisiert anschließend die Judenratstätigkeit seiner Mutter. »Und dort war meine Mutter ein Teil des Judenrats. Sie war so aktiv, stark und kreativ. Sie war eine der wichtigsten Personen in der Umgebung. Und sie sprach auch viele Sprachen. Dann war sie unter den großen Anführern dort im Judenrat.« Die Adjektive, die Nathan hier verwendet, reflektieren seine positive Einstellung und seinen Stolz auf die Judenratstätigkeit seiner Mutter (»aktiv«, »kreativ«, »stark«, »wichtig« und »groß«). Nicht jeder konnte im Judenrat sein, läßt sich daraus verstehen, denn dazu waren Kreativität, Stärke und Bildung (»viele Sprachen«) nötig. Durch Nathans Beschreibung entsteht der Eindruck, daß ›nur die Besten zum Judenrat‹ gingen.

Rebekka ist in Nathans Darstellung auch nicht eines von vielen Judenratsmitgliedern, sondern »unter den *großen Anführern* dort im Judenrat«. Sie wird insgesamt als eine machtvolle Person (›Anführerin‹) und nicht als eine passive, leidende Ghettobewohnerin charakterisiert. Wir können an dieser Stelle vorläufig die Annahme formulieren, daß es zu einer Tradierung der Bewältigungsstrategie zu kommen scheint, indem Nathan das Bild einer starken aktiven Person, das seine Mutter von sich konstruiert hat, übernimmt. Die möglichen Dilemmata eines Judenratsmitglieds sind an dieser Stelle kein Thema.

Anschließend versucht Nathan, den Judenrat zu definieren. »Was das eigentlich war? Die Deutschen wollten, daß die Juden ihre Sachen verwalten werden, daß sie mit ihren ganzen Forderungen zu den Juden gehen werden.« Die Deutschen gründen den Judenrat mit dem Ziel, daß die Ghettojuden »mit ihren ganzen Forderungen zu den Juden gehen«, also zum Judenrat. Damit definiert Nathan die Aufgaben des Judenrats positiv: *Der Judenrat und die Mutter sind Kooperationspartner der Ghettojuden und nicht die der Nazis.*

Die Bezeichnung »Juden« verwendet Nathan an dieser Stelle erst für die Ghettojuden und dann für den Judenrat (»zu den Juden«). In der Sequenz, die danach geschildert wird, beschreibt Nathan weiter den Judenrat und benutzt dabei nach wie vor das Wort »Juden« stellvertretend für das Wort »Judenrat.« Dies könnte mit seiner Wahrnehmung oder seinem Wunsch zusammenhängen, die Interessen und die Perspektive der Juden und Judenräte eng miteinander verbunden zu sehen.

Das Versprechen: ›Aber was hat sie wirklich gewußt?‹
Anschließend spricht Nathan das Unwissen der Judenräte über das Endziel der Nazis an. Dieses Unwissen will er durch die Täuschungsmanöver der Deutschen veranschaulichen, die den Juden »nicht die ganzen Informationen« gaben. Auffällig an dieser Stelle ist der Versprecher von Nathan, in dem er Deutsche und Juden (bzw. den Judenrat) verwechselt. Er sagt: »Aber die *Juden* gaben ihnen eigentlich nicht die ganze Information.« Nathan meint aber, daß die *Deutschen*, »ihnen«, d. h. dem Judenrat »eigentlich nicht die ganze Information gaben«. Aufgrund des Fehlens dieser Informationen handelte der Judenrat unwissend, wie Nathan auch in den nächsten Sätzen weiter ausführt. Nathan bemerkt seinen Versprecher nicht und erzählt ohne Unterbrechung weiter über die Täuschungsmanöver der Deutschen:

> »Die Deutschen sagten ihnen nur: macht euch keine Sorgen. Es wird in Ordnung sein. Ihr geht zu diesen Orten, um zu arbeiten. Jetzt ist Krieg. Es ist schwer [...], sich zu organisieren. Nachher wird es besser. Und sie [die Judenräte] wußten eigentlich nichts von dem, was dort wirklich passierte.«

Mit dem Versprecher drückt Nathan genau das Gegenteil von dem aus, was er auf der bewußten Ebene beabsichtigt hat. Um den Sinn der Fehlhandlung zu untersuchen, gehen wir der Frage nach, warum Nathan sich »gerade in dieser Weise [...] und in keiner anderen« versprochen hat (Freud 1916, S. 26f). Hier werden die Beziehung zwischen der Fehlleistung und den anderen Intentionen der Person beim Erzählen analysiert. Nathan will die Handlungen des Judenrats und seiner Mutter moralisch verteidigen (»sie wußten eigentlich nichts«), d. h. sie haben wegen der Täuschungsmanöver der Nazis unwissend gehandelt. Er will sagen: ›Die *Nazis* haben dem *Judenrat* nicht die ganze Information gegeben‹, und sagt das Gegenteil (»Aber die *Juden* gaben ihnen eigentlich nicht die ganze Information«). Damit drückt er wortwörtlich aus, daß es Juden gab, die mehr Informationen als andere hatten, bzw. daß der Judenrat mehr als die Ghettojuden wußte, aber »ihnen eigentlich nicht die ganze Information« weitergab. Dieser Versprecher ist eingebettet in Nathans Anliegen und Bedürfnis, die Funktionstätigkeit seiner Mutter als moralisch positiv darzustellen.

Die Ursache des Versprechers sind die zwei entgegengesetzten »Redeabsichten« der Person, von denen eine im Verborgenen bleiben soll. »Die

Unterdrückung der vorhandenen Absicht, etwas zu sagen«, ist »die unerläßliche Bedingung dafür [...], daß ein Versprechen zustande kommt«, so Freud (ebd., S. 52). In Nathans Fall soll die folgende in seinen Augen weniger moralische Frage unausgesprochen bleiben: Wieviel haben die Judenräte wirklich gewußt und inwieweit haben sie sich dementsprechend verhalten? Es ist die Loyalität zur Mutter, die zu dem Versprecher führt, denn Nathan nimmt sich vor, nur die moralischen Seiten der Funktionstätigkeit seiner Mutter anzusprechen. Nathan bemerkt, wie erwähnt, seinen Versprecher selber nicht. Die dunkle Seite begnügt sich nach Freud damit, daß sie mit dem Versprecher nur für eine kurze Zeit ans Licht kam. Durch Nathans Versprecher lernen wir seine Ambivalenz zum Judenrat kennen. Er hat einerseits eine positive Einstellung zum Judenrat und will diese auch vertreten. Andererseits scheint er auch Zweifel über die moralische Ausübung der Judenratstätigkeit zu haben: Was hat die Mutter wirklich gewußt, und wie hat sie in bezug auf dieses Wissen gehandelt, ist Nathans Frage.

Die eminente Bedeutung, die Nathan dem Unwissen als moralischer Entschuldigung beimißt, wird später immer wieder deutlich. Was ihn während seines Besuchs in Auschwitz im Jahre 1995 betroffen gemacht hat, war die Erkenntnis, daß die polnischen Einwohner in der Nähe von Auschwitz in jener Zeit alles über die Vernichtung wußten, aber ihren Alltag jedoch normal weiterführten: »Alle sagten, wir konnten nichts tun, weil wir nichts wußten, nichts hörten, nichts sahen. Aber wenn du dort entlang gehst, dann siehst du, daß sie es alle gehört und gewußt haben«. Emotional und fast aufgewühlt spricht er das Wissen der Engländer und Amerikaner über die Vernichtung der Juden in Auschwitz an und verurteilt ihre Entscheidung, die in das KZ führenden Schienen nicht zu zerstören.

Amoralisches Handeln trotz Wissen kategorisiert Nathan als das »Schlimmste«. Seine Mutter dagegen hat aber nichts gewußt. »Ich denke, daß am schwierigsten für sie war, daß sie nicht wußte, was dort los ist«, beantwortet er meine Frage danach, was für seine Mutter am schwierigsten während der Shoahzeit gewesen sei. Sensibel und treffend spricht Nathan an dieser Stelle die moralischen Schwierigkeiten seiner Mutter an. Das Schlimmste, sagt Nathan indirekt damit, ist das Handeln, das sich im Nachhinein als moralisch falsch darstellt, weil einem damals das Wissen fehlte.

Die Moraldilemmata:
Der Wille zu überleben und gut zu handeln
Anschließend thematisiert er den Lebenswillen in einer allgemeinen Form:

»Der Wille war, nur zu leben. Und in der Zwischenzeit zu versuchen, das zu machen, was für alle in diesem Moment gut ist.« Es ist das Moraldilemma seiner Mutter, das Nathan hier anspricht: einerseits überleben wollen und andererseits anderen helfen, keinem schaden bzw. moralisch sein wollen (»für alle [...] gut«). Inwieweit beide Wünsche sich widersprechen können, wird im anschließenden Satz deutlich: »Eines der *großen Probleme* war, daß sie immer dafür war, anderen Leuten zu helfen.« Das »Problem«, das Nathan meint, ist die Gefährdung des eigenen Lebens durch diese Hilfe. Wir können an dieser Stelle die Annahme hinzufügen, daß Nathan sich der Moraldilemmata seiner Mutter als Funktionshäftling bewußt ist. Sie will überleben und anderen nicht schaden.

Wie sahen Rebekkas genaue Moraldilemmata aus Nathans Sicht aus? Nathan spricht zwei zentrale Moraldilemmata der Judenräte an, als ich ihn nach Geschichten aus der Judenratszeit seiner Mutter frage:

(a) *Die Beschlagnahmung von Geld und Nahrung von den Ghettojuden und deren Weitergabe an die Deutschen.*

> »Von der Zeit des Judenrats weiß ich, daß sie mit den Deutschen und mit den Juden der Umgebung diskutiert hat. Die Deutschen wollten verschiedene Sachen. Sie wollten Geld und Lebensmittel. Dann haben sie ihr mitgeteilt, was sie sammeln soll und sie hat den Leuten mitgeteilt, was man nehmen muß. Und so haben sie es geschafft, es zu organisieren. [...] Ich weiß, daß es sehr schwer war, weil die Leute im Ghetto in dieser Zeit von dem Geld gelebt haben, das sie mit sich in das Ghetto hineinschmuggeln konnten und sie zahlten mit diesem Geld für die Nahrung. [...] Als die Deutschen gemerkt haben, daß das, was die Leute haben, schon fast zu Ende ist, haben sie sich entschieden, sie in die Vernichtungslager zu transportieren.«

Es ist eine treffende Beschreibung der Moraldilemmata aller Funktionshäftlinge schlechthin: Die Mutter steht als Judenrätin zwischen den Deutschen und den Juden und muß mit beiden diskutieren. Im Gegensatz zu Rebekka spricht Nathan aus, was die Deutschen von seiner Mutter als Judenratsleiterin verlangten, wie seine Mutter es organisiert hat und wie die Ghettojuden, die ihr Geld mehr denn je für die eigene Ernährung benötigten, dazu standen. Das komplexe, schmerzhafte Geschehen ist Nathan bewußt. Gleichzeitig wird die Beschlagnahme der Gelder durch den Judenrat von Nathan gerechtfertigt. Denn die Ghettojuden blieben von den Vernichtungslagern nur solange verschont, wie sie den Deutschen Geld liefern konnten (»Als die Deutschen gemerkt haben, daß das, was die Leute haben, schon fast zuende ist, haben sie sich entschieden, sie in die Vernichtungslager zu transportieren«). Das Beschlagnahmen war eine lebensrettende Maßnahme, erklärt Nathan damit. Historisch läßt sich diese Annahme weniger bestätigen. Die

Nazis vernichteten die Juden bis 1945 unabhängig von ihrem Geld und benutzten in den letzten Monaten des verlorenen Krieges sogar kriegswichtige Ressourcen wie Züge, um die in ihre Hände gefallenen Juden zu ermorden. Aber diese Rechtfertigung ist für Nathan psychisch gesehen von großer Bedeutung. Damit kann er seine Mutter auch in diesem Kontext als moralisch erleben.

(b) *Die Erstellung der Deportationslisten.* Bei der Thematisierung der Deportationen betont Nathan nochmals das Unwissen der Juden über das Endziel der Nazis. Die Mutter ist in diesen Erzählungen als Person nur zu Beginn vorhanden. Es fällt auf, daß Nathan diese schweren Dilemmata in einer sehr unpersönlichen und allgemeinen Art erwähnt.

> »Sie wählten jedes Mal eine andere Gruppe. Zuerst haben sie die Bevölkerung ausgedünnt. Sie nahmen erst die älteren Leute, danach die Frauen und dann Familien mit vielen Kindern. Und sie schickten die Leute, die nach ihrer Meinung arbeiten konnten, an andere Orte. Alles in einer organisierten Form. Es gab sehr schwere Sachen, dort zu entscheiden, weil das Wissen, das sie hatten, eigentlich minimal oder eigentlich nicht existent war. [...] Man sagte ihnen nur: macht euch keine Sorge. Sie fahren an einen besseren Ort. [...] Es war eine systematische Form, die Goebbels entwickelt hat, um die Sinne der Leute zu schwächen.«

In dem Bericht über die Transporte (»Sie nahmen erst die älteren Leute«) sind die Deutschen die alleinig Handelnden. Nur die Bemerkung: »Es gab sehr schwere Sachen dort zu entscheiden« weist darauf hin, daß die Mutter in diesem Zusammenhang vor schweren Entscheidungen stand und ihr Schmerz wird spürbar. Die Mutter hat unwissend diese »schweren Entscheidungen« getroffen; womit die Erstellung der Transportlisten gemeint ist.

Die Kapotätigkeit: »Chefin im Lager«

Die Wörter Kapo, Blockälteste oder Blockova benutzt Nathan im Gespräch nicht. Er bezeichnet die Tätigkeit seiner Mutter im Arbeitslager als »Chefin im Lager«. »In den Lagern stand die oft vor schweren Entscheidungen«, bemerkt er. Als ich ihn später frage: »Erinnerst du dich an eine schwere Entscheidung [...], die deine Mutter fällen mußte?« nennt Nathan fünf Geschichten: In Auschwitz wird seine Mutter beauftragt, an ihre Mithäftlinge nach der Dusche Kleidung zu verteilen, was sie gewissenhaft tut. Für sie selbst bleibt aber kein Kleidungsstück übrig und sie ist gezwungen, eine einfache Decke zu nehmen, um nicht nackt zu sein. Dies bringt sie in enorme Lebensgefahr. Als Mengele sie mit der Decke sieht, nimmt er erst an, daß sie krank sei und kontrolliert sie gründlich. Weiterhin erzählt Nathan vier Geschichten, die auch seine Mutter im Interview erwähnt. Er beschreibt, wie sie das Brot an alle Häftlinge gleich verteilt hat und zitiert sie dabei: »Wir wollen alle Leben [...] und müssen die Sachen in einer gerechten Art teilen.« Die Mutter sammelt auch Milch für Kranke und ein anderes Mal erklärt sie sich bereit, eine Kollektivstrafe für ihre Häftlingsfrauen zu übernehmen, damit die Frauen nach der schweren Arbeit die notwendigen Schlafstunden bekommen, worauf sie selber sehr hart von den Deutschen bestraft wird. Sie erhält auch Schläge, als sie eine ältere Häftlingsfrau vor einem »deutschen Kapo« schützen will. Das Motto all dieser Erzählungen ist die hohe Moral, die Heldenmoral, der Mutter im Rahmen ihrer Funktionstätigkeit.

Wie Rebekka beantwortet auch Nathan die Frage, vor welchen problematischen Entscheidungen die Mutter stand, nicht direkt, sondern thematisiert moralische Geschichten, bei denen sie nicht gezwungen war, etwas zu machen, aber in denen sie sich freiwillig entschieden hat, anderen zu helfen. Nathans fünf Geschichten rufen die zwölf Heldengeschichten ins Gedächtnis, die Rebekka über ihre Kapotätigkeit schildert. Es kommt zu einer *Tradierung des Erzähl- und Bewältigungsmusters*. Nathan übernimmt die Bewältigungsstrategie der *Dethematisierung von amoralischen Aspekten* z. B. von möglichen Schäden an anderen. Parallel dazu kommt es zur Überbetonung der moralisch positiven Geschichten bzw. der positiven Pflichten.

Die Erzählung der fünf positiven Geschichten beendet Nathan mit dem Satz: »Auch heute ist sie der gleiche Mensch. Wenn jemand ein Hemd braucht, dann wird sie ihres ausziehen und es dem anderen geben. Sogar wenn sie kein weiteres Hemd für sich selbst hat.« Seine Mutter war und ist moralisch gut, faßt Nathan damit seine Erzählung zusammen. Anschließend frage ich Nathan:

> I: »Aber auf der anderen Seite mußte sie auch ihr Leben schützen. Wie hat sie es gemacht?«
> N: »Ich denke, daß sie es auf eine sehr gerechte Art und Weise gemacht hat. Sie war gleich unter gleichen, aber sie war die Organisatorin. Sie kam nie zu jemanden und sagte: ich bin deine Chefin und deshalb mußt du es so und so machen. Das heißt: ich bin hier, um zu versuchen, allen beim Überleben zu helfen.«

Ich frage nach dem Schutz des eigenen Lebens, nach dem Überleben der Mutter und Nathan spricht die Moral an. Sie schützt ihr Leben »auf eine sehr gerechte Art und Weise«. Ihr Überleben ist damit nicht vom Glück und nicht durch die Vorteile der Funktionstätigkeit (»gleich unter gleichen«) gekennzeichnet, sondern von der Moral. Die Funktionstätigkeit dient ihr als Instrument, um andere zu retten, erklärt Nathan damit. Die Verknüpfung zwischen der Funktionstätigkeit der Mutter und ihrer Moral (»Ich bin hier, um [...]

allen beim Überleben zu helfen«) ist ein weiterer Teil der Tradierung der Erzähl- und Bewältigungsform.

Da Rebekka ihrer subjektiven Moralphilosophie gerecht wurde und sich im großen und ganzen als moralisch erlebt, ermöglicht dies Nathan, ihre erfolgreichen Bewältigungsstrategien zu übernehmen. Wenn es aber jemals zu Schäden an anderen durch die Funktionstätigkeit der Mutter kam, so werden sie weder von der Mutter noch beim Sohn erwähnt. So geschieht die Korrektur des moralischen Selbstbildes mit Hilfe der Dethematisierung von möglichen Schäden an anderen.

Nathans Wissen über die Verfolgungserfahrungen seiner Mutter ist enorm. Seine Formulierungen während des Erzählens und auch die Auswahl der Inhalte und der Reihenfolge der Erzählung sind denen seiner Mutter äußerst ähnlich. Es kommt bei Nathans Schilderung kaum zu Abweichungen oder Verwechslungen. »Zu Hause sprachen wir über all diese Themen ohne Ausnahme.« Aber das ist nicht der alleinige Grund für diese Erzählform. In der Familie Silber, die ich in Israel interviewte, sprechen die Eltern nach dem Empfinden ihrer Tochter von morgens bis abends über ihre Verfolgungserlebnisse. Die Tochter aber konnte nur in sehr ungenauer Form die Verfolgungsgeschichte ihrer Eltern wiedergeben, was ihre Distanzierungsversuche zeigte. Nathan hingegen, der sich mit seiner Mutter identifiziert, übernimmt mit seiner Erzählform die Bewältigungsstrategien seiner Mutter und merkt sich deshalb ihre Erzählungen so gut. Die Tradierung der Erzählform spiegelt somit die Tradierung der Bewältigungsstrategien.

Der Graben zwischen Familie und Gesellschaft

Nathan, der in der israelischen Gesellschaft aufwächst, identifiziert sich einerseits mit der israelischen Gesellschaft und mit vielen ihrer Werte. Andererseits identifiziert er sich auch mit seinen Eltern und deren Verfolgungsgeschichte. Da sich aber diese Identifikationen zum Teil widersprechen, steht Nathan vor einer neuen Bewältigungsaufgabe: er muß beide Identifikationen zur Kongruenz bringen.

Der Vater: »Er war quasi ein Sklave«
Als die Mutter Leiterin des Judenrats war, leistet der Vater militärische Zwangsarbeit bei den Ungarn. »Er war quasi ein Sklave, der für die Ungarn gearbeitet hat, die eigentlich mit den Deutschen arbeiteten. Es war Kriegszustand und man nahm die Juden und behandelte sie als diejenigen, die jede Arbeit machen mußten, die man selber nicht machen wollte.« Während die

Mutter »unter den großen Anführern dort im Judenrat« war, war der Vater »quasi ein Sklave«. »Sklave« heißt nicht frei, nicht Herr seines Lebens, vielleicht auch nicht seiner Würde und Moral, denn Sklaven sind »Menschen, die jede Arbeit machen werden«. Diese Vorstellung könnte eher zu einem jüdischen Kapo während der Nazizeit passen als zu einem jüdischen Hilfssoldaten der ungarischen Armee. Aus Nathans Beschreibungen läßt sich ableiten, daß er seine Mutter im Gegensatz zu seinem Vater eher als Herrin ihrer Handlungen sieht. Die Bezeichnung »Sklave« ist hart und abwertend. Das Wort »quasi« mildert diese Bezeichnung nur wenig ab.

Während Nathan sich im Gespräch über seinen Einsatz als israelischer Offizier definiert, beschreibt er seinen Vater als »Sklaven.« Steckt hinter dieser Beschreibung vielleicht Scham über den Vater, der sich »quasi« wie »ein Sklave« verhält, statt vielleicht zu fliehen und ein Partisan zu werden? Nathan glaubt an ein starkes Israel, das nur dank seiner Armee gegen die vielen arabischen Feinde existieren kann. Er glaubt auch, daß während der Shoah viel weniger Juden ermordet worden wären, »wenn zum Beispiel alle siebzehntausend jüdischen Gemeinden gegen die Deutschen Widerstand geleistet hätten«. Denn »dann hätten sie nicht alles so verwalten können«.

Es war und ist zum Teil noch ein verbreitetes Gedankengut in Israel, daß mit mehr jüdischem Widerstand auch mehr Juden gerettet worden wären. Die israelische Gesellschaft ehrte somit in erster Linie die jüdischen Partisanen und bewunderte die Untergrundkämpfer aus den Ghettos und Konzentrationslagern, die gegen die Nazis kämpften. Diese Gruppe der Überlebenden stellt das ideale Bild eines Holocaust-Überlebenden dar, während die Schicksale der anderen Holocaust-Überlebenden in den 50er und 60er Jahren in Israel weniger thematisiert wurden. Teilweise schämte man sich für die Holocaust-Überlebenden, die keine Partisanen waren und nicht im zionistischen Sinne aktiv gegen die Nazis gekämpft hatten. Es war der »verwundete nationale Stolz«, der zu einer »überdimensionalen Betonung« des Widerstands führte. Aus diesem Grund lernte man damals in den Schulen besonders viel über den Aufstand im Warschauer Ghetto (Schatzker 1993). ›Nie wieder schwach‹, ›nie wieder Opfer‹, sprach die israelische Gesellschaft mit einer Stimme. An dieser Stelle versuchte die ganze israelische Gesellschaft, sich eine positive Identität aufzubauen. Der neue Israeli (der »Sabre«) entspricht dem Bild des kämpfenden jüdischen Partisanen, nicht dem des ›leidenden, passiven‹ Holocaust-Überlebenden.[20] In dieser Atmosphäre wuchs Nathan und die ganze zweite Generation in Israel auf.

In Nathans weiteren Erzählungen über die Verfolgungserlebnisse seines

Vaters sind zwei konträre Haltungen spürbar. Einerseits ist das Mitleid und die Fassungslosigkeit über das grausame Geschehen, das der Vater durchgemacht hat, spürbar. So beschreibt Nathan die Räumung der Minenfelder als »wirklich entsetzlich«. Andererseits kommt auch eine latent aggressive Haltung dem Vater gegenüber zum Vorschein, indem Nathan die Perspektive der Ungarn und Deutschen mit zynischer Stimme zitiert: »Die jüdischen Menschen werden [auf den Minenfeldern] sterben. Das ist nicht so schlimm.«

Auch in den anderen Erzählungen über die Verfolgungszeit des Vaters ist Nathans Konflikt zwischen Mitleid mit seinem Vater und Vorwürfen ihm gegenüber spürbar. Da das Leid der Überlebenden lange kein Thema in der israelischen Gesellschaft war, stand die zweite Generation allein mit dieser Ambivalenz und mit der Wahl zwischen der ›starken‹ israelischen Gesellschaft und ihren Eltern, die so viel erlitten hatten. Dies änderte sich mit dem Jom-Kippur-Krieg (1973), der für die israelische Gesellschaft bis heute ein Trauma darstellt. Die Identifikationsbereitschaft mit den Holocaust-Überlebenden stieg daraufhin enorm. Bereits 1977 identifizierten sich siebzig Prozent der jungen Israelis mit dem Satz »Wir sind alle Holocaust-Überlebende« (Herman 1977, S. 99). Mit dem Jom-Kippur-Krieg, dessen Folgen Nathan selbst als sehr schwerwiegend erlebt, kommt es zu einer Annäherung an den Vater.

Insgesamt bleibt bei Nathan bis heute die Ambivalenz zwischen Leid und Heldentum im Zusammenhang mit den Shoah-Erfahrungen seiner Eltern bestehen. Seine Ambivalenz spiegelt die der israelischen Gesellschaft gegenüber der Shoah wider. Die Thematisierung von Erzählungen über Partisanen und Widerständler haben auch heute großen Stellenwert, aber sie stehen jetzt neben den leidvollen Verfolgungsgeschichten. Heute fahren ganze Schulklassen nach Auschwitz und auch Nathan fährt 1995 mit seiner Tochter dorthin und nicht ins Warschauer Ghetto. Im Konflikt zwischen Leid und Heldentum wählt Nathan – wie die israelische Gesellschaft – die Lösung ›sowohl als auch‹. ›Wir sind stark‹ (israelische Armee, Mossad) und ›wir sind alle Opfer‹ (Shoah, Antisemitismus, arabische Welt). Beide Identifikationen, die sich auf den ersten Blick widersprechen, werden bei den oben erwähnten Hintergründen verständlich. Das Leid ist die verbindende Kette des Volkes Israel und sie verbindet auch den Vater und den Sohn. Doch gleichzeitig sind der Glaube an und der Stolz auf die Stärke Israels für die positive Selbstdefinition und für das physische Überleben in Israel notwendig.

Mutter: Ein Funktionshäftling als Heldin
im Sinne der israelischen Gesellschaft
Noch größer als die ablehnende Haltung gegenüber der vermeintlichen

›Passivität‹ der Holocaust-Überlebenden in der israelischen Gesellschaft war und ist die abweisende Einstellung gegenüber der ›Aktivität‹ der Funktionshäftlinge. Hier bildete sich ein Graben zwischen der Gesellschaft und den Familien der Funktionshäftlinge. Es ist ein Konflikt im Sinne der Soziose, in dem die Wertvorstellungen der Gesellschaft und der Familienvergangenheit unvereinbar scheinen (Van den Berg 1960); ein Konflikt, vor dem auch Nathan als Sohn eines Funktionshäftlings steht. Im Sinne der moralischen Anforderungen der israelischen Gesellschaft hätten alle Holocaust-Überlebenden einen aktiven und möglichst bewaffneten Einsatz gegen die Nazis leisten sollen. Der Judenrat setzte dagegen oft die Politik der Hoffnung und des Wartens ein. Nathan versucht, durch die Annäherung der Funktionstätigkeit der Mutter an die Anforderungen der israelischen Gesellschaft diese Differenz aufzuheben: Die Mutter wird als mächtig und moralisch geschildert, da sie ihre Judenrats- und Kapotätigkeit übernimmt, um anderen zu helfen. Und nicht zuletzt leistet sie durch und in ihrer Funktionstätigkeit Widerstand gegen die Nazis, z. B. indem sie den Nazis bzw. der schlagenden deutschen Aufseherin ihr amoralisches Verhalten offen vorwirft. In diesem Sinne handelt die Mutter genau wie die moralischen, mächtigen und unabhängigen Partisanen. Nathan vereinbart dadurch die beiden auf den ersten Blick sehr widersprüchlichen Perspektiven: Rebekka wird in den Augen ihres Sohnes von einem Funktionshäftling zu einer Heldin im Sinne der israelischen Gesellschaft. Und genau diese Übereinstimmung zwischen der Funktionstätigkeit der Mutter und den moralischen Erwartungen der israelischen Gesellschaft macht es für Nathan möglich, mir die Geschichte seiner Mutter mit soviel Stolz zu erzählen.

Die Familiendynamik im Konflikt zwischen Heldentum und Leid
Nathan steht vor einem Loyalitätskonflikt im doppelten Sinn: zum einen zwischen der Gesellschaft und der Familie und zum anderen zwischen seinem Vater und seiner Mutter. Es wäre für Nathan leicht, eine Koalition mit seiner Mutter, die auf einer gemeinsamen Abwertung des Vaters basiert, einzugehen. Eine solche Abwertung des Vaters ist aber bei Nathan nur im Zusammenhang mit dem fehlenden Widerstand des Vaters als Hilfssoldat spürbar. An anderer Stelle spricht Nathan stolz und liebevoll über seinen Vater: Jener war Leiter der jüdischen Gemeinde direkt nach der Befreiung; in Israel konnte er trotz seiner körperlichen Beschwerden eine wichtige leitende Funktion in der Wirtschaft ausüben; er war belesen und gutaussehend. »Er sah phantastisch aus: mit einem großen schwarzen Schnurrbart. Er

sah so gut aus, daß man ihn [in seiner Jugend] nach Hollywood schicken wollte.« Aber der Vater achtet auf die jüdische Tradition und bleibt bei seiner Familie.

Die Partnerschaftskonflikte seiner Eltern thematisiert Nathan nicht; vermutlich nicht, weil er sie nicht wahrgenommen hat. Vielmehr hat er in seinen Erzählungen über seine Eltern als Paar eine versöhnliche, suchende Stimme. Er steht zwischen seinen Eltern und versucht, zwischen ihnen zu vermitteln. Von der Mutter hat er gelernt »die Realität zu sehen, wie sie ist«. »Wenn jemand Dich anspuckt, dann sag nicht, daß es regnet«, pflegte seine Mutter zu sagen. »Von meinem Vater habe ich ein wenig Diplomatie gelernt. Ich kann die gleichen Sachen sagen, aber in einer geistreicheren und ruhigeren Art. So daß es keinen Widerstand auf der anderen Seite weckt.« Nathan als die Kombination seiner Eltern steht auf der Seite beider Elternteile, auch wenn es auf den ersten Blick scheint, daß er mehr auf der Seite seiner Mutter stünde. So verknüpft er z. B. seine Geburt mit dem schönen Wiedersehen der Eltern und seine Stimme ist dabei warm und fröhlich.

Die Lösung des familiären und psychosozialen Konflikts besteht in der Identifikation mit beiden Elternteilen. Dabei spielt ihre Verfolgungsgeschichte eine zentrale Rolle. Das erlebte Leid des Vaters und die erlebte Moral und das Heldentum der Mutter stehen in Nathans Erzählungen im Vordergrund. Der Vater ist das ›leidende passive Opfer‹, der ›richtige‹ Holocaust-Überlebende der Familie in den Augen von Nathan und Rebekka. »Meine Mutter war die, die uns am Anfang versorgt hatte, weil mein Vater von den *Lagern* ein wenig krank war«, erinnert sich Nathan. Aber nicht der Vater war in den Lagern und im Ghetto gewesen, sondern die Mutter. Als ich Nathan die direkte und ungewöhnliche Frage stelle, wer von seinen Eltern seiner Meinung nach während der Shoahzeit mehr gelitten habe, antwortet er ohne Zögern: »Nach den Geschichten, die ich gehört haben, denke ich, daß mein Vater mehr gelitten hat.« Nathan identifiziert sich mit seinem Vater als krankem Mann und Holocaust-Opfer. Dies entspricht seinem Verständnis der Moral: Mitleid und Hilfe für den leidenden und schwächeren Elternteil. »Aber ich denke nicht, daß meine Mutter Honig geleckt hat«, erklärt Nathan schnell. Ihr Leid verknüpft er dann mit dem Preis für ihre Heldentaten. Es ist das Leid der Partisanen, die Folge eines mutigen Kampfs.

Das Genogramm stellt die Beziehungen innerhalb der Familie Halevi-Oz zusammenfassend dar (Abb. 4). Nathan identifiziert sich mit beiden Elternteilen. Die Mutter wird mit ihrer Funktionstätigkeit zu einer moralisch-aktiven Heldin, der Vater mit seiner Geschichte als Zwangsarbeiter zu ›dem‹ Holocaust-Opfer der Familie. Daß diese Ambivalenz trotz der erfolgreichen Bewältigungsstrategien nicht lückenlos gelöst wird, zeigen Nathans latente Vorwürfe an seine Eltern: »Warum habt ihr nicht gekämpft?« ›Was hat meine Mutter wirklich gewußt?‹ Diese Vorwürfe gründen nicht zuletzt in den gesellschaftlichen Werturteilen, die er übernommen hat.

Der Konflikt der israelischen Gesellschaft in der Auseinandersetzung mit der Frage des Leids und des Heldentums in der Shoah läßt sich somit innerhalb einer Familie finden. In beiden Loyalitätskonflikten entscheidet sich Nathan nicht dafür, zwischen den Polen zu wählen, sondern baut eine Brücke zwischen den beiden Gegensätzen, was eine enorme Leistung darstellt. Mit dieser Ambivalenz zwischen der Identifikation mit dem Leid einerseits und mit dem Heldentum andererseits steht Nathan symbolisch für die zweite Generation in Israel. In diesem Dreieck zwischen seiner Mutter, seinem Vater und der israelischen Geschichtsschreibung steht Nathan in der Mitte und es gelingt ihm, die drei unterschiedlichen Identifikationen in Einklang zu bringen.

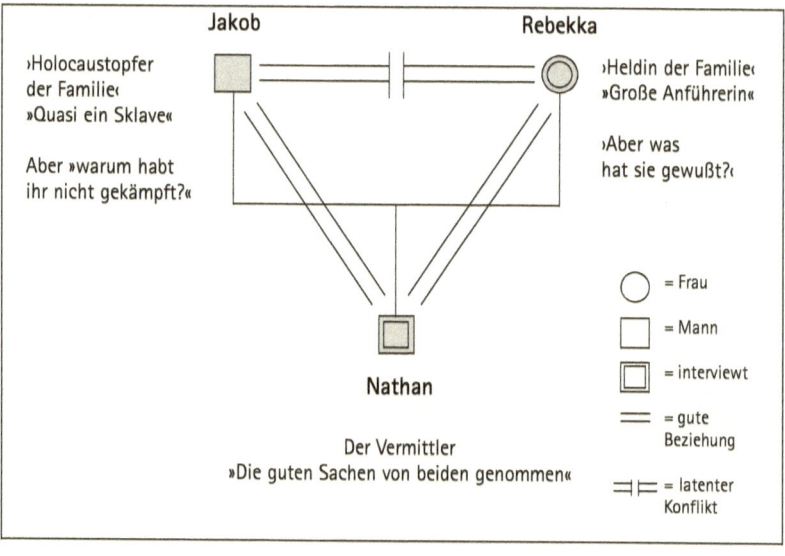

Abbildung 4: Nathan Halevi-Oz: Die Familiendynamik im Zusammenhang mit der Shoah

Zusammenfassung: Tradierung der Bewältigungsstrategie

Nathan setzt sich auf drei Ebenen mit den Verfolgungsgeschichten und den Moraldilemmata seiner Mutter und seines Vaters auseinander: auf der individuellen, der familiären und der psychosozialen Ebene. Auf der individuellen Ebene übernimmt Nathan weitgehend die Bewältigungsstrategien seiner Mutter. Diese Tradierung der Bewältigungsstrategien äußert sich z. B. in der Darstellung der Kapotätigkeit seiner Mutter als Tätigkeit einer aktiven moralischen Heldin. Auf der psychosozialen und familiären Ebene kommt es zu Konflikten: zum einen zwischen der israelischen Gesellschaft und der Familie (Soziose) und zum anderen zwischen seiner Mutter und seinem Vater. Nathans Versuche, die Soziose zu lösen, sind erfolgreich. In seinem Bewältigungsversuch baut er eine Brücke zwischen der familiären und gesellschaftlichen Welt, zwischen den Helden, den Opfern und der Funktionstätigkeit seiner Mutter und zwar, indem er sich gleichzeitig mit den Helden und Opfern identifiziert. Boszormenyi-Nagi spricht über die Entstehung von »Schuld wegen der Verletzung der unbewußten, familiären Loyalitätsbindung« und wegen der Verletzung der »Hierarchie der Verpflichtungen und Loyalität« (Boszormenyi-Nagi 1976, S. 155). Nathan dagegen gelingt es, seinen Eltern und seiner Gesellschaft gegenüber innerlich loyal zu bleiben, indem er sich mit beiden identifiziert. Diese erfolgreiche Bewältigungsstrategie, die gelebte Loyalität auf der familiären und psychosozialen Ebene, ermöglicht es Nathan, sich selbst als moralisch zu erleben.

Familie Sachaf: Scham

»Jahre hat es mich Tag und Nacht gequält«
Yalda Sachaf – Erste Generation

»Entschuldigung, daß wir überlebt haben«

Bei einer Veranstaltung über die Shoah begegne ich Chanan, dem Sohn von Yalda Sachaf. Er spricht voller Hingabe und Respekt über seine Mutter und erzählt, wie sie zwei Jahre lang in einem Versteck gelebt hat. Dabei hofft er, daß sie zu einem Interview über das schwere Thema der Shoah bereit wäre und initiiert damit das Gespräch zwischen seiner Mutter und mir. Zu diesem Zeitpunkt wußte ich noch nicht, daß Yalda im Judenrat tätig war und es blieb für mich auch lange offen, ob ihr Sohn dies je wußte.

Yalda Sachaf wurde 1923 in Polen geboren. Kurz vor ihren Abschlußprüfungen im Gymnasium wurde Polen von den Deutschen besetzt und Yalda und ihre Familie wurden im Ghetto interniert (1940-1942). Dort arbeitete sie für den Judenrat und war zuständig für die Erstellung der Einwohnerlisten und ab 1941 auch für die Transportlisten. Nach Auflösung des Ghettos im Jahre 1943 versteckten sich Yalda und ihr Vater bei einem polnischen Bauern. Yaldas Bruder und ihre Mutter wurden nach Auflösung des Ghettos ermordet. Nach der Shoah emigrierte Yalda mit ihrem Ehemann, den sie vor der Shoah kennengelernt hatte, nach Israel (1951). Er war der Bruder einer guten Freundin, dem es gelang, vor der deutschen Besatzung nach Rußland zu fliehen (vgl. Genogramm Abb. 5).

Vor dem Gespräch mit Yalda holt mich ihr Mann von der Busstation ab und bittet mich dabei, mit seiner Frau behutsam umzugehen. Von dem Ehemann und dem Sohn bekomme ich das Gefühl vermittelt, eine außergewöhnliche Erlaubnis bekommen zu haben, mit der zerbrechlichen und deshalb von ihnen so geschützten Ehefrau und Mutter sprechen zu dürfen. Als Yalda mir die Wohnungstür öffnet, kann ich sie im ersten Moment kaum sehen, denn das schattige, von Bäumen umgebene Haus ist durch die halbgeschlossenen Jalousien beinahe dunkel. Yalda Sachaf, eine Frau mit langen, weißen, hochgesteckten Haaren, mittelgroß und von rundlicher Figur, begrüßt mich höflich, aber ein wenig distanziert. Vor Beginn des Interviews werde ich von Yalda eine Weile geprüft: Was ich über Deutschland denke, wie lange ich dort war und noch bleibe? Die Atmosphäre wurde wärmer, doch mein Gefühl, als hätte ich eine Burg betreten, die eigentlich niemand betreten darf, blieb weiter bestehen.

Es ist Yalda wichtig, daß ihr Mann das Haus mit Beginn des Gesprächs verläßt. Sie spricht insgesamt eher leise und als der Ehemann später nach Hause zurückkehrt und das Mittagessen für uns drei vorbereitet, flüstert Yalda sogar. Es entsteht bei mir immer wieder der Eindruck, daß Yalda einerseits erzählen will, aber gleichzeitig nicht gesehen und gehört werden möchte. Nachdem ich Yalda die Eingangsfrage stelle, zeigt sie mir Photos von ihrer Familie. Anhand der Photos erzählt sie ihre Lebensgeschichte innerhalb von zehn Minuten zusammenfassend, stichwortartig und sprunghaft.

Sie berichtet, daß sie absichtlich »viele Jahre« nicht sprach und verknüpft dies mit der Reaktion der anderen auf ihr eigenes Überleben. Ein Bekannter von Yalda teilt ihr seine Gedanken über seine Ehefrau mit: »Es scheint mir *sehr* suspekt, daß sie überlebt hat. Ich weiß nicht wie? Vier Jahre!« Die Ehefrau war schon vor der Shoah seine Freundin gewesen. Ihre Wege haben sich aber während der Verfolgungszeit getrennt und sie trafen sich erst in Israel wieder. Dazu bemerkt Yalda betroffen: »Und genauso denken die Leute. Und ich spreche mit keinem.« Sie erzählt dann weiter über einen Zeitungsartikel, den sie nach der Shoah gelesen hat. Eine Jüdin schrieb dort: »Entschuldigung, daß wir überlebt haben.«

Yalda spricht hier nicht direkt über sich. Aber die Frage drängt sich auf, wie diese Themen – der Umgang mit Verdächtigungen und Vorwürfen von anderen und die Rechtfertigung des eigenen Überlebens – mit ihrer Biographie zusammenhängen könnten. Im Anschluß an diese Bemerkungen fährt Yalda fort: »Heute denke ich, daß es sich vielleicht nicht gelohnt hat.« Sie schweigt. Sie versucht, dies weiter zu erklären: »Ich habe lange Zeit gedacht, daß ich...« Doch ihre von Tränen erstickte Stimme versagt. Sie überwindet sich nach einer kurzen Pause und berichtet über den Abschied von ihrer Mutter, die während der Shoah ermordet wurde. Yalda spricht von diesem »es hat sich vielleicht nicht gelohnt« in einem Kontext, in dem es um den Abschied und den Tod der Mutter sowie um die Rechtfertigung des eigenen Überlebens geht. Was hat sich nicht gelohnt? Am Leben zu bleiben? Doch zunächst bleibt vieles verschwommen, versteckt, unausgesprochen, scheinbar unzusammenhängend.

Nach den ersten intensiven Minuten des Interviews, in denen Yalda auch den Abschied von ihrer Mutter erwähnt hat, beginnt sie von neuem ihre ganze Lebensgeschichte zu erzählen, dieses Mal in einer eher chronologischen Folge. Diese Haupterzählung dauert ca. eineinhalb, der Nachfrageteil

Familie Sachaf: Scham

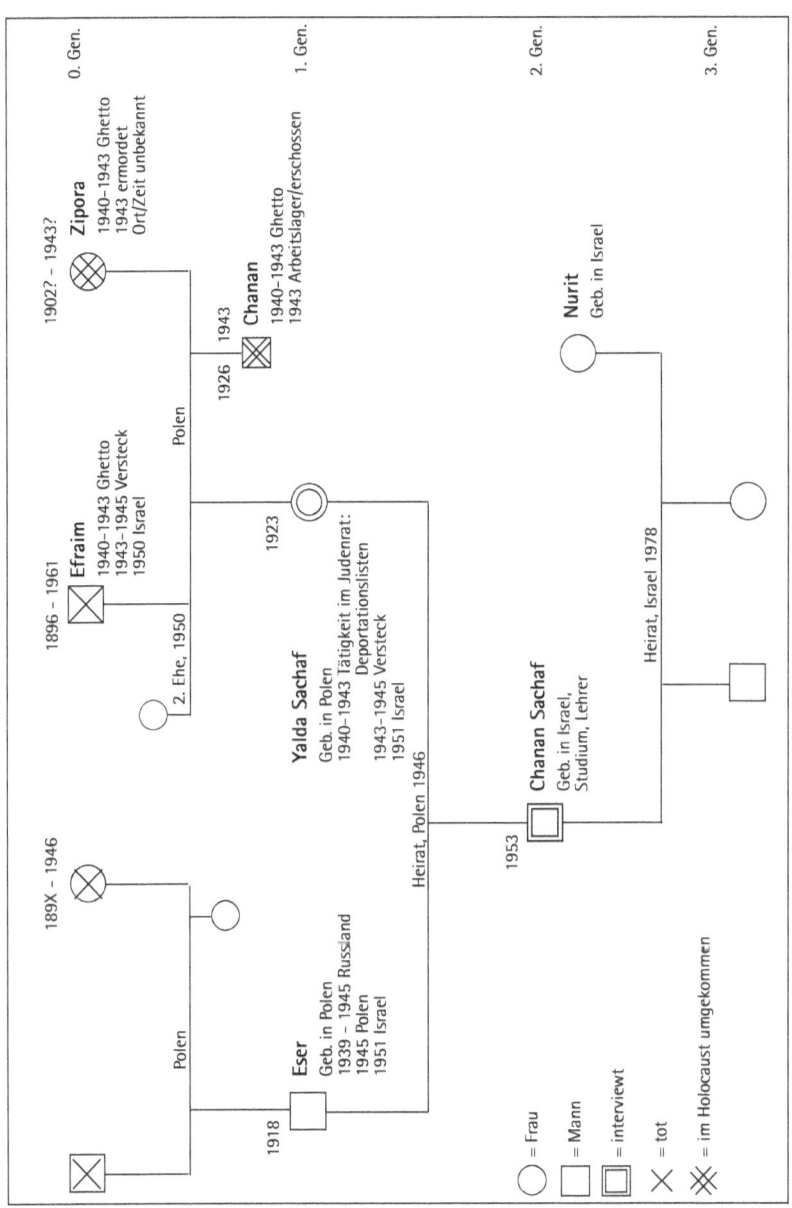

Abbildung 5: Genogramm der Familie Sachaf

ca. dreieinhalb Stunden. Das Gespräch führten wir auf Hebräisch, das Yalda als Sprachtalent und als Bibliothekarin liebt und akzentfrei beherrscht.

Zwischen Scham und Schuldgefühlen
Scham führt zu dem Wunsch, etwas verschweigen, sich verbergen, dem Blick der anderen entziehen zu wollen (Hilgers 1996). Sie basiert auf dem Gefühl oder Bewußtsein, etwas Unpassendes getan oder gesagt zu haben und ist mit der Furcht verbunden, bloßgestellt zu werden. Yaldas Belastung, ihre Scham, ist schon in den ersten Minuten des Interviews und auch während des länger andauernden Gesprächs spürbar: Nicht gesehen werden (dunkle Wohnung), nicht gehört werden (leise sprechen), nicht erzählen (»Ich spreche mit keinem«), keinen Kontakt aufnehmen wollen, (ihre Distanz zu mir) und ihre Angst vor der Meinung anderer. Und doch erzählt mir Yalda über fünf Stunden lang ihre Geschichte. Erzählen und doch nicht erzählen wollen? Welche Bewältigungsdynamik könnte sich in dieser Ambivalenz zwischen Schweigen und Sprechen ausdrücken?

Scham- und Schuldgefühl sind miteinander verwandt. Beide Gefühle, gehen »mit negativen Selbstbewertungen einher«. Wenn man sich schämt, will man unsichtbar werden, verschwinden, während Schuldgefühle den »Wunsch nach Wiedergutmachung« bewirken (Schultheiss 1997, S. 98f). ›Ich will mich verstecken, weil ich mich für mein Verhalten/meine Gedanken vor anderen und vor mir selbst schäme. Und ich will etwas korrigieren, weil ich einen Wert von mir verletzt habe, weil ich andere verletzt habe.‹ Generell kann die gleiche Handlung »sowohl Scham- als auch Schuldgefühle auslösen und heftige Schuldgefühle können in Schamgefühle übergehen« (ebd.). Die Verletzung der eigenen subjektiven Moralphilosophie kann damit gleichzeitig Scham und Schuldgefühle bewirken. Es läßt sich zudem von einer »Scham-Schuld-Spirale« sprechen (Hilgers 1996, S. 11).

Es gibt einen Diskurs in der Psychologie und der Philosophie, ob Scham und Schuldgefühle sich ähneln oder vielleicht eher Gegensätze darstellen (vgl. Wurmser 1981, 1997). Ich gehe davon aus, daß beide Begriffe sich gegenseitig beeinflussen und z. T. auch voneinander abhängen. Sowohl bei Schuldgefühlen als auch bei Scham kommt es aus der Perspektive der Person zur Verletzung des moralischen Selbstbildes. Beide Begriffe stehen für Defizite im moralischen Selbsterleben. Ich definiere die Begriffe Scham und Schuldgefühle im Zusammenhang mit den Moraldilemmata als das Bewußtsein, eigene moralische Werte durch bestimmte Handlungen, Äußerungen oder Gedanken verletzt zu haben.

Der Judenrat: »Vielleicht würde mir die Hypnose helfen«

Vom Leiter des Judenrats wird Yalda gefragt, ob sie bereit wäre, für den Judenrat zu arbeiten. Sie wird als Schreiberin eingestellt und ist für die Erstellung und Aktualisierung der Listen der drei- bis viertausend Ghettoeinwohner zuständig. Zeitweise übernimmt sie auch die Verantwortung für das Postamt. In Zeiten, in denen die Deutschen viele Listen verlangen, bekommt Yalda Hilfe von Sladka Goldberg. 1942 wird Sladka von den Nazis hingerichtet, da sie Ghettoeinwohnern zur Flucht verhalf. An diesen Widerstandsaktivitäten war Yalda nicht beteiligt. Sie setzt ihre Schreibtätigkeit bis zur Auflösung des Ghettos Ende 1942 fort.

Anfang 1940, als Yalda ihre Aufgabe im Judenrat beginnt, ist sie in ihrem 18. Lebensjahr. Durch die Tätigkeit im Judenrat trägt sie viel zur Ernährung der Familie, die mit den schweren Bedingungen im Ghetto zu kämpfen hat, bei. Munter berichtet sie über die Freude ihrer Mutter über diese zusätzliche Nahrung. Der Eintritt in den Judenrat wird aus Yaldas heutiger Perspektive als eine Handlung zum Wohl der Familie gerechtfertigt.

Unwissentliches Wissen:
»Keiner kam zurück. So wußten wir nichts«
Die von Yalda angefertigten Listen für die Nazis werden in der Anfangszeit für die Nahrungsverteilung und die Zwangsarbeit im Ghetto benutzt. Anfang 1940 hat die Ausführung der »Endlösung« noch nicht begonnen und die Listen entscheiden noch nicht über Leben und Tod. Die Transporte beginnen erst 1941 und werden 1942 verstärkt. Die Listen aller Ghettoeinwohner nach verschiedenen Kategorien werden also nicht von vornherein als Deportationslisten geschrieben. Aber mit der Zeit werden sie von den Nazis immer mehr als solche benutzt. Ende 1941 werden viele polnische Juden aus Yaldas Stadt und der Umgebung in die Vernichtungslager deportiert. Anfang 1942, als das Ghetto schon fast leer ist, kommen dort neue jüdische Häftlinge aus der Slowakei an. Neue Listen müssen für die Nazis erstellt werden, und irgendwann weiß Yalda, daß diese Listen auch als Deportationslisten benutzt werden. Sie weiß nicht, wohin die Züge fahren, erkennt aber, daß die Leute nicht freiwillig gehen und daß sie nicht zurückkommen:

> »Wir wußten nichts bis nach dem Krieg. Nichts... Weil erst die Menschen verschwunden sind und es blieb kein Gedenken und dann kam keiner zurück. So wußten wir nicht. Alle haben gehofft, daß sie irgendwo blieben.«

Die Tätigkeit im Judenrat wird für Yalda im Laufe der Zeit moralisch gesehen immer schwieriger, denn »keiner« kommt zurück. Gleichzeitig wird die

Funktionstätigkeit immer notwendiger für ihr eigenes Überleben und für das ihrer Familie. Yalda formuliert es nicht in diesen Worten, aber sie weiß zu diesem Zeitpunkt bereits, daß ihre Listen der Gemeinde nicht nur nutzen. Ihr unwissentliches Wissen (»die Menschen sind verschwunden«, »kein Andenken«) wird immer mehr zur Gewißheit. Jetzt benötigen die Nazis ihre aktuellen Listen mehr als zuvor, ließe sich vermuten. Wenn Yalda ihre Arbeit verweigern oder verlassen würde, könnte sie sich und ihre Familie nicht mehr schützen, sie könnte sofort deportiert oder erschossen werden.

Judenrat als Ort der Gefahr
In den Erzählungen über ihre Judenratstätigkeit und über die Arbeit bei der Post im Ghetto thematisiert Yalda zuerst die Gefahr durch die täglichen Kontakte mit den Deutschen sowie die Pflichten des Judenrats: Sie mußten die Steuern von den Ghettoeinwohnern erheben sowie »Geschenke« für die Deutschen bereit halten, die z. B. Geld, Lederwaren oder Bohnenkaffee verlangten. Yalda berichtet u. a., wie ein betrunkener Deutscher zum Judenrat kam und Bohnenkaffee verlangte (»er hätte schießen können«), oder wie ein volksdeutscher Jugendlicher von zwölf Jahren, der eine deutsche Uniform trug, »Geschenke« verlangte. Auch die Wünsche oder vielmehr Befehle dieser beiden mußte sie erfüllen. Für solche Zwischenfälle hatte der Judenrat Vorräte organisiert, die von Ghettoeinwohnern »gekauft« wurden, wie Yalda erklärt. Dies lief nicht immer nur friedlich ab, gibt Yalda ungern zu, als ich sie danach frage:

> Y: »Ja, es gab Probleme. Ich erinnere mich, daß jemand kam und sich beschwerte, daß ihm die Uhr weggenommen wurde. Ich weiß nicht warum.«
> I: »Hat der Judenrat ihm die Uhr genommen?«
> Y: »Natürlich der Judenrat.«

Diese Situation ist für Yalda unangenehm, ihre Antworten werden hier ganz kurz und sie distanziert sich vom Thema (»ich weiß nicht warum«). Es kam vermutlich häufig zu Konflikten zwischen dem Judenrat und den Ghettoeinwohnern, da die letzteren ihr übrig gebliebenes Vermögen dem Judenrat nicht gern geben wollten.

Verschiebung der Schuldquelle
Die Erstellung der Listen erwähnt Yalda lange nicht, obwohl dies ihre Haupttätigkeit war, wie sie später erzählte: »Ich habe am Anfang nur die Listen gemacht und dann waren es die Post und die Listen.« Ihre Tätigkeit als Schreiberin erwähnt sie erst gegen Ende ihrer Haupterzählung, nachdem

sie etwa eine Stunde über ihre Tätigkeit bei der Post, die Flucht aus dem Ghetto, die zwei Jahre im Versteck, die Immigration nach Israel und die Geburt ihres Sohnes erzählt hat. Es ist ein schwieriges, schambelastetes Thema, das Yalda lange vor sich herschiebt. Die erste Stelle, an der Yalda über die Listen erzählt, beinhaltet auch ihren zentralen Konflikt im Zusammenhang mit dieser Tätigkeit. Sie beginnt ihre Erzählung mit der Bemerkung: »Ich habe Angst vor Hypnose. Aber es gab zwei Sachen / Aber zweimal habe ich ernsthaft überlegt, Hypnose zu machen. Ich wollte diese Momente rekonstruieren.« Die erste »Sache« hängt mit den Deportationslisten zusammen. Über den Judenrat erzählt sie in diesem Kontext weiter:

>»Die Deutschen haben von dem Judenrat verlangt, ich weiß nicht wie oft, ihnen Listen zu geben. Niemand hat geträumt, was sich dahinter versteckt. Sie haben gebraucht / sie haben immer ganz genau gewußt, wieviel Juden es genau in jedem Ort gab. Und dies war meine Arbeit, außer der Arbeit bei der Post. Und ich habe mich zum Beispiel an die Juden erinnert, die von der Slowakei gekommen sind. Ich habe mich an alle Namen erinnert, auch noch nach dem Krieg. Ich habe mich an die Namen aller Juden erinnert, die im Ghetto waren. Heute erinnere ich mich nicht. Aber die, die von Rußland gekommen sind [die polnischen Juden, die nach Rußland geflohen waren], fragen mich manchmal: Vielleicht erinnerst du dich an meine Mutter. Ich erinnere mich nicht. Ganz klar erinnere ich mich nicht. Dann habe ich gedacht, vielleicht würde mir die Hypnose helfen.«

Was Yalda am meisten belastet ist die Frage der Erinnerung. Sie wußte »alle Namen«, sie hat alle Namen vergessen und sie will sich mit Hilfe der Hypnose an alle Namen erinnern. Der auffällige Anspruch, sich an alle Namen erinnern zu wollen, weist auf die enorme Belastung des Themas für Yalda hin. Sie wußte wahrscheinlich nie alle Namen auswendig, wie sie heute zu glauben scheint, aber sie hat damals alle Ghettoeinwohner in die Namenslisten eingetragen. Hier können wir die Hypothese formulieren: *Das Erinnern dient Yalda als eine Form der Wiedergutmachung.* Durch die Erinnerung an die Namen der Ermordeten leben die Personen weiter. Sie sind mit uns, sie sind nicht vergessen. An allen Stellen, in denen sie über die Listen spricht, kehrt dieses Thema wieder: ›Ich wußte alle Namen. Jetzt weiß ich sie nicht. Ich möchte sie alle wieder wissen.‹

Später, im Nachfrageteil, gehe ich auf das Schreiben der Listen ein und befrage Yalda über die Erstellung der Listen. Mein Wissen über die Judenräte war damals gering, was für die Kommunikation Vor- und Nachteile hatte. So stellte ich ganz naiv die Frage: »Wie habt ihr die Leute für die Listen ausgewählt?«

>»Was heißt das? Es waren Listen von Menschen, von Menschen, die im Ghetto waren. Wir haben immer Listen gehabt [ihre Stimme ist leicht ärgerlich]. Wir mußten wissen,

wieviel Menschen dort sind, für die Brotverteilung und für verschiedene solche Sachen. Aber eh, aber sie forderten es immer, um zu wissen, wieviel Juden es gibt und wo die Juden sind. So daß sie kein Problem hatten, alle zu sammeln. Ich sage Dir: Ich wußte alles auswendig. Und heute erinnere ich mich an nichts.«

Auf der bewußten Ebene entschuldigt Yalda an mehreren Stellen das Schreiben der Listen durch ihr Unwissen über den Massenmord (»niemand hat geträumt, was sich dahinter versteckt«). Nur ihr starker Wunsch, sich an alle Namen zu erinnern, weist auf die Schwere der Schuldproblematik trotz des Unwissens hin.

Bewußt fühlt sich Yalda schuldig, da sie sich nicht mehr an die Namen erinnert. Es kommt hier zu einer *Verschiebung der Schuldquelle*: Nicht das Schreiben der Listen bzw. die Handlungen werden von Yalda thematisiert, sondern ihre Erinnerungsschwierigkeiten, mit denen sie zu kämpfen hat. Die anderen, »die von Rußland gekommen sind«, kritisieren Yalda nicht wegen ihres Schreibens der Listen, sondern weil sie sich an die Menschen, an die Namen nicht erinnert. An einer anderen Stelle erzählt Yalda, daß sie sogar weiß, daß eine Person hinter ihrem Rücken gesagt hat, »daß es bösartig meinerseits ist, daß ich nicht erzählen will«. Dies verletzt Yalda, die bewußt ihr Erinnerungsvermögen beherrschen will, dies aber nicht kann. Es ist nicht sicher, ob sich tatsächlich jemand in dieser Weise über Yalda geäußert hat. Interessant an dieser Stelle ist vielmehr der Selbstvorwurf, den Yalda sich durch die erwähnte Beschreibung macht. »Der sich Schämende«, schreibt Erikson, »nimmt an, daß er rundherum allen Augen ausgesetzt ist, er fühlt sich unsicher und befangen« (1982, S. 246).

Die Quelle von Yaldas Schuldgefühlen wird bei eingehender Betrachtung dieses Textausschnitts deutlich. Zwischen der Darstellung des Schreibens der Listen als eine Selbstverständlichkeit im Ghetto (»Wir haben immer Listen gehabt«) und der Thematisierung der Erinnerungsprobleme kommt es zu einem Zögern (»Aber eh, aber sie« bzw. die Nazis forderten es immer [wieder]). Denn sie wollten »wissen, wieviel Juden es gibt und wo die Juden sind. So daß sie kein Problem hatten, alle zu sammeln«. D. h. es sind u. a. die Listen, die es nach Yaldas innerer Sicht den Deutschen ermöglichten haben, »alle zu sammeln« und zu töten. Ohne die Ordnung aufgrund der Listen, wäre der Mord vermutlich schwieriger gewesen, sagt Yalda zwischen den Zeilen. Und dies ist eine enorme innere Belastung. Sie fühlt sich als ein aktiver, wenn auch unwissender Teil in der Vernichtungsmaschinerie.

In welcher Form kann Yalda die Verschiebung der Leidens- und Schuldquelle helfen? Das Schreiben der Listen läßt sich nicht mehr rückgängig machen, aber das Erinnerungsvermögen ließe sich vielleicht durch Hypnose korrigieren und beherrschen. Diese Verschiebung der Leidensquelle ermöglicht Yalda eine Korrekturarbeit und so glaubt sie, alle vergessenen Namen an irgendeiner Stelle noch bei sich zu haben.

Doch Yalda ging nie zur Hypnose. Die möglichen Ergebnisse einer Hypnose sind wahrscheinlich mit zu viel Angst und Scham besetzt. Was soll sie mit allen Namen machen? Alle Namen, alle Listen zu bekommen, wäre eigentlich kein Problem für Yalda. Sie könnte sich an Yad-Vashem, die nationale Gedenkstätte in Israel wenden, wo ein großer Teil der Namen der Ermordeten archiviert ist. Die vergessenen Namen sind aber symbolisch für die Schuldgefühle, die Yalda mit sich trägt. Yalda verstärkt ihre erlebte Schuld, als sie an einer anderen Stelle sagt: »Und ich war *die einzige*, die sich erinnert hat.« Damit meint Yalda eigentlich, daß sie als einzige vom Judenrat überlebt hat, alle anderen Mitarbeiter des Judenrats wurden nach Auflösung des Ghettos erschossen. Damit scheint Yalda die historische Pflicht des Gedenkens auf sich genommen bzw. das Gefühl und den Glauben zu haben: Wenn sie sich nicht mehr erinnert, dann erinnert sich keiner und die Ermordeten sterben ein weiteres Mal. Yalda steht daher vor einem psychischen Problem: Wie soll sie sich an die Shoah, an die Namen erinnern, wenn das Erinnern so bedrohlich ist?

Yaldas Erinnerungsversuche im Schatten der Scham lassen sich als eine unauflösbare »Scham-Schuld-Spirale« sehen. Sie fühlt sich im Nachhinein schuldig dafür, daß sie die Deportationslisten schrieb und will es durch Erinnerungsarbeit korrigieren. Während des Erinnerns wird die empfundene Scham so groß, daß sie »alles« wieder ›vergessen‹ muß. Dann fühlt sie sich wieder schuldig, da sie sich nicht erinnert und versucht sich wieder zu erinnern: Ein psychischer Teufelskreis.

Trennung von der Mutter:
»Habe ich mich von ihr verabschiedet?«
Der zweite Grund, warum Yalda eine Hypnose machen wollte, hängt mit der Trennung von ihrer Mutter zusammen. Anfang 1943 wird das Ghetto aufgelöst. Nachdem die letzten Deportationszüge das Ghetto verlassen hatten, erzählt Yalda, »blieben nur wir; diejenigen, die eine Funktion hatten.« Einige reiche Mitglieder des Judenrats erhalten von den Nazis das Angebot, sich und ihren Familien gegen viel Geld einen Platz in einem neu gegründeten Arbeitslager zu erkaufen. Hier bemerkt sie ein wenig verbittert, daß es »im Judenrat auch eine Kasse gab«, zu der sie selber keinen Zugang hat, sondern

ihrer Wahrnehmung nach nur die reichen und einflußreichen Judenratsmitglieder. Die Zahl der Plätze ist jedoch insgesamt begrenzt. Yaldas Vater Efraim bemüht sich durch seine zahlreichen Kontakte um Karten für die ganze Familie, erhält zuletzt aber nur eine einzige Karte, die seinen Namen trägt. Diese Karte gibt er seinem Sohn und sagt zu ihm: »Ab heute heißt du Efraim.« In dieser Situation sieht Yalda ihren Bruder zum letzten Mal. Wenige Minuten später kommt es zur Trennung von der Mutter. Danach verstecken sich Yalda, ihr Vater und der Cousin des Vaters zwei Jahre lang bei einem polnischen Bauern. Über den Abschied von ihrer Mutter erzählt Yalda:

> »Nachdem mein Bruder [in das Arbeitslager] reingegangen ist, sind wir weiter gegangen. Und plötzlich sind aus der Gegenrichtung zwei Juden zurückgekehrt und haben uns gefragt: Was macht ihr? Uns war es klar, daß wir diese Stadt erreichen sollen. Sie haben uns dann gesagt: dort wird zwischen Männern und Frauen sowie zwischen Familienmitgliedern getrennt. Es ist eine schreckliche Sache da. Es ist besser für euch, hier zu bleiben [Yalda atmet schwer, schweigt kurz und sagt dann schnell:]. Ein Moment, eine Entscheidung von einer Sekunde. Dann sagte mein Vater: Dort trennen sie. Wer weiß, wie alles dort sein wird. Dann sagten er und noch ein zweiter Mann, der ein Verwandter war, daß wir uns trennen werden. Geschehe was geschehen soll. Bevor er [der Vater] ging, hielt er meine Hand fest und sagte: du kommst auch mit [imitiert die starke und bestimmte Stimme des Vaters]. Alles dauerte Sekunden. Jahre hat es mich Tag und Nacht gequält. Ich wollte mich erinnern, wie es im letzten Moment war. Ob ich mich von ihr verabschiedet habe, ja oder nein? Und was habe ich gesagt? Nichts? Wir gingen zurück in die Richtung der/ Die Deutschen wußten, daß es Juden geben wird, die zu fliehen versuchen werden. Auf der Straße gab es dann Patrouillen von Polen. Sie bekamen wahrscheinlich ein Kilo Zucker pro Jude. Es gab Gruppen von Polen und sie haben uns aufgegriffen.«

Unmittelbar danach erzählt Yalda atemlos weiter, daß ihr Vater die Polen mit einer Uhr bestochen hat, weil es ihm klar war, daß man sie sonst sofort erschießen würden. Sie fliehen in ein polnisches Dorf, wo der Vater mehrere christliche Bekannte hat. Ein Bauer ist bereit, sie zu verstecken und baut ein Erdloch unter dem Pferdestall. Zwei Jahre lang liegt Yalda mit ihrem Vater und seinem Cousin in dem dunklen Erdloch. Das Erdloch ist so niedrig, daß sie gezwungen sind, 22 Stunden am Tag zu liegen oder gebeugt zu sitzen. In der Nacht verlassen sie das Erdloch für zwei Stunden und bewegen sich im Stall.

In dieser Erzählung spricht Yalda ihr schwerstes Moraldilemma an. In einer extrem lebensgefährlichen Situation *muß* sie sich entscheiden, entweder bei ihrem *Vater oder ihrer Mutter* zu bleiben. Die Abschiedssituation ist so schwierig, daß Yalda sie gänzlich verdrängt (»Was habe ich gesagt? Nichts?«). Die Erinnerungsprobleme und der Wunsch, eine Hypnose zu machen werden von Yalda in diesem Kontext noch häufiger thematisiert als bei dem Thema der Transportlisten. Dies weist auf die große Schuldproblematik hin, die für Yalda mit dem Abschied verbunden ist. Yalda versucht, ihre Entscheidung durch die Raschheit des Geschehens zu erklären: es war »eine Entscheidung von einer *Sekunde*«, »*alles dauerte Sekunden*«. Würde sich Yalda, wenn sie noch einmal vor dieser Situation stünde und mehr Zeit hätte, anders entscheiden? Ich stelle diese Frage, weil sie Yalda zu beschäftigen scheint. Yalda lebt mit ihrer damaligen Entscheidung nicht im Frieden.

Vor welchem Moraldilemma steht Yalda hier genau? Wenige Minuten zuvor verläßt der Bruder die Familie, da die Trennung für ihn eine bessere Überlebenschance bedeutet, wie er und der Vater glauben. Jetzt müssen die verbleibenden Familienmitglieder sich trennen, um bessere Überlebenschancen zu haben. Auch wenn der Vater die Trennung der Familie vorschlägt, weil er die enorme Gefahr erkennt, sind es der 16jährige Bruder und die 19jährige Yalda, die letztendlich die Entscheidung übernehmen sollen, ob sie fortgehen oder nicht. In dieser lebensgefährlichen Situation stehen beide Geschwister vor schweren Loyalitätsfragen, die über Leben und Tod entscheiden können. Yaldas erstes Moraldilemma im Judenrat war das zwischen dem Wohl der Gemeinde und dem Wohl ihrer Familie und ihres eigenen Lebens. Nun besteht das Moraldilemma in der schmerzhaften Frage, mit welchem Elternteil sie überleben will oder kann.

Wie kommt Yalda zu ihrer Entscheidung? Geht sie mit dem Vater, weil die Eltern die Entscheidung für sie gemeinsam getroffen haben? Entscheidet sie sich für den Vater, weil der patriarchalische Vater es sagt? Liebt sie den Vater mehr? Glaubt sie, daß der Vater sie mehr braucht oder glaubt sie, daß sie mit dem Vater bessere Überlebenschancen hat? Wir können diese Fragen möglicherweise beantworten, wenn wir uns die Beziehung von Yalda zu ihrer Mutter und zu ihrem Vater näher anschauen. Deshalb möchte ich versuchen, Yaldas damalige Familiendynamik sowie ihre subjektive Moralphilosophie zu rekonstruieren. So können ihre Moraldilemmata und die heutigen Bewältigungsversuche sichtbar werden.

Moraldilemmata in der Kindheit:
»Ich hatte das Gefühl, daß ich sie immer schützen muß«
Während der Haupterzählung beschreibt Yalda ihre Mutter als »eine unscheinbare Frau«. Als ich sie im Nachfrageteil frage, ob ihr eine bestimmte Geschichte über die Unscheinbarkeit der Mutter als Frau einfällt, sagt Yalda berührt: »Eine sehr bestimmte. Ich habe gehofft, daß wir dazu nicht

kommen werden«: Mit neun Jahren entdeckt Yalda zufällig während eines Familienurlaubs, daß ihr Vater mit der Nachbarin und Familienfreundin eine Affäre hat. Der Vater fährt wegen seiner Magenbeschwerden häufig in Urlaub und nimmt die beiden Kinder mit, während die Mutter im Familiengeschäft bleibt. Auch die Nachbarin und deren Söhne fahren mit. Der Vater weiß nicht, daß Yalda seine Affäre entdeckt hat. Zu Hause entscheidet sich Yalda, ihrer Mutter von der Affäre nichts zu erzählen, um ihr nicht wehzutun.

»Es dauerte ein Jahr. Ich erzählte es meiner Mutter nicht: Ich habe es keinem erzählt, auch meinen Freundinnen nicht. Nach einem Jahr wurde es meiner Mutter bekannt. Es war ein schwerer Schock für sie. Sie [die Mutter] erzählte es ihrer Schwester und ihrer Mutter nicht. Ich fühlte ihr Bedürfnis, zu erzählen. Sie erzählte es mir. Ich wußte es schon ein Jahr zuvor und ich sagte ihr nichts. Es hat dann nicht aufgehört. Jetzt war es nur [noch] offen. Schlimm. Es gab Diskussionen. Mein Vater war ärgerlich und meine Mutter hat geweint. Und seitdem habe ich eigentlich aufgehört zu schlafen, da ich Angst hatte. Ich bin eingeschlafen, dann wachte ich plötzlich auf und hörte den Streit. [...] Und eine Schwester [der Mutter] hat ihr geschrieben, sie solle ihn verlassen und nach Paris kommen. Ich weiß nicht warum, vielleicht weil meine Mutter immer so war, hatte ich das Gefühl, daß ich sie immer schützen muß. Sie hat mir erzählt, daß sie so einen Brief bekam und ich habe ihr gesagt: Du mußt hinfahren. Und ich war zehn Jahre alt. Sie [die Schwestern] schrieben ihr, daß sie eine Fachfrau sei und sich dort [in Paris] gut finanzieren kann und daß sie ihn dort lassen soll. Und dann sagt mir meine Mutter – es ist schwer sowas heute zu verstehen – und was wird mit den Kindern? Ich habe gesagt: mach dir keine Sorgen. Du mußt fahren. Natürlich ist sie nicht gefahren und es dauerte relativ lange Zeit.«

Die Affäre dauert noch drei Jahre trotz des Versprechens des Vaters, sie zu beenden. Als Yalda einige Monate später entdeckt, daß ihr Vater mit der Nachbarin weiterhin Kontakt hat, steht sie wieder vor dem Dilemma:

»In meinem Herzen habe ich gedacht, was soll ich machen? Nichts sagen? Das heißt, daß es weitergehen wird und Mutter muß wissen, daß es weitergeht. Und wenn ich ihr es sagen werde, dann wird sie traurig sein und sie wird weinen. Und ich weiß nicht, wie es sich entwickeln wird. Und ich habe beschlossen, daß ich es ihr sagen muß.«

Yalda erzählt der Mutter, daß das Dienstmädchen der Nachbarin dem Vater einen Brief überreicht hat. Zwei Tage später bestellt der Vater Yalda zu sich. In diesem Gespräch besteht Yalda darauf, daß sie der Mutter die Wahrheit erzählte bzw. daß der Vater den Brief erhalten hat, wofür ihr Vater sie schlägt.

»Überhaupt hat er mich geschlagen, als ich klein war und ich war ein sehr gutes Mädchen, sehr diszipliniert, ein sehr ruhiges und ein gutes Mädchen. Und als er nervös war, hat er mich geschlagen. Und ich erinnere mich nur – wahrscheinlich war ich sehr jung – weil ich mich erinnere, daß meine Mutter sagte: Bitte nur auf die Hände, nur auf die Hände [Yalda imitiert hier die flehende Stimme der Mutter]. Und er schlug mich sehr stark. Und ich weiß nicht, ob es richtig ist, aber ich dachte, er schlägt mich, weil er mich weinen sehen will. Er schaute mich immer an, wenn er mich schlug. Dann habe ich mich beherrscht und weinte nie in seiner Anwesenheit. Obwohl meistens, nicht meistens, sondern immer war es unberechtigt.«

Ihren Vater beschreibt Yalda weiterhin als egoistisch. In ihrer Kindheit litt er an Magenbeschwerden und sollte eine bestimmte Diät halten. Dabei »konnte er es nicht ertragen, daß es zu Hause ein anderes Essen gab«. Nur einmal in der Woche, wenn ihr Vater in der nächsten Stadt Waren kaufte, »gab es Fleischklöße und verschiedene Sachen, die wir liebten«. Ihr eigenes Wesen beschreibt sie in einer Weise die dem egoistischen Wesen des Vater ganz entgegengesetzt ist: als gute und eifrige Schülerin war sie die ›rechte Hand‹ der Lehrerin. Sie half schlechteren Schülern und unterstützte ihre neunjährige Freundin, deren Mutter gestorben war.

Es wird hier ersichtlich, daß Yalda schon mit zehn Jahren in einem Loyalitätskonflikt zwischen ihrem Vater und ihrer Mutter steht, sich aber bereits sehr früh für ihre Mutter entscheidet. Dieser Konflikt raubt ihr ihre Kindheit (kein Schlaf mehr) und macht sie frühzeitig reif. Zuerst will sie sowohl die Mutter nicht verletzten als auch den Vater nicht verraten. Doch mit der fortgesetzten Affäre des Vaters vertieft sich ihre Enttäuschung über ihn immer mehr. Die Enttäuschung hängt aber auch mit dem Verhalten des Vaters ihr direkt gegenüber zusammen (»Er schlug mich sehr stark. [...] Immer unberechtigt«). Das Beziehungsmuster lautet: ›die gute Tochter eines schlechten Vaters‹. Im Gegensatz dazu hat Yalda das Gefühl, daß sie ihre Mutter »immer schützen muß«.

Tod der Mutter:
»Ein schwieriger Moment [...], um allein zu sein«
Wir kehren zu Yaldas Abschied von ihrer Mutter zurück. In dieser Abschiedssituation steht Yalda innerlich gesehen nicht vor der Entscheidung zwischen ihrem Vater und ihrer Mutter. Ihr Moraldilemma ist kein Loyalitätskonflikt zwischen beiden Eltern, denn sie hat sich schon lange zuvor für ihre schutzbedürftige Mutter entschieden, in deren Schuld sie sich auch sieht, da die Mutter wegen der Kinder beim Vater bleibt. Aus den Kindheitserzählungen lassen sich zwei Werte aus Yaldas eigener subjektiven Moralphilosophie rekonstruieren: (a) Anderen helfen: Verpflichtung gegenüber Familienmitgliedern (und anderen Menschen), die sich nicht selbst helfen können und (b) Verantwortung gegenüber Personen, in deren Schuld man steht.

Obwohl die Mutter für Yalda emotional eindeutig wichtiger ist und sie nach ihrer subjektiven Moralphilosophie die schutzlose Mutter nicht alleine lassen darf, entscheidet sich Yalda, mit ihrem Vater zu gehen. Wie fällt sie

diese Entscheidung? Aufgrund der bisherigen Überlegungen erscheinen hier nur noch zwei Möglichkeiten plausibel zu sein:
(a) Yalda geht mit ihrem Vater, obwohl sie sich nicht ihm sondern ihrer Mutter nahe fühlt, da sie nicht die Kraft findet, dem autoritärem Vater zu widersprechen. Paßt dies zu Yalda, die sich schon früher trotz der Schläge des Vaters für die Mutter eingesetzt hat? Wenn Yalda sich auf Grund dieser Angst von der Mutter trennt, handelt sie nicht nach ihrer eigenen subjektiven Moralphilosophie und wir können ein Defizit im moralischen Erleben erwarten.

(b) Vielleicht glaubt Yalda –wenn auch nur für eine Sekunde – mit dem Vater bessere Überlebenschancen zu haben als mit der schützbedürftigen Mutter. Die Flucht mit dem Vater würde die Erhöhung der Überlebenschance für sie selbst bedeuten und dies stünde für die moralische Pflicht, das eigene Überleben zu sichern. Dieses Moralprinzip thematisiert Yalda aber auf der bewußten Meta-Ebene nie (dies wäre möglich durch Äußerungen wie: ›Mutter sagte mir: Du sollst überleben‹ oder ›Ich wollte überleben‹ oder ›Jeder wollte überleben‹). Dieser Wunsch läßt sich nur indirekt durch ihre Erzählschwerpunkte und ihr Verhalten auf der konkreten Handlungsebene während der Moraldilemmata erschließen: Durch ihre vorherigen Erzählungen über den Bruder entsteht der Eindruck, daß der Vater für sie als Symbol des Lebens steht. Der Vater ist der einzige, der sich eine Karte für das neue Ghetto, für das Weiterleben, organisieren konnte und zwar durch seine vielfältigen Kontakte und seine Arbeit als Sanitäter im Ghetto. Diese Karte gibt er seinem Sohn. Vielleicht tut er dies auch, weil diese Karte den Namen eines Mannes trägt, aber damit bestimmt er (gezwungenermaßen) den Bruder und nicht Yalda für das weitere Leben. Auch an anderen Stellen entsteht der Eindruck, daß Yalda ihren Vater als sehr tüchtig und einflußreich erlebt. Die Situation des Abschieds steht im Schatten der extrem lebensbedrohlichen Situation und so ist das Thema hier: Erhöhung der Lebenschancen. Auf der Handlungsebene richtet sich Yalda nach diesem Prinzip. Doch da ihr Lebenswille insgesamt tabuisiert bleibt (und nicht als ein moralisches Prinzip gesehen wird), steht im Vordergrund allein das moralische Versagen bzw. die erlebte Unterlassung gegenüber der Mutter.

Der Kern von Yaldas Moraldilemma ist demnach die Entscheidung zwischen der Verbesserung der eigenen Überlebenschancen mit dem Vater und dem gemeinsamen Tod mit der Mutter, denn Yalda glaubt nicht, daß sie mit ihrer schutzlosen Mutter hätte überleben können. Bereits in den ersten zehn Minuten des Gesprächs verknüpft Yalda zwei Themen: ›das Hinterfragen des eigenen Lebens und Überlebens‹ (»Heute denke ich, daß es sich vielleicht nicht gelohnt hat«) und ›der Abschied und Tod‹ von ihrer Mutter.

»Manchmal kehrt es zurück, daß ich daran denke, daß ich neben Mutter sein sollte. Sie war allein [weint fast]. Und ich stelle mir vor, daß dies so ein schwieriger Moment ist, um allein zu sein.«

Den Tod der Mutter beschreibt Yalda als einen »schwierigen Moment, um allein zu sein« und spricht das an, was sie am meisten belastet: das einsame Sterben der Mutter. Sie formuliert hier ihre erlebte Verpflichtung, nach der sie »neben Mutter sein sollte«. Dieser Wunsch läßt sich auf zweierlei Art verstehen: die Mutter in diesen letzten Momenten zu unterstützen oder mit der Mutter zu sterben, mit ihr in die Gaskammer zu gehen, bei der Erschießung zu sein (Yalda weiß nicht, wie ihre Mutter genau ermordet wurde; sie hat nie versucht, dies herauszufinden, denn dieses Wissen ist für sie, psychisch gesehen, zu bedrohlich). Vielleicht lassen sich beide Annahmen auch integrieren: Yalda ist es so wichtig in diesem letzten Moment bei ihrer Mutter zu sein, daß sie bereit wäre, dafür zu sterben.

Es kommt hier zu einer absoluten und aussichtslosen Loyalität. Dies ist auch der Grund für Yaldas Überlebensschuld: Sie glaubt, mit der Mutter sterben zu müssen, läßt aber auf der Handlungsebene ihre Mutter allein und folgt ihrem Überlebenswillen, indem sie mit ihrem Vater geht. Diese Schuldgefühle kehren »manchmal« zurück, und natürlich weiß Yalda auf der kognitiven Ebene, daß diese Schuldgefühle nicht rational sind. Dennoch sind die Schuld- und Schamgefühle für sie so quälend. Die Schuldgefühle werden erst nachvollziehbar, wenn ihre subjektive Perspektive aufgrund ihrer Lebensgeschichte und ihrer subjektiven Moralphilosophie berücksichtigt wird.

Yaldas Entscheidung für ihr eigenes Leben bedeutet für sie einen subjektiv erlebten Verrat an der Mutter. Die Mutter verliert innerhalb von wenigen Minuten ihren Sohn, ihren Mann und ihre Tochter und geht allein ihren Weg, von dem sie nicht zurückkehrt. Hier können wir versuchen zu überlegen, wie die letzten Sekunden mit der Mutter, die Yalda vergessen hat, ausgesehen haben können und warum Yalda sie vielleicht vergessen mußte. Hat die Mutter zu Yalda gesagt, sie solle mit dem Vater gehen: ›Geh mein Kind, lebe wohl?‹ Oder hat sie nichts gesagt und Yalda nur mit tränenvollen Augen angeschaut? Hat der Vater die Mutter ignoriert und sich nicht von ihr verabschiedet? Haben sie einen Treffpunkt verabredet, zu dem Yalda nicht kommen konnte? Haben sie sich geküßt? Oder rannte Yalda weg, ohne sich zu verabschieden, da sie aus Angst so gelähmt und blockiert war? Hat die Mutter zum Vater gesagt: ›Laß mich nicht allein‹? Oder hat Yalda versucht, die Eltern von ihrer Entscheidung abzubringen, allerdings ohne Erfolg und ist schließlich mit dem Vater gegangen? Haben beide Eltern die Entscheidung getroffen oder hat die Mutter Yalda gebeten, nicht wegzugehen, aber Yalda entschied sich zu gehen? Einige dieser Vorstellungen erwecken mehr Schuldgefühle, andere weniger. Aber sie sind alle zu grausam, um sie in der Erinnerung zu behalten. Deshalb ist die Erinnerungsarbeit, die Hypnose – als Korrektur der Vergangenheit –, für Yalda nicht möglich.

Yalda ist ihre eigene Richterin und sie ist eine strenge Richterin. Sie will die Schuld auf sich nehmen und sie tut es, aber die subjektiv erlebte Schuld ist für sie so schmerzhaft und voller Scham, daß sie immer wieder vor ihr fliehen muß. Die Situation der Trennung ist moralisch und deshalb auch emotional so quälend und tragisch. Als Motto für Yaldas Biographie steht für mich dieser schmerzhafte Moment, der ihr Leben fortwährend prägt: »Jahre hat es mich Tag und Nacht gequält. Ich wollte mich erinnern, wie es im letzten Moment war... Ob ich mich von ihr verabschiedet habe, Ja oder nein? Und was habe ich gesagt? Nichts?« Die Erinnerungslücke ist daher Schutz und Leidensquelle zugleich: ›Wie kann ich so einen wichtigen Moment vergessen‹, wirft sich Yalda vor.

Zerbrechen an den Moraldilemmata? –
»Bring mir ein wenig Rattengift«

Yalda ist gezwungen, sich in der Trennungssituation und im Judenrat jeweils für eine Handlungsmöglichkeit zu entscheiden. Sie kann aber nur schlecht mit ihrer Wahl leben. Während und kurz nach Ende der Verfolgungszeit begeht Yalda zwei Selbstmordversuche. Sie stellt ihr Leben in Frage und will sich selbst vernichten. Diese Selbstvernichtungsgedanken veranschaulichen, wie sehr Yalda an ihren Moraldilemmata leidet, fast an ihnen zerbricht. Ihre fünfstündige biographische Erzählung steht im Schatten dieser Moraldilemmata.

Während der Zeit im Versteck beschäftigt sich Yalda erstmals mit dem Wunsch, zu sterben. »Bring mir ein wenig Rattengift«, verlangt sie von dem Bauern, der sie versteckt. In dieser Zeit verstecken sich der Vater, sein Cousin und Yalda für drei Wochen auf den Feldern, da die Häuser der polnischen Bauern von den Deutschen durchsucht werden. Zuvor waren sie bereits ein Jahr lang im Erdloch versteckt.

> »Als wir in den Feldern waren, bat ich / Ich spreche nur für mich. Jeder soll machen, was er will. Ich will nicht mehr. Bring mir ein wenig Rattengift. Er sagte, daß er dies nicht will.«

Yalda lebt im Versteck unter extrem schweren Bedingungen. Aber es sind nicht allein diese Bedingungen, die sie zu den Selbstmordgedanken bringen. Der erlebte Verrat an der Mutter wird vermutlich durch die erzwungene Intimität mit dem Vater im Erdloch verstärkt: Yalda und ihr Vater müssen 22 Stunden am Tag nebeneinander in dem engen Erdloch verbringen. Zu guter letzt wählt Yalda das Leben, aber ihre Überlegungen sich umzubringen, zeigen ihre große Not. Die Art, wie Yalda sich töten will, hat einen Appellcharakter. Sie teilt ihren Seelenschmerz den anderen mit: Sie bittet um Rattengift von einer dritten Person in Anwesenheit ihres Vaters. Sie delegiert damit einen Teil der Verantwortung für ihre Entscheidung und wählt keinen Weg, durch den sie auf sich selbst gestellt wäre (verhungern, ertrinken, in die Hände der Nazis laufen). Aber der Bauer lehnt dies ab und möglicherweise hilft dies Yalda, die Krise vorläufig zu überwinden.

Erst mit Ende der Verfolgungszeit erfährt Yalda, was mit all den deportierten Juden wirklich passiert war. In dieser Zeit kehren die Selbstmordgedanken wieder. Zu dieser Zeit wohnen Yalda und ihr Vater mit weiteren überlebenden Juden in einer gemeinsamen Wohnung. Yaldas Freundin fährt weg und hinterläßt in der Wohnung ihr Rattengift, das sie während der ganzen Verfolgungszeit bei sich hatte. Yalda erzählt über den Moment ihrer Entscheidung, das Rattengift ihrer Freundin einzunehmen:

> »Ich erinnere mich nicht genau, was mich beeinflußt hat. Es war nichts Unmittelbares. Ich hatte schlechte Laune. Ich ging zu der Schublade. Und es war nicht da. Ich war sehr ärgerlich.«

Sie fragt einen älteren Mitbewohner, ob er die Tüte gesehen hat. Dieser gibt zu, das Gift in der Nacht selbst eingenommen zu haben, aber am nächsten Morgen dennoch erwacht zu sein. »Wahrscheinlich, war es schon zu alt«, ergänzt Yalda. Die Beweggründe für Yaldas Selbstmordversuch sind sehr außergewöhnlich und erstaunlich (»schlechte Laune«, »Ich erinnere mich nicht genau, was mich beeinflußte«, »nichts Unmittelbares«). Sie nennt ihre Beweggründe eigentlich nicht. Aber es bleibt beim Zuhörer das Gefühl, daß es nicht eine unbedeutende, banale schlechte Laune gewesen sein kann, die sie wenige Monate nach Ende der grausamen Verfolgungszeit dazu gebracht hat, sich umbringen zu wollen. In diesen ersten Monaten kehren die »verschwundenen« Juden sowie die Mutter wirklich nicht mehr zurück. Yaldas Befürchtungen, ihr ›unwissentliches Wissen‹, werden wahr. Sie erfährt von den Vernichtungslagern. Sie versteht retrospektiv, welches Glück und Unglück sie durch ihre Tätigkeit im Judenrat und durch die Trennung von der Mutter hatte. Aber gleichzeitig entstehen im Nachhinein Schuld- und Schamgefühle wegen der damaligen Handlungen. »Wie oft muß ich sterben, dafür, daß ich dort nicht gestorben bin«, schreibt Erich Fried in seinem Gedicht »Der Überlebende«, das Yaldas innere Stimme wiedergibt (1981, S. 90).

Bei der Bewertung von moralischen Entscheidungen innerhalb der Philosophie spielen zwei Aspekte eine Rolle: die Absicht und das Ergebnis der Handlung. Während nach Kant (1785) die Absicht der Handlung zentral ist, weist Hegel (1968) darauf hin, daß die beste Absicht sich in das Gegenteil verkehren kann. D. h. die moralische Absicht einer Tat kann gut sein, jedoch nicht ihr Ergebnis und umgekehrt. Diese beiden Aspekte können psychologisch gesehen eine Rolle bei der Bewältigung von Moraldilemmata spielen. Wenn eine Handlung mit guter Absicht begangen wird, aber negative Folgen hat, können wir uns selbst eher verzeihen. Im allgemeinen läßt sich logisch und juristisch festhalten, daß Menschen Verantwortung »nur für den Bereich voraussehbarer Folgen« ihres Tuns tragen, denn »eine Totalverantwortung für alle voraussehbaren Folgen würde menschliches Handeln überfordern« (Höffe 1997, S. 63). Doch in der emotionalen Welt sieht es manchmal anders aus, wie Yaldas Biographie und das Gedicht von Fried zeigen: Yalda beschuldigt sich im Nachhinein für die Folgen ihrer Handlungen trotz ihrer positiven Absicht. Es ist die Tragik der Überlebensgeschichte der Funktionshäftlinge in den Ghettos, die mit guter Absicht ihre Tätigkeit begannen, aber durch die Täuschung der Nazis zu einem Teil der Nazimaschinerie und dadurch in schwere Moraldilemmata verwickelt wurden.

Sohn: »Als er geboren war, war es plötzlich verschwunden«
Die Not, in der sich Yalda befindet und die Notwendigkeit, weitere Bewältigungsversuche im Zusammenhang mit den Moraldilemmata zu entwickeln, wird hier ersichtlich. Eine sehr intensive Korrekturarbeit steht Yalda bei der Bearbeitung der Risse ihres moralischen Selbstbildes bevor. Ich möchte drei von Yaldas Bewältigungsversuchen im Umgang mit ihren Moraldilemmata beschreiben, die mit ihrem Vater, Ehemann und Sohn verbunden sind und die ihr halfen, mit ihren Moraldilemmata innerlich weiterleben zu können.

Nach Ende der Verfolgungszeit beschäftigt sich Yalda besonders intensiv mit der Shoah:

> »Ich lebe im Schatten der Shoah. Das ganze Leben habe ich verschiedene Erinnerungen. Ich erinnere mich, als mein Sohn geboren wurde, fragte ich mich selbst: Wie wird er aufwachsen? [...] Bis er geboren war, war ich von einer Obsession besessen. Ich suchte jedes Buch, das über die Shoah veröffentlicht wurde, alle Erinnerungsbücher, alles. Ich las und las und las. Wie erzieht man ein Kind in so einer Atmosphäre? Aber als er geboren war, war es plötzlich verschwunden. Ich wollte nichts mehr. Ich habe aufgehört,

diese Sachen zu lesen. Er war ein bequemes Kind. Ich habe mich sehr bemüht, daß er nichts spüren wird.«

Das »plötzliche« Verschwinden der obsessiven Thematisierung ist mit dem neuen Lebenssinn verbunden, den Yalda durch das neugeborene Leben gefunden hat. Sie ist psychisch nicht mehr gezwungen, ihr Leben immer wieder in Frage zu stellen oder sich obsessiv zu erinnern, um ihre Existenz zu entschuldigen. Von nun an lebt sie für ihren einzigen Sohn, für das Sichern seines Überlebens.

Eine Möglichkeit, mit der belastenden Dynamik der Schuld umzugehen, ist die Suche nach einem neuen Lebenssinn z. B. durch eine extreme Hingabe gegenüber einer dritten Person: ›Ich kann meiner Beschämung nur entgehen, wenn ich mich für andere aufopfere‹. Dies stellt den Versuch einer Korrektursstrategie dar, was aber auch neue Schwierigkeiten bewirken kann: die Person will helfen, aber als Helfer hat sie die Hilfesuchenden nötig, »um nicht dem bodenlosen Abgrund seiner Wert- und Sinnlosigkeit zu verfallen« (Jacoby 1997, S. 167). Yalda benötigt ihren Sohn für ihr inneres Überleben.

»Als er vielleicht vier Jahre alt war, hat er mich gefragt: Wo ist Deine Mutter? Ich sagte ihm: Meine Mutter ist tot. Sie war krank.« »Konnte man sie nicht retten«, fragt Chanan zurück. »Nein«, erwidert Yalda kurz. »Konnte man sie nicht ins Krankenhaus nehmen«, fragt er weiter. »Nein« erwidert Yalda wieder ganz kurz. Damit endete das Interesse des kleinen Chanan für das Thema der Shoah, erzählt Yalda, als sie meine Frage beantwortet, ob Chanan sie über ihre Familie gefragt hat. Die Shoah wird mit Yaldas Beschreibung, daß ihre Mutter nicht ermordet, sondern krank war, verschwiegen. Anschließend schildert Yalda die Reaktion von Chanan auf diese Dethematisierung:

»Nach einigen Jahre hat er [von der Shoah] gehört. Ich erinnere mich nicht, wie er von der Shoah genau gehört hat. Dann hat er gesagt: Warum hast du mir nicht die Wahrheit gesagt? Du hast es so gesagt. Gut. Aber er hat nicht viel verlangt. Macht nichts [sagt der Sohn]. Im Alter von 14 Jahren hat er begonnen [über die Shoah] zu lesen. Ich habe ihm erzählt, nicht viel. Ich habe mich bemüht. Aber schau, was das Schicksal macht: er ist ganz vertieft.«

Yalda erzählt Chanan bis heute »nicht viel«. (Was sie ihrem Sohn genau erzählte, werde ich später aus Chanans Perspektive beschreiben.) Doch voller Verwunderung bemerkt Yalda, daß sie mit der Geburt von Chanan aufgehört hat, sich intensiv mit der Shoah zu beschäftigen, daß er sich aber bis heute obsessiv mit der Shoah beschäftigt. Für Yalda ist das Erinnern so belastend, daß sie die Erinnerungsaufgabe, die sie auf sich nahm, nicht allein bewältigen kann. Ihr Sohn scheint den Auftrag des Erinnerns übernommen zu haben: Es kommt zu einer Delegation, zu einem unbewußten Auftrag der Mutter an den Sohn. Chanan erleichtert das innere Überleben seiner Mutter im doppelten Sinne: Er wird ihr neuer Lebenssinn und übernimmt durch eine unbewußte Delegation die Last des Erinnerns. Dieses familiäre Muster des Erinnerns ist auch die Antwort auf die Frage, wie sich Yalda an die Shoah bzw. an alle Namen der Deportierten erinnert, obwohl das Thema für sie persönlich doch so bedrohlich ist.

Chanan trägt den Namen von Yaldas Bruder und Yalda beschreibt lange auch die Ähnlichkeit zwischen den beiden (Aussehen, Berufswünsche). Yaldas Beziehung zu ihrem Bruder war sehr eng (»Er hat mich bewundert und ich ihn. Ich habe ihn sehr geliebt«). Sein Tod ist für sie sehr schmerzhaft, doch im Gegensatz zu dem Tod der Mutter ist er nicht mit Schuld und Scham besetzt. Hier scheint sie Trauerarbeit geleistet zu haben. Sie weiß viele Einzelheiten über den Tod ihres Bruders. Nach der Nazizeit trifft sie einen Freund ihres Bruders und bittet ihn, ihr »alles« zu erzählen. Der Bruder ging in das neu gegründete Arbeitslager. Nach vier Wochen erlitt er eine Verletzung am Bein und blieb in seinem Block. An diesem Tag wurden alle Häftlinge, die im Lager blieben und nicht arbeitsfähig waren, erschossen.

Der Ehemann: ›Sie ist ein Opfer‹

»So ein Junge war in meinen Augen eine Null, wie man sagt«, beschreibt Yalda den Eindruck, den sie von ihrem Mann hatte, als sie ihn in ihrer Jugend traf. Sie fand ihn damals angeberisch und oberflächlich: Er liebte Sport, bemerkt sie abwertend. Ende 1939 gelingt es Eser, mit seiner Familie nach Rußland zu fliehen und Yalda sieht ihn erst sechs Jahre später wieder. Ihr Eindruck von ihm ändert sich radikal. Sie begegnet ihm am Sterbebett seiner Mutter, die er liebevoll und behutsam versorgt. »Unsere Hochzeit war neben dem Bett seiner Mutter, die im Sterben lag, neben ihrem Bett.« Yaldas Vater kommt nicht zu der Hochzeit, »weil der Junge kein Gelehrter ist. Ich war doch so eine gute Schülerin. Nach einem Monat starb die Mutter«. Mit Eser scheint Yalda das Entrissenwerden von ihrer Mutter wieder durchlebt und bearbeitet zu haben. Dieses Mal entgegen dem Rat ihres Vaters. An der Seite von Eser begleitet sie seine Mutter in den Tod. Sie liegt tagelang neben dem Bett ihrer Schwiegermutter, die auf diese Weise nicht allein stirbt. Damit korrigiert Yalda, das was sie aus ihrer Sicht bei ihrer Mutter unterließ.

Eser kümmert sich um Yalda genauso liebevoll, wie er sich um seine Mutter kümmerte. Bereits während ihres ersten Treffens nach der Shoah weint Yalda, und Eser steht ihr zur Seite (»Ich weinte ohne Ende, weil ich vergessen habe, wie eine Familie aussieht«). Die hilfsbereite Art von Eser (Eser bedeutete auf Hebräisch »der Helfer«) war auch in der Gesprächssituation erkenntlich, wo er uns fürsorglich das Mittagessen vorbereitet, später Kaffee und Kuchen bringt, sich entschuldigt, daß der Kuchen vermutlich nicht so gut ist, als er merkt, daß wir davon nicht viel essen, den Müll wegwirft, einkaufen geht, mich von der Busstation abholt und mich vor dem Interview bittet, behutsam mit seiner Frau umzugehen. Yalda ist physisch weder krank noch behindert. Sie vermittelt aber ihrem Mann das Gefühl, daß sie seine Hilfe und Versorgung benötigt. Während des Gesprächs habe auch ich mehrmals das Gefühl, daß ich Yalda schützen muß. Dieser Eindruck entsteht, da sie oft langsam geht und spricht.

Entscheidend bei der Partnerwahl sind oft die »gemeinsamen, meist unbewußten Grundannahmen« von beiden Partnern (Willi 1975, S. 168). Yalda sieht nach der Befreiung, wie Eser seine Mutter versorgt und wählt ihn in diesem Moment zu ihrem Lebenspartner. Das Versorgen und Versorgenlassen spielt eine zentrale Rolle während dieser Begegnung und in der gesamten Partnerschaft. Ihre Beziehung basiert auf der unausgesprochenen und unbewußten Annahme, daß Eser sie versorgt und schützt. Diese Beziehungskonstellation entspricht der Beziehungsdynamik der »oralen Kollusion«, wie Willi sie beschreibt. In dieser Partnerschaftskonstellation übernimmt der eine Partner die Rolle der schützenden »Mutter«, während der andere Partner die Rolle des »Pfleglings« bzw. des »hilflosen Kindes« erhält, das versorgt werden soll. Bei dieser Partnerschaftsdynamik geht das Paar davon aus, daß der hilfsbedürftige Partner eine gegenseitige Versorgung nicht leisten kann.

Diese Beziehungsdynamik der oralen Kollusion hängt bei Yalda und Eser nicht zuletzt mit der Verfolgungsvergangenheit beider Partner zusammen. Die Art und Weise, wie Yalda sich sieht und wie sie ihr Ehemann betrachtet, ist mit ihren jeweiligen Erfahrungen während der Shoah verbunden. Dies wird bereits in den ersten zehn Minuten des Interviews deutlich, als Yalda Eser zum ersten Mal im Gespräch erwähnt:

> »Es scheint mir günstig, daß mein Mann nicht da war [verfolgt während der Shoah]. Weil wenn er auch wäre, dann hätten wir viel darüber gesprochen. So lebe ich neben ihm ein normales Leben. Und ich habe mit Absicht nicht gesprochen.«

Durch diese Beschreibung vermittelt Yalda, was für sie in der Beziehung wesentlich ist: Eser ist kein Holocaust-Opfer, er war »nicht da«. Gerade dadurch erhofft sie sich ein »normales Leben.« Was heißt »normales Leben«? Leben mit wenig Sprechen und damit mit weniger Schmerz scheint die

Antwort zu sein, wenn man schaut, welche Themen Yalda zuvor und danach anspricht. So weiß Eser nicht viel über das, was Yalda während der Shoah genau erlebt hat, aber er weiß, daß sie im Ghetto und im Versteck viel gelitten hat. Daraus entsteht für ihn die Notwendigkeit, sie zu schützen. Auch an anderen Stellen verdeutlicht Yalda immer wieder, wie anders Eser ist, weil er während der Shoah »ein freier Mensch« war. Als Eser Anfang der 90er Jahre nach Polen fährt, wollte er dies gern zusammen mit Yalda tun. Doch sie erklärt ihm und mir, warum sie nicht mitfahren wollte.

> »Du hörst, er ist glücklich, daß man ihn dort [in der polnischen Heimatstadt] empfangen hat. Wenn er dort auf der Straße geht, sagt er: vor dem Krieg gab es hier ein solches Haus und jetzt gibt es hier einen Garten. Das ist ganz natürlich. Jetzt wenn ich dorthin gehe, dann werde ich dies nicht sagen. Ich werde sehen, daß es hier eine Razzia gab und da eine Razzia gab.«

Yalda erlebt Eser damit als einen fröhlichen Touristen auf der verbrannten Erde Polens, während ihre Selbstbeschreibung die eines von seiner Vergangenheit geprägten Opfers ist. »Mein Mann war so anders, so weit weg von allen Sachen, die ich / Er war voller Leben. Er war sehr gesellig. Und wahrscheinlich war es sehr bequem für mich. So war ich nicht vertieft in meine Gedanken.«

Auch wenn Yalda die Shoah auf der Metaebene mit Eser nicht thematisiert, ist die Shoah das Verbindungsglied zwischen ihnen: Er strebt danach, sie als ein leidvolles Opfer immer wieder vor der Shoah zu schützen, sie stets vor ihrer Traurigkeit zu bewahren. Er achtet auf Yalda, sogar wenn er nicht da ist. Im Interview bemerkt Yalda: »Mein Mann wird ärgerlich sein, daß ich traurig bin.«

Es hilft Yalda, daß ihr Mann sie als ein leidendes und absolutes Opfer wahrnimmt. Dies vermittelt ihr das Gefühl, das sie nicht nur schuldig ist. Es entsteht insgesamt der Eindruck, daß Eser Yalda keine schweren Fragen über ihre Vergangenheit stellt und viel tut, um sie zu schonen. Doch gerade nach der obigen Beschreibung von Eser in den ersten zehn Minuten (»Es scheint mir günstig, daß mein Mann nicht da war...«) berichtet Yalda über die Reaktion ihres Bekannten auf das Überleben seiner Frau (»Es scheint mir sehr suspekt, daß sie überlebt hat. Ich weiß nicht wie?«). Die Verknüpfung zwischen den beiden Erzählungen kann für ihre Befürchtung stehen, daß auch Eser dies vielleicht über sie denken könnte. Von dem oben beschriebenen Beziehungsmuster her scheint es aber, daß Eser Yalda so einen Vorwurf eher nicht machen würde. Es liegt nahe, daß diese Geschichte für Yaldas inneren Selbstvorwurf steht: ›Es ist mir selber suspekt, wie ich überlebt habe, da ich meine inneren Prinzipien verraten hatte.‹ Auf der Handlungsebene wählt sich Yalda einen Partner, der ihr hilft, familiäre Bewältigungsstrategien zu entwickeln, wie man die orale Kollusion betrachten kann. Doch innerpsychisch beschuldigt sie sich weiter und hat immer noch Angst, von anderen beschuldigt zu werden.

Versöhnung mit dem Vater? –
»Ein sehr nervöser Mann«

Als ich Yalda frage, was das schlimmste Erlebnis in ihrem Leben war, erwidert sie erst: »Es fällt mir schwer, mit dem Finger auf eine Sache zu zeigen«. Nach einer Pause ergänzt sie dies: »Wenn mein Vater nicht gewesen wäre, dann ist es mir absolut klar, daß ich nicht am Leben wäre, weil ich nicht weiß, wie man kämpft.« Das Schwierigste für Yalda ist die Art, wie sie überlebt hat: Ihr Herz gehört ihrer Mutter, die sie verlassen, ihr Dank jedoch ihrem ›herzlosen‹ Vater, der sie gerettet hat. Wie lebt Yalda mit dem subjektiv erlebten Verrat, wie sieht ihre Beziehung zum Vater während und nach der Shoah aus?

Yalda liegt Monate über Monate, Tausende von Stunden neben ihrem Vater in dem engen Erdloch. »Mit der gleichen Kleidung zwei Jahre lang, mit Läusen und Schmutz und die Regel«, beschreibt sie die schweren Bedingungen im Versteck, die gleichzeitig eine große – wenn auch nicht gewählte – Intimität mit dem Vater und seinem Cousin Minusch bedeuten. Die drei Versteckten müssen die tausenden Stunden mit Inhalt füllen. Vom Cousin lernt Yalda Russisch und mit ihm spielt sie auch Schach mit Figuren, die sie aus Brotresten bastelten. Im Versteck kommt es auch zum ersten Mal zu Gesprächen mit dem Vater über seine Kindheit: »Als wir zwei Jahre im Erdloch waren, erzählte mein Vater Sachen über sich, die ich nicht wußte.« Der Vater erzählt über antisemitische Angriffe während seiner Schulzeit und darüber, daß seine Mutter ihren 20 Jahre älteren Ehemann häufig verlassen hat und zu ihren Eltern zurückging, was Yaldas Vater als ältesten Sohn sehr verletzte. Es kommt zu einer inneren Annäherung zwischen Yalda und ihrem Vater und zwar aufgrund der schweren Kindheit des Vaters. Der Vater ist Opfer seiner familiären Bedingungen: Er war schlecht zu ihr und der Mutter, weil andere zu ihm schlecht gewesen waren. Diese Annäherung hilft Yalda, die Intimität mit dem Vater psychisch billigen zu können.

Eine andere Möglichkeit, sich zu verzeihen, ist, dem Vater die ganze Verantwortung für das Geschehen in der Situation des zweiten Moraldilemmas zu geben und sich dabei als ein passives und machtloses Kind zu erleben. Dies ist eine Bewältigungsform, die sich bei Yalda in gewissem Maße finden läßt. Und zwar als ob Yalda sich sagte: ›Wenn mein Vater derjenige ist, der mich gerettet hat, heißt es auch, daß ich mich nicht selber gerettet habe. Damit ist die Trennung von der Mutter nicht mehr in meiner eigenen Verantwortung und auch nicht die einzige Sekunde, in der ich vielleicht überlegt habe, mit dem Vater bessere Überlebenschancen zu haben.‹ Es wird besonders augenfällig, daß Yalda sich als kleines Kind wahrnimmt, als sie die Befreiungsphase beschreibt. Nach dem Krieg leben Yalda und ihr Vater mit weiteren elf Juden zusammen, darunter zwei Kinder im Alter von vier und sechs Jahren. Yalda ist damals 22 Jahre alt, doch sich selbst beschreibt sie in diesem Zusammenhang folgendermaßen: »Nach dem Krieg, als wir zurückkehrten, gab es zwei Kinder [...], ein Junge und ein Mädchen und ich. Und alle andere waren älter als ich.«

Yalda definiert sich hier als Nichterwachsene. »Schuld hat, wer gewählt hat«, sagt Platon (zit. n. Hirsch 1997, S. 18). Yalda stellt sich aber nicht als eine Wählende dar, sondern als Kind. Kinder sind abhängig, wählen nicht, tragen keine Verantwortung, können nicht aktiv um ihr Leben kämpfen und sind demnach auch nie schuldig. Dies ist möglicherweise das Bild, das Yalda sich selbst und anderen mit dieser Formulierung vermitteln möchte. Solch ein Bild könnte für sie eine Entlastungsfunktion haben. Damit sagt Yalda: ›Mein Überleben verdanke ich nicht meinen Aktivitäten. Ich war ein passives, machtloses Opfer des Geschehens.‹ Der Name Yalda Sachaf ist das hebräische Synonym für diesen Bewältigungsversuch. »Yalda« bedeutet auf Hebräisch Mädchen, Sachaf bedeutet »Erosion«, »weggeschwemmt werden« bzw. »durch Erosion weggeschwemmte Erde«.

Die äußeren Wege von Yalda und ihrem Vater trennen sich nach der Verfolgungszeit und bis zum Tod des Vaters im Jahre 1962 nicht: Sie leben bis zu Yaldas Heirat (1946) zusammen. Danach wohnen sie bis 1951 in der gleichen polnischen Stadt, wo der Vater zum zweiten Mal heiratet. Später emigrieren sie gemeinsam nach Israel, wo Eser im Geschäft von Yaldas Vater arbeitet. Doch wie sehen die Wege ihrer inneren Beziehung nach der Shoah aus? Wir können dies anhand der ersten Stelle im Interview beleuchten. An dieser Stelle vermittelt Yalda fast ungewollt ihre heutige Perspektive über die Beziehung zu ihrem Vater. Nachdem ich Yalda die Eingangsfrage stelle, steht sie auf und holt zwei Familienphotos, auf denen ihre Eltern, ihr Bruder und sie zu sehen sind. Yalda überreicht mir die Photos, und ich sage ihr:

I: »Dein Vater sieht sehr warmherzig aus. Er lächelt hier.«
Y: »Jaa, Er war ein sehr nervöser Mann. Und er war, und er war / Komisch, im Nachhinein habe ich es verstanden: Draußen hat man ihn geliebt. Er wußte sich bei anderen

Menschen beliebt zu machen, ja.«
I: »Und zu Hause war er nervös.«
Y: »Ja. Er hatte eine schwere Kindheit und er war kränklich. So daß ich denke, daß es sehr viel Einfluß hatte.«

Yaldas korrigiert meinen falschen Eindruck, ihr Vater wäre ein warmherziger Mensch. Und ich bin für einen Moment irritiert, denn »sehr nervös« ist eine heftige Kritik und auf keinen Fall eine Höflichkeitsbekundung. Zu diesem Zeitpunkt weiß ich noch nichts über Yaldas Vater, z. B. ob und wie er starb. Yaldas erste Sätze hören sich persönlich, intim, suchend und ambivalent an. Sie versucht hier, die Beziehung zu ihrem Vater zu definieren. Zuerst vermittelt sie eine konsequent negative Haltung dem Vater gegenüber (»nervös«, draußen geliebt, d. h. nicht zu Hause). Zuletzt kommt eine Entschuldigung des Vaters (nervös da »schwere Kindheit«). Der Zusammenhang zwischen Yaldas Versöhnungsversuch, ihrer Ambivalenz zum Vater und ihrer Verfolgungsgeschichte ist gleich in dieser ersten Sequenz erkennbar. Yalda beschuldigt und entschuldigt ihren Vater hier gleichzeitig. Gerade aus diesem Grund handelt es sich um einen Versöhnungsversuch, denn es gelingt Yalda nicht, ihrem Vater ganz zu verzeihen, obwohl sie es versucht.

Was entlang des Interviews und wahrscheinlich in Yaldas Leben nach dem Krieg immer wieder spürbar ist, ist das Hin und Her in der Beziehung zum Vater. Sie verdankt ihm ihr Leid und gleichzeitig ihr Überleben. Sie *darf ihm nicht vollständig verzeihen*, weil er die Mutter mit der Geliebten betrogen hat. Dazu kommt auch das Gefühl, die Mutter mit dem Vater durch die Zeit im Versteck betrogen zu haben. Sie *muß* ihm aber aus Dankbarkeit für ihre eigene Rettung *verzeihen*. Das Ergebnis dessen ist ein ständiger Wechsel der Gefühle *ohne eine stabile und ausgleichende innere Lösung*.

Inwieweit der innere *Versöhnungsversuch mißlingt*, verdeutlicht die Erzählung über den Tod des Vaters. Im ganzen Interview erwähnt Yalda die Perspektive ihres Vaters als leidenden Holocaust-Überlebenden nicht. Anfang der 60er Jahre verliert der Vater nach einem Hirnschlag teilweise sein Gedächtnis. Die letzten sechs Monate seines Lebens liegt er im Krankenhaus. Dort »nahm er die Medikamente nicht. Er bekam ein Medikament und steckte es unter die Zunge, bis die Krankenschwester rausging und dann hat er gesagt: Sie denken, daß ich nicht weiß, was sie beabsichtigen«. Der Vater verweigert das Essen und sogar Wasser, da er glaubt, daß das Personal ihn vergiften will. Er erzählt Yalda weiter: »In der Nacht haben sie jemanden getötet.« Yalda sagt darüber: »Ich weiß nicht, woher ihm diese Idee gekommen ist.« Die Art, wie Yalda die Geschichte erzählt, ist ungeduldig und ohne jedes Verständnis. Die Ursache dieser Ängste kann aber durch Yaldas Erzählung über die Zeit im Versteck leicht ersichtlich werden. In den Zeiten, als der Bauer unterwegs war, hatten die drei Versteckten Angst gehabt, daß die Ehefrau des Bauers sie vergiften oder verhungern lassen würde. Sie gab ihnen das Essen unregelmäßig und war sehr unglücklich über die Gefahr, die die drei Versteckten für die Familie darstellten. Während der Krankheit des Vaters steht Eser wiederum an Yaldas Seite. Er sagt dem Vater: »Weißt du was, ich werde für dich sorgen, ich werde dir Essen bringen, nicht von hier, von draußen.« Dreimal am Tag geht Eser ins Krankenhaus, nimmt den Vater mit dem Rollstuhl in den Park, und dort essen sie gemeinsam.

Zusammenfassung:
»Lieber Unrecht leiden als Unrecht tun«

»Ich leide, also bin ich etwas wert«, so beschreibt Pascal Bruckner, »die Krankheit der Moderne« (1996, S. 158). »Die Stars des Unglücks« nennt er den modernen Menschen, der mit seinem Unglück angibt, da er glaubt, daß das Leid ihm »Würde verleiht«. »Der Markt der Opfer steht jedem offen, vorausgesetzt, er kann eine klaffende Wunde vorweisen«, schildert er weiter die Selbst-Viktimisierung. Diese Viktimisierung »ist der Halt dessen, der Opfer seiner Angst geworden ist und sich lieber zum Mitleidsobjekt macht, als gegen das, was ihn schreckt, zu kämpfen« (ebd., S. 161f).

Mir scheint, daß hinter dem Wunsch, sich als Leidenden erleben zu wollen, das innere Streben stehen könnte ›sich lieber als ein unschuldiges Opfer‹ als einen unmoralischen Täter wahrnehmen zu wollen. Diesen Mechanismus spricht bereits Sokrates in seinem Dialog mit Polos an. Auf Polos Frage, ob er »lieber Unrecht leiden [wolle], als Unrecht tun«, erklärt Sokrates:

> »Ich wollte wohl keines von beiden; müßte ich aber Unrecht tun oder Unrecht leiden, so würde ich vorziehen, lieber Unrecht zu leiden als Unrecht zu tun.« (Gorgias, 469b)

Von ihrer subjektiven Moralphilosophie her würde Yalda vermutlich hinter dieser Formulierung stehen. In ihrer biographischen Erzählung entsteht immer wieder der Eindruck, daß sie ›lieber Leid auf sich nehmen würde‹, als in Situationen zu sein, in denen sie anderen Leid zufügen müßte. Dies ist in bestimmten Moraldilemmata schwierig und zum Teil unmöglich. Yalda leidet darunter, daß sie ihrer Gemeinde und ihrer Mutter – wenn auch unabsichtlich – auf der Handlungsebene Leid zugefügt hat und würde, wenn sie wieder vor der Wahl stünde, lieber das Leid auf sich nehmen.

Als Sokrates die Strafe amoralischen Verhaltens als eine Reinigung der eigenen Seele bezeichnet, fragt Polos ihn zynisch zurück, ob eine Person, die bei ihren unmoralischen Taten erwischt wird, glücklicher sei, als die, die nicht erwischt wird. Sokrates antwortet:

> »Glücklicher wird dann freilich keiner von beiden jemals sein, weder der, welcher die Herrschaft unrechtmäßig in Besitz nimmt, noch der, welcher die Strafe erleidet. Denn von zwei Unglücklichen kann keiner ein glücklicherer sein; unglücklicher aber ist der, welcher unentdeckt bleibt und herrscht. [...] Nicht das Unrecht zu verbergen, sondern ans Licht zu bringen, damit der Täter Strafe leide und gesund werde.« (ebd., 473d-e sowie 780c)

Yaldas Selbstbestrafung – die Selbstmordgedanken, die depressive Stimmung, das niedrige Selbstwertgefühl – lassen sich als Selbstheilungsversuche, als Korrekturversuche verstehen, durch die sie sich wieder als moralische Person erleben möchte: ›Ich leide, ich bestrafe mich, also bin ich moralisch‹. Doch die Quelle der Schuldgefühle, die Quelle des erlebten »Unrechts« ist für Yalda gleichzeitig mit so viel Scham besetzt, daß sie sie weiter vor sich verbirgt und nicht »ans Licht bringen« kann.

Die eigene subjektive Moralphilosophie und die Handlungsebene
Yaldas eigene *subjektive Moralphilosophie* läßt sich durch ihre biographischen Erzählungen über ihre Kindheit und über das Leben im Ghetto rekonstruieren. Sie bemüht sich, andere zu schützen (ihre Mutter) und strebt danach, anderen nicht zu schaden. Im Vordergrund steht die Loyalität zu der Familie (Mutter) und die Solidarität mit der Gemeinde (z. B. anderen Kindern helfen) (vgl. Abb. 5).

Im ersten Moraldilemma rechtfertigt Yalda innerpsychisch die Arbeit für den Judenrat durch Hilfe für die Familie. Hier scheint sie eine klare Hierarchie von Moralprinzipien zu haben, an der sie sich orientiert: erst die Loyalität zu der Familie, dann die Solidarität mit der Gemeinde. Trotz dieser klaren Hierarchie der Moralprinzipien kommt es zu Rissen im moralischen Erleben und zu einer psychischen Belastung (Schuldgefühle), die Yalda durch die Erinnerungsarbeit ausgleichen will. Denn beide Werte – das Wohl der Familie und das der Gemeinde – sind für sie wichtig, auch wenn der erste Wert mehr Gewicht für sie hat. Yaldas Lebensgeschichte verdeutlicht, daß eine klare Hierarchie von Werten existieren kann, daß aber bei der Person dennoch moralische Risse auf der emotionalen Ebene entstehen können, die sie durch Korrekturarbeit auszugleichen versucht.

Im zweiten Moraldilemma verrät Yalda ihren höchsten Wert: den Schutz der Mutter. Diese Selbstbewertung des eigenen Handelns ist mit enormen Scham- und Schuldgefühlen verbunden. Yalda definiert für sich ›die-Hilfe-an-anderen‹ als moralisches Verhalten. Die Selbsthilfe betrachtet sie jedoch als Egoismus bzw. als amoralisches Verhalten. Daß ihr Vater sie rettete, versteht sie als moralische Tat seinerseits. Da der Selbstschutz (wenn er auf Kosten anderer geschieht) nicht ein Teil von Yaldas subjektiver Moralphilosophie ist, ist das Gefühl, die Mutter verraten zu haben, besonders intensiv und quälend für sie. Die Pflichten gegenüber der eigenen Person können philosophisch gesehen ein Teil der Moral sein, wie z. B. bei Kant oder im Judentum: »Du sollst deinen Nächsten lieben wie dich selbst« (3. Buch Moses 19, 18) bzw. nicht die anderen mehr lieben als sich selbst. D. h. man hat das moralische Recht auf Selbsthilfe. Doch geht es hier um Yaldas subjektive Moralphilosophie, um ihre eigene Perspektive und dort ist der Selbstschutz ein nicht integrierter Teil, was Einfluß auf ihr inneres Überleben hat.

Individuelle und familiäre Korrekturstrategien
Die psychische Belastung durch die Moraldilemmata ist groß, und Yalda entwickelt vielfältige Bewältigungsformen in ihrem Versuch, sich wieder als moralisch erleben zu können. Ihre Bewältigungsarbeit läßt sich in individuelle Bewältigungs*versuche* und erfolgreiche familiäre Bewältigungsstrategien unterteilen.

Individuelle Bewältigungsversuche: In der ersten Phase lassen sich bei Yalda drei individuelle Bewältigungsversuche beobachten. Zuerst erfolgt die *Selbstbestrafung* als Korrekturversuch (Selbstmordgedanke), dann die *Erinnerungsarbeit* (intensives Lesen, Hypnosewunsch) und parallel dazu der *Versöhnungsversuch* mit dem Vater. Diese Bewältigungsformen nenne ich Bewältigungsversuche, da sie Yalda nur begrenzt helfen, die erlebten Schuldgefühle zu mindern.

Yalda will der Wahrheit ins Auge blicken, aber ihre Erinnerungen sind für ihr moralisches Selbstbild zu bedrohlich. Es kommt zu einem Wunsch nach gleichzeitiger Aufdeckung und Verdrängung. Es ist die Scham, die eine Aufdeckung verhindert (Schultheiss 1997), und es ist die Schuld, die auf eine *Aufdeckung und Wiedergutmachung* drängt. Die Korrekturwünsche sind bewußt (Hypnose), die Quelle der Scham bleibt unbewußt. Diese Erinnerungsstruktur läßt sich als ›Flucht in die Realität‹ bezeichnen, wie Yalda sie selbst beschreibt, als sie über ihren Wunsch spricht, die Deportationslisten zu rekonstruieren:

»Früher habe ich ein solches Gedächtnis gehabt. [...] Ich habe alles auswendig gewußt. [...] Heute erinnere ich mich nicht mehr an ihre Namen. Nichts. [...] Vielleicht bin ich in die Realität geflohen. Aber diese Sache weckte bei mir den Willen, Hypnose zu machen. [...] Und ich erinnere mich an nichts.«

Yalda muß nicht *vor* der äußeren Realität, sondern »*in* die Realität« fliehen, da ihre innere Realität durch die Selbstverurteilung so bedrohlich ist und sie aus Scham bis zu Selbstvernichtungsgedanken treibt.

Die Brüchigkeit dieser Bewältigungsversuche wird sichtbar. Yalda stellt sich wiederholt vor ein inneres Gericht. Sie will die Schuld übernehmen, erstickt aber fast, wenn sie die Größe ihrer Schuld – nach ihren eigenen Maßstäben – erkennt. Sie verteidigt sich dann wieder, wenn sie an diesem Punkt steht. Es ist für sie ein innerpsychischer Teufelskreis, in dem sie ihre

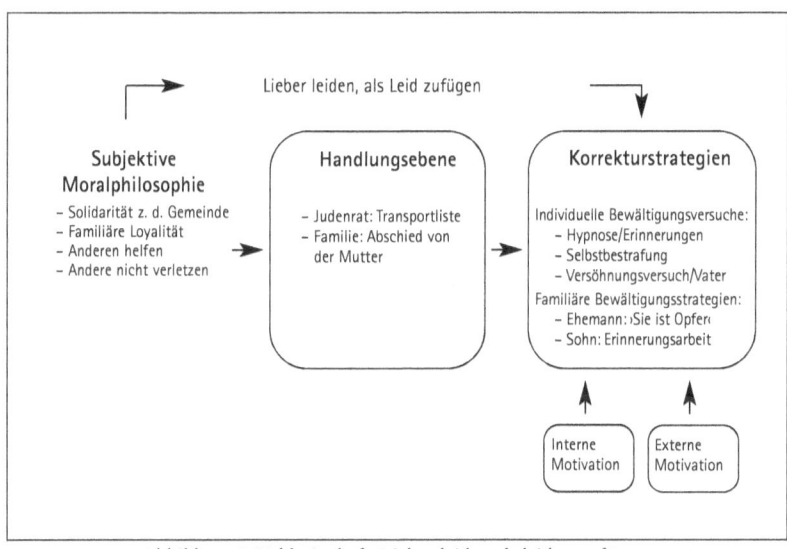

Abbildung 6: Yalda Sachaf: ›Lieber leiden als leiden zufügen‹

Zentral in Yaldas eigener subjektiver Moralphilosophie sind die Werte der familiären Loyalität, Solidarität zu der Gemeinde, der Wunsch anderen zu helfen und andere nicht zu verletzen. Auf der Handlungsebene kommt es zur Verketzung dieser Werte in zwei Moraldilemmata während der Verfolgungszeit. Bei dem ersten Moraldilemma wird der Familie geholfen, was die Gemeinde schädigt. Im zweiten kommt es zum Verlassen der Mutter, die Yalda als besonders schultzlos erlebt. Es folgen mehrere Korrekturstrategien, die sich in individuelle Bewältigungsversuche und familiäre Bewältigungsstrategien unterteilen lassen. Die einzelnen Korrekturstrategien hängen mit Yaldas tiefem Wunsch zusammen, ›Lieber zu leiden, als Leid zuzufügen‹.

innere Wahrheit aufdecken will (Schuld => Wiedergutmachung), es aber nur sekundenweise aushalten kann (Scham => Verschwinden). Die tiefe Scham beeinflußt den Bewältigungsprozeß: Die individuelle Korrekturarbeit kann wegen der tief empfundenen Scham nicht vollzogen werden.

Familiäre Bewältigungsstrategien: Yalda zerbricht fast an ihren eigenen Beschuldigungen und an dieser Stelle benötigt sie die Hilfe ihres Manns und ihres Sohnes bei der Korrekturarbeit. Es sind die familiären Bewältigungsstrategien, die ihr viel Kraft geben. Die Erinnerungsdelegation stellt dabei eine unbewußte familiäre Bewältigungsstrategie dar, denn Yalda selber erlebt die Beschäftigung des Sohnes mit der Shoah *nicht* als einen von ihr stammenden Auftrag (»Schau, was das Schicksal macht«).

Externe oder interne Motivation?
Es ist die Angst vor der äußeren und inneren Verurteilung, die Yalda zu den Korrekturversuchen bringt. Die externe Motivation ist mit einer sozialen Angst, mit der Angst, Beschämungssituationen zu erleben, verbunden. Daraus entsteht der Wunsch, moralisch zu wirken, was die Person zu den Korrektursstrategien motiviert. Die Scham-Angst läßt sich dabei als »das Auge des Dritten« definieren. Dieses »Auge des Dritten« kann z. T. auch internalisiert werden (Hilgers 1996, S. 202). Die soziale Angst ist bei Yalda bereits in den ersten zehn Minuten des Gesprächs zu beobachten (»suspekt, daß sie überlebt hat«, »Entschuldigung, daß wir überlebt haben«). Mehrmals im Gespräch verteidigt sich Yalda gegen die gesellschaftliche Meinung, wie sie sie erlebt: »Wenn es kein Heldentum war, dann war es, ›wie Schafe zur Schlachtbank‹«, bemerkt sie bitter über die Israelis. Hier ist gleichzeitig Neid auf die »Helden« und Ärger auf die israelische Gesellschaft der 50er und 60er Jahre zu hören, die lediglich die Partisanen geehrt hat. Anschließend betont Yalda: »Keiner hat das Recht zu verurteilen. [...] Keiner weiß, wie er sich in einem spezifischen Moment verhalten wird oder verhalten hätte. Keiner weiß.« Das ist vollkommen richtig und doch hat Yalda das Gefühl, daß sie sich für ihre Handlungen rechtfertigen muß. Diese soziale Angst ist auch am Ende des Gesprächs spürbar, als ich Yalda frage, wie es ihr nach dem Erzählen ihrer Verfolgungserfahrungen geht: »Mein Körper zittert. Als ich Dir zugesagt habe, war es keine rationale Entscheidung.« Zittert Yalda hier, weil sie mich als die Repräsentantin der Gesellschaft erlebt, als das gefürchtete »Auge des Dritten«? Yaldas Antwort bewirkt bei mir Schuldgefühle: Durch die Thematisierung der Vergangenheit bewirke ich bei ihr Angst und ich sollte und wollte doch mit Yalda »behutsam« umgehen, so wie mich der Ehemann

bei unserer Begegnung gebeten hatte.

Yalda sagt, daß es »keine rationale Entscheidung« war, mit mir zu sprechen. Welche Entscheidung war es für sie? Obwohl die externe Motivation bei Yalda zu beobachten ist, scheint ihre interne Motivation entscheidend für das Gespräch mit mir zu sein. Yalda will die erlebte Schuld durch das Erinnern, Sprechen und Schreiben korrigieren. Seit Jahren wünscht sie sich ihre Biographie aufzuschreiben, aber wie bei der Hypnose, kann sie ihren Wunsch nicht verfolgen, weil der Abgrund der Schuldgefühle so bedrohlich ist (»Ich bedauere, daß ich nicht geschrieben habe. Es ist schwer für mich [...] mich zu konzentrieren«). Zum Teil sieht sie das Interview an als eine Möglichkeit, dies zu tun. Im Gespräch thematisiert sie ihren Wunsch, daß jemand ihr zuhören und ihr helfen wird, ihre Biographie zu schreiben. Es ist der Wunsch, Zeugnis abzulegen, den sie aber psychisch gesehen nicht verwirklichen kann. Durch das Gespräch rückt die Schuldquelle nahe an Yalda heran und sie muß wieder wegen der Scham fliehen. Es ist ein Zittern vor sich selbst, vor der eigenen Scham – ein Leben im Schatten der Moraldilemmata.

Delegation, Erinnern, Korrekturarbeit
Chanan Sachaf – Zweite Generation

»Jemand anderen ausgeliefert«?

Auf der Veranstaltung, auf der ich Chanan Sachaf das erste Mal treffe, erzählt er, daß er mit vielen Holocaust-Überlebenden sprach und als Lehrer in seiner Schule ein Programm über die Shoah initiierte. Er erwähnt dabei auch, daß seine Mutter während der Nazizeit versteckt war. Daraufhin frage ich Chanan, ob er mir Holocaust-Familien für ein Gespräch vermitteln könne. Er schlägt sich und seine Mutter vor.

Als ich ihn über die Erfahrungen seiner Mutter im Ghetto frage, erwidert er:

>»Ihre zentralste Erfahrung war das Loch [Versteck]. Es war viel stärker als das Ghetto. Sie hat mehr darüber erzählt. Zeitlich gesehen waren es zwei Jahre [im Ghetto] und zwei Jahre [im Versteck].«

Was weiß Chanan über die Funktionstätigkeit seiner Mutter im Ghetto? Weiß er überhaupt etwas, über das Schreiben der Deportationslisten für den Judenrat, wenn die Ghettozeit so wenig von seiner Mutter thematisiert wurde und von ihm als nicht zentral bezeichnet wird? Im Gespräch thematisiert Chanan den Judenrat mehrmals, jedoch nicht im Zusammenhang mit seiner Mutter, sondern eher im Kontext von allgemein historischen und moralphilosophischen Überlegungen. An einer Stelle erwähnt er z. B. die

Geschichte des Judenrats und des Ordnungsdienstes (jüdische Polizei) im Ghetto seiner Mutter und zwar so, wie er sie durch Bücher und Gespräche mit anderen Überlebenden rekonstruieren konnte:

»In der Regel litten die Mitglieder des Judenrats unter sehr schlechtem Ansehen. [...] Aber ich verstehe, daß der Ruf des Judenratsleiters unter den Juden, die am Leben blieben, nicht schlecht ist .[...] Es ist möglich, daß wenn die [ermordeten] Opfer mit uns wären, daß sie ihn [den Judenrat] gehaßt hätten. Aber unter denen, die am Leben blieben / Fast alle, die am Leben blieben, flohen nach Rußland. Meine Mutter ist eine der wenigen, die direkt in der Shoah waren. Wenig Leute [aus ihrer Heimatstadt] überlebten das Ghetto und von diesen hörte ich nichts Schlechtes über den Judenratsleiter und auch nicht über den Ordnungsdienst, dessen Aufgabe die Übergabe der Juden war, physisch gesehen.«

Die Mutter kommt in dieser Beschreibung nicht vor. Doch im Anschluss spricht Chanan Beschuldigungen gegen seine Mutter und andere Holocaust-Überlebende an:

»Meine Mutter erinnert sich an das Verhalten ihr gegenüber, z. B. an ein Treffen der Leute aus ihrer Heimatstadt, das in Israel in den 50er Jahren stattgefunden hat. Es gab einmal den Verdacht der Israelis gegenüber den Überlebenden sowie den Verdacht von denen, die nach Rußland flohen, gegenüber denen, die am Leben geblieben sind. Und es gab wiederum den Verdacht ihr gegenüber [der Mutter gegenüber]: Wenn du am Leben geblieben bist, heißt es, daß du jemand anderen ausgeliefert hast. Das heißt, daß du mit einem Nazi geschlafen hast. Irgendwas war hier nicht normal. Einfach die ständige Frage: wie bist du am Leben geblieben? Wie ist es passiert, daß du am Leben geblieben bist? Mit einem verdächtigen Tonfall, mit einem Blick, mit Gesprächen von irgend jemanden über sie. Solche Sachen gab es gewiß.«

Chanan thematisiert hier die Frage der Lebensberechtigung, ähnlich wie seine Mutter (»Entschuldigung, daß wir überlebt haben«). Er gibt die Frage der anderen an die Mutter wieder: »Wie bist du am Leben geblieben?« Ist dies auch eine Frage von Chanan? Chanan beantwortet die Frage des »wie« an dieser Stelle nicht, sondern will sich vielmehr von den früheren Vorwürfen der israelischen Gesellschaft distanzieren. Doch seine Schilderungen verdeutlichen die Last, unter der die Mutter gelitten hat. Er scheint die Hintergründe der Moraldilemmata seiner Mutter als Schreiberin der Transportlisten im Judenrat nicht zu kennen. Aber zeigt Chanan durch die Reihenfolge seiner Erzählung (Judenrat/Ordnungsdienst => Verdacht gegenüber der Mutter) nicht, daß er eine Verbindung zwischen dem Gefühl der Mutter, verurteilt zu werden, und dem Judenrat ahnt? Welche Bewältigungsdynamik steht hinter Chanans obsessiver Beschäftigung mit der Shoah (Bücher, Filme, Vorträge) bei einer gleichzeitigen großen Informationslücke über die persönliche Verfolgungsgeschichte seiner Mutter im Ghetto?

Chanan ist 1953, zwei Jahre nach der Auswanderung seiner Eltern von Polen nach Israel, geboren. Er wächst als Einzelkind auf, ist ein guter Schüler und erhält während seiner Schulzeit mehrere Auszeichnungen. Als Student und auch später ist er politisch und sozial aktiv. Im Alter von 25 heiratet er Nurit; zusammen mit ihren zwei Kindern leben sie heute in der Nähe von Haifa.

Das erste Gespräch mit Chanan findet eine Woche nach dem Interview mit seiner Mutter statt. Wir treffen uns in seinem Büro. Dieses erste Gespräch dauert ca. zwei Stunden und Chanan erzählt hier die Verfolgungsgeschichte seiner Eltern und seine eigene Lebensgeschichte (Haupterzählung). Da er anschließend einen Termin hat, erfolgt der zweieinhalb Stunden lange Nachfrageteil drei Tage später. Im Gespräch wirkt Chanan teilweise bedacht und kontrolliert. Er erklärt mir im voraus, wie er seine Erzählung gestalten wird (»Erst die Fakten [...] dann wie sie mir bekannt wurden«). Zum Teil komme ich mir wie eine Schülerin vor, besonders wenn es um historische Fakten geht, die Chanan sehr gut kennt und ausführt. Über sich selbst spricht er in einer sehr ehrlichen und zum Teil kritischen Weise. Seine Selbstanalyse ist exakt, tiefgehend und nicht nur schmeichelhaft für ihn selbst. Nur zweimal ist er überrascht und aufgewühlt durch meine Fragen. Er wirkt sehr verantwortungsbewußt (ruft seine Mutter einmal am Tag an) und lebt eher bescheiden. Leistung und Moral sind zwei zentrale Themen in seiner biographischen Erzählung.

Die Entstehung einer Delegation: »Ich will wissen«

»Bis zum Alter von zwölf Jahren wußte ich nichts über die Familiengeschichte. Sogar Fragen hatte ich nicht. Ich wußte, daß Oma während des Kriegs starb. Das ist alles. Das war in den 60er Jahren, in denen man im Lande kaum über das Thema sprach. Es hat mich nicht gestört.«

Nach dieser Zeit beginnt Chanan, sich für die Shoah zu interessieren und liest zuerst das Tagebuch von Anne Frank sowie Literatur über Eichmann. »Dann fing ich an, zu begreifen, daß hier eine Verbindung zu meinen Eltern besteht. Und sie haben mir immer noch nichts erzählt.« Das Lesen über die Shoah wird für Chanan im Alter zwischen 12 und 15 Jahren zu einer obsessiven Beschäftigung. Zu Beginn dieser intensiven Beschäftigung mit der Shoah spricht seine Mutter ihn an:

»Meine Mutter bat mich, aufzuhören. Und dann habe ich sie daran erinnert, daß sie mir einige Monate zuvor einen anonymen Leserbrief zeigte: Von einer Frau, die einen Sohn in meinem Alter hatte und die diese Erlebnisse mit den Lesern teilen wollte, weil sie niemanden hat, mit dem sie sprechen kann. Der Sohn lehnt es ab, ihr zuzuhören. Er lehnt es ab, zu wissen, was während der Shoah passiert war. Er floh vor diesen Gesprächen. Das tut im Herzen weh. Das war für sie eine Quelle großer Schmerzen. Und ich sagte meiner Mutter, daß meine Situation umgekehrt sei. Ich habe verstanden, daß sie diesen Brief ausgeschnitten hat, weil sie sich mit dieser Mutter identifiziert, nicht mit dem Kind. Und ich bin der Gegensatz: Ich will wissen. Ich übe auf sie keinen Druck aus, damit sie mir berichten wird, aber auf jeden Fall soll sie mich nicht entmutigen, wenn ich von anderen Quellen hören will. Und seitdem hat sie tatsächlich nicht mehr darum gebeten, daß ich aufhören werde.«

Mit dem Leserbrief erhält Chanan die Botschaft: Kinder sollen sich für die Verfolgungsvergangenheit ihrer Eltern interessieren und das »Ich-will-wissen« ist Chanans Antwort auf die indirekte Aufforderung seiner Mutter. Eine Delegation ist geboren. Hier läßt sich direkt sehen, wie eine Delegation durch bewußte oder unbewußte Wünsche und Äußerungen der Eltern genau entsteht, während in der Regel solche Äußerungen und ihr Einfluß auf Delegationsprozesse nur erahnt werden können. Chanan erhält eine ambivalente Delegation: Er soll sich einerseits für die Verfolgungsvergangenheit interessieren, aber gleichzeitig darf er keine Fragen stellen. Er löst diesen widersprüchlichen Auftrag, indem er zu Hause »keinen Druck« ausübt, aber Informationen ›außerhalb der Familie bzw. draußen‹ sucht. Er sammelt viel Material, führt Interviews und baut eine Art Archiv über die Shoah auf.

Mit fünfzehn Jahren, als er bereits auf dem Gymnasium ist, kommt es zu einer Veränderung:

»Dann habe ich zum ersten Mal die Geschichte meiner Eltern gehört. [...] Das war kein dramatisches Ereignis. Aber trotzdem, die Tatsache, daß ich eines Tages die erste Geschichte gehört habe. Das bezeugt schon die Dramatik in dieser Situation, für mich und für sie.«

Die Wahl des Zeitpunkts erklärt sich Chanan folglich: »Ich nehme an, daß meine Eltern, besonders meine Mutter an die seelische Reife dachten.« Doch gleichzeitig erwähnt er, daß er noch nicht die gesamte Verfolgungsgeschichte der Familie kennt, bzw. »immer noch neue Sachen« hört.

Der Judenrat:
»Ich habe hier nichts Privates zu erzählen«
Als Chanan die Verfolgungsgeschichte seiner Mutter erzählt, kommt er bereits nach zwei Minuten auf das Thema Judenrat zu sprechen. Auch hier spricht er über den Judenrat in einer allgemeinen Form:

»1942 wurde die Hälfte der Juden vom Ghetto ins KZ deportiert und sie kehrten nicht zurück. Sowohl die Gehenden als auch die Hinterbliebenen wußten nicht, wohin diese Leute vertrieben werden. Der Judenrat mußte sie wie gewöhnlich sammeln, sie konzentrieren und wenn nicht, wurde eine Todesstrafe auf seinen Kopf ausgesetzt.«

Gegen Ende 1942 kommt es wieder zu einer großen Deportationswelle:

»Und keiner wußte wohin. Aber natürlich war das Gefühl sehr schlecht, daß das Ghetto aufgelöst wird«, erzählt Chanan weiter. Die Situation der Auflösung des Ghettos beschreibt er ausführlich. Er thematisiert dabei ein schweres Moraldilemma des Judenrats aus Yaldas Ghetto: Der Judenrat soll den Nazis helfen, die Deportation schnell und problemlos zu organisieren, was eine Bedingung für das Bleiben des Judenrats im Ghetto gewesen wäre, erklärt Chanan. Der gesamte Judenrat, seine ganzen Mitarbeiter und ihre Familien (»vielleicht hundert Leute«), sollen sich in der Zeit, in der die anderen Ghettoeinwohner gesammelt und deportiert werden, im Gebäude des Judenrats aufhalten.

»D. h. diejenige Person [aus dem Judenrat], die in ihrem Haus [im Ghetto] bleiben will, für sie lohnt es sich, daß sie helfen wird. D. h. es ist ein Moraldilemma für sich, aber nicht Leben oder Tod. Bis auf eine Sache: Wenn irgend jemand in dem Gebäude des Judenrats bleiben wird, der nicht auf der Liste [der Mitarbeiter] ist, dann werden alle umgebracht. Dies war im Widerspruch zur Realität: Gefahr für den Judenrat und nicht für die Deportierten.«

Es ist enorm, wieviel Wissen Chanan über den Judenrat des Ghettos seiner Mutter hat und wie zentral das Thema des Judenrats in seiner Erzählung ist, ohne daß er weiß oder wissen will, daß seine Mutter dort tätig war. Er thematisiert die Moraldilemmata des Judenrats, ohne dabei seine Mutter als eine der Personen zu beschreiben, die von diesen Moraldilemmata betroffen war. Ich habe mich gefragt, wie es sein kann, daß der Judenrat in Chanans Erzählung so präsent ist, obwohl er die Aufgabe seiner Mutter im Judenrat doch gar nicht zu kennen scheint und die Mutter über den Judenrat kaum erzählt hat. Woher kennt er diese Geschichten, in denen er z. T. auch Namen erwähnt, u. a. den des Judenratsleiters? Chanans Wissen könnte aus seinen historischen Recherchen stammen sowie aus Interviews mit Überlebenden aus der Heimatstadt seiner Mutter. Aber hat ihm niemand erzählt, wo seine Mutter im Ghetto beschäftigt war? Dies bleibt in der Haupterzählung eine offene Frage.

Im Nachfrageteil stelle ich Chanan mehrmals Fragen über das Leben der Mutter im Ghetto. Wie spürbar wird, geht Chanan wenig auf die persönlichen Verfolgungserfahrungen seiner Mutter im Ghetto ein. »Ihre zentralste Erfahrung war das Loch«, erwidert er auf meine erste Frage bezüglich des Ghettos. Nach dieser Bemerkung beschreibt er das Leben im Ghetto in einer allgemeiner Form: »Armut, schwere Bedingungen, Krankheiten, Hunger«, »Strafen, Davidstern«. Diese Beschreibungen aus dem Ghetto haben ihn nicht »beeindruckt«, erklärt Chanan: »Vielleicht wegen des Lochs – die

Konkurrenz zum Loch.« Als ich anschließend wieder frage, ob er Geschichten über das Leben der Mutter im Ghetto kennt, antwortet er: »Aus irgendeinem Grund fällt es mir schwer, mich an Geschichten zu erinnern.« Er versucht, sich zu erinnern und sagt ein wenig später: »Vermutlich ist dies das Ergebnis der Tatsache, daß sie mir viel viel weniger über das Ghetto erzählt hat. Fast alle Geschichten sind über das Erdloch. [...] D. h. ich habe hier *nichts Privates zu erzählen, sondern nur die bekannten historischen Daten*«, versucht Chanan zu erklären und wiederholt die schweren Bedingungen im Ghetto: Hunger, Zwangsarbeit, Schläge.

Anschließend spricht er über »die Dilemmata des Judenrats: Ob man [Leute] zur Zwangsarbeit freigeben soll? Geld sammeln soll? Und wenn man es nicht tut, was wäre dann die Alternative?«. Es ist wiederum sehr beeindruckend: Chanan benennt die Moraldilemmata des Judenrats im Gespräch mehrmals, aber sie bedeuten »nichts Privates« und haben nichts mit seiner Mutter zu tun, sondern sind für ihn »nur bekannte historische Daten«. Yalda sprach vermutlich aufgrund ihrer Scham- und Schuldgefühle nicht mit Chanan über ihre Erfahrungen im Judenrat. Doch Chanan scheint es trotzdem zu wissen, zu ahnen, wobei er es nur in einer ›allgemeinen, nicht privaten Form benennen kann‹.

Da ich überrascht bin, daß Chanan nichts über das Leben seiner Mutter im Ghetto erzählen kann, frage ich ihn nach seinem inneren Bild: Wie lebte seine Mutter im Ghetto? Er erwidert: »Ich weiß, daß sie nicht zur Zwangsarbeit genommen wurde. Manchmal wurde mein Großvater genommen. [...] Und ich nehme an, daß sie einfach bei den Hausarbeiten geholfen hat«. Die Mutter arbeitet nicht im Ghetto, sagt Chanan. Aber dann erinnert er sich plötzlich blitzartig: »Entschuldigung, irgendwann begann sie als Postbeamtin zu arbeiten, natürlich. Als Postbeamtin hm im Judenrat«. Chanan will sich erinnern. Und er will verdrängen. Yalda sagt: »Ich habe am Anfang nur die Listen gemacht und dann war es die Post und die Listen.« Chanan weiß, daß sie bei der Post war. Er scheint aber nicht zu wissen, daß sie die Deportationslisten für den Judenrat erstellt hat.

Unbewußtes Wissen oder bewußtes Verbergen?
Andererseits thematisiert Chanan den Judenrat und seine Moraldilemmata so häufig und weiß im allgemeinen so viel über das Leben seiner Mutter, daß es schon fast nicht mehr plausibel erscheint, daß er nicht weiß, daß seine Mutter im Judenrat für die Erstellung der Listen zuständig war. An dieser Stelle ließe sich annehmen, daß er das Wissen entweder unbewußt besitzt und dieses

Wissen seine Handlungen und die Thematisierung der Shoah beeinflußt oder daß er dieses Wissen bewußt verbirgt, weil er sich für die Handlungen der Mutter schämt. Ich neige eher zu der ersten Hypothese, weil Chanan auf der bewußten Ebene mir sehr aufrichtig zu sein scheint und in anderen Bereichen auch Aspekte seiner Persönlichkeit und seines eigenen Lebens anspricht, die nicht nur schmeichelhaft oder eine Schönmalerei sind, sondern eine ausgeprägte Fähigkeit zur tiefen Selbstanalyse bezeugen. Er beschreibt z. B., wie isoliert er als Kind in der Schule war, von anderen geschlagen und zu Klassenparties nicht eingeladen wurde. An einer anderen Stelle sagt er über sich: »Ich weiß, daß ich ehrlich und stur bin, weil ich weiß, ob ich lüge oder nicht. Aber ich bin nicht objektiv zu sagen, ob ich klug oder dumm bin.«

Vielleicht hat Chanan sogar einmal von seiner Mutter oder von anderen gehört, daß sie die Listen schrieb und er verdrängt dieses Wissen als inneren Schutz. Wenn er das Wissen direkt von seiner Mutter gehört hat, könnte seine Verdrängung mit Scham zusammenhängen: Er merkt, mit wieviel Scham es bei ihr verbunden ist und damit vielleicht auch für ihn. Wenn er diese Tatsache vielleicht von anderen Überlebenden hörte, wäre es möglich, daß er dieses Wissen (vorläufig) verdrängen will, weil seine Mutter es ihm nicht selber erzählt hat. Möglicherweise weiß Chanan deshalb auch, daß er nicht alles gehört hat bzw. »immer noch neue Sachen« hören wird. Und so wartet er vermutlich geduldig, bis sie es ihm erzählen wird und vielleicht wird Yalda es auch eines Tages tun.

Der Abschied: »Wer wie gestorben ist«
Was Chanan über das zweite Dilemma – über die Trennung seiner Mutter von ihrer Mutter weiß –, läßt sich aus seiner Beschreibung der Flucht aus dem Ghetto ersehen. Nachdem er die allgemeinen Bedingungen im Ghetto geschildert hat, erzählt er über die Auflösung des Ghettos im Jahr 1943:

»Sie sind zu Fuß gegangen und währenddessen, noch vor der Selektion, hat mein Großvater beschlossen, die Familie zu teilen. Jetzt war die Überlegung so: seine Frau wurde durch die Ghettobedingungen und den Hunger krank, obwohl sie keine alte Frau war. Sie kann nicht laufen. Dann wird sie mit allen gehen. Und meine Mutter war damals neunzehn Jahre alt und ihr Bruder war sechzehn, siebzehn Jahre alt. Er war ein junger Mann. Er wird seine Mutter verteidigen, er wird auf sie aufpassen. Er wird mit ihr gehen. Mein Großvater, der laufen kann, und meine Mutter, die laufen kann, werden gehen oder fliehen. Er hat auch Bekannte in der Umgebung und deshalb wird es so sein.«

In Chanans Beschreibung des Abschieds gibt es einen markanten Unterschied zu der Beschreibung von Yalda: Yaldas Mutter bleibt nicht allein, sondern ist geschützt durch den Bruder. Yalda erzählt dagegen, daß ihr

Bruder schon zuvor die Familie verlassen hatte, weil er die Karte für das Arbeitslager vom Vater erhielt. Während der Trennungssituation sind nach Yaldas Erzählung die Mutter, der Vater und sie anwesend. Nach der Trennung ist die Mutter allein, ohne den Bruder. Chanans Beschreibung läßt sich als eine Art Korrektur der damaligen Trennungsgeschichte sehen. Es entsteht eine Geschichte, in der der familiären Loyalität Rechnung getragen wird: Der Onkel schützt die Großmutter.

Hat Chanan die Geschichte so gehört, oder hat er sie bewußt oder unbewußt verändert? Es ist wiederum möglich, daß er die Fakten, wie sie in der biographischen Erzählung von Yalda vorkommen, (a) nicht kennt, (b) unbewußt verdrängt oder (c) bewußt verändert. Eine unbewußte Veränderung gründete in dem Wunsch, die Mutter und eigentlich die ganze Familie als loyal (Familienmitglieder schützen einander) und damit als moralisch zu erleben, da die familiäre Loyalität ein zentraler Wert von Chanans eigener subjektiver Moralphilosophie ist. Es ist eine interne Motivation, die zu der Korrektur führt. Eine bewußte Veränderung der Geschichte wäre mit der externen Motivation verbunden bzw. mit dem Wunsch, mir als Interviewerin, eine moralische Familiengeschichte erzählen zu wollen.

»Sie war nicht diejenige, die entschieden hat«
Wie verhält sich die Mutter während der Trennung, frage ich Chanan, um seine innere Vorstellung kennenzulernen: »Es gibt hier nicht viel zu denken. Sie ist passiv. Sie war nicht diejenige, die entschieden hat.« Der Großvater allein ist für die Rettung zuständig, sagt Chanan damit. Und hier läßt sich auch eine Verwechslung von Chanan erklären: Chanan ist in der Regel sehr exakt bei der Wiedergabe von Zahlen und Daten. Doch er verrechnet sich, als er erzählt, daß seine Mutter 1943 neunzehn Jahre alt war. Sie war damals bereits einundzwanzig Jahre alt. Die Verwechslung kann für Chanans mögliche Empfindung stehen, nach der seine Mutter damals zu jung war, um solche schweren Entscheidungen zu treffen. An einer anderen Stelle beschreibt er die Trennung folgendermaßen:

> »Ich bin mir nicht sicher, ob dieses Bild [der Trennung] so dramatisch ist. Für mich im nachhinein ja. Es gibt hier keine Gelegenheit, zu stehen und zu sprechen und zu sagen: wir werden uns treffen. Es gibt keine Zeit, sich zu umarmen und zu schreiben und zu weinen. Es scheint mir, daß es sich um ruhige, schnelle Gespräche handelt. Nachdem er [der Großvater] sich die Trennung [der Familie] überlegte, erklärt er seine Überlegungen und seine Ehefrau akzeptiert es. Und er erklärt jedem, was er tun soll. Sie warten auf einen Moment, in dem der Wächter nicht schaut oder so und dann nimmt er [der Großvater] meine Mutter und sie laufen. Das ist alles.«

Chanan beschreibt seinen Großvater als einen mutigen Menschen (»Eine Tat von sehr großem Mut«), der sich um den Schutz seiner Tochter und Ehefrau kümmert. Was würde sich in Chanans Wahrnehmung des Großvaters und der Mutter ändern, wenn Chanan den Verlauf des Geschehens, wie Yalda ihn beschreibt, gekannt hätte? Die Antwort ist ungewiß. Aber es fällt auf, daß die Trennungssituation für Chanan sehr bedeutsam ist. Er weiß schon, daß sein Großvater auch »ein nicht sympathisches Verhalten« gezeigt hat, z. B. als er die Mutter und den Onkel während der Kindheit schlug, oder daß er »egozentrisch« und vermutlich nicht immer ein ehrlicher Geschäftsmann war. Er bewundert ihn allein wegen dieser Rettungsaktion (»Ich verdanke ihm das Leben meiner Mutter und mein eigenes Leben«). Diese Erzählung hört er zum ersten Mal nach dem Tod des Großvaters

> »und seitdem existiert bei mir eine sehr starke Identifikation mit ihm bezüglich eines Ereignisses in seinem Leben. Sie prägt meine Beziehung zu ihm in einem nicht proportionalem Masse: Seine Entscheidung die Familie zu teilen, zwei gehen, zwei bleiben.«

Chanan ist überzeugt, daß die Abschiedssituation die schwerste Erfahrung des Großvaters während der Shoah ist: »Vielleicht weil ich das Gefühl habe, falls ich das wäre, dann wäre dies für mich die schwierigste Entscheidung.«

Großmutter:
»Bis zu diesem Moment habe ich nicht darüber nachgedacht«
Chanan weiß sehr viel über die Vernichtungsmaschinerie der Nazis. Er nennt die Zahl der Ghettoeinwohner, die Namen von kleinen Arbeitslagern sowie die Zahl der Ermordeten in verschiedenen KZs. Doch als ich Chanan frage: »Deine Großmutter wurde ermordet. Hast du ein Bild in deiner Phantasie, wie sie gestorben ist?«, zögert er und sagt:

> »Die Antwort ist, daß du mich mit dieser Frage überraschst. Ich habe niemals darüber nachgedacht. Vermutlich ist es schwer für mich, mich damit auseinanderzusetzen. Vielleicht weil sie meiner Mutter ähnelt. Ich habe sehr viele Filme gesehen und ich habe sehr viel nachgedacht. Aber wirklich bis zu diesem Moment habe ich mir dies nie überlegt. Vermutlich bin ich vor diesem Gedanken geflohen.«

Er ist von dieser Erkenntnis über die Ausblendung so überrascht, daß er lange eine Erklärung und Antwort für sich sucht:

> »Ich kann es von den [historischen] Tatsachen her beschreiben, weil ich mich in Geschichte auskenne. Gefühlsmäßig ist dies schwer. [...] Ich kenne einfach viele Zeugenaussagen, aber bezüglich meiner Großmutter? Nein, ich habe nie daran gedacht. Auch jetzt ist es schwer [...]. Erste Überraschung für mich in unserem Gespräch. Ich habe mich tausendmal damit beschäftigt. Aber ich habe es nie damit verbunden. Eine Blockade im Kopf. Für keinen Moment habe ich daran gedacht.«

Er nimmt an, daß sie in der Gaskammer starb, da die meisten Ghettoeinwohner nach Sobibor deportiert und dort vergast wurden. Doch trotz des historischen Wissens sieht er seine Großmutter nicht als eine Person in diesem Vernichtungskontext. Dies ist ganz anders bei seinem Onkel, mit dessen Tod er sich häufig beschäftigt hat: Der Onkel wurde im Arbeitslager verletzt und später erschossen, erzählt Chanan und beschreibt detailliert das Bild der Verletzung und der Erschießung, wie er sich dieses vorstellt.

>Gut, hier ist es überraschend, daß ich es oft rekonstruiert habe. Ich weiß nicht, was die Erklärung für diesen Unterschied ist. Und dies obwohl ich über das Konzentrationslager [wo die Großmutter ermordet war] viel mehr weiß als über das Arbeitslager [wo der Onkel ermordet wurde]. Das Arbeitslager war sehr klein. Nichts wurde über es geschrieben.«

Yalda hat nie versucht herauszufinden, wie ihre Mutter starb. Vermutlich weil die Suche ihre Scham- und Schuldgefühle in einer unerträglichen Art belasten würde. Diese Scham- und Schuldgefühle scheinen sich von der ersten auf die zweite Generation übertragen zu haben: Chanan, der sich so viel mit der Shoah beschäftigt, stellte sich nie den Tod seiner Großmutter vor, jedoch den Tod des Onkels, der auch für die Mutter nicht mit Scham- und Schuldgefühlen verbunden ist. Neugierig frage ich Chanan, welches die erste Geschichte war, die er von seinen Eltern gehört hat. Er erinnert sich nicht mehr an diese Erzählung, hat aber die folgende Phantasie: »Ich stelle mir vor, daß die erste Sache war, wer wie gestorben ist. Ich stelle mir vor. Aber ich erinnere mich nicht an die Situation.«

Die eigene Lebensgeschichte:
»Das Gefühl, daß ich irgendeine Pflicht erfülle«

In seiner Kindheit entdeckt Chanan durch seine Mutter die Liebe zur Literatur. Mit seinem Vater spielt er Fußball und gemeinsam gehen sie wandern:

>Er war ein ausgezeichneter Vater. Er reiste mit mir überall hin [...] mit. Er hat es geliebt, mit mir zu sein. Mit ihm hatte ich immer ein sehr starkes Sicherheitsgefühl, ein Gefühl, das er alles im Griff hat. Manchmal fühlte ich auch eine gewisse Verlegenheit, weil er mich plötzlich fassen und küssen konnte, auch als ich schon erwachsen war, so plötzlich auf der Straße.«

Die Beziehung zu beiden Eltern ist sehr nah. In seiner Kindheit erzählt er beiden, wie isoliert er sich in der Schule fühlt. Diese Isolation sieht er in Verbindung mit seiner Liebe zu Büchern, die seine Mutter ihm vermittelte. Doch diese intellektuelle Seite half ihm während des Studiums, betont er gleichzeitig. Mit vierzehn Jahren wird er – ähnlich wie sein Vater – sehr sportlich und dadurch in der Schule auch »populärer«. Bis heute versucht er, zwischen den beiden Polen ›Lesen – Sport‹ bzw. ›Isolation – Popularität‹ Brücken zu schlagen: In ähnlichem Sinne erlebt er seine Eltern als »zwei Menschen, die sich ergänzen«. »Er hat Glück, daß er so einen Vater hat«, sagt Yalda über Chanan und meint die Fröhlichkeit und Geselligkeit von Eser. Und Chanan sagt, daß sein Vater immer stolz anderen erzählte: »Mein Kind ist wie meine Frau«, wobei er sich auf die Bildung und Sensibilität seiner Frau bezog.

Doch auch wenn Chanan täglich beide Eltern anruft, entsteht das Gefühl, daß er dies mehr für seine Mutter tut und daß sie eine zentralere Rolle in seinem Leben einnimmt, da sie ihn auch mehr braucht. Es scheint vielmehr, daß der Vater und der Sohn sich um die Mutter kümmern, sich diese Aufgabe teilen, weil sie Yalda nach ihren schweren Shoah-Erfahrungen schützen möchten. Der Einfluß der Shoah auf die Mutter ist erheblich größer als der auf den Vater, erklärt Chanan. Sie hat »mehr zu Erinnern und es begleitet sie auch das ganze Leben, Träume«. Über die Besichtigung des Erdlochs, in dem seine Mutter versteckt war, sagt er: »Es war eine Emotionalität, die über die Grenzen des Weinens hinausgeht.« Die Bedingungen im Erdloch beschreibt er hautnah: jeden Tag in der Dunkelheit stundenlang gebeugt zu sitzen und dabei voller Angst zu sein, daß man verraten wird. Es ist ein Leben, das sich in ein unendliches Warten wandelt, ein Warten ohne Wissen über das Geschehen in der Außenwelt, ohne Kontakte und mit symbolischen Versuchen, die Langeweile zu überbrücken. Auf dem ersten Paßphoto nach dem Verlassen des Erdlochs sah die Mutter wie eine »Leiche« aus.

Das Leid der Mutter während der Shoah stellt sich für Chanan als so enorm dar, daß er kein Gespür für seine eigenen Schmerzen hat. So erwähnt er nur kurz seine Verletzungen im Militär oder eine Situation, als er fast ertrank. In diesen kurzen Beschreibungen steht mehr seine Sorge um die Mutter im Vordergrund und zwar in dem Sinne: er müsse auf sein Leben aufpassen, »weil ich das einzige bin, was sie hat«. Das sagte ihm auch seine Mutter nachdem er fast ertrunken war. Aus diesem Grund erzählt er seiner Mutter auch nicht, als er wegen Krebsverdacht operiert wird. »Ich dachte, daß meine Mutter einen Herzinfarkt bekommen wird. Dann habe ich einfach beschlossen, es keinem zu erzählen.« Erst nachdem er den negativen Befund hatte, erzählt er dies den Eltern und seiner Frau, die natürlich sehr empört waren. »Dies war die erste Sache, die ich nicht erzählt habe. Ich erzähle immer alles«.

Die Liebe zu seinen Eltern und zu seiner Frau Nurit ist im Gespräch spürbar, wobei Chanan das Gefühl hat, daß er seine Mutter und Nurit eher schützen soll. Er beschreibt Nurits »Lebensfreude«, »Gutherzigkeit«, »seelische

Schönheit« und »Zärtlichkeit« und bewundert dies besonders wegen der sehr »schweren Verhältnisse«, in denen sie aufgewachsen war.

Der rote Faden in Chanans biographischer Erzählung ist die intensive Beschäftigung mit der Shoah sowie seine sozialpolitischen Aktivitäten. Als ich Chanan frage, wie er seine sozialpolitische Aktivitäten erlebt, spricht er über den Erfolg, den andere in seiner Arbeit sehen, den er aber persönlich nicht spürt. Vielmehr steht in seiner Beschreibung eine Art Pflichtbewußtsein im Vordergrund:

> »Ich habe keine Angst vor schwierigen Sachen, vor Verantwortung für Menschenleben. [...] Wenn ich Erfolg [bei der Arbeit] habe, habe ich das Gefühl, daß ich irgendeine Pflicht erfüllt habe. Es erfüllt mich nicht mit Glück.«

Welche Pflicht glaubt Chanan erfüllen zu müssen? Ist es die Pflicht gegenüber seiner Mutter, sich im Sinne der Delegation zu erinnern? Nach dem Armeedienst beschäftigt sich Chanan so intensiv mit der Shoah, daß er zuletzt unter Schlafstörungen leidet. Auf Vorschlag des Arztes macht er daraufhin Urlaub und beschließt, Lehrer zu werden und sich beruflich nicht mit der Shoah zu beschäftigen. Doch seine berufliche Tätigkeit und seine persönliche Beschäftigung verschmelzen zu einer Pflicht: Die Pflicht, sich zu erinnern. Erinnerungsarbeit als eine unbewußte Pflicht, als Wiedergutmachung, die kein persönliches Glück bringt.

Zusammenfassung:
Korrekturarbeit auf der Handlungsebene

Chanans Bewältigungsstrategien im Umgang mit den Moraldilemmata seiner Mutter lassen sich aus familiärer, psychosozialer und individueller Perspektive analysieren. Seine Bewältigungsstrategien sind eng mit seinem Unwissen bzw. unbewußtem Wissen über die zwei Moraldilemmata seiner Mutter verbunden: Auf der bewußten Ebene scheint er die Moraldilemmata nicht zu kennen, auf der unbewußten Ebene beschäftigen ihn die Moraldilemmata dagegen sehr intensiv. Den Schlüssel zu Chanans Bewältigungsversuchen liefert der Zusammenhang zwischen seinem umfangreichen Allgemeinwissen über die Shoah und seinen Wissenslücken über die persönliche Verfolgungsgeschichte seiner Mutter.

Familiäre Bewältigungsstrategie: Erinnerung an die Deportierten
Yalda wünscht sich, eine Hypnose zu machen, um sich an die Namen aller Deportierten zu erinnern. Symbolisch tut ihr Sohn dies für sie, in dem er z. B. eine Art Archiv mit tausenden von Daten über die Shoah aufbaut. Damit übernimmt Chanan die unbewußte Delegation, sich an die Ermordeten zu

erinnern und so entsteht eine unbewußte familiäre Bewältigungsstrategie. Diese Bewältigungsstrategie findet auf der Handlungsebene statt. Damit ist gemeint, daß es im Rahmen der Bewältigungsstrategie zu einer Hinwendung zu Aktivitäten kommt, zu aktiver Erinnerungsarbeit im Privatleben, bei der beruflichen Tätigkeit und bei sozialpolitischen Aktivitäten. Chanan leistet für seine Mutter eine Korrekturarbeit, die sie allein nicht leisten kann. Er leistet diese Korrekturarbeit, ohne ihre Moraldilemmata bewußt zu kennen oder benennen zu können.

Psychosoziale Bewältigung: Der Sohn einer versteckten Frau
Die Motivation zu einer psychosozialen Bewältigung im Sinne der Soziose besteht darin, ein anerkannter Teil der Gemeinschaft sein zu wollen und gleichzeitig die Loyalität zu der Familie nicht zu verletzten. Chanan wünscht sich, seiner Mutter ein guter Sohn und ein guter, verantwortungsvoller Israeli zu sein. Er beschreibt mehrmals den schlechten gesellschaftlichen Ruf des Judenrats: Diese Spannung zwischen der Gesellschaft, die den Judenrat verurteilt und der Loyalität zu seiner Mutter muß Chanan innerlich überbrücken.

›Ich bin der Sohn einer versteckten Frau‹, ist Chanans Antwort auf diesen Konflikt. Er beschreibt sich in unserem ersten Treffen und auch später nur als das Kind einer versteckten Frau. Diese Selbstdarstellung läßt sich in gewissem Maße auch als eine Bewältigungsstrategie betrachten. Durch die große Bedeutung des Verstecks verschwinden die zwei Jahre im Ghetto fast aus Chanans persönlicher Betrachtung. Die Beschreibung ›Das-Kind-einer-Versteckten‹ läßt sich doppeldeutig verstehen: Yalda war 1943 bis 1944 versteckt und verbirgt noch heute ihre Tätigkeit im Judenrat vor ihrem Sohn. Chanan ist das Kind einer versteckten Frau, die sich immer noch aus Scham versteckt. Doch auch wenn Chanan sich auf der bewußten Ebene nur als das Kind einer Versteckten definiert, korrigiert er die Vergangenheit als der Sohn der Schreiberin: Er interessiert sich nicht für die Geschichte von anderen Versteckten und Rettern, sondern besonders für die Geschichte der Ghettos und ihrer Judenräte.

Chanans Bewältigungsversuche stehen im Schatten des Geheimnisses, dem Prozeß zwischen Verdrängung und Suchen. Ein Geheimnis ist das noch nicht Erkannte, was aus Scham und Angst verborgen wird. Die Quelle der Scham bleibt Chanan verborgen, aber er spürt die Belastung für die Mutter. Er will mehr wissen, aber die Kommunikation darüber ist auch für ihn sehr belastend. Wenn er mit der Mutter über die Shoah spricht (allgemeines Wissen), weint sie. »Weinend sagt sie zu mir: Wenn ich wissen will, dann will sie mir natürlich erzählen. Aber ich hatte immer große Schuldgefühle, daß ich sie zum Weinen brachte.« Daraufhin hört er sofort auf, über die Shoah zu sprechen. Vielleicht schützt das Geheimnis Chanan für den Augenblick. Die innerpsychische Gefahr der Geheimnisse ist aber das Licht. Und da Chanan immer noch sucht und wartet und da Yalda sich zwar schämt, aber sich mitteilen möchte, könnte das Geheimnis ans Licht kommen.

Familie Fröhlich – Familiäre Loyalität

»Sie waren wirklich phantastisch zu mir«
Bagatellisierung des Grauens
oder persönliche Entfaltung im KZ?
Lola Fröhlich – Erste Generation

Ich treffe Lola Fröhlich zum ersten Mal während des Gruppengesprächs, das ich mit Rebekka Halevi-Oz und zwei ihrer Mithäftlinge im Frühjahr 1997 in Israel durchführe. Erst während des Gruppengesprächs erfahre ich, daß Lola Fröhlich selbst Funktionshäftling gewesen war. In Auschwitz war sie im Eß-Kommando tätig und im Arbeitslager diente sie in der Baracke der SS-Aufseherinnen als Stubendienst. In den Tagen nach dem Gruppeninterview führe ich in der Familie Fröhlich Gespräche mit Frauen aus drei Generationen durch: mit Lola, mit ihrer neunzigjährigen Mutter Jaffa, die gemeinsam mit Lola überlebt hat, und mit Lolas Tochter Dalia.

Lola kommt mit guter Laune in das Gruppengespräch. Es ist 11 Uhr und der Tag begann schon sehr gut, erzählt sie. Am Morgen spielte sie bereits Tennis mit ihrer Freundin, schwamm zwei Kilometer und schaffte es sogar, zur Bank zu gehen. Vor mir steht eine mittelgroße Frau, mit kurzen braunen Haaren und rundem, lachenden Gesicht. Die 71 Jahre alte Frau bewegt sich energisch, stellt direkte Fragen und vermittelt den Eindruck, voll im Leben zu stehen. Dabei wirkt sie wie ein lebhaftes und sympathisches junges Mädchen.

Während des Gruppengesprächs erzählt Lola ihre Lebensgeschichte mit viel Humor und spricht ungewöhnlich offen über ihre Tätigkeit und Beziehung zu den SS-Aufseherinnen. Andererseits spricht sie eher wenig über ihre Mutter, mit der sie gemeinsam überlebt hat, und ist von der Vorstellung nicht begeistert, daß ich ihre 90 Jahre alte Mutter interviewen möchte. Vor welchen Moraldilemmata stand Lola im Zusammenhang mit ihrer Funktionstätigkeit und durch das gemeinsame Überleben mit ihrer Mutter und wie bearbeitet sie beides? Diesen Fragen werde ich in der Analyse des Gruppeninterviews und später des Einzelinterviews nachgehen.

Lola Fröhlich wurde Ende 1926 als Einzelkind in Ungarn geboren. Sie wächst bei ihrer Großmutter auf dem Land auf, nachdem ihrer Vater vor

Familie Fröhlich: Familiäre Solidarität

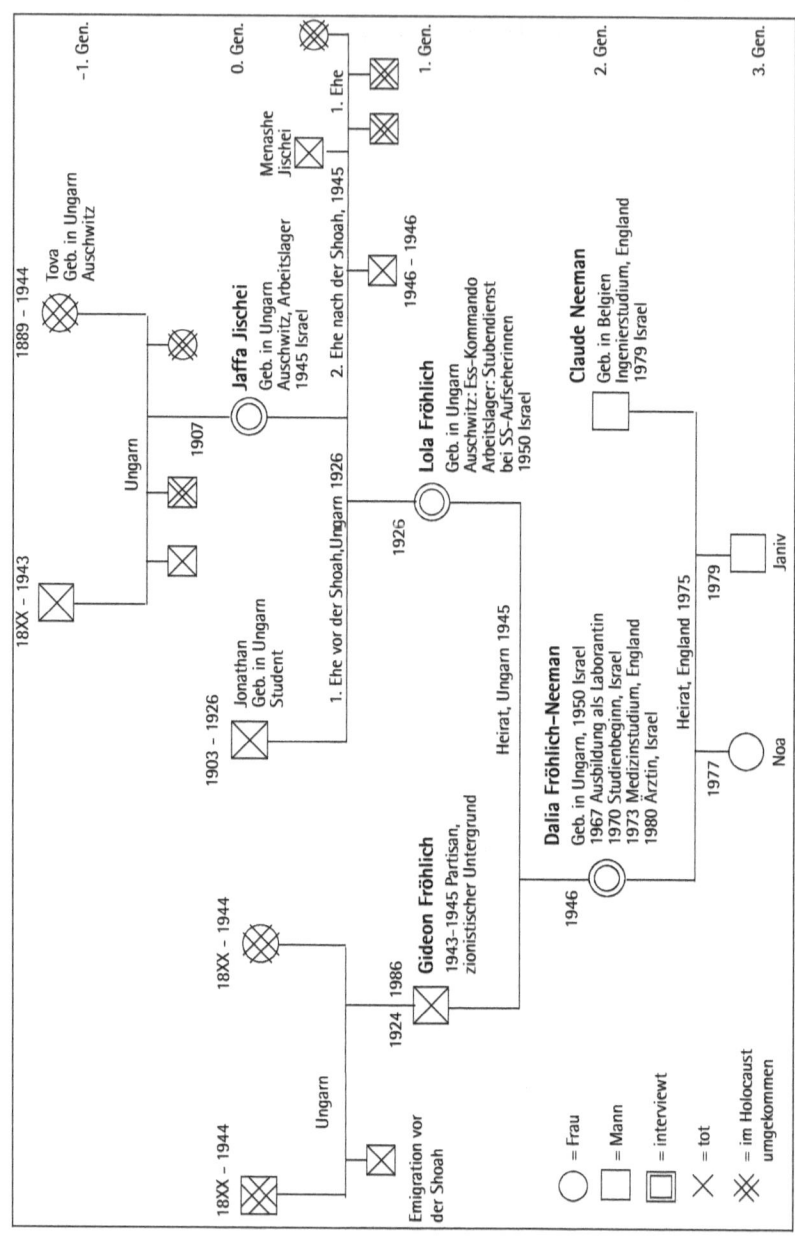

Abbildung 7: Genogramm der Familie Fröhlich

ihrer Geburt an einer Infektionskrankheit stirbt und ihre Mutter das Familiengeschäft in der Stadt übernimmt. Nach der Besetzung Ungarns durch die Deutschen im Jahre 1944 werden Lola, ihre Mutter und Großmutter im Ghetto interniert und im Juni 1944 nach Auschwitz deportiert, wo Lolas Großmutter ermordet wird. Nach der Befreiung kehrt Lola nach Ungarn zurück und heiratet ihren Jugendfreund, der während der Nazizeit zionistischer Partisan war. Zusammen emigrieren sie 1950 nach Israel, wo Lola eine anerkannte Pianistin wird (vgl. Genogramm, Abb. 7).

›Normalisierungsversuch in Auschwitz‹:
»Küß die Hand, Lola«

»Ich bin in Ungarn geboren und besuchte dort die Schule. Dann gingen wir ins Ghetto.« Schon im zweiten Satz ihrer biographischen Erzählung ist Lola im Ghetto angelangt, und schildert zunächst eine kollektive Geschichte (»*wir* gingen ins Ghetto«). Doch neben der »Wir-Erzählung« erklärt sie anschließend, was in ihrem Falle spezifisch und anders als bei den anderen ist: »Mein ganzes Leben lang war es *bei mir* so, daß ich nichts ernst genommen habe. Auch im Ghetto habe ich das Gute gesehen.« Ihren Optimismus erlebt sie als roten Faden, der sich durch ihr Leben zieht. Es ist eine positive Haltung, die sie damals und heute von anderen unterscheidet (»*mein ganzes Leben lang*«).

Neben der Suche nach dem »Guten«, sogar im Ghetto, thematisiert Lola auch die schweren Erfahrungen, die für sie mit dem Transport beginnen: »*Außerdem* nahm man uns dann nach *Auschwitz*. Die schwere Phase war, als man uns in Waggons steckte. Und dort gab es sehr viele Menschen.« Sie spricht das Gute und das Schwere nebeneinander an. Doch die Formulierung »außerdem nahm man uns dann nach Auschwitz«, hört sich bizarr, skurril, fast absurd an. »Außerdem« und »Auschwitz« in einem Satz hört sich so an, als ob Auschwitz nicht die Hauptsache wäre, sondern nebensächlich. Liegen hier zwei Schutzmechanismen vor? Eine Bagatellisierung des Grauens, neben dem Optimismus?

Die Anfangszeit in Auschwitz ist für Lola mit dem komischen Aussehen ihrer Freundin verbunden: »Sie hatte so große Augen und sah ohne Haare sehr lustig aus«. Ihre Funktionstätigkeit thematisiert Lola in diesem Kontext fast nebenbei:

»Und dann in Auschwitz waren wir im Eß-Kommando und ich hasse Schmutz und solche Sachen. Heute trinke ich sogar mit meiner Tochter nicht aus dem gleichen Glas . Dort hat man den Teller vom Ersten, zum Zweiten, zum Dritten weitergegeben [...] Es gab keine Toiletten. Es war keine große Vergnügung, aber irgendwie habe ich gedacht, daß es irgendwann doch zu Ende sein wird.«

Hier werden die schweren Erfahrungen (»keine große Vergnügung«) wieder bagatellisiert und stehen neben dem Optimismus (»es wird irgendwann doch zu Ende sein«). Als Mitglied des Eß-Kommandos war Lola für die Essensverteilung an Häftlinge zuständig, eine Arbeit, die durch viele Moraldilemmata gekennzeichnet ist. Sie hatte die Möglichkeit, ihr nahestehende Personen durch die Zuteilung von mehr Nahrung lebensrettend zu unterstützen und zwar an einem Ort, an dem um jeden Löffel Suppe gekämpft wird. Doch die Begünstigung des einen bedeutete bei der Nahrungsknappheit immer die Benachteiligung eines anderen. Ein Moraldilemma, das von Lola nicht angesprochen wird. Lola thematisiert im Zusammenhang mit ihrer Funktionstätigkeit lediglich die Frage der Hygiene und damit die Tatsache, daß man sich in Extremsituationen anders verhält, sich anpaßt, vom gleichen Löffel ißt. Im Einzelinterview erwähnt Lola auch, daß sie in Auschwitz »kein bißchen« abgenommen hat, was mit der Arbeit im Eß-Kommando zusammenhing.

»Du mußt über Deine Mutter erzählen«, sagt Rebekka zu Lola kurz nachdem diese im Gruppengespräch ihre Lebensgeschichte zu erzählen beginnt. Ihr war aufgefallen, daß Lola ihre Familie bis zu diesem Zeitpunkt unerwähnt gelassen hatte. Sie erwähnt beispielsweise nicht, daß ihre Mutter und Großmutter mit ihr nach Auschwitz transportiert wurden und daß ihre Mutter mit ihr zusammen überlebt hat. Ist die Familie für Lola selber durch die »Wir-Form« so präsent, daß keine expliziten Geschichten über sie erzählt werden müssen? Oder bevorzugt Lola aus bestimmten Gründen, ihre Familie vorerst nicht zu erwähnen? Auf Rebekkas Aufforderung hin antwortet Lola mit einem schnellen »Ja«, geht aber nicht auf ihre Familie ein, sondern spricht weiter über ihre eigenen Erfahrungen in Auschwitz. In Auschwitz trifft sie auf einer Lagerstraße die »Studenten«, also diejenigen, die in ihrer Heimatstadt in Ungarn zur Universität gingen. Unter ihnen befindet sich auch ein Medizinstudent.

> »Ich stand dort mit zerrissenen Schuhen und er sagt zu mir: Küß die Hand, Lola. So war es bei den Frauen in Ungarn üblich, sogar bei jungen Frauen. Und ich lachte: wie sehe ich aus! Er war ein Medizinstudent. Er zog dort [in Auschwitz] den Wagen. [...] Und wir sprachen miteinander, als ob wir uns auf der Straße begegneten. Nach Auschwitz nahm man uns ins Arbeitslager.«

Dies ist für Lola die letzte Geschichte über Auschwitz und sie bringt sie mit dem Bericht über ihre Verlegung in ein Arbeitslager in Deutschland zusammen. Diese Geschichte vergegenwärtigt symbolhaft Lolas Einstellung und ihre Bewältigungsstrategie in Auschwitz. Es ist eine Geschichte über eine Höflichkeitsgeste, die sie erlebt hat (»Küß die Hand, Lola«). Höflichkeit ist eine Verhaltensweise, durch die wir einer Person zu verstehen geben, daß wir sie achten. Sie bedeutet die Anerkennung des Gegenübers als ein Rechtssubjekt, als eine Person mit Autonomie, als ein moralisches Wesen (Tugendhat 1993). Lola berichtet über die gegenseitige Achtung, die sie in Auschwitz erlebt hat. Sie erzählt von dem Versuch, eine gewisse Normalität im Vernichtungslager zu erhalten. Der Medizinstudent küßt ihre Hand, »als ob wir uns auf der Straße begegneten.« Doch es ist keine ›normale‹ Straße und keine ›normale‹ Situation. Aber durch die Beibehaltung der gegenseitigen Achtung sind sie ›normale‹ Menschen, sagt Lola damit, nicht ohne einen gewissen Stolz.

Gegenseitige Achtung ist ein Thema der Moralphilosophie. Eine Person zu verachten bedeutet, ihr moralisch zu schaden. Die Nazis versuchten die Juden in Auschwitz auch psychisch zu vernichten: durch Verachtung, Erniedrigung, Entpersonalisierung. Das Leiden durch die psychische Verachtung ist nach dem Philosoph Tugendhat für die Überlebenden sogar schlimmer als das physische Leiden (ebd.). In diesem Kontext der tödlichen Verachtung erzählt Lola eine Geschichte über Achtung, die ihr persönlich gegenüber erwiesen wird. Das tiefe, elementare Bedürfnis nach Selbstwertanerkennung wird bei Lola dadurch erfüllt. Ihre Augen leuchten, als sie darüber spricht. Die positive, fast heilende Wirkung der erlebten Moral durch die gegenseitige Achtung in der Extremsituation von Auschwitz wird spürbar. Lola beschreibt hier einen Normalisierungsversuch unter den Häftlingen: ›Wir blieben trotz der Extremsituation moralisch‹.

**Stubendienst bei den SS-Aufseherinnen:
»Sie nannten mich ›die Kleine‹«**

Lolas erste Erzählung über das Arbeitslager ist ungewöhnlich: »Wir kamen im Arbeitslager an. Das ist ein phantastischer Ort«, sagt sie zu Beginn dieser Beschreibung. Meint Lola, daß das Lager ein phantastischer Ort im Sinne eines irrealen und kafkaesken Orts, der nur in wirren Phantasien existiert? Oder meint sie »phantastisch« im ironischen Sinne; also statt zu sagen ›das Arbeitslager war so grausam‹, sagt sie: es war ›großartig, phantastisch‹, was eine psychische Schutzfunktion im Sinne der ›Bagatellisierung des Grauens‹ hätte. Aber vielleicht war es auch »phantastisch« im Sinne von schön, da sie jetzt nicht mehr in Auschwitz war. Doch an dieser Stelle des Gesprächs war ich ein wenig irritiert, weil es mir schien, als ob ich Begeisterung in Lolas Stimme hörte, weshalb ich sie frage:

I: »Wie meinst Du das?«
L: »Die Landschaft. Und dann wurde ich als Stubowy [Stubendienst auf Polnisch] gewählt.«

Die Beschreibung der Lagerlandschaft als »phantastisch«, als schön, scheint für Lola so selbstverständlich und durch ihre knappe Antwort vermittelt sie mir, daß für sie hier kein besonderer Erklärungsbedarf besteht. Sie erzählt – unbeirrt von meiner Frage – ihre Lebensgeschichte weiter, bzw. daß sie als Funktionshäftling »gewählt« wurde.

Durch die Vergegenwärtigung des Gesprächskontexts – ein Gespräch *in Israel* zwischen drei Holocaust-Überlebenden und einer jüngeren Israelin – kann sichtbar werden, wie ungewöhnlich diese Äußerung ist. Die beiden anderen Frauen widersprechen Lola nicht, als sie die Lagerlandschaft als phantastisch beschreibt. Vermutlich war die Landschaft ›wirklich‹ schön. Doch in Israel werden die Arbeitslager auf keinen Fall unter ästhetischen Gesichtspunkten betrachtet. In Israel hörte ich bis dahin nur negative, leidensvolle Beschreibungen der Lager. An dieser Stelle bricht Lola ein Tabu der israelischen Gesellschaft. Es ist mutig von ihr, ihre damaligen persönlichen Empfindungen zu beschreiben, obwohl sie nicht zu der allgemein vorherrschenden Darstellung der Shoah in Israel passen. Durch die Forschung zum autobiographischen Gedächtnis wissen wir, daß Erinnerungsprozesse durch Nachwissen beeinflußt werden. Mit Sicherheit hat Lola selbst negative Sachen über das Lager gehört und selber erlebt. Sie entscheidet sich aber, das Positive zu erzählen; die schöne Landschaft wird nicht ausgeklammert und die negativen Erzählungen anderer überschatten ihre eigenen Erinnerungen nicht. Lolas Beschreibung machte mich zuerst fassungslos. Wie soll ich mit der ›Schönheit des Lagers‹ umgehen? Ich brauchte Zeit um beide Bilder – die landschaftliche Schönheit und die physische Bedrohung des Lagers – zu integrieren, um zu verstehen, daß Lolas Art und Weise des Umgangs eine ist, die neben der anderer stehen darf und kann, auch wenn die Mehrheit es anders erlebt hat und sich anders erinnert.

Lolas Bewältigungsstrategien wiederholen sich hier: Sie war und ist fähig, das Schöne wahrzunehmen und es auch zu äußern. Sie schaut über den Zaun des Arbeitslagers hinweg auf die phantastischen Wälder und Wiesen und genießt den Anblick. Gleichzeitig wird das Grauen dethematisiert. Es kommt zu einer Ästhetisierung der grauenhaften Situation: die Baracken, die Hunde, die SS-Leute und die Angst werden ignoriert.

Lola verknüpft in ihrer Erzählung ihre Wahrnehmung der Landschaft als »phantastisch« mit der Übernahme der Funktionstätigkeit. Vielleicht war

Lola in der Lage, die Landschaft zu genießen, weil sie durch ihre Funktionstätigkeit weniger vom Hunger bedroht war, und sich sicherer fühlte. Dies würde bedeuten, daß man nicht nur Optimismus oder innere Kraft braucht, um die Landschaft genießen zu können, sondern auch einen vollen Bauch.

»Ich wurde als Stubowy gewählt«, sagt Lola und das Wort »gewählt« vermittelt das Gefühl einer freien Entscheidung. »Gewählt« wird man oft für eine Aufgabe, die beliebt und begehrt ist. Von wem wurde Lola gewählt und wie sah die Wahl aus? »Es wurde gefragt: Wer spricht Deutsch oder so was«, erzählt sie anschließend. Die Formulierung »oder so was« läßt vermuten, daß hier nicht alles erzählt wird. Deutschkenntnisse waren wichtig für die Kommunikation mit den Deutschen im Zusammenhang mit der Funktionstätigkeit, jedoch sprachen sehr viele Ungarn Deutsch und dies war vermutlich selten das einzige Kriterium für die Auswahl – wie das bereits bei Rebekka Halevi-Oz dargelegt wurde. Lola erzählt weiter: »Und ich arbeitete mit den Deutschen und die Deutschen waren sehr in Ordnung mit mir. Sie nannten mich ›die Kleine‹.«

Lola arbeitet nicht ›für‹, sondern »mit den Deutschen«. Sie stellt sich durch die ›Mit-Arbeit‹ auf die gleiche Ebene mit den Deutschen. Sie sagt nicht ›ich mußte die Befehle ausführen‹ oder ›ich wurde gezwungen‹, sondern formuliert aktiv und von sich aus ihre ›Mitarbeit‹. Dies paßt auch zu dem obigen Wort »gewählt«. Dabei erlebt sie »die Deutschen«, also nicht ein oder zwei Deutsche, sondern »die Deutschen« als Gruppe als »sehr in Ordnung.« »In Ordnung« bedeutet: einigermaßen gut, nicht schlecht, nach den Regeln. Lolas Verbindung zwischen den zwei Wörtern: »sehr« und »in Ordnung« (»sehr in Ordnung«) weist darauf hin, daß sie die Deutschen auf keinen Fall als schlecht empfindet und die ungewöhnliche Verbindung vermittelt das Gefühl, als ob die Deutschen sogar gut zu ihr waren.

Die Deutschen nennen sie »die Kleine« und die Sympathie, die sie ihr dadurch entgegenbringen, ist auch durch Lolas Tonfall deutlich spürbar. Lola ist auf keinen Fall eine bloße Nummer für die Deutschen, sondern ein Individuum, ein Kind mit einem Spitznamen. Lola ist damals im Alter zwischen 17-18 Jahren und vermutlich eine der jüngsten Häftlingsfrauen. Es entsteht fast die Assoziation von den ›großen Deutschen‹, die eine Art Elternfunktion übernahmen und die ›kleine, nette Lola‹ adoptieren.

»Die Deutschen« waren aber natürlich nicht immer »sehr in Ordnung« zu Lola. Sie haben ihre Großmutter umgebracht und waren auch nicht »sehr in Ordnung« zu anderen jüdischen Häftlingen. Angesichts dieses Grauens wirkt Lolas Formulierung unrealistisch, fast zynisch. Warum sagt sie nicht:

›Es gab auch Deutsche, die in Ordnung waren, z. B. Person X‹, was ihren Erfahrungen vermutlich eher entspricht? Was könnte Lola dazu bringen, »die Deutschen« als Gruppe so positiv darzustellen? Ihre globale Rechtfertigung aller Deutschen im Arbeitslager kann mit ihrer spezifischen Funktionstätigkeit zusammenhängen.

Lola war im Stubendienst von SS-Aufseherinnen, sie war für die Ordnung in deren Baracke zuständig. Dort mußte sie putzen, aufräumen, die persönlichen Belange regeln und Wünsche der SS-Aufseherinnen erfüllen (z. B. Massage) bzw. alle Befehle der Aufseherinnen befolgen. Wenn Lola über »die Deutschen« spricht, meint sie eigentlich immer die SS-Aufseherinnen, die das Frauenlager führten, in dem die jüdischen Häftlingsfrauen arbeiteten. »Die Aufseherinnen übten die direkte Herrschaft über die Häftlinge aus. Sie sorgten für die täglichen Drangsalierungen und Schikanen und das Leiden der gefangenen Frauen«, schreibt Gudrun Schwarz in ihrem Aufsatz »SS-Aufseherinnen in nationalsozialistischen Konzentrationslagern« (1994). Ziel der Ausbildung der SS-Aufseherinnen war, eine »gewaltbereite, brutale Aufseherin« zu formen (ebd., S. 43). Die SS-Aufseherinnen trugen Uniformen und Stiefel; sie besaßen Pistolen, Stöcke, Peitschen und Deutsche Schäferhunde. Sie konnten die Häftlingsfrauen mißhandeln, sie als arbeitsunfähig selektieren und damit für ihre Deportation in die Vernichtungslager verantwortlich sein, oder sie direkt erschießen. »Viele Überlebende der Lager berichten von den brutalen und grausamen Aufseherinnen« (ebd., S. 34).

Doch Lola vermittelt ein anderes Bild der SS-Aufseherinnen. Vielleicht dient Lola die Beschreibung der deutschen SS-Aufseherin als »sehr in Ordnung« als eine innere Rechtfertigung, als innerer Schutz. Sie war für die SS-Aufseherinnen tätig, weil diese doch »sehr in Ordnung« waren. Die positive Darstellung der SS-Aufseherinnen könnte damit eine Korrekturstrategie für Lola bedeuten.

An dieser Stelle möchte ich kurz Rebekkas und Lolas Korrekturstrategien miteinander vergleichen. Als Blockälteste gibt Rebekka ihren Mithäftlingen direkte Befehle. In ihrem Versuch, sich als moralische Blockälteste zu beschreiben, vermittelt sie durch ihre Geschichten immer wieder, daß sie ›in Ordnung‹ zu den Häftlingen war, die in der Hierarchie unter ihr standen. Ihre Rechtfertigung richtet sich damit ›nach unten‹. Lolas Rechtfertigungen beziehen sich auf die Deutschen, die in der Hierarchie über ihr standen. Ihre Rechtfertigungslinie richtet sich demnach ›nach oben‹: ›Die Deutschen waren sehr in Ordnung und deshalb war die Arbeit für mich innerlich möglich‹, vermittelt sie damit. Der Vergleich, wie Lola und Rebekka ihre Funktionstätigkeit rechtfertigen, weist auf den Zusammenhang zwischen der Form der Funktionstätigkeit und der Rechtfertigungsart hin.

Anschließend erzählt Lola, daß sie eigentlich von Rebekka für ihre Funktionstätigkeit als Stubendienst ›ausgewählt‹ wurde und diese Beschreibung dient als Ergänzung zur obigen Geschichte über die Deutschkenntnisse.

» [...] Ich denke, daß ich dorthin auf die Art gekommen bin: Ich habe immer Massage gemacht und Rebekka hat dies gesehen. Vielleicht erinnert sie sich nicht mehr daran. Rebekka kam einmal zu uns in die Baracke und hat gesehen, daß ich so mache [imitiert typische Bewegungen einer Gesichtsmassage]. Damals brauchte man eine Kosmetikerin für die Aufseherinnen. Die [damalige] Kosmetikerin war sehr unsympathisch im Gesicht. Dann kam Rebekka zu mir und sie hat mich vorgeschlagen. Erinnerst Du Dich? [spricht zu Rebekka, die kurz mit dem Kopf nickt]. Und dann haben sie mich genommen.«

Es findet eine »Art« ›interne Auswahl‹ durch Rebekka statt, die Lola aufgrund ihrer kosmetischen Fähigkeiten und ihres sympathischen Gesichts den SS-Aufseherinnen vorschlägt. Lola verdankt ihren Eintritt in die Funktionstätigkeit Rebekka und dies macht sich im Gruppengespräch auch spürbar. Es ist eher Frau Dunkelmann, die im Gruppengespräch konflikthafte Situationen oder heikle Punkte in Bezug auf Rebekka anspricht, während Lola dazu schweigt.

Was genau mit der damaligen Kosmetikerin, mit Lolas Vorgängerin, geschehen ist, bleibt von Lola und Rebekka unerwähnt. Ein Teil der Aufseherinnen war lesbisch, wie Lola und Rebekka später berichten und das Aussehen und Benehmen ihrer Hilfspersonen war für sie vermutlich wichtig. Es bleibt hier allerdings offen, (a) ob die »unsympathische« Kosmetikerin bereits entlassen worden war, als Rebekka Lola vorschlägt oder (b) ob Rebekka Lola vorschlägt, nachdem sie erfahren hat, daß es Spannungen zwischen der damaligen Kosmetikerin und den SS-Aufseherinnen gibt. Im zweiten Fall könnte hinter der Erzählung über die damalige Kosmetikerin ein Interessenkonflikt stehen, denn die Arbeit von Lola als Funktionshäftling bringt sowohl Lola als auch Rebekka Vorteile, die der Kosmetikerin verloren gehen. Es fällt aber auf, daß Lola nicht erzählt, was mit der Kosmetikerin passierte und daß Rebekka zweimal auf Lolas Fragen über den Fall der Kosmetikerin nicht eingeht, sondern lediglich mit dem Kopf nickt. Dies ist atypisch für Rebekka, die gern und viel spricht und oft die anderen beiden Gesprächspartnerinnen unterbricht. Vielleicht merkt Rebekka, daß es hier um einen heiklen Punkt gehen kann, und heikle Punkte kann sie gut umgehen, wie sich dies in ihrer biographischen Analyse zeigte.

Der Einstieg in eine Funktionstätigkeit ist der Beginn einer Kette von Moraldilemmata, was diese Stelle wieder verdeutlicht. An anderen Stellen spricht Lola lange darüber, inwieweit sie anderen Menschen durch ihre Funktionstätigkeit helfen konnte: ihrer Mutter, ihrer Freundin und acht weiteren Frauen, die mit ihr und ihrer Mutter in der Baracke wohnten. Sie spricht auch im Gegensatz zu Rebekka offen und direkt über die Vorteile, die sie persönlich durch die Funktionstätigkeit hatte, nämlich genug Essen und eine relativ einfache körperliche Arbeit im Vergleich zu der Fabrikarbeit. Zuletzt beschreibt Lola ihre Arbeit als Stubendienst für die SS-Aufseherinnen:

»Und sie waren wirklich phantastisch zu mir. ›Die Kleine hier, die Kleine da‹. Und ich wußte nicht, wie man den Fußboden wischt. Sie haben es mir gezeigt. Und eine Deutsche hat mir gesagt: ›Deine Zukunft wird in Ordnung sein. Am Ende des Kriegs werde ich einen Kiosk öffnen und du wirst bei mir im Kiosk sein.‹ Gut, dies war im Arbeitslager.«

Aus »sehr in Ordnung« wird jetzt »phantastisch«. Die Deutschen »waren wirklich phantastisch zu mir«, sagt Lola und es scheint, als hätte sie menschliche Wärme, Sicherheit und Akzeptanz von den SS-Aufseherinnen bekommen. Eine von ihnen will sie nach Ende des Krieges sogar zu sich nehmen. Auch im Einzelinterview sagt Lola: »Die Deutschen waren wirklich hervorragend.« Im Einzelinterview erzählt sie, daß sie Sonja, die SS-Aufseherin, die sie adoptieren wollte, gern wiedersehen würde und zwar »nicht aus Rache, sondern als Mensch«. Liebevoll beschreibt sie Sonja im Einzelinterview als eine »Bäuerin, so gut, so dick«.

»So eine deutsche, so eine einfache Frau. Es gibt solche einfachen Frauen, wenn sie jemand lieben, dann lieben sie ihn von ganzem Herzen. Sie hat für mich gestohlen. Einmal hatte ich Fieber und ich blieb im Block. Dann hat sie für mich Brot gestohlen. Sie hat es unter ihrer Uniform versteckt.«

Sonja half auch Lolas Mutter. Lola bittet die jüdische Lagerälteste, ihre Mutter von der schweren Fabrikarbeit für eine Weile zu befreien, weil die Mutter krank ist. Die Lagerälteste geht auf ihr Bitte nicht ein. Als Sonja die Mutter in der Fabrik sieht, sagt sie: »Lola-Mama, so nannte man meine Mutter. Was machst Du hier? Sie sandte die Lola-Mama zurück.« Lola erlebt die SS-Aufseherinnen nicht als Täterinnen, sondern als Menschen, als warm und hilfsbereit.

Ihre positive Beschreibung der SS-Aufseherinnen vermenschlicht hier das Bild, das ich von den SS-Aufseherinnen als absolut böse Gestalten hatte. Es war das Bild der SS, wie ich es aus dem kollektiven Gedächtnis Israels übernahm: SS-Leute sind keine Menschen, sondern bestialische Wesen. SS-Aufseherinnen als sympathische Menschen? Darf ich es ohne Anführungszeichen schreiben? Darf ich Lolas Einstellung gutheißen oder nachvollziehen und mir gleichzeitig im klaren sein, was der Unterschied zwischen Gut und Böse ist? Denn die SS bedeutete für mich bis dahin das absolute Böse. Diese Fragen beschäftigten mich bei Lolas biographischer Analyse immer wieder. Ich stellte mir die Frage: In welcher Form hilft Lola die Wahrnehmung der SS-Aufseherinnen als gute Menschen? Und kann sie auch die bösen Seiten der SS-Aufseherinnen sehen? Zunächste gehe ich auf die zweite Frage ein.

»Aber nett, nicht böse« –
Keine Ambivalenz gegenüber den SS-Aufseherinnen?
Im Gruppeninterview erzählt Mina Dunkelmann über ihre Begegnung mit der SS-Aufseherin Sonja. Auch Rebekka Halevi-Oz kennt Sonja

> Mina: »Und meine Freundin sagte zu mir: hör mal, ich stand zweimal in der Schlange, um Pellkartoffeln zu bekommen. Du sollst auch ein weiteres Mal hingehen und du wirst auch eine weitere Portion bekommen. Ich war so [zeigt, wie dünn sie war]. Ich wollte nicht. Dann sagt sie zu mir: wenn du nicht gehst, mußt du meine Kartoffeln nehmen. [...] Und dies wollte ich nicht. [...] Und tatsächlich ging ich, und die SS hat mich erkannt, die Sonja.«
> Lola und Rebekka: »Ah ja.«
> Mina: »Wie sie mich gesehen hat, zwei Ohrfeigen. Dann kehrte ich zurück und sagte: zwei Pellkartoffeln [zeigt auf ihre Wangen].«
> Lola: »Dies war die Lola-Mama. Das war sie, die [meiner Mutter half] [anschließend sprechen alle drei Frauen gleichzeitig].«
> Mina: »Ich habe sie gehaßt wie den Tod.«
> Rebekka: »Sie war meistens böse.«
> Lola: »Aber sie liebte.«
> Rebekka: »Sie hat bei den Deutschen als Stubendienst gearbeitet [sagt Rebekka über Lola].«
> Lola und Mina: »Ja.«
> Rebekka: »Dort hatte sie [Lola] eine leichte und gute Arbeit. Und das was sie [die Deutschen] wollten, hat sie gemacht, deshalb hatte sie ein gutes Leben.«

Wären Mina und Rebekka im Interview nicht anwesend, könnte der obige Eindruck, Sonja wäre lediglich eine ›gute‹ SS-Aufseherin gewesen, weiter bestehen. Sonja war wohlwollend gegenüber Lola, jedoch nicht gegenüber allen Häftlingsfrauen. »Sie war meist böse«, korrigiert Rebekka diesen Eindruck und läßt mit der Formulierung »meist« Raum für positive Ausnahmen.

Könnte man bei Lola die Annahme formulieren, daß sie die zwei Gesichter der SS-Aufseherin bzw. die Ambivalenz zwischen den guten und bösen

Anteilen von Sonja aushält? Lola scheint nicht erschüttert zu sein, als sie im Gruppeninterview hört, daß Sonja als Aufseherin Mina Dunkelmann geschlagen hat. Sie scheint diese zwei Bilder von Sonja in einem zu integrieren. Sie verteidigt anschließend Sonja im Gruppeninterview (»Dies war die Lola-Mama«). Auch im Einzelinterview, das eine Woche später stattfand, vermittelt Lola weiter ein Bild von Sonja als eine warme, emphatische SS-Aufseherin.

Als ich Lola im Einzelinterview frage, ob sie Sonja auch in Situationen erlebte, in denen sie böse war oder andere Häftlinge schlug, sagt sie: »Nein, ich sehe ihr Gesicht vor mir. Aber nett, nicht böse.« Zweimal spricht Lola im Einzelinterview die Meinung der anderen zwei Frauen über Sonja an und vergleicht deren Empfinden mit ihrem eigenen: »Schau mal z. B. Sonja, du erinnerst dich, ich habe dir gesagt, daß sie hervorragend zu mir war. [...] Und sie [Rebekka und Mina] haben gesagt, daß sie sehr böse war, und Schläge und alles.« An einer anderen Stelle sagt sie: »Sie war so gut zu mir. [...] Das war meine Meinung. Andere hätten sie vielleicht getötet, wenn sie sie getroffen hätten.« Diese sind die einzigen Stellen, in denen Lola die bösen Seiten von Sonja und der anderen SS-Aufseherinnen anspricht. Die bösen Anteile der SS-Aufseherinnen sind damit insgesamt blaß in Lolas Erzählung.

Als Lola zu erklären versucht, warum es dazu kam, daß die SS-Aufseherin Mina Dunkelmann geschlagen hat, sagt sie: »Schaumal, es ist sehr wichtig, daß Mina Dunkelmann ein unsympathischer Typ ist. Jetzt wenn du sie anschaust nicht. D. h. ich weiß nicht, wie du sie siehst.« Was Lola eigentlich damit vermittelt, ist, daß die Deutschen ›nett‹ zu ›sympathischen Häftlingen‹ waren und daß »unsympathische Typen« mehr gelitten haben. In diesem Kontext sagt sie auch: »So ist das im Leben. Das weißt du auch, das es so im Leben läuft. [...] So wie du zu dem Baby lachst, lacht es zu dir zurück.« Lola hebt damit die Möglichkeit der Häftlinge hervor, das Verhalten der SS zu beeinflussen.

Es überrascht auch, daß Lola amoralische Verhaltensweisen eher bei jüdischen Funktionshäftlingen als bei den SS-Aufseherinnen wahrnimmt und thematisiert. Sinngemäß sagt sie: ›Andere Funktionshäftlinge waren schlecht. Ich und die Aufseherinnen, für die ich gearbeitet habe, waren in Ordnung.‹ Detailliert erzählt sie über die anderen jüdischen Frauen, die im Stubendienst waren und sich »nicht fair« verhalten haben oder über zwei ihrer Kolleginnen im Eß-Kommando in Auschwitz, die »solche häßlichen Sachen« machten und dabei das Leben anderer gefährdeten. Als Lola von der jüdischen Lagerältesten berichtet, die ihre Mutter trotz ihrer Krankheit zur Arbeit geschickt hat, zieht sie einen Vergleich zwischen den ›bösen‹ jüdischen Funktionshäftlingen und den Deutschen: »Die Deutschen waren viel besser zu mir. Aber dies ist persönlich.«

Waren Sonja und alle anderen SS-Aufseherinnen immer gut zu Lola? Oder gab es Situationen in denen sie selber Angst hatte oder gelitten hat? Die einzige Stelle, wo dies ein wenig spürbar wird, ist, als Lola ihre kosmetische Arbeit für die SS-Aufseherinnen beschreibt:

> »Ich machte die Kosmetik. Und sie haben Pickel gehabt. Dann nahm ich die Nadel, ich öffnete es und nahm es raus. Und wenn sie eine Infektion davon bekommen hätten, dann hätten sie mich getötet [lacht fast panisch, hilflos]. Ich weiß es nicht. Aber ich machte es, wie ich gedacht habe. Es hat funktioniert und es war in Ordnung.«

Ambivalenz auszuhalten bedeutet, die zwei Seiten eines in sich widersprüchlichen Sachverhalts nebeneinander existieren zu lassen: das ›Ja‹ und das ›Aber‹. Was bei Lola oft zu fehlen scheint, ist die Verbindung der guten und bösen Anteile der SS-Aufseherinnen. Diese Verbindung könnte in Form eines ›Ja-Aber-Musters‹ vorkommen. ›Die SS-Aufseherin war gut zu mir, aber böse zu anderen‹ oder ›eine phantastische Landschaft, aber der Zaun und die Baracken...‹. Die guten Anteile, das ›Ja‹, thematisiert sie häufig. Wenn sie das ›Aber‹ benutzt, ist dies meist, um die netten Seiten der Deutschen noch einmal zu betonen (»Nein, ich sehe ihr Gesicht vor mir. Aber nett, nicht böse).« Zusammenfassend spricht Lola eher die positiven Seiten der SS-Aufseherinnen an und dabei sind wir wieder beim ersten Erklärungsversuch der ›Bagatellisierung des Grauens‹. Lola bagatellisiert sowohl ihre eigene Bedrohung, als auch das Leid und die Bedrohung anderer durch die Deutschen.

Familiäre Loyalität und Moraldilemmata: »Nach meiner Meinung war sie keine Mutter«

Eine zweite Erklärung, warum Lola die SS-Aufseherinnen als so »phantastisch« erlebte, könnte mit ihrer Kindheit bzw. mit der Beziehung zu ihrer Mutter zusammenhängen. Lola scheint bei den Aufseherinnen mütterliche Gefühle geweckt und etwas bekommen zu haben, was sie bei ihrer Mutter anscheinend vermißte.

Kindheit: »Die schmerzlichste Sache«
Als ich Lola im Einzelinterview wieder frage, ob ich ihre Mutter Jaffa interviewen könnte, versucht sie mir zu erklären, daß ein Interview mit ihrer Mutter nicht interessant oder bereichernd für mich wäre. »Schau mal sie ist

schon 90 Jahre alt. Bei ihr ist alles rosa und ihre Geschichten sind nicht mehr realistisch oder relevant, besonders nicht in Bezug auf das, was ich erzähle.« Anfangs glaubte ich hier, Lolas Befürchtung wahrzunehmen, daß in der Lebensgeschichte der Mutter Differenzen zu ihrer eigenen biographischen Erzählung auffallen könnten. Daraufhin erzähle ich ihr, daß ich schon häufig Gespräche mit Überlebenden durchgeführt habe, die das gleiche Lager oder Ghetto zusammen überlebt, haben und es jedoch individuell unterschiedlich erlebt haben und daß mich genau diese unterschiedlichen Perspektiven im Rahmen meiner Arbeit interessieren.

»Nein nein, ich meine nicht, daß sie es so sieht und ich so«, erwidert Lola. »Nur die schmerzlichste Sache / Wenn mir etwas im Leben weh getan hat, ist es, daß meine Mutter Witwe war. [...] Im jungen Alter wußte ich einfach nicht, daß sie meine Mutter war«. Erst später erfährt sie, daß die Frau, die aus der Stadt ins Dorf (bei der Großmutter) zu Besuch kam, ihre Mutter und nicht ihre Schwester ist. »Darum will ich nicht, daß du mit ihr sprechen wirst! Ihre Geschichte ist, daß sie wegen mir nicht geheiratet hat. Und ich hatte den Traum, daß sie heiraten wird. [...] Ich wollte ein Haus wie alle, Vater, Mutter.« Im Anschluß beschreibt Lola ihre Kindheit sehr bewegt und voller Schmerz:

> »Nach meiner Meinung war sie keine Mutter. Dann habe ich beschlossen, wenn ich erwachsen werde, ich weiß nicht, was ich im Leben machen werde, aber ich weiß, daß ich die Mutter meiner Tochter sein werde. Sie wird eine Mutter haben. Das ist sicher. Das ist alles, was ich wollte. Das heißt nicht, daß meine Mutter kein schweres Leben hatte«.

Durch die Arbeit der Mutter im Familiengeschäft ist die Familie für die Dorfverhältnisse relativ wohlhabend: »Ich bekam alles: das erste Fahrrad war mein, die erste Hose. Aber das war nicht, was ich wollte.« Die Arbeit der Mutter war zeitaufwendig, sagt Lola weiter, »aber nach meiner Meinung hätte sie mir einige Tage im Jahr widmen können, um mit mir wegzufahren, wie ich es mit meiner Tochter gemacht habe, bis meine Tochter es sich nicht mehr wünschte«.

Als Lola geboren wurde, betrauerte ihre damals 19jährige Mutter noch den Tod ihres jungen Ehemannes. Ich frage Lola nach ihrem Vater und sie erzählt strahlend: »Ich habe wunderbare Sachen über ihn gehört. Ich bin vom Aussehen und Charakter genau wie er.« Anschließend erzählt Lola ihre Geburtsgeschichte. Sie bemüht sich, die Geschichte fröhlich, fast als Witz zu erzählen, aber hinter dieser Geschichte steht eine schmerzliche Erfahrung, sowie die Frage von Leben und Tod:

»Als ich geboren wurde – ich lache immer über meine Mutter – fuhr meine Mutter weg. Sie war nicht da. Sie wollte mich nicht, weil ich häßlich wie ein Äffchen war. [...] Eine Freundin der Familie sagte: so eine schöne Mutter und so eine häßliche Tochter! Ich wog 1,8 kg und weil meine Mutter damals in Trauer war, oder krank oder so was, [...] dann konnte sie nicht stillen. Der Arzt sagte, sie solle mich stillen, auch wenn wir dabei gemeinsam sterben werden. Das war ein Familienarzt aus dem Dorf, ein Arzt mit Herz. So habe ich die Geschichte gehört. Dann nahm meine Großmutter eine Amme, die mich gestillt hat. Es vergingen zwei Monate und ich wurde zu einem süßen Baby, das viele mochten. Ein nettes Gesicht, mit Lachen, fett, wie ich gehört habe. Wenn ich heute nicht in Ordnung bin, wenn ich verschiedene Hemmungen habe, Unsicherheit fühle, dann kommt es, weil sie mein Gesicht mit einer Decke bedeckt hat, damit man mich nicht sehen wird. Nur ein Scherz.«

Ein Scherz? Lola beschreibt hier ihr Grund-Gefühl, von ihrer Mutter nicht gewünscht zu sein bzw., daß ihre Mutter nicht loyal zu ihr war, nicht bei ihr blieb. Loyal sein bedeutet, treu und anständig gegenüber einer Person oder Sache zu sein. Die Loyalität beschreibt »eine positive Haltung der Zuverlässigkeit« und eine elterliche Loyalität äußert sich z. B. durch die Pflege und Betreuung »des hilflosen Säuglings« (Boszormenyi-Nagy und Spark 1981, S. 66). Der Satz des Arztes »Sie solle mich stillen, auch wenn wir gemeinsam sterben werden«, steht für Lolas unbewußten Wunsch nach der symbiotischen und grenzenlosen mütterlichen Liebe, die bis zum Tod reicht. Genau diese als fehlend empfundene Loyalität ist »das schmerzlichste« für Lola. Auf der bewußten Ebene versucht Lola, sich das Verhalten ihrer Mutter durch die Trauer um den Vater und durch die Krankheit der Mutter »oder so was« zu erklären. Doch das »oder so was« verdeutlicht, daß für Lola keine hinreichenden Erklärungen existieren, die das Verlassen eines Kindes durch seine Mutter rechtfertigen könnten. Ihr Weiterleben verdankt Lola nicht ihrer Mutter, sondern dem Arzt und ihrer Großmutter. Als Resümee der Beziehung zu ihrer Mutter sagt Lola: »Manchmal bin ich ärgerlich über mich selber, daß ich ihr nicht verzeihen kann. Ich bin völlig korrekt zu ihr. Ich rufe sie jeden Tag an und ich betreue sie gut, aber hier drin habe ich es.«

Mit der Mutter in Auschwitz und im Arbeitslager:
»Ich mußte sie ermutigen«
Die Beziehung zu der Mutter in der Zeit vor, während und nach der Shoah ist der Leitfaden von Lolas Haupterzählung im Einzelinterview ganz im Unterschied zum Gruppeninterview, in dem sie das Thema eher zu vermeiden versucht. Von der Erzählung über ihre Mutter während ihrer Kindheit geht Lola pausen- und atemlos zu der Beschreibung ihrer Mutter während der Verfolgungszeit über. Die Mutter hat sich aus Lolas Perspektive in dieser

Zeit verändert: Sie wird besorgt und fürsorglich gegenüber Lola. Gleichzeitig braucht sie aber auch Lolas Unterstützung.

> »Im Ghetto war sie [die Mutter] aktiv. In Auschwitz war es zu Ende. Ich mußte sie ermutigen, weil sie Angst hatte, daß ich zu viel mache, z. B. daß ich an Stelle von anderen Leuten arbeite oder daß ich meine Freundin betreue, die sehr viele Furunkel hatte. Meine Mutter hatte Angst, daß ich dabei krank werde und nicht mehr da sein werde. Verstehst Du? Darüber war ich auch ärgerlich, weil es mir klar war, wenn meine Freundin kaum noch gehen kann und ein Deutscher gibt ihr noch etwas zu schleppen, dann habe ich es für sie getragen, weil ich wußte, daß sie es nicht tragen kann. Das ist meine gute Freundin. Auch jetzt haben wir eine gute Beziehung.«

In dieser Geschichte geht es um ein Moraldilemma von Lola: um ihre Wahl, ihre Freundin zu unterstützen oder ihre eigenen Kräfte zu schonen. Während die Mutter davon ausgeht, daß ihre Tochter erst sich selber helfen soll, hält Lola es für moralisch notwendiger, ihre beste Freundin zu schützen. Dieser Konflikt spiegelt sich auch in der zweiten Geschichte, in der Jaffa – Lolas Mutter – ihrer Tochter ein Stück Brot bringt, das sie organisieren konnte, wider. Lola teilt dieses Stück Brot mit ihrer Freundin, was die Mutter sehr aufregt. In beiden Geschichten stellt Lola ihre Mutter eher in einem negativen Licht dar (»Darüber war ich [...] ärgerlich«), obwohl die Sorge der Mutter auch als moralisch positiv gedeutet werden könnte. Während es Lola in beiden Geschichten um die Solidarität mit ihrer Freundin geht, geht es der Mutter um die Sicherung des Überlebens ihrer Tochter.

Das Leben mit der Mutter in Auschwitz und im Arbeitslager ist mit vielen Moraldilemmata verbunden, die Lola und ihre Mutter gemeinsam betreffen. So schildert Lola die letzte Selektion in Auschwitz. Es ist die Selektion vor dem Transport in das Arbeitslager und in der kommt es zu einem Moraldilemma, das die Themen Loyalität und Solidarität betreffen. Der Begriff Loyalität bezieht sich dabei auf die Verbundenheit mit der Familie, der Begriff Solidarität auf die Verbundenheit mit Freunden, Genossen.

> »Die schwierigste Sache [war], daß meine Mutter keine gute Laune hatte. Sie war jung, aber nicht mit guter Laune. [...] Jetzt, meine Mutter war in schwerem Zustand. Wir haben es dann so gemacht: meine Freundin und ich gingen nach hinten. Wir schickten meine Mutter nach vorne. Wenn sie durchgeht, dann gehen wir auch durch. Wir blieben fast bis zum Ende. Sie kam durch und anschließend meine Freundin und ich auch.«

Lola ist loyal zu ihrer Mutter, während ihre Freundin sich als solidarisch ihr gegenüber zeigt. Als loyale Tochter ist sie bereit, mit ihrer Mutter in Auschwitz zu bleiben, obwohl sie weiß, daß sie dort jeden Tag ermordet werden kann. Dies ist eine enorme Loyalität.

Nach der Ankunft im Arbeitslager arbeitet die Mutter physisch sehr schwer in der Fabrik, während Lola die körperlich leichte Arbeit als Stubendienst hat. Lola versucht wiederholt, ihrer Mutter die Arbeit als Stubendienst zu vermitteln und ist bereit, dafür selbst in der Fabrik zu arbeiten:

>»Ich mußte dort [im Block der SS] die Fußböden wischen. Und ich bin hingegangen und habe gesagt, daß das eine schwere Arbeit ist. Und die Deutschen haben mir gesagt: Woher hast du diesen Mut genommen. Ich mußte die Strümpfe waschen. Und ich ging dorthin und sagte, daß dies sehr schwer ist. D. h. ich schaffe es nicht. [...] Warum habe ich es getan? Damit meine Mutter an meiner Stelle arbeiten wird. Und ich werde draußen arbeiten. Aber nein, sie haben auf mich nicht verzichtet.«

Ein anderes Mal meldet sich Lola bei den SS-Aufseherinnen als krank, obwohl sie es nicht ist. Sie bittet die SS-Aufseherinnen, ihre Mutter als Stubendienst zu beschäftigen, bis sie wieder gesund wird. Dies tun die SS-Aufseherinnen tatsächlich. Im Block der SS-Aufseherinnen kann die Mutter sich erheblich besser ernähren und sich von der schweren Fabrikarbeit und dem langen täglichen Fußweg dorthin erholen.

Während des Todesmarsches ist die Mutter schwach. Der Todesmarsch wurde von SS-Aufseherinnen durchgeführt, die aus Auschwitz evakuiert worden und in das Arbeitslager gekommen waren, sowie von den anderen SS-Aufseherinnen des Lagers. In den Todesmärschen wurden die Gefangenen gezwungen, Hunderte von Kilometern zu marschieren. Im Verlauf der Märsche wurden die »Gefangenen brutal mißhandelt [...] und ermordet«. »Annähernd eine Viertelmillion Gefangener der deutschen Konzentrationslager wurden auf Todesmärschen ermordet oder starb auf andere Weise zwischen dem Sommer 1944 und dem Kriegsende« (Gutman 1995, S. 1412). Während des Todesmarsches will die Mutter aufgeben. Sie setzt sich hin, was extrem lebensgefährlich war. Lola beschreibt dann ihr Moraldilemma, vielleicht ihr schwerstes in der ganzen Shoahzeit:

>»Nach Auschwitz war sie [die Mutter] seelisch nicht mehr in Ordnung. Und man sagte, wer nicht weiter geht, der wird erschossen. Sie hat sich hingesetzt [...] und dann habe ich gesagt: ›gut, dann werde ich mich auch hinsetzen‹, damit sie nicht sterben wird. Dann stand sie auf. Dies war für mich schwer, weil ich nicht sterben wollte. Und ich wußte nicht, ob ich sie damit beeinflussen werde oder nicht«.

Lola spricht hier über ihren Willen, zu leben und ihrer Mutter zu helfen. Sich neben die Mutter zu setzen, bedeutet für Lola ihr Leben bewußt auf's Spiel zu setzen. Sie tut hier, was Rebekka tut: Sie ist bereit, ihr Leben aufzugeben, um ihrer Mutter gegenüber loyal bleiben zu können. Lola spricht aber gleichzeitig ihre Liebe zum Leben an, was Rebekka, als Heldin, nicht machen würde. Denn zum Heldentum gehört das Dethematisieren von Ambivalenzen und Moraldilemmata. Mutter und Tochter marschieren fünf Tage lang. In der fünften Nacht gelingt es Lola zusammen mit ihrer Mutter und ihrer Freundin in den Wald zu fliehen. Sie sind im amerikanischen Sektor.

Eine loyale Tochter, eine solidarische Freundin
Lola versucht während der Nazizeit mit aller Kraft ihrer Mutter gegenüber loyal zu bleiben. Loyalität äußert sich gerade in schweren Zeiten und gerade in Momenten, in denen auch nicht loyale Verhaltensweisen möglich sind und der Person nützlich erscheinen. Die Struktur von Lolas Geschichten lautet: ›Meine Mutter war während meiner Kindheit keine gute Mutter. In Auschwitz und im Arbeitslager stand ich ihr zur Seite und tue es bis heute, obwohl ich tief in meinem Innern bis heute verletzt bin‹. ›Ich bin eine moralische Tochter‹, sagt sie damit.

»Familienloyalität beruht ihrem Wesen nach auf der biologischen, erblichen Verwandtschaft« schreiben Boszormenyi-Nagy und Spark (1981, S. 66f). Dabei sind Loyalitäten zentral »für das Verständnis von Familienbeziehungen«. Oft geht die familiäre Loyalität mit einer familiären »Schuld- und Verdienstbuchführung« einher. Die Eltern haben ihren Verdienst, indem sie den hilflosen Säugling betreuen. Dadurch steht das Kind in ihrer Schuldverpflichtung. »Loyalitätsverpflichtungen sind ihrem Wesen nach dialektischen Ursprungs« (ebd., S. 77). Diese Dialektik spürt Lola aus ihrer subjektiven Perspektive während ihrer Kindheit nicht. Doch Die Loyalität zu der Familie ist ein zentraler Bestandteil von Lolas subjektiver Moralphilosophie.

Freundschaft kennzeichnet sich durch gegenseitiges Wollen und Bemühen, das Gute für den anderen zu tun, und zwar um des anderen willens, schreibt Aristoteles (Nikomach. E. 1156b 5-10). Lola bemüht sich, solidarisch gegenüber ihrer Freundin zu sein und bewegt sich dabei zwischen zwei sich überschneidenden Kreisen von Verpflichtungen – der Loyalität gegenüber ihrer Mutter und der Solidarität gegenüber ihrer Freundin –, die sich teilweise widersprechen und zu Konflikten führen. Boszormenyi-Nagy und Spark formulierten zwei Leitsätze über Loyalität und Solidarität: »Kinder schulden ihren Eltern und der älteren Generation Loyalität« und »Familienmitglieder schulden einander Solidarität gegenüber Freunden und Fremden, sind aber auch der Gesellschaft gegenüber zu einem Verhalten als gute Bürger verpflichtet« (1981, S. 83). Der Wunsch, gerade diese beiden Leitsätze umzusetzen, bringt Lola in Moraldilemmata. Eine wichtige Fähigkeit ist »alte und neue« Verpflichtungen »miteinander in Einklang zu bringen« (ebd., S. 78) und dies gelingt Lola. So ist sie z. B. während des Todesmarschs loyal zu ihrer Mutter und gegen den Willen der Mutter ist sie solidarisch gegenüber ihrer Freundin, als sie mit dieser das von der Mutter geschenkte Brot teilt. Wäre Lola ihrer Mutter gegenüber nicht loyal oder gegenüber ihrer Freundin nicht solidarisch geblieben, wäre sie ihrer subjektiven Moralphilosophie nicht gerecht geworden und würde Schuldgefühle empfinden. Als Motto für ihre Erzählung könnte gelten: ›Ich war eine loyale Tochter und eine solidarische Freundin‹.

Die SS-Aufseherin als Mutterersatz?
Ich kehre zu der obigen These zurück, nach der Lolas positives Verhältnis zu der SS-Aufseherin Sonja mit der Beziehung zu ihrer Mutter zusammenhängt. Lola ist loyal zu ihrer Mutter aber auch loyal zu der SS-Aufseherin, die sie von ganzem Herzen liebt (»Sie war so gut zu mir. [...] Wenn sie jemand lieben, dann lieben sie ihn von ganzem Herzen«). Eine solche Äußerung seitens Lola über ihre Mutter findet sich im ganzen Interview nicht ein einziges Mal. Die Liebe der SS-Aufseherinnen als Ersatz? Hat es Lola vielleicht so empfunden? Am Ort der Vernichtung und des Todes möchte eine SS-Aufseherin das Leben des vormals »häßlichen Äffchens« retten und zwar als das geliebte Kind des Lagers. Als ich Lola nach den Momenten frage, in denen Sonja ihr besonders nah war, erzählt sie gerührt wieder, wie Sonja für sie Brot gestohlen hat, als sie krank war und ihre Zukunft sichern wollte: »Dann hat sie gesagt, daß ich bei ihr im Kiosk arbeiten werde, daß meine Zukunft in Ordnung sein wird. [...] Es gab so eine Sympathie.«

Mütterliche Funktionen sind Beschützen, Ernähren, Erziehen und ›Lieben von ganzem Herzen‹. Sonja erfüllt all diese Funktionen für Lola während der Zeit im Arbeitslager. Sie beschützt Lola und verspricht ihr eine »Zukunft« nach dem Arbeitslager. Im Block der SS-Aufseherinnen, in dem ein Teil der Aufseherinnen lesbisch ist, war Lola vor sexuellem Mißbrauch geschützt. Sonja ernährt und erzieht sie: »Ich wußte nicht, wie man den Fußboden wischt. Sie haben es mir gezeigt.« Lola wäscht auch die Wäsche für die SS-Frau. Wie sehr Lola diese Sauberkeitserziehung schätzt, wird verständlich, als sie beschämt über eine der unangenehmsten Erfahrungen in ihrer Pubertät berichtet: Ihre Lehrerin machte sie darauf aufmerksam, daß ihre Kleidung schmutzig und ungepflegt sei und daß ihre Unterwäsche gewaschen werden sollte. Über ihre Großmutter sagt Lola in diesem Kontext, daß diese sie großgezogen, jedoch nicht erzogen, habe. Und nicht zuletzt möchte Sonja Lola ›adoptieren‹. Es ist eine verbotene Mutterliebe zwischen einer

Jüdin im KZ und einer deutschen Aufseherin. Es ist eine gesellschaftlich tabuisierte Art der mütterlichen Liebe aufgrund der Rollen, die beider Frauen im Arbeitslager: eine jüdische Gefangene und eine SS-Aufseherin. Lola ist Sonja gegenüber voller Dankbarkeit und deshalb thematisiert sie ihre Beziehung zu ihr so offen, obwohl die anderen beiden überlebenden Frauen Sonja als eine böse SS-Aufseherin erlebt haben. Doch trotz allem bleibt Sonja eine SS-Aufseherin in Lolas Erinnerungen und keine Privatperson: »Ich sah sie nie ohne Uniform.«

Nach der Shoah:
»Ich schlafe gut und bin gefühlsmäßig nicht tot«
Nach der Shoah steht Lola vor neuen Fragen: Wie gestaltet sie die Beziehung zu ihrer Mutter und wie bearbeitet sie die Ermordung ihrer Großmutter? Inwieweit ist die Shoah ein Thema in der Partnerschaft und wie sieht die Kommunikation mit der Tochter über die Shoah aus?

Mutter: »Sie hat keine weißen Haare«
Erfreut erzählt Lola über die Zeit nach der Befreiung: »Und dann war alles zu Ende. Mein Leben begann von neuem. Von nun an plante ich mein Leben.« Lola ist jetzt eine Frau von 18-19 Jahren und fühlt sich erwachsen, reif und autonom. Ihre Mutter kommt im Einzelinterview nur noch vor, als Lola ihre heutige ›korrekte‹ Beziehung zu ihr beschreibt: »Ich mache alles, was man machen kann, damit sie es nicht spüren wird. Und sie fühlt es auch nicht. Ich mache alles. Aber hier drin habe ich es.« Lola ist bemüht, ihren Ärger und ihre Enttäuschung über die Mutter für sich zu behalten und allein zu bearbeiten. »Was ist deine Phantasie, was wird passieren, wenn du deiner Mutter erzählen wirst, was dir nicht gefallen hat«, frage ich Lola und sie erwidert fast erschrocken:

> »Chas Vechalila [Hebräisch: Gott behüte], sie würde die ganze Nacht nicht schlafen. Als ich einmal erwähnt habe, daß meine Großmutter nicht nur vollkommen und tadellos war, hat sie zwei Tage lang nicht geschlafen. Meine Mutter will keine unschönen Sachen sehen. [...] So lasse ich sie ihr Leben im siebten Himmel leben.«

Das komplizierte Verhältnis zur Mutter, das bis heute andauert, beschreibt Lola am Ende ihrer biographischen Erzählung im Gruppeninterview. An dieser Stelle erfahre ich auch, daß ihre Mutter noch lebt.

> L: »Ich habe noch eine Mutter, die die jüngste in der Familie ist. Eine Chaticha [Hebräisch, umgangssprachlich: ein attraktives, hübsches Mädchen], eine schöne Frau.«

I: »Lebt Deine Mutter noch?«
L: »Ja, sie hat keine weißen Haare. Sie hat sehr früh geheiratet. Und sie ist nur 89 Jahre alt, ein Mädchen. Sie hat keine weißen Haare. Sie färbt sie. So daß, wenn wir zusammen sind, dann sieht sie wie meine Schwester aus. Aber ich sage: solange man glaubt, daß sie meine Schwester ist, okay. Aber wenn man sagen wird, daß ich ihre Mutter bin, dann werde ich ärgerlich [lacht kurz].«

Lolas Mutter ist auch mit 89 Jahren eine schöne, gepflegte Frau. Als ich sie das erste Mal sah, wußte ich, daß ich sie Jaffa – »die Schöne« auf Hebräisch – nennen werde. Neben einer möglichen Kränkung als ›eine altaussehende Tochter einer schönen Frau gesehen zu werden‹, spricht Lola in ihrer Beschreibung auch ihre Erwartungen an ihre Mutter als Mutter an. Was Lola scheinbar weiterhin innerlich ärgert, ist, daß ihre Mutter sogar mit 89 Jahren die Mutterrolle nicht übernimmt, bzw. immer noch zu jung aussieht, um die Mutterrolle zu übernehmen. ›Kann sich die Mutter vielleicht mit 89 Jahren etwas weniger schön machen, die Haare nicht färben, um endlich als Mutter ihrer Tochter zu erscheinen?‹ Vielleicht steckt diese Frage hinter Lolas Bemerkung.

Großmutter: Loyalität und Trauerarbeit
»Ich hatte meine Großmutter und meinen Großvater, die ich sehr liebte«, erzählt Lola und verknüpft diese Liebeserklärung sofort mit der Bemerkung, daß ihre Mutter nie eine ›richtige‹ Mutter für sie war. In der Zeit der Pubertät ist Lola fast mit allem unzufrieden, auch in Bezug auf ihre Oma. Von der sie eigentlich richtig ›genervt‹ ist: »Ich habe die Atmosphäre zu Hause nicht gemocht, ich habe meine Oma nicht so sehr gemocht, meinen Onkel nicht gemocht. Nicht, daß ich sie nicht liebte, aber nichts hat mir gefallen.« Es ist eine Pubertätskrise, über die Lola offen spricht. Dies alles ist vorbei, als die Verfolgungszeit beginnt. Lola entscheidet sich, mit ihrer Großmutter ins Ghetto zu gehen und lehnt dabei das Angebot auf ein Versteck ab, da ihre Helfer nicht bereit sind, die Großmutter ebenfalls zu verstecken. Lola kann über die Ermordung ihrer Großmutter reden und sich mit den schönen und weniger schönen Seiten ihrer Oma auseinandersetzen. Es ist eine reife Trauerarbeit, die nicht von Schuldgefühlen geprägt ist. Lola wollte ihre Großmutter retten und ging für sie ins Ghetto. In Auschwitz wird die Großmutter aber aufgrund ihres Alters sofort vergast. Lolas Gefühl, daß sie loyal zu ihrer Großmutter war, ermöglicht ihr die Trauerarbeit ohne das Empfinden von Schuldgefühlen.

Ehemann: Schmerz und Heldentaten
»Mein Mann war mein Freund schon vor dem Krieg.« Damals, als alle jungen Männer Anzüge anhatten, trug Gideon einen sportlichen Pullover und hat auf diese Weise Lolas Herz erobert. Während der Shoahzeit war Gideon Partisan und im zionistischen Untergrund aktiv. Das Paar sieht sich zwei Jahre lang nicht. Gideon flieht erst vor den ungarischen Arbeitslagern. Im Untergrund organisiert er mit seinen Genossen gefälschte Papiere für Juden, die sich verstecken wollen. Das Leben von Gideon und seinen Kameraden im Untergrund beschreibt Lola als eine Phase, »in der sie Helden waren und Menschen gerettet haben«. »Dies war für ihn die Phase, in der er stark war.« Seine Aktivitäten waren mit einer enormen Gefährdung verbunden: Einmal wurde Gideon von der SS festgenommen und konnte sich retten, indem er behauptete, er sei aus medizinischen Gründen beschnitten. Da er »kein jüdisches Gesicht« habe, glaubten ihm die SS-Männer. Hat sich Gideon während dieser zwei Jahre verändert, frage ich Lola.

>»Schau mal, von den Nerven her war er ein wenig gebrochen. Er hat nicht gut geschlafen. Er wachte von jedem kleinen Krach, wegen der Angst, auf. Als wir jung waren, fiel er in Ohnmacht. Er hatte Tag und Nacht Angst. Ich weiß nicht, ob ich es konnte. Hier in Auschwitz hatte man keine Wahl. Entweder man tötet dich oder nicht. Im Untergrund mußtest du jeden Moment kämpfen. Ich weiß nicht, was schlimmer ist.«

Gideons Schmerz und Heldentaten stehen für Lola nebeneinander. Sie schätzt ihren Mann als Widerstandskämpfer, der mit der Angst nach der Shoah weiterleben muß. Sich selbst erlebt Lola nicht als eine Widerstandskämpferin im KZ. Widerstand in den Lagern wäre sinnlos, sagt sie. »Was konnte passieren, wenn ich gegen die Deutschen vorgegangen wäre? Dann hätten sie mich erschossen. Mich und noch eine Person. Was hätte ich davon gewonnen? Daß man nachher sagen wird, daß ich eine Heldin war? Ich liebe das Leben und möchte keine tote Heldin sein.« Lola weiß viel über die Verfolgungszeit ihres Mannes und das Thema der Shoah ist ein integrierter Teil ihrer Partnerschaft.

Über die Ehe mit Gideon erzählt Lola liebevoll. In diesen Erzählungen stehen die Konflikte, Kompromisse und schönen Momente nebeneinander. An vielen Stellen spricht Lola die Ähnlichkeiten und Unterschiede zwischen ihr und ihrem Mann an. Sie liebte ihn – mit seinen Idealen und Schwächen. Sein Tod vor zehn Jahren schmerzt sie bis heute sehr.

»Ein volles Leben« mit und trotz der Shoah

Die Geburt (1946) und Kindheit ihrer Tochter Dalia beschreibt Lola als »eine wunderbare Zeit«. Mit leuchtenden Augen erzählt sie von gemeinsamen Unternehmungen. »Sie hat vor Spaß geschrien und ich habe es alles miterlebt. [...] Sie lachte die ganze Zeit.« Lolas Versprechen, ihrer Tochter eine gute Mutter zu sein, ihr das zu geben, was ihr selbst fehlte, findet sich wieder in diesen Zeilen. »Sie war immer ein gutes Kind«, sagt Lola über Dalia und beschreibt sie weiterhin als »ziemlich verschlossen«.

Hat Dalia sie über die Shoah gefragt? »Nein, nein« antwortet Lola und erzählt, daß die Shoah und der Tod von Gideon für ihre Tochter und die Enkel keine Gesprächsthemen sind: »Meine Familie ist an dieser Stelle wirklich komisch. Ich bin so offen und spreche«, doch sie berühren beide Themen nie, weil sie glauben, daß es mir weh tut, erzählt Lola.

> »Ich konnte ihnen nicht erklären, daß das kein Schmerz ist. Es ist ganz natürlich. Man muß darüber reden. Großvater war früher da und man soll es nicht ignorieren. Dann das gleiche mit dem Krieg. Aber Dalia wollte mich nichts fragen.«

Das Sprechen über Gideons Tod und die Shoah würde für Lola eine Art gemeinsamer Trauerarbeit bedeuten. Mit Gideon sprach sie viel über ihre Großmutter und über seine Eltern und so entstand eine gemeinsame Trauerarbeit auf der partnerschaftlichen Ebene. Gleiches geschieht jedoch nicht mit der Tochter und den Enkeln. Denn Sie scheinen durch das Sprechen über die Shoah selber belastet zu sein, was Lola wahrnimmt und respektiert.

Viele Holocaust-Überlebende erklären sich ihre Probleme und nicht verwirklichten Wünsche durch die Shoah, sagt Lola an einer anderen Stelle und kommentiert für sich: »Ich denke nicht, daß das, was ich nicht erreicht habe, wegen der Shoah ist. Es ist wegen meiner Faulheit, ganz einfach.« Dabei verneint sie jeglichen Einfluß des Holocaust auf ihr Leben und auf das Leben anderer Überlebender: »Ich akzeptiere all diese Sachen nicht, z. B. daß Holocaust-Überlebende ein ganz anderes Volk sind. Und die zweite Generation! Ich akzeptiere dies nicht«. Sie belegt es auch mit dem Hinweis, daß auch Menschen, die in den Kriegen in Israel gekämpft haben, viel gelitten hätten und auch die Leute in Rußland . Sie persönlich erlebte die Kriege in Israel viel bedrohlicher als die Shoah. Denn in Israel war sie schon Mutter und später hatte sie auch Enkel. Über den Einfluß der Shoah auf ihr Leben sagt sie:

> »Du kannst Leuten nicht erklären, daß es keinen Einfluß hat, seelisch. Ich schlafe gut und bin gefühlsmäßig nicht tot. Ich bin bereit, darüber zu sprechen, wenn man fragt. Aber ich muß nicht.«

Dies ist Lolas Motto bezüglich der Bewältigung ihrer Shoaherlebnisse. Anschließend belegt sie dies mit einem Beispiel: »Ich sehe einen Film über die Shoah und gehe dann Tennis spielen, um Energie rauzulassen.« Dies ist für Lola vielleicht möglich, weil die Regisseure nach ihrer Meinung die »Filme über die Shoah, entweder zu böse gestalten [...] oder davon eine Kriminalgeschichte inszenieren. [...] Aber eigentlich zeigt keiner, was dort wirklich war«.

Der Tenor in Lolas Erzählungen ist meist der fröhliche Ton und so beendet sie auch ihre biographische Erzählung im Gruppeninterview. Die schönen Sachen stehen im Vordergrund, neben ihnen kommen aber auch die Verluste wie der Tod von Gideon vor: »Endlich, endlich bin ich in Rente gegangen. Jetzt habe ich Zeit für meine Hobbies: ich spiele Tennis, schwimme, lerne, male. Ein volles Leben. Ich denke, daß ich ein volles Leben habe. Mein Mann starb vor zehn Jahren, zu meinem Bedauern. Aber ich habe vom Leben genommen, was man nehmen kann«.

Zusammenfassung:
»Bei ihr ist auch Auschwitz ein Kurort gewesen«
Die subjektive Moralphilosophie und die Handlungsebene:
familiäre Loyalität
Die Loyalität und die persönliche Entfaltung verkörpern zwei zentrale Werte in Lolas subjektiver Moralphilosophie, die Einfluß auf die Entstehung und Bearbeitung ihrer Moraldilemmata haben.
Loyalität und Gewissen: Während der Shoah ist Lola loyal gegenüber ihrer Mutter und Großmutter. Als ich sie nach ihrer Sicht frage, wie sie ihre Shoah-Erfahrungen bewältigt hat, antwortet sie: »Ich habe es gut bewältigt. Ich fühle mich gesund. Physisch bin ich stark und seelisch bin ich stark. [...] Ich denke, daß es in Ordnung ist. Ich ging aus der ganzen Sache mit einem sauberen Gewissen und erhobenem Kopf heraus.« Lola ist stolz darauf, daß sie nach ihrer subjektiven Moralphilosophie handelte bzw. loyal gegenüber ihrer Familie und solidarisch gegenüber ihrer Freundin war.
Selbstentfaltung: Auch im Konflikt zwischen den Pflichten gegenüber sich selbst und gegenüber anderen gelingt es Lola gleichzeitig sich und anderen gegenüber loyal zu bleiben. Was Lola – im Gegensatz zu Rebekka – nicht belastet, sind die Vorteile, die mit der Funktionstätigkeit verbunden waren (»Ich habe kein bißchen abgenommen«). Dies hängt damit zusammen, daß Lola die Pflichten gegenüber sich selbst als einen Teil ihrer subjektiven Moralphilosophie sieht und einschließt. Und mit Fromm gesprochen: »Ein Mensch, der

produktiv lieben kann, liebt auch sich selbst. Kann er nur andere lieben, so kann er überhaupt nicht lieben« (1954, S. 145). Es geht darum, daß auch ich ein »Gegenstand meiner Liebe sein« muß. Dabei unterscheidet Fromm zwischen Selbstliebe und Selbstsucht. Der selbstsüchtige Mensch liebt weder sich noch die anderen. »Gut bedeutet im Sinne der humanistischen Ethik Bejahung des Lebens, Entfaltung der menschlichen Möglichkeiten« und damit auch eine Verantwortung gegenüber der eigenen Existenz. »Die Aufgabe, lebendig zu sein, ist identisch mit der Aufgabe, er selbst zu werden, sich zu dem Individuum zu entwickeln, das er potentiell ist« (ebd., S. 34).

Die »Bejahung des Lebens«, und »die Entfaltung der menschlichen Möglichkeiten« beschreiben Lolas subjektive Moralphilosophie treffend. ›Überleben, um innerlich zu wachsen, zu reifen‹, ›um sich am Guten und Positiven zu freuen‹ (»auch im Ghetto habe ich das Gute gesehen«). »Ich war schon fertig. Ich war schon reif und mit eigener Gestalt. Mich konnte man nicht mehr nach rechts oder links bewegen«, sagt Lola, als sie über Diskussionen mit ihrem Mann am Anfang ihres Ehelebens in den Jahren 1946-1947 spricht. Direkt nach der Shoah ist Lola nach ihrer Wahrnehmung »reif«, »schon fertig«, bereits »mit eigener Gestalt«. Dies sind die Sachen, auf die sie stolz ist: ihr Reifegrad, ihre innere geleistete Arbeit.

Ich habe mich hier gefragt: zu welcher psychischen Entwicklung und Reife kommt es bei Lola während der KZ-Haft? Kann und darf man überhaupt von persönlicher Entfaltung im KZ sprechen? Und was heißt ›persönliche Entfaltung im KZ‹ genau? Lola erlebt sich im KZ als relativ sicher. »Es gab nichts, vor dem man sich fürchten mußte«, sagt sie, als sie das Leben im Arbeitslager beschreibt. Der Schutz und die Sympathie der SS-Aufseherinnen, wie Lola sie erlebt, und die hinreichende Ernährung sind die Grundlage für die Entfaltung. Vor der Shoah lebt Lola als eine 17-18jährige Gymnasiastin, die von ihrer Großmutter verwöhnt wird. Während der Verfolgung ist Lola eine junge Frau, die ihre Mutter schützt und von ihren Entscheidungen her autonom wird. In ihrer subjektiven Moralphilosophie und ihren Handlungen orientiert sich Lola an den Werten des »menschlichen Wachstums und Entfaltung« (ebd., S. 43). Lola triumphiert über die Umstände des Lagers, indem sie sich persönlich weiter entfaltet, weiter entwickelt und stärkt. Doch neben der gelebten Loyalität und der Selbstentfaltung stehen die Korrekturstrategien.

›Bagatellisieren des Grauens‹: eine bewußte oder
unbewußte Korrekturstrategie?
Lolas zentraler Konflikt liegt in der Integration der Widersprüche ihrer Funktionstätigkeit bei den SS-Aufseherinnen. Sie sollte als Stubendienst für das Wohlbefinden der Aufseherinnen sorgen: von der Gesichtsmassage bis zum Waschen der Strümpfe. Sie thematisiert die eigenen positiven Erfahrungen mit den SS-Aufseherinnen, während das Leid und die Gefährdung der anderen Häftlinge eher im Schatten bleibt. Diese Korrekturstrategie der ›Bagatellisierung des Grauens‹, dient Lola dazu, sich als moralisch erleben zu können. So erinnert sich Lola in erster Linie an die »lustigen Sachen«, wie sie einen Teil ihrer Erinnerungen aus der Verfolgungszeit nennt: An diese Sachen »erinnere ich mich, als ob es heute wäre [...], aber dies sind mehr lustige Sachen. [...] Aber ich erinnere mich nicht, was am schwierigsten war«.

Ist die Korrekturstrategie – ›das Bagatellisieren des Grauens‹ – eine bewußte oder unbewußte Korrekturstrategie? Im Gruppeninterview spricht Lola die gesellschaftliche Reaktion auf ihre Erzählungen an:

> »Entschuldigung ich wollte etwas sagen. Warum mag ich nicht erzählen: Weil die Reaktion der Gesellschaft folgendermaßen ist: ›Frag sie nicht, gebt ihr nicht die Möglichkeit zu sprechen, weil bei ihr auch Auschwitz ein Kurort gewesen ist‹.«

Lola ist hier verletzt, weil die anderen ihr eine Bagatellisierung von Auschwitz vorwerfen, die sie bewußt so nicht meint. Natürlich vertritt auch sie nicht die Meinung, daß »Auschwitz ein Kurort« war. In diesem Fall scheint Lola die ›Bagatellisierung des Grauens‹ in ihren eigenen Erzählungen nicht wahrzunehmen und ist deshalb verärgert über diese Beschreibung, die sie als Vorwurf erlebt (»gebt ihr nicht die Möglichkeit zu sprechen«). An einer anderen Stelle hat man hingegen das Gefühl, daß die ›Bagatellisierung des Grauens‹ fast ein bewußter Sachverhalt für Lola wird. Als ich Lola im Einzelinterview frage, welche Situation für sie während der Verfolgungszeit am schwierigsten war, berichtet sie über ihre Gedanken:

> »Weißt du, ich muß dir etwas sagen. Ich habe genau daran gedacht, nachdem ich mit dir gesprochen habe [im Gruppeninterview]. Wie ein Mensch so eine Selbstverteidigung hat. Ich weiß, daß es schlimm ist, wie Tiere zu sein [...] für mich ist die Sauberkeit so wichtig, daß ich die Hände wasche und das gleiche Handtuch nicht zweimal benutze [...], so daß ich sicher bin, daß es für mich schwer war. Ich kann mich an nichts erinnern. Ich weiß im Verstand, daß es sicherlich schrecklich war. Aber ich kann mich an das Gefühl nicht erinnern, an das Schreckliche.«

Lola ›weiß‹ im Verstand, daß sie und die anderen während der Shoah schreckliche Sachen erlebt haben, aber »das Gefühl« fehlt. Sie hat die Bilder des

Grauens in ihren Erzählungen (Transport, Auschwitz, Vergasung, SS), aber das Gefühl des Grauens verschwand. Es wird ihr bewußt, daß ›etwas‹ fehlt. Warum verschwanden für Lola die Gefühle, aber nicht die Bilder? Sie hätte sich an gar nichts erinnern können. Aber sie erinnert sich an vieles sehr detailliert. Sie erinnert sich an das Geschehen, das schrecklich war, aber das Geschehen wird positiv gefärbt, »das Schreckliche« wird neutralisiert, bewußt bagatellisiert. Welche Hilfe, welche Funktionen könnte das Neutralisieren der grausamen Bilder für Lola haben?

Interne und externe Motivation der Korrekturstrategien
Die ›Bagatellisierung des Grauens‹ als eine Korrekturstrategie, um sich als moralisch zu erleben, ist intern und extern motiviert.
(a) Die *externe Motivation* der Korrektur geht auf den Wunsch zurück, von der Gesellschaft als moralisch, als moralisch konsistent, wahrgenommen zu werden. Die israelische Gesellschaft verurteilt die Funktionstätigkeit. Lola berichtet hauptsächlich über die guten Seiten der SS-Aufseherinnen und rechtfertigt damit ihre Funktionstätigkeit. Deshalb müssen die bösen Teile der SS-Aufseherinnen bagatellisiert werden. Lola zeigt – wie alle von mir interviewten Funktionshäftlinge – das Bedürfnis, ihren Einstieg in die Funktionstätigkeit zu rechtfertigen. Sie verwendet viele Argumente, um die »Art«, wie sie als »Stubowy gewählt« wurde, zu erklären und betont dabei ihre Hilfe für andere Häftlingsfrauen durch ihre Funktionstätigkeit. Doch häufiger als das beschreibt sie die SS-Aufseherinnen als gut. Gesellschaftlich wird es aber nicht gern gesehen, wenn man über die SS-Aufseherinnen gut spricht, denn dann erscheint »Auschwitz als Kurort«. Somit ist die Korrekturstrategie nicht ›ganz perfekt‹, aber das Thematisieren der guten Anteile der SS-Aufseherinnen erfüllt für Lola eine wichtige innere Funktion.
(b) Die *interne Motivation* für ›das Bagatellisieren des Grauens‹ ist wiederum mit der ›persönlichen Entfaltung im KZ‹ und der ›Loyalität gegenüber den SS-Aufseherinnen‹ verbunden. Lola muß das Grauen bagatellisieren, um sich ihre ›persönliche Entfaltung im KZ‹ zu erklären und sich dabei weiter als moralisch zu erleben. Denn sie glaubt – vermutlich wie die meisten von uns –, daß man sich nur dort entfalten darf und kann, wo es nicht so schlimm ist, wie in den Konzentrationslagern. Also muß sie die Bedingungen im Lager als gut darstellen, um ihre eigene Entfaltung für sich selbst zu rechtfertigen. Mit der internen Motivation zur Korrektur hängt auch Lolas Dankbarkeit gegenüber den SS-Aufseherinnen zusammen, die einen Teil ihrer persönlichen Entfaltung durch ihren Schutz und ihre Rolle als Mutterersatz

ermöglicht haben. Würde Lola ihre Dankbarkeit nicht äußern, wäre sie ihnen gegenüber nicht loyal und damit ihrer subjektiven Moralphilosophie nicht treu. Aus der inneren Loyalität zu ihnen ›muß‹ sie deren böse Anteile bagatellisieren.

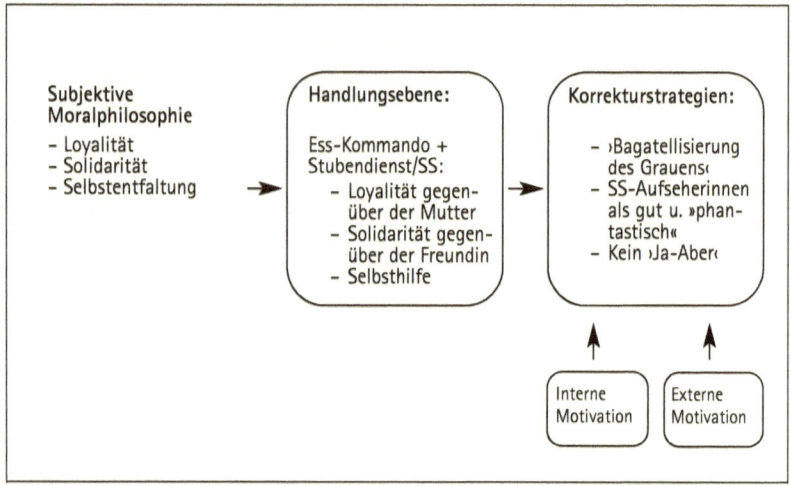

Abbildung 8: Lola Fröhlich: Zwischen Loyalität und Selbstentfaltung
Die Loyalität und die Selbstentfaltung sind zentrale Werte in Lolas subjektiver Moralphilosophie, die sie auf der Handlungsebene verfolgen konnte. Dabei stellt die selbsthilfe keinen Widerspruch zu der subjektiven Moralphilosophie dar. Die Korrekturstrategie ›Bagatellisierung des Grauens‹ ist sowohl intern als auch extern motiviert. Sie ist für Lola wichtig, um die Arbeit für die SS-Aufseherinnen zu rechtfertigen und um sich selbst zu erklären, wie eine persönliche Selbstentfaltung im KZ möglich war.

Loyalität zu den Lebenden und den Toten
»Ich wollte nicht leben, nur meine Tochter hat mich immer mitgenommen«
Jaffa Jischei – Erste Generation

»Man sagt immer, daß ich schön bin, wer weiß«, erzählt Jaffa und lacht, als sie die romantische Begegnung mit Jonathan, ihrem ersten Ehemann, beschreibt. Sie trafen sich im Theater der Stadt; er war ein zwanzigjähriger Student, sie eine sechzehnjährige Gymnasiastin. Auch im hohen Alter scheint die Schönheit für Jaffa eine zentrale Bedeutung zu haben. Während Lola bei unserem Treffen gerade vom Sport zurückkommt, ist Jaffa zu Beginn des ersten und zweiten Treffens noch damit beschäftigt, sich zurechtzumachen. Sie ist eine schöne, elegante und sanfte Frau von 89 Jahren, körperlich gesund und geistig auf der Höhe.

Während des Gesprächs zeigt mir Jaffa die Familienalben. Besonders das gemeinsame Befreiungsphoto von Jaffa und Lola mit den Uniformen der SS-Aufseherinnen blieb mir im Gedächtnis. Mutter und Tochter tragen auf diesem Photo SS-Uniformen, die sie nach der Flucht der SS-Aufseherinnen im Mai 1945 gefunden haben. Auf dem Bild strahlt Jaffa in ihrer Schönheit, Lola mit ihrer Gesundheit. Wie erlebte Jaffa die Funktionstätigkeit ihrer Tochter sowie deren Beziehung zu den SS-Aufseherinnen und wie sieht ihre Beziehung zu ihrer Tochter während der Nazizeit aus? Beide Gespräche mit Jaffa finden in ihrer Wohnung statt und dauern insgesamt dreieinhalb Stunden. Ihre Wohnung liegt in einer schönen Gegend von Haifa und ist liebevoll mit vielen Gegenständen aus Ungarn ausgestattet.

In Auschwitz: »Auf Wiedersehen mit den Augen«

Jaffa wurde 1907 als die vierte Tochter einer wohlhabenden Familie in Ungarn geboren. Später verliert die Familie einen großen Teil ihres Vermögens. Nach dem Tod ihres Mannes ernährt Jaffa ihre Eltern und ihre Tochter durch das von ihr aufgebaute Geschäft und überläßt ihrer Mutter die Verantwortung für das neugeborene Kind.

Die Verfolgungszeit beginnt für Jaffa schon mit der Beraubung und Schließung des Familiengeschäfts durch die Ungarn (ab 1939 durften nur sechs Prozent der Geschäfte in jüdischem Besitz sein (Gutman 1995)). Nachbarn und Bekannte kehren Jaffa den Rücken. »Sau-Jüdin«, nennt sie ein Ungar, der früher auf dem Gymnasium ihr Mitschüler war. Nach der Internierung im Ghetto arbeitet Jaffa bei der Essensverteilung in der Ghettoküche.

»Im Ghetto war sie aktiv. In Auschwitz war es zu Ende«, hatte Lola im Einzelinterview über ihre Mutter gesagt. Und Jaffas tragische und traumatische Erzählungen über die Deportation vom Ghetto nach Auschwitz verdeutlichen, wieviel für sie durch die Trennung von ihrer Mutter und die Begegnung mit dem Tod »zu Ende war«:

> »Man nahm uns in Waggons, achtzig Leute in einem Waggon. Es war sehr schwer. Leute starben auf dem Weg. [...] Leute starben mir vor den Füßen. Am Morgen sah ich, daß der tot ist und die tot ist. [...] Dann hat man sie wie tote Hunde rausgeworfen. Wir waren keine Menschen für die Deutschen. [...] Wir kamen mit dem Wagen an. Meine Mutter ging nach rechts. Ich erinnere mich an meine Mutter. Hier stand meine Mutter, hier mein Onkel und Tante und dann zwei Onkel hier. Sie waren am Ende der Reihe. Und meine Mutter machte so mit den Augen. Ich bin so viele Jahre hier in Israel und ich sehe ihre Augen die ganze Zeit. So wie sie auf Wiedersehen mit den Augen sagt.«

Auschwitz ist das »Ende«, weil ihre Mutter dort den Tod fand. Von nun an ist Jaffa allein, ohne ihre Mutter Tova (die »Gute« auf Hebräisch), die ihr immer zur Seite stand. »So eine gute Mutter gibt es nicht. Ich weinte immer und sie sagte, weine nicht, weine nicht. Es wird in Ordnung sein. Meine Mutter war stark.« Der Tod der Mutter erschüttert und begleitet Jaffa bis heute (»ich sehe ihre Augen *die ganze Zeit*«). Während ihre Mutter »am Ende der Reihe« stand, wurde Jaffa zum Weiterleben selektiert. Sie erzählt weiter:

> »Ich wollte nicht am Leben bleiben. Nur meine Tochter hat mich immer mitgenommen. Sie sagte immer: Mutter, Mutter, Mutter. Es war kein Leben. Kein Essen. Das Essen war kein Essen. Und dann: Wo ist meine Mutter? Ich wußte schon, daß meine Mutter vergast wurde. Mutter vergast, Schwester vergast. Ich wollte nicht am Leben sein.«

Jaffas Wunsch wegen der Ermordung ihrer Mutter nicht mehr »am Leben [zu] bleiben«, läßt sich als eine Trauerreaktion verstehen, der Schmerz über die verlorene Beziehung, Trostlosigkeit, depressive Stimmung und ein Gefühl der Leere und Sinnlosigkeit des Überlebens innewohnen. Der Wunsch zu sterben kann aber auch als Zeichen der inneren Loyalität gegenüber der Mutter verstanden werden, einer ›Loyalität zu den Toten‹. Diese paradoxe Loyalität läßt sich in dem Sinne formulieren: ›Ich bin eine loyale Tochter, wenn ich mit meiner Mutter sterbe. Ich möchte mich mit ihr im Tod wieder vereinigen. Einmal habe ich sie in der Selektion allein gelassen, aber ich komme noch nach‹. Es ist ein irrationales Verpflichtungsgefühl, aber die Idee, daß die höchste Loyalität bis zum Tod geht, kommt sowohl bei Jaffa als auch bei Yalda Sachaf zum Vorschein. Gerade der Wille weiterzuleben, kann bei Jaffa zu Schuldempfindungen gegenüber der Mutter führen, denn die loyalen Bindungen sind sehr stark (Boszormenyi-Nagy und Spark 1981). »Jede Nacht schaut sie mich an. Jede Nacht sehe ich ihre Augen«, erzählt Jaffa später. Durch ihren Wunsch zu sterben, wird die irrationale Loyalität zu der Mutter bewiesen und ausgelebt. Als ich Jaffa nach Situationen frage, in denen sie bei der Selektion besonders viel Angst hatte, erwidert sie heftig: »Nein, nein, nein. Ich hatte keine Angst. Ich wollte schon sterben.« Dies ist die Stimmung, die Lola bei ihrer Mutter in Auschwitz erlebt.

Neben der Loyalität zu der ermordeten Mutter steht die Loyalität gegenüber der Tochter. »*Nur* meine Tochter hat mich immer mitgenommen.« ›Wäre die Tochter nicht da, hätte ich dem Wunsch zu sterben nachgegeben‹, sagt Jaffa durch diese Verknüpfung. Aber im gleichen Zitat kehrt Jaffa wieder zu ihrer Mutter zurück: »Wo ist meine Mutter? [...] vergast. [...] Ich wollte nicht am Leben sein.« Familiäre Loyalität zu den Toten und den Lebenden – zwischen diesen Polen bewegt sich Jaffa während der ganzen Shoahzeit. Die Loyalität zu den Toten ist nicht erfüllt, solange sie am Leben ist. Die Loyalität zu der Tochter wird nicht erfüllt sein, wenn sie stirbt. Und so gibt es viele Erzählungen, in denen Jaffa gleichzeitig leben und sterben möchte. Diese Geschichten zeigen ihre Ambivalenz zwischen den beiden Formen der Loyalität.

> »Es war für mich sehr sehr schwer: Keine Mutter. [...] Es war mein Herz. Ich war fast weg. Ich konnte nicht leben. Und dann war meine Tochter da. Meine Tochter sagte: ›Mutter ich bin hier‹.«

Glaubt Jaffa, daß ihre Tochter ihr das Leben »gerettet« hat, indem sie ihr das Gefühl gab, als Mutter gebraucht zu werden? Dieses Gefühl könnte Jaffa Lebenskraft gegeben haben. »Mama, Mama, Mama«, zitiert Jaffa ihre Tochter häufig im Gespräch und damit wird Lolas zentrale Rolle in Jaffas Erzählung deutlich. Jaffa kann aber auch gemeint haben, daß Lola sie zum Überleben ermutigt und unterstützt hat. Für die erste Hypothese spricht Jaffas Erzählung über die Dusche in Auschwitz. In Auschwitz »nahm man uns zu einem großen Raum. Man hat uns gewaschen. Die Kleidung wurde weggenommen.« Jaffa bekommt einen Kittel. Lola dagegen nur einen Rock. Jaffa schneidet aus ihrem Kittel ein Stück Stoff, der Lola als Hemd dient. »Denn meine Tochter hatte nichts.« Jaffa scheint mit der Ermordung ihrer Mutter die Mutter ihrer Tochter zu werden. Von nun an trägt sie die Verantwortung für ihre Tochter, versucht ihr zu helfen und sie zu schützen. Für die zweite Hypothese sprechen andere Erzählungen von Jaffa: »Ich hatte Glück gehabt, daß ich am Leben blieb. Weil es kein Essen gab. Sie [die Tochter] hat mir immer Essen mitgebracht.« Während des Todesmarschs steht ihr Lola zur Seite: »Ich war sehr sehr dünn. Und bei den Deutschen mußte man gehen. Und ich konnte nicht gehen und meine Tochter hat mich auf ihrem Rücken getragen.«

Jaffa thematisiert sowohl die Hilfe an ihrer Tochter, als auch die Hilfe ihrer Tochter für sie, wobei die Hilfe der Tochter ihr gegenüber mehr Raum in ihren Erzählungen einnimmt. Im Gruppeninterview sagt Rebekka zu Lola: »Deine Mutter wäre ohne dich nicht am Leben geblieben.« Die Beschreibung der gegenseitigen Loyalität zwischen ihnen und die Beschreibung des gemeinsamen Überlebens sind die zentralen Themen in Jaffas Erzählung. Sie bilden das Motto ihrer biographischen Erzählung: »Ich war in Auschwitz mit meiner Tochter« eröffnete sie ihre Erzählung und später ergänzt sie: »Das ist ein Wunder. Alle sagen, daß das ein Wunder ist, daß eine Mutter und ihre Tochter zusammen zurückkehren.«

Im Gegensatz zu dem Gespräch mit Lola ist in Jaffas biographischer Erzählung keine Spur einer problematischen Mutter-Tochter-Beziehung zu bemerken, nicht während der Kindheit und nicht während der Verfolgungszeit. Über Lola als Kind spricht Jaffa kaum und zwar trotz meines wiederholten Nachfragens. Vielmehr thematisiert sie ihre schwere Arbeit im Familiengeschäft. Erst im zweiten Gespräch erwähnt Jaffa, daß ihre Tochter bei der Großmutter aufwuchs. »Manchmal sah ich sie drei Tage lang nicht. Es war für mich schwer. Aber ich war jung.« Anschließend erzählt sie, daß sie sich bemüht hat, Lola finanziell alles zu ermöglichen.

>»Dann wollte ich heiraten, aber sie (Lola) wollte nicht. Sie hat ihn nicht gemocht. Und dann ging er nach Amerika während des Krieges. [...] Wir gingen nach Auschwitz und er war in Amerika. Ich war jung und ich hatte viele Sorgen.«

Genau auf diese Äußerung geht Lola zu Beginn ihres Interviews ein. Wo liegt die >Wahrheit<? Jaffa hat das Gefühl, daß sie etwas Wichtiges für Lola geopfert hat und vielleicht sogar in Amerika statt in Auschwitz gewesen wäre, wenn sie geheiratet hätte. Während Lola bis heute mit dem Gefühl lebt, daß ihre Mutter ihren »Traum«, eine Familie »wie alle« anderen zu haben, nicht erfüllt hat, weil sie nicht geheiratet hat.

**Funktionstätigkeit im Arbeitslager:
»Sie war ein kleines Mädchen«**
Gute und böse Funktionshäftlinge
Als Jaffa ein Beispiel für eine Freundin geben will, die ihr während der Verfolgungszeit half, spricht sie Rebekka Halevi-Oz an: »Frau Halevi-Oz war sehr nett. Sie war Blockälteste. Jetzt ist sie hier in Israel. Sie bekam viele Schläge von den Deutschen. Es gab auch die polnischen Juden: sie waren nicht so in Ordnung.« Jaffa sieht Rebekka damit als einen guten Funktionshäftling, aber thematisiert auch die schlechten Funktionshäftlinge: »Es gab

nette und nicht so nette. Wir sind Menschen [...]. Wer nicht in Ordnung war und dann nach Israel kam, der sagten wir, wehe dir, und dann hat sie das Land verlassen. Wer in Ordnung war, blieb hier«. Haben die Deutschen die Baracken auch kontrolliert, frage ich Jaffa:

> »Nein, nur die Juden. Die Juden waren mehr böse. Die Deutschen wußten, wie man dies machen kann. Ich sage nicht, daß die Deutschen nicht böse waren. Aber die Deutschen kamen zum Zählappell und haben nur gezählt und dann gefragt: ›Es fehlt einer. Wo ist er?‹ Und man sagte: ›Er ist tot‹. Die Deutschen überließen den Juden vieles / Sie kamen nur, um zu kontrollieren. Und wenn der Jude nicht in Ordnung war, dann hat er Schläge bekommen.«

Jaffa beschreibt hier treffend und differenziert das NS-Lagersystem: Die Deutschen übergaben den jüdischen Funktionshäftlingen einen Teil der Verantwortung für die ›Ordnung‹ und kontrollierten die jüdischen Funktionshäftlinge durch Belohnung und Bestrafung. Das Lagersystem machte die Funktionshäftlinge böse, erklärt Jaffa, vielleicht »mehr böse« als die Deutschen. Aber dabei befreit Jaffa die Deutschen nicht von der Verantwortung für das Böse, denn durch das deutsche Lagersystem wurden die Juden »böse«. Sie »wußten, wie man dies machen kann«. Dies ist eine differenzierte Sicht der anderen Funktionshäftlinge. Wie erlebt Jaffa ihre Tochter und sich als Funktionshäftling?

Die Tochter als »süßer« Funktionshäftling
Lachend erzählt Jaffa:

> »Sie [Lola] hat gut Deutsch gekonnt und war Helferin bei den Deutschen [lacht]. Und die Deutschen hatten viele Tiere. Sie liebten Tiere. Und Lola hat die Tiefe gefüttert und hat zu ihnen gesagt: ›Ihr seht, das Essen ist für Euch. Aber es tut mir schrecklich leid, es gibt andere, die hungriger sind als ihr.‹ Sie war süß. Sie hat für die Aufseherinnen geputzt. Aber sie wußte nicht, was sauber ist und was nicht. Sie war ein kleines Mädchen [lacht] .«

Jaffa beschreibt ihre Tochter als ein »kleines Mädchen« und die Schilderungen der Funktionstätigkeit sind witzig und »süß« und hinterlassen auf keinen Fall das Gefühl von Angst, Gefahr oder Verurteilung. Diese Erzählungen erinnern an Lolas Erzählstil. »Sie waren nett. Sie liebten meine Tochter sehr, weil sie Kosmetik machte«, beschreibt Jaffa die SS-Aufseherinnen weiter. Die Sympathie der SS-Aufseherinnen wird positiv bewertet.

Neben der kindlichen Seite der Tochter als Funktionshäftling beschreibt Jaffa die Unterstützung, die ihr Lola durch die Funktionstätigkeit geleistet hat. Die Erzählungen über die zusätzliche Nahrung durch die Tätigkeit als

Stubendienst sind eng mit der familiären Loyalität verbunden. Schwärmerisch erzählt Jaffa, daß ihre Tochter sich mit Absicht an der Hand verletzte, damit sie für sie stellvertretend bei den SS-Aufseherinnen arbeiten konnte. Dort bekam Jaffa gutes Essen. »Sie machte es einige Male und ich war dort einmal z. B. für zwei Wochen.« Die Vermittlung der Funktionstätigkeit für zwei Wochen gilt auch für Jaffa als Zeugnis der moralischen Integrität ihrer Tochter: ›Meine Tochter handelt moralisch, indem sie mir die Möglichkeit zu essen vermittelt‹.

Aus Jaffas Erzählungen wird ihre Perspektive deutlich, nach der die Funktionstätigkeit ihrer Tochter auf keinen Fall anderen Häftlingen schadete. Im Gegenteil, Lola »brachte mir immer Essen. In meinem Zimmer waren acht Leute und ich konnte nicht alles allein essen und gab ihnen auch«.

Die SS-Aufseherinnen der Tochter erlebt Jaffa als »nett«. Doch ihr Gesamturteil über die Deutschen ist, im Unterschied zu Lola, ein negatives. Jaffa erzählt auch über die Strafen, die die SS-Aufseherinnen den jüdischen Häftlingen gaben, z. B. mehrere Tage im dunklen Bunker isoliert zu sein. Ihr Grundgefühl den Deutschen gegenüber beschreibt Jaffa, als sie die Befreiung: »Wir wußten, was die Deutschen machten. Und wir wollten sie nicht sehen. Sie sind alle Feinde.« 1990 lehnt Jaffa das Angebot ab, mit ihrer Tochter und mit Frau Halevi-Oz nach Deutschland zu fahren, um das Arbeitslager wieder zu besuchen:

> »Ich hatte genug. Ich will sie nicht sehen. Meine Mutter war jung und sie haben sie genommen. Und auch meinen Bruder. Ich will die Deutschen nicht sehen. Ich wollte nicht gehen. Ich konnte nicht gehen.«

Die Ermordung der Mutter bestimmt für Jaffa das Bild der Deutschen als böse und ermöglicht für Jaffa keine Versöhnung mit ihnen als Volk. Jaffa hat insgesamt keine moralischen Probleme mit den SS-Aufseherinnen, für die sie und ihre Tochter tätig waren, denn durch diese erhielten sie die zusätzliche Nahrung, die ihr Überleben sicherte. Im Gegensatz zu Lola thematisiert Jaffa neben der Hilfe der SS-Aufseherinnen auch die bösen Taten der letzteren sowie die der Deutschen überhaupt.

›Dort war es grausam. Hier und jetzt ist es toll‹
Während Lola lebhafte und »lustige Geschichten« aus der KZ-Zeit erzählt, thematisiert Jaffa ihr erlebtes Leid aus der Shoahzeit. Im Deportationzug nach Auswitz sterben ihr die »Menschen vor den Füßen«, während Lola im gleichen Waggon über einen Flirt berichtet, als ich sie über den Deportationszug frage:

»Der gleiche Junge, in den die ganze Klasse verliebt war, saß genau neben mir. Wir waren sehr sehr sehr nah. Wir hatten keinen Platz. Dann lagen wir einer auf dem anderen oder einer unter dem anderen. Dann, es ist einfach so, daß du Lust hast. Es gab dort halt zwei junge Leute. Du weißt, der Sex ist sehr stark. Wir haben nichts gemacht, weil hm / Wir haben geflirtet.«

Während Lola mit ihren Geschichten verdeutlicht, daß es ›doch nicht so schlimm damals war‹, kommt es bei Jaffa zu einem anderen Muster. Sie thematisiert die Leidensgeschichte, aber betont anschließend oft, daß ihr Leben nach der Shoah und ihr jetziges Leben, ein gutes Leben war und ist:

»In dem Waggon hatten wir zwei Eimer: einen für Urin und einen für Wasser. Schlimm. Und jetzt bin ich hier. [...] Man kann nicht beschreiben, wie hungrig wir waren. [...] Aber dann nach der Befreiung waren wir in Deutschland und das gute Brot [...].«

Das Bewältigungsmuster lautet: ›Dort war es grausam. Hier und jetzt ist es toll‹. Das Tragische steht neben der Bewältigung. Mit dem »hier« meint Jaffa ihre Wohnung, ihren Garten und Israel. Jaffa liebt ihre neue Heimat und vergleicht das Gute in Israel jetzt mit den »schlimmen Antisemiten« dort und damals in Ungarn. Als ich sie frage, wie sie sich definiert, sagte sie »Ich bin Israelin. Ich bin da geboren. Der Vater meines Großvaters ist in Ungarn geboren. Aber ich bin keine Ungarin mehr, nein, nein«. Jaffa emigriert zusammen mit ihrem zweiten Mann Menashe Jischei nach Palästina. Menashe, dessen erste Frau und zwei Söhne in Auschwitz ermordet wurden, starb vor fünfzehn Jahren. Jaffa ist auch heute in ihrem hohen Alter in Wohltätigkeitsorganisationen tätig und wird von ihrer Tochter, ihrer Enkelin und ihren zwei Urenkeln unterstützt.

»Meine Tochter hat mich gerettet« –
Zusammenfassung

Die Funktionstätigkeit bewertet Jaffa als gut, denn durch sie konnten ihre Tochter, sie und weitere acht Häftlinge überleben, bzw. besser überleben. Die Funktionstätigkeit ist aber für Jaffa nicht gut, weil die SS-Aufseherinnen gut sind (wie bei Lola) sondern weil sie ›uns half‹ und keinem geschadet hat.

Nach Jaffas subjektiver Moralphilosophie ist die familiäre Loyalität ein hoher Wert. Auf der Handlungsebene steht sie aufgrund der doppelten Loyalität – ›mit der Mutter zu sterben oder mit der Tochter zu leben‹ – vor einem Moraldilemma. Auf der Handlungsebene erfüllt Jaffa die Loyalität zu ihrer Tochter und gewinnt dadurch auch einen Lebenssinn. Andererseits existieren die Schuldgefühle wegen der versagten Loyalität der Mutter gegenüber. Der Wunsch, während der Shoahzeit zu sterben, verdeutlicht die Reaktion auf den unerträglichen Schmerz wegen der Ermordung der Mutter. Die Sehnsucht zu sterben stellt aber gleichzeitig auch eine Korrekturstrategie für Jaffa dar, um sich als loyal, als moralisch, erleben zu können. Die Korrekturstrategie dient ihr bis heute als innere Hilfe. Auch noch mit 89 Jahren hat die Geschichte folgende Akzentuierung: ›Ich wollte sterben, also bin ich doch loyal zu meiner Mutter‹. Die Motivation der Korrekturstrategie ist eine interne: Jaffa will sich selbst als moralisch erleben.

Was Jaffa nicht thematisiert, ist ihr Wunsch zu überleben, bzw. die Pflichten gegenüber sich selbst. Die Schuldgefühle gegenüber der Mutter hängen vermutlich auch mit diesem nicht thematisierten Lebenswillen zusammen. Gerade dieser verdrängte, tabuisierte Lebenswille kann die Schuldgefühle und damit die Todeswünsche verstärken. Keine Angst in der Selektion zu haben, sich währenddessen apathisch zu verhalten, ist ein Selbstmordversuch. Der Selbstmordversuch ist zugleich auch ein Appell an die Tochter: ›Rette mich, mein Kind!‹ Und die Tochter antwortet in Jaffas Erzählungen: »Mutter ich bin hier.« Die Loyalität der Tochter steht häufig im Vordergrund der Erzählung.

Für Lola und Jaffa ist die Loyalität während der Shoah ein zentraler Wert der Familie, den sie zu verwirklichen versuchen. Daneben steht die familiäre Beziehung vor der Shoah. Lola wirft ihrer Mutter offen vor, ihr die Kindheit durch ihre Abwesenheit und ›Erziehungsfehler‹ geraubt zu haben (Wohlstand statt Aufmerksamkeit). Jaffa wirft Lola indirekt vor, ihr das Glück in ihren jungen Jahren gestohlen zu haben (Auschwitz statt Amerika). Die Mutter-Tochter-Beziehung ist nicht warm, aber für das Empfinden beider moralisch korrekt. Jaffa ihrerseits bezeichnet ihre Familie (ihre Tochter, Enkelin und Urenkelin), als das einzige Glück ihres Lebens: »Mein Leben ist gut, weil ich eine Familie habe.« Lola dagegen ist loyal bis heute, obwohl sie »es« »drin« immer noch hat. Jaffa und Lola haben das Festhalten an der Loyalität und damit an ihrer subjektiven Moralphilosophie gemeinsam. Sie sehen sich als eine ›moralische Familie‹, die durch die Shoah nicht gebrochen wurde (»Meine Tochter hat mich gerettet«). Die Kindheitskonflikte werden aus Jaffas Perspektive in diesem Sinne gelöst: ›Ich habe eine gute Tochter, also war ich eine gute Mutter‹. Für sich persönlich sieht Lola ihre Kindheit schlimmer als die Shoah! »Auschwitz war physisch schwerer«, sagt Lola, aber die Kindheit sei für sie persönlich schlimmer als Auschwitz gewesen. Wo steht Dalia als die einzige Enkelin und Tochter von Jaffa und Lola in diesem Spannungsfeld zwischen ihrer Mutter und Großmutter? Was weiß sie über die Shoah und was über die Mutter-Tochter-Beziehung vor und während der Shoah?

»Ich bin genau in der Mitte«
Die gedrittelte Loyalität
Dalia Fröhlich-Neeman – Zweite Generation

Ich treffe Dalia in ihrem Büro, einem kleinen, einfach möblierten Raum, der für ihre Position als leitende Ärztin bescheiden wirkt. Der Raum spiegelt Dalias bescheidene Art, ihre Unauffälligkeit, wider. Sie hat kurze braune Haare, blaue Augen, ist schlank, mittelgroß und trägt dezente Kleidung. Vielleicht fällt mir ihr unscheinbares Auftreten besonders auf, weil mir Dalias strahlend schönes Kindheitsphoto, das ich bei ihrer Großmutter sah, so lebhaft in der Erinnerung blieb. Dieses Photo zeigt die wunderschöne vierjährige Dalia und wie stolz sie auf ihr Ballerinakleid ist. Wir treffen uns direkt nach ihrer Arbeitszeit. Die Klinik ist bereits verhältnismäßig ruhig, es ist Freitagnachmittag. Dalia schließt die Tür und bittet, uns nicht zu stören. Die häufigen Telefonanrufe überläßt Dalia ihrem Anrufbeantworter. Das Thema der Shoah ist Dalia wichtig und im Gespräch vermeidet sie Ablenkungen. Unser Gespräch dauert zweieinhalb Stunden.

Dalia ist 1946 in Ungarn geboren und emigriert mit vier Jahren mit ihrer Familie nach Israel. Nach ihrem Militärdienst absolviert sie eine Ausbildung als Laborantin, ein Beruf, in dem sie nur kurze Zeit tätig ist. 1971 beschließt sie, Medizin zu studieren, beginnt das Studium in Israel und beendet es in England. Dort lernt sie auch ihren zukünftigen Mann Claude Neeman, ein Jude aus Belgien, kennen. Ihre beiden Kinder werden während der Studienzeit geboren; 1980 kehrt die ganze Familie nach Israel zurück, wo ihre Tochter gerade ihr Studium und ihr Sohn bald seinen Militärdienst aufnimmt.

Auschwitz: Loyalität, Leid und Fröhlichkeit!
Auschwitz: Überleben dank der Loyalität

>»Meine Großmutter gehörte nicht zu den Stärkeren während der Shoah. Und ich denke, daß das, was sie dort gehalten hat, soweit ich es aus diesen und anderen Geschichten verstehen konnte, war eigentlich die Tatsache, daß sie hinter meiner Mutter herging. Das schützte sie.«

Auch an anderen Stellen beschreibt Dalia die Loyalität ihrer Großmutter zu ihrer Mutter:

>»Es war eine Selektion von Mengele, in der meine Großmutter dachte, daß das ihr Ende ist. Sie wußte gar nicht, was der Unterschied zwischen dieser und jener Seite ist. Sie hat gesagt: ›Es ist egal. Sie ist mit meiner Mutter. Wenn sterben, dann zusammen sterben.

Wenn leben, dann zusammen leben.‹ [...] In diesem Fall war meine Mutter die erste in der Selektion. Aber von dem, was ich verstehe, war es auch umgekehrt«.

Und die »umgekehrten Geschichten«, in denen Lola ihrer Mutter hilft, stehen in Dalias Erzählung im Vordergrund: »Mehr als einmal war meine Großmutter nicht mehr in der Lage zu gehen, sie konnte nicht mehr und meine Mutter hat sie einfach auf dem Rücken getragen.« Was in der Familie tradiert wird, ist die Loyalität der Großmutter und der Mutter zueinander. Tova, die Urgroßmutter geht in Dalias biographischer Erzählung verloren. Die Loyalität von Jaffa zu deren Mutter Tova ist kein Thema bei Lola und bei Dalia ist von Tova als Person keine Spur mehr zu finden. Die Familiengeschichten schrumpfen nach drei Generationen, aber die Loyalität bleibt der Tenor der Familienerzählungen.

Zwischen der Mutter und der Großmutter:
»Ich habe mich selber gefragt, was passiert wäre, wenn...«

> »Ich habe von meiner Mutter kein einziges Wort über die Gaskammern und die Verbrennungsanlagen gehört. Und einmal als wir schon darüber sprachen, war es in der Anwesenheit meiner Großmutter. Und meine Großmutter hat erzählt, daß sie in ein Loch voller Leichen hineingeraten war und verschiedene Sachen. ›Okay‹ sagt meine Mutter dann. [...] ›Das können wir überspringen‹.«

Der Vergleich zwischen den Verfolgungserfahrungen der Mutter und der Großmutter taucht bei Dalia im Gespräch immer wieder auf. Die beiden verschiedenen Thematisierungstypen – ›das Thematisieren des Leids‹ bei der Großmutter und das »Überspringen« des Leids bei der Mutter – erlebt Dalia oft in der Familie. Die Mutter erzählt schon über die Shoah, »aber so in ihrem Stil: heiter«. Die beiden Thematisierungsstile kollidieren:

> »Meine Großmutter hat sich die ganze Zeit geärgert, als meine Mutter sagte, daß es gar nicht so schlimm war [lacht]. Sie hat gar nicht gedacht, daß es solch ein Erlebnis war, daß es sich lohnen würde, es noch einmal zu wiederholen.«

Als ich Dalia frage, wie sie ihrer Meinung nach überlebt hätte, mehr wie ihre Mutter oder wie ihre Oma, sagt sie sofort: »Ich habe mich selber gefragt, was passiert wäre, wenn! Ich hatte solche Gedanken, solche Fragen. Aber ich weiß es nicht. Ich weiß es einfach nicht«. Dalia hat für sich keine passende Antwort und vielleicht darf sie auch keine finden. Könnte eine klare Antwort für die eine Person einen Loyalitätsbruch an der anderen bedeuten? »Ich bin genau in der Mitte«, sagt Dalia, als ich sie frage, ob sie eher ihrer Mutter oder Großmutter ähnelt.

Zu der Kindheit ihrer Mutter äußert sich Dalia positiv: »Meine Mutter hatte eine sehr nette und schöne Kindheit«, und zwar obwohl sie aus einer Familie mit nur einem Elternteil stammt. Die Großmutter hätte heiraten können, entschied sich aber, ihr Kind ganz allein zu erziehen, schließt Dalia ihre Beschreibung, in der, wie oben erwähnt wurde, die Urgroßmutter Tova verloren ging. Lola scheint ihrer Tochter ihre belastenden Empfindungen aus der Kindheit nicht erzählt zu haben. Aus der Kindheit der Mutter kennt Dalia nur fröhliche Anekdoten. Ihre Beziehung zu ihrer Mutter beschreibt Dalia als eng: »Mit meiner Großmutter ist die Beziehung viel weniger stark als mit meiner Mutter.« Sie geht ihre Großmutter jede Woche besuchen und wenn die Mutter im Ausland ist, »dann übernehme ich sozusagen, die Verantwortung für meine Großmutter«. Sie hat »keine Seelengespräche« mit ihrer Oma, aber »ganz klar, wenn Hilfe nötig ist, wenn etwas gemacht werden soll, dann bin ich dort. Und meine Oma weiß das«. Wie bei Lola ist auch hier die emotionale Nähe nicht so groß, aber dafür die Loyalität.

Die Suche nach dem Leid: »Sie hat einen Tick«
Dalia verspürt deutlich die Bagatellisierung des NS-Zwangskontexts bei ihrer Mutter: »Ich denke nicht, daß sie dort ein Picknick machte. Aber sie gab mir die ganze Zeit das Gefühl, daß es schlimm, aber nicht so schlimm war.« »Die Shoah erinnert meine Mutter an verschiedene lustige Sachen«, resümiert Dalia den Erzählstil ihrer Mutter. Dies entspricht nicht der israelischen Perspektive, nach der die Holocaust-Überlebenden entweder ›heldenhafte Partisanen‹ oder ›leidende Opfer‹ sind, aber keine ›fröhlichen, heiteren Personen‹. Mit den »lustigen Sachen« paßt die Mutter weder in die eine noch in die andere Kategorie. Wie geht Dalia damit um?

> »Aber ich bin mir nicht sicher, ob es nicht nur nach außen so ist. Ich bin mir gar nicht sicher. Irgendwo blieben bei ihr viele Folgen. Ich habe keine Zweifel daran. Auch wenn sie sie nicht anspricht, wenn sie sie nicht öffentlich verkündet. Oder sie ist sich dessen gar nicht bewußt. Das kann sein.«

Die Mutter gehört damit für Dalia zu den leidenden Opfern der Shoah. Sie kämpft um das Leid ihrer Mutter, dort wo ihre Mutter für sich kein Leid spürt oder äußert. Dalia hat »keinen Zweifel« daran, daß auch ihre Mutter an den Folgen der Shoah leidet, auch wenn diese unbewußt oder unausgesprochen bleiben. Dalia vermutet noch weitere Folgen bei der Mutter:

> D: »Aber sie hat auch einen Tick. Du hast mit ihr gesprochen. Und ich bin mir sicher, daß dort eine Verbindung existiert.«
> I: »Was hat sie?«

»Tick« bedeutet auf Deutsch sowohl ein psychischer »Knacks«, als auch eine neurologische Schädigung (Gesichtszucken, Nervenzucken). Wir sprechen auf hebräisch und Dalia benutzt das Wort »Tick« auf Hebräisch, wo es das medizinische Phänomen bedeutet und ich bin für einen Moment irritiert. Ich habe mit der Mutter zweimal gesprochen, bemerkte aber keine Auffälligkeiten. Außerdem sprach Dalia bis jetzt nicht abwertend über ihre Mutter:

> D: »Sie macht solche Bewegungen mit dem Kopf. Ich bin mir sicher, daß eine Verbindung zwischen den beiden Sachen existiert. Es kommt nicht von alleine.«
> I: »War es schon immer so?«
> D: »Sie hatte es immer, seitdem ich mich an sie erinnere, seitdem ich mir dessen bewußt wurde. Natürlich wurde ich aufmerksamer, nachdem ich wußte, was ein Tick ist. Ich bin nicht genau damit geboren.«
> I: »Kannst du es imitieren?«
> D: »Nein, nein, aber irgendwie schmeißt sie den Kopf ein wenig zur Seite [sagt Dalia und imitiert es doch]. Und ich bin mir sicher, ich bin mir total sicher, daß eine Verbindung zwischen den Sachen existiert. Nichts ist medizinisch belegt.«
> I: »Aber dies ist dein Gefühl.«

Die Ursache des Ticks ist meist psychogen. In der Hebräischen Ausgabe des Lexikons für Psychologie werden Ticks, die länger als ein Jahr dauern, »tic disorder« genannt (Reber 1992), was Dalia sicher bekannt ist. Dalias Festhalten an dem »Tick« als einem Schaden aus der Verfolgungszeit erfüllt für sie eine wichtige Funktion. Viermal betont sie »ich bin mir sicher«, daß eine Verbindung zwischen der Shoah und dem Tick existiert. Mit dem »Tick« wird die Mutter zu einem ›normal‹ leidenden Holocaust-Überlebenden. Sie trägt wie alle anderen Holocaust-Überlebenden die Folgen des Grauens mit sich, wie Dalia es aus Büchern, Filmen und den Erzählungen ihrer Großmutter kennt. Es kommt dadurch zur Anpassung der Erzählungen ihrer Mutter an das gesellschaftliche Bild der Holocaust-Überlebenden: entweder Opfer oder Held, aber nicht fröhlich und unbeschädigt.

Wie sieht für Dalia das ›konkrete‹ Leiden der Mutter während der Verfolgungszeit aus? Woher kommt aus Dalias Sicht das Leid, die psychischen Folgen der Mutter?

> I: »Was glaubst du, was war für deine Mutter persönlich in Auschwitz schwer?«
> D: »Ich denke, daß es kein Vergnügen ist, tote Menschen zu sehen und auch nicht in der Kälte ohne Essen zu leben und dabei angeschrien zu werden. Es ist nicht anders als bei anderen.«
> I: »Und was denkst du, was war für deine Mutter individuell schwierig?«
> D: »Ich weiß, daß meine Mutter immer im Kopf hatte, daß es einen Zaun gibt. Und wenn das Wasser bis hier reichte, dann [Dalia zeigt auf ihren Hals].«
> I: »Was wäre dies z. B.?«

D: »Das ist wirklich die Frage, weil es eine Tatsache ist, daß sie nicht zu dem Zaun ging.«

Mit dem elektrischen Zaun spricht Dalia die Möglichkeit ihrer Mutter an, sich umzubringen, wenn das Leben unerträglich wird, physisch und moralisch unerträglich. Die Mutter schafft es mit ihren Kräften und damit kommt Dalia wieder zum Anfang: es war für die Mutter »schlimm, aber nicht so schlimm«.

Die Funktionstätigkeit: »Dieses Problem [...] ,
daß die Kapos von ihren und von unseren Leuten waren«
›Die anderen Kapos‹
Über die »Kapos und all diese Sachen« wird in der Familie Fröhlich gesprochen. Die Mutter und Großmutter »haben über sie erzählt.« Und zwar »die Sachen, die man in den Filmen hört und sieht und die man in den Büchern liest. Es gibt nichts in ihren Geschichten, an das ich mich als Ausnahme erinnern könnte«. Was Dalia in den Filmen gesehen hat, thematisiert sie nicht. Man hat dabei aber das Gefühl, daß sie mit »Kapos« nicht die Funktionstätigkeit ihrer Mutter und Großmutter für die SS-Aufseherinnen meint, sondern ›die anderen Kapos‹. Später frage ich sie:

> I: »Du hast erzähl, daß deine Mutter Geschichten über die Kapos erzählt hat oder es erlebt hat. Kennst du Geschichten darüber? Weißt du, in welchen Situationen sie mit den Kapos war?«
> D: »Hm, nein, nein. Sie hat nicht ganz erzählt, nicht zuviel erzählt. Hier und da. Daß der Kapo ihr gesagt hat, dies oder jenes zu tun. Sie hat diese Tätigkeit nicht ernst genommen. Oder mindestens, was ich später in den Büchern gelesen habe und in den Filmen gesehen habe, daß es dieses Problem gab, daß die Kapos von ihren und von unseren Leuten waren. Und sie / nein nein. Ich hörte nicht, daß es sich in einer scharfen Form geäußert hat oder überhaupt in irgendeiner Form. Nein von beiden nicht.«

Wiederholt zieht Dalia Vergleiche zwischen dem, was sie innerhalb ihrer Familie und dem was sie in den Filmen hörte und sah. Dort in den Filmen lernt sie »dieses Problem« kennen, »daß die Kapos von unseren Leuten waren« und nicht nur »von ihren«. ›Jüdische Kapos‹ definiert Dalia damit als ein »Problem«. Das »Problem« wird von Dalia im Plural formuliert (»unsere Leute«). Es ist ein kollektives Problem, ein gesellschaftliches Problem, kein privates oder familiäres. Das »Problem« hat sich in den Familienerzählungen nicht »in einer scharfen Form geäußert«, bemerkt Dalia. Sie scheint das »Problem« nicht als »scharf« wahrzunehmen, weil sie ihre Mutter und Großmutter am Problem als Nichtbeteiligte erlebt. Die Mutter ist selbst einem Kapo unterstellt und distanziert sich von dieser »Tätigkeit«, indem sie sie nicht ernst nimmt.

Dalia thematisiert die Funktionstätigkeit auf zweierlei Weisen: ohne Namen, wenn es um die Tätigkeit der Mutter geht (Arbeit »für die Deutschen«) und unter dem Namen »Kapos«, wenn sie über das »Problem« spricht. Diese Unterscheidung ist bedeutungsvoll und hilfreich für sie, denn der Kapobegriff ist für sie und für die israelische Gesellschaft negativ besetzt. Als ich sie frage, ob die Mutter »für oder mit den Kapos arbeitete« als sie sauber gemacht hat, erwidert sie »nein, für die Deutschen selber«.

Die Funktionstätigkeit der Mutter als »ein kleiner Gefallen«
»Meine Mutter wurde sehr oft gebeten, hier und da sauber zu machen. Und dank dieser Arbeit bekam sie verschiedene Vergünstigungen, wie z. B. ein Stück trockenes Brot.« Aus Dalias Beschreibung hört sich die Arbeit zivilisiert an: Die Mutter wird »gebeten« etwas zu tun und erhält eine Art Lohn dafür. Der Lohn ist dabei ein »Stück trockenes Brot« und der Arbeitgeber die SS. An einer anderen Stelle beschreibt Dalia die Funktionstätigkeit ihrer Mutter in geradezu überspitzter Form: »Jedes Mal wurde ein Stück Brot rausgeholt, wenn sie einen kleinen Gefallen für sie machte, wie sauber machen hier und da.« Hier wird die Funktionstätigkeit als ein »Gefallen« für die Deutschen formuliert und der Zwangskontext geht ausnahmslos verloren. Als ich näher nach der Tätigkeit der Mutter frage, erzählt Dalia:

> »Was ich weiß ist nur, daß sie froh war, für sie zu arbeiten, weil es bequemer war, angenehmer, leichter [lacht], sauberer und am Ende gab es noch ein Tshupar [Hebr. ugs.: Vergünstigungen]. Und nachdem was sie erzählt, haben sie sie dort ziemlich geliebt. Dann haben sie ziemlich probiert, ihr so entgegenzukommen, irgendwie. [...] Wenn man dies mit anderen Augen sieht, dann bin ich mir sicher, daß es nicht gerade ein Picknick war.«

Mit den Adjektiven »froh«, »bequemer«, »angenehmer«, »leichter«, »sauberer« beschreibt Dalia die Tätigkeit ihrer Mutter als sehr positiv. Nicht die Mutter versucht den Deutschen »entgegenzukommen«, sondern die Deutschen ihr. Hier spiegelt sich der Erzählstil von Lola wieder, wonach ›alles nicht so schlimm war‹. Aber anschließend kommt es unverzüglich zu einer Korrektur durch Dalia: Die Strategie der »anderen Augen.« Mit den »anderen Augen«, sieht Dalia das Leid und die Angst, die mit der Arbeit der Mutter verbunden waren. Denn die positive Schilderung der Mutter widerspricht dem grausamen Bild der Shoah und dem Motto »nie wieder Shoah«, zwei Bilder, die Dalia, als ein Teil des israelischen Kollektivs, verinnerlicht hat.

»Weißt du, wie die Arbeit, die deine Mutter für die Deutschen machen mußte, hieß?«, frage ich Dalia und sie erwidert: »Ich weiß nicht, ob es einen

Namen hatte. Und wenn ja, dann weiß ich es nicht [lacht] .« Dadurch, daß die Tätigkeit der Mutter keinen Namen erhält, fällt Lola auch nicht unter die Funktionshäftlinge bzw. nicht unter das ›Kapoproblem‹. Die Mutter putzte somit lediglich bei den Deutschen. Auch das Wort »SS-Aufseherinnen« vermeidet Dalia. Einmal beginnt sie die Arbeit der Mutter zu beschreiben: »Sie hat für die S /«, aber dann unterbricht sie sich und wählt die Formulierung »für die Deutschen gearbeitet«. Der Begriff »SS« ist freilich noch negativer besetzt als »die Deutschen«. Es kommt zu einer Spaltung zwischen den Kapos, die ein »Problem« darstellen und der Tätigkeit der Mutter für die Deutschen. Diese Spaltung stellt eine Bewältigungsstrategie dar. Die Spaltung ermöglicht Dalia einerseits, die Kapos im Sinne der israelischen Gesellschaft negativ zu beurteilen. Anderseits kann Dalia gleichzeitig die Tätigkeit ihrer Mutter für die Deutschen als moralisch erleben. Dies geschieht dadurch, daß Dalia die Funktionstätigkeit mit der familiären Loyalität verbindet: »Ich stelle mir vor, daß sie [die Mutter und die Großmutter] sich das zusätzliche Essen, das meine Mutter von den Deutschen bekam, geteilt haben.« Die Tätigkeit bei den Deutschen hilft der Mutter und Großmutter beim Überleben und wird somit nur als positiv dargestellt. Dies ist nur dadurch möglich, daß die »Arbeit für die Deutschen« vollkommen von dem Begriff »Kapo« losgelöst wird.

Der Vater:
Ein Partisan und seine Moraldilemmata
Heldenhafter Partisan: »Jeder mag eher Actiongeschichten hören«
Ihre Familiengeschichte eröffnet Dalia mit den Erlebnissen ihres Vaters als Partisan in der zionistischen Untergrundorganisation. Dort war er in verschiedenen wichtigen Aktionen gegen die Nazis beteiligt. Er mußte oft fliehen, rettete Juden mit Hilfe von gefälschten Papieren und half Freunden, die festgenommen wurden, aus dem Nazigefängnis zu fliehen. »Diese Geschichte hat mich sehr bewegt«, beschreibt Dalia ihre Reaktion auf die Fluchtaktion aus dem Gefängnis. »Jeder mag eher Actiongeschichten hören, im Vergleich zu Geschichten über Niederlagen«, erklärt sie, aber fügt gleich eine Korrektur an: »Ich sehe auch die Geschichten meiner Mutter nicht als Niederlagen«.
Es kommt bei Dalia aber nicht zu einer alleinigen Identifizierung mit dem Heldentum, sondern zu dem Versuch, beide zu integrieren. Als ich sie frage, wer nach ihrem Gefühl von beiden Eltern während der Shoah mehr gelitten hat, betont sie, daß jeder von beiden auf eine andere Art gelitten hat. Das Leid

des Vaters ist dabei mit der Ermordung seiner Eltern verbunden. Und auf die Frage, wem sie mehr ähnelt, dem Vater oder der Mutter, wiederholt sie fast wörtlich ihren vorherigen Satz: »Ich stehe ganz in der Mitte«. Sie identifiziert sich sowohl mit ihrer Mutter als Überlebende des Lagers, die auch schöne Momente hatte, als auch mit ihrem Vater als Held, der aber auch tragische Niederlagen erlebte und seine Familie nicht retten konnte. Während der Kindheit hört sie lieber die »Actiongeschichten« des Vaters.

Moraldilemmata:
Die Warnung neben »diesem Gefühl, daß er sie verlassen« hat.
Das Leid des Vaters kommt zum Vorschein, als sein schmerzhafter Abschied von den Eltern zum Thema wird.

> »Seine Familie hat ihm nicht so zugehört. Sie wurde in einem der ersten Transporte mitgenommen [Dalias Stimme zittert]. Eines Tages kam er nach Hause und hat ihnen feierlich mitgeteilt, daß sie jetzt die Koffer packen und den Ort verlassen. Und sie sagten: zu ihrem Dorf wird keiner kommen und keiner wird ihnen etwas Schlechtes antun. Und er hat mehr oder weniger das Haus mit einem Türknall verlassen. Sie haben ihm nicht zugehört und er hat sie nie wieder gesehen. Es war etwa am nächsten Tag, als sie geholt wurden.«

Das ist das Moraldilemma des Vaters: Er warnt die Eltern und sie glauben ihm nicht. Was kann er jetzt tun? Mit ihnen bleiben und sterben oder sie verlassen und versuchen zu überleben. Er handelt für sich moralisch, als er sie warnt, lebt aber danach mit dem Schuldgefühl, daß er womöglich mehr hätte tun können, um seine Eltern zu retten.

> »Er war ziemlich ärgerlich auf sie. Hm nachher hat er sich irgendwie selbst beschuldigt, daß er vielleicht nicht mehr darauf bestanden hat. Vielleicht hätte er es geschafft. [...] Aber natürlich dieses Gefühl, daß er sie verlassen hat.«

Diese Gedanken beschäftigen den Vater vor seinem Tod immer intensiver und Dalia nennt es das

> »Syndrom. [...] Er sprach vorher wenig über seine Eltern. Bevor er starb, plötzlich erzählte er mir sehr oft [...] es war richtig ein Syndrom. Der gleiche berühmte Streit, den er hatte, bevor er sie verlassen hat und solche Sachen.«

Auch Lola spricht dieses schmerzhafte Dilemma ihres Mannes an. Bei Gideon stehen Moraldilemmata und Heldentum nebeneinander. Seine Lebensgeschichte verdeutlicht, daß auch jüdische Partisanen sowie andere Holocaust-Überlebende ebenfalls vor Moraldilemmata standen. Auch sie mußten lernen, mit diesen Moraldilemmata zu leben.

Ausgleich zwischen Familie und Gesellschaft

Dalias Bewältigungsprozeß steht im Sinne der Soziose, im Sinne des Ausgleichs des Konflikts zwischen der Gesellschaft und der Familie. Es gelingt Dalia, die Shoah-Bilder der israelischen Gesellschaft und die Erzählungen ihrer eigenen Familie so zu verbinden, daß sie sich als loyal gegenüber ihrer Familie, der Gesellschaft und sich selbst fühlen kann. Dies geschieht zum einen durch die ›gedrittelte Loyalität‹ und auch durch ›das Verschwinden des Kapoproblems‹.

Mit der ›gedrittelten Loyalität‹ versucht Dalia »ganz in der Mitte«, »genau in der Mitte« zwischen ihrer Großmutter, ihrer Mutter und ihrem Vater zu stehen. Loyalität bedeutet für Dalia auf der Seite aller drei Holocaust-Überlebenden ihrer Familie zu stehen, sich mit ihren Handlungen oder Meinungen zu keinem von ihnen in einer Gegenposition zu befinden. Sie versucht sich mit der Unfaßbarkeit und dem Schmerz des Holocaust auseinanderzusetzen und identifiziert sich mit dem Leid ihrer Großmutter. Andererseits sieht sie sich ganz in der Tradition ihres Vaters. Sie ist stolz auf seine Heldentaten als zionistischer Partisan. Moralische Tochter und Enkelin zu sein bedeutet für Dalia, eine loyale Haltung zu bewahren; zum einen auf der Handlungsebene (Betreuung der Großmutter, Besuche der Mutter etc.) und auch auf der kognitiven Ebene in Bezug auf die Shoah (›alle haben gelitten, alle waren Helden‹). Es ist schwer, »ganz genau in der Mitte« zu sein. Es bedarf einer ständigen inneren Arbeit, um das Gleichgewicht zu halten. Dalia identifiziert sich damit mit den Opfern und Helden. Es sind zwei Bilder, die sich in der heutigen israelischen Gesellschaft nicht mehr gänzlich widersprechen. Das Helden- und Opfertum dürfen und können heute nebeneinander stehen. Dagegen ist der Konflikt zwischen Familien von Funktionshäftlingen und der israelischen Gesellschaft bis heute noch sehr stark und hier benötigt Dalia die folgende Korrekturstrategie.

Sie identifiziert sich mit den Werten ihrer Gesellschaft bzw. mit der Ablehnung der »Kapos«, aber sie will sich auch mit der Verfolgungsgeschichte ihrer Mutter identifizieren. Denn sie strebt »genau in der Mitte« zwischen ihrer Mutter und Großmutter und »ganz in der Mitte« zwischen ihrer Mutter und ihrem Vater zu stehen. Hierfür muß sie aber vorerst eine zweistufige Korrekturstrategie leisten. Zuerst wandelt Dalia die »heiteren« Erzählungen ihrer Mutter in Leidensgeschichten um, in denen die Mutter »nicht bewußt« oder unausgesprochen leidet. Im zweiten Schritt ›neutralisiert‹ sie den negativen Ruf der Kapos in der Lebensgeschichte ihrer Mutter. Die jüdischen »Kapos« werden in Israel dämonisiert. Dieses »Problem« löst

Dalia durch das Verschwindenlassen des Kaposbegriffs aus ihrer eigenen Erzählung. Ihre Mutter ist demnach nicht Stubendienst, Kapo oder Funktionshäftling der SS-Aufseherinnen, sondern ›putzt bei den Deutschen‹. Durch ›das Verschwinden des Kapoproblems‹ wird die Tätigkeit der Mutter nicht verurteilt und Dalia kann sich mit ihrer Mutter identifizieren, sich ihr gegenüber loyal fühlen und sich selbst als moralisch erleben. Es gelingt Dalia im Sinne des Sozioseausgleichs ihre Mutter nicht als Funktionshäftling, sondern als Opfer zu erleben.

Familie Chanoch: Solidarität

»Wenn ich hier rauskomme, werde ich Sozialarbeiter«
Ran Chanoch – Erste Generation

Ran Chanoch spricht seine Funktionstätigkeit im Ghetto offen und direkt an: Als Mitglied der Bereitschaftseinheit muß er Leichen von Ermordeten begraben, später erhält er eine Funktion im Verwaltungsbereich des Ghettos. In Auschwitz wird er Blockältester. Viele Menschen, für die er zuständig ist, sterben an den Folgen des Hungers und der Erkrankungen. Als Blockältester weiß Ran, daß Frauen, die bei der Selektion mit ihren Babies zusammen sind, direkt in die Gaskammer geschickt werden. Er versucht, zwei Frauen davon zu überzeugen, ihre Kinder abzugeben, damit zumindest sie selbst am Leben bleiben. Die erste Frau weigert sich und wird mit ihrem Kind vergast. Er versucht die zweite zu retten und sagt zu ihr: »Ich kann ihnen nicht garantieren, daß sie wieder Kinder bekommen werden, aber sie sind noch jung und die Möglichkeit besteht. Wenn sie reingehen, sterben sie beide.« Die Frau lebt heute und hat drei Kinder. Ran sagt an dieser Stelle: »Ich habe ein Leben gerettet.« Er erzählt von einem weiteren schweren Moraldilemma, in dem seine Entscheidung die Überlebenschancen von zwanzig Menschen beeinflußte. Nachdem zwanzig Funktionshäftlinge aus dem Bereich, in dem Ran tätig war, umgebracht wurden, wird Ran beauftragt, zwanzig neue Mitarbeiter zu wählen. »Wen soll ich wählen?«, fragt sich Ran in dieser Situation, »Die besten Freunde oder diejenigen, die für die Aufgabe besser geeignet wären?« Welche Bewältigungsstrategien hat Ran im Umgang mit seinen Moraldilemmata entwickelt und was ermöglicht ihm, seine Moraldilemmata so offen zu benennen?

Ran ist etwa 1,90 m groß und sieht aus, als wäre er Ende sechzig oder Anfang siebzig. In Wirklichkeit ist er schon achtzig Jahre alt, als wir uns treffen. Er hat leicht graue Haare und trägt eine Lesebrille, ist körperlich kräftig und gesellschaftlich außergewöhnlich aktiv, so daß ich mir sein Alter immer wieder vergegenwärtigen muß. Er wirkt ruhig und voller Lebensfreude. Dabei spricht er eher langsam und überlegt. Er ist belesen und intellektuell, hat einen trockenen Humor und ist gleichzeitig ein wenig zurückhaltend. Ich werde von ihm mit einer Mischung aus Höflichkeit, Wärme, Distanz, Neugier und Sachlichkeit begrüßt.

Zu dem Interview kommt es durch die Vermittlung eines Bekannten der Familie. Ich treffe Ran in seiner Wohnung in Nordisrael und das auf Hebräisch geführte Interview dauert ca. vier, die Begegnung mit Ran insgesamt sieben Stunden. Hier lerne ich auch Veronika, Rans Frau, kennen (vgl. Abb. 9). Herzlich lädt uns Veronika zum Mittagessen ein. Sie strahlt dabei eine Wärme aus, die das Haus erfüllt. Bei dem einstündigen Mittagessen ist die Shoah Thema, aber auch die israelische und die ausländische Politik; die gegenwärtige Arbeit des Paares und ihre gesellschaftlichen Aktivitäten. Während des Gesprächs verabrede ich mich auch mit Veronika zu einem Interview, das eine Woche später stattfinden wird. Veronika überlebte Theresienstadt, Auschwitz und Bergen-Belsen.

Vor der Verfolgungszeit:
Vergnügung und Verpflichtung
Ran wird Ende 1916 als ältester Sohn einer liberalen, säkularen jüdischen Familie in der Tschechoslowakei geboren. 1934 beginnt er, in Prag Architektur zu studieren, muß aber wegen des Einmarsches der Deutschen sein Studium aufgeben. Seine Liebe zum Leben springt ins Auge, als Ran seine Prager Studienzeit (1934-1938) beschreibt: »Es war ein volles studentisches Leben«, »ein verrücktes, großartiges, herrliches Leben und gelegentlich ein wenig lernen und viele lustige Sachen, z. B. ein wenig Wein trinken, Theater, Politik«. Ran ist in der sozialdemokratischen Partei tätig und »jedes Jahr« machen sie »eine Demo«, weil es dazu gehöre. So kämpfen sie einmal dafür, daß Mädchen bei ihnen im konservativen Wohnheim übernachten können. Sie machen aber auch »ernste Demos«, wie die gegen die Rechten. Teil einer Gruppe zu sein, das Erleben in und mit der Gruppe sind das zentrale Thema in Rans Erzählungen über seine Jugend- und Studienzeit. So war Ran z. B. bei den jüdischen und später bei den tschechischen Pfadfindern, wo er Gruppenleiter wurde. Damals definierte er sich in erster Linie als Tscheche. Tschechisch ist auch die Sprache, in der er sich bis heute zu Hause fühlt, obwohl er mit seinen Eltern Deutsch sprach und sein Hebräisch fehlerfrei ist.

Ran kommt aus einer Mittelschichtsfamilie, in der Leistung eine wichtige Rolle in der Erziehung spielt. Man sollte »nach oben«, berichtet Ran über die Familienregeln, an denen er sich – als guter Schüler und Student – neben dem wilden Leben orientiert. Über seine Mutter erzählt er: »Ich weiß nicht genau, wie ich sie beschreiben soll. Sie war wie eine Lehrerin [...], d. h. ein wenig pedantisch.« Die Mutter achtet z. B. darauf, daß »ich nicht zuviel esse. Ich war relativ dick. Dann hat sie versucht, mich zu beeinflussen, daß ich nicht so viel esse.« »Heute bist du ein schlanker Mensch«, bemerke ich. »Nicht ganz schlank«, erwidert Ran. Aber mit Stolz und Humor erzählt er, er habe »Vordiplom und Diplom« in einer Diätgruppe gemacht. Seitdem nahm er einige Male zu und wieder ab, ergänzt er. Somit thematisiert Ran fröhliche Erlebnisse sowie Konflikte aus der Zeit vor der Shoah. Er spricht offen seine Erfolge als auch erlebte Kränkungen wie die verletzende Einstellung der Mutter zu seinen Eßgewohnheiten an.

Charakteristisch für Rans Erzählungen aus der Kindheit- und Studienzeit ist die Verknüpfung zwischen Verpflichtungen und Vergnügung. So bezeichnet Ran seinen Vater als »einen typischen und anständigen Händler«, der von ihm z. B. verlangt, in der Tanzschule auch mit weniger schönen Töchtern von Kunden des Familienbetriebs zu tanzen. Zentral in seinen Erzählungen erscheint weiterhin sein Wunsch nach Zugehörigkeit zu einer Gruppe. Daher stehen seine Aktivitäten in einem Spannungsfeld zwischen Vergnügungen in der Gruppe und ideologischer Verbundenheit mit einer Gruppe. Rans Gruppenzugehörigkeiten (linke Studenten, jüdische und tschechische Pfandfinder) spiegeln seine Identität vor der Verfolgung wider: ein linker, tschechischer Jude.

Über den sieben Jahre jüngeren Bruder Rafael erzählt Ran wenig. Er beschreibt ihn als »weich; ich war geschliffener«. Insgesamt scheinen beide Brüder aufgrund des großen Altersunterschieds wenig Gemeinsames erlebt zu haben. Als Rafael in die vierte Klasse geht, lebt Ran bereits in Prag und besucht drei- bis viermal im Jahr seine Familie, die zweihundert Kilometer von Prag entfernt wohnt. Sie ›wohnen‹ erst wieder am gleichen Ort, als die Eltern und der Bruder 1943 nach Theresienstadt deportiert werden.

Ghetto: Funktionstätigkeit als politische Solidarität

Mit dem Münchner Vertrag im Oktober 1938 beginnt für Ran die Verfolgungszeit. »Dies war ein Wendepunkt in meinem Leben, weil ich gemerkt haben, daß es mit der Demokratie und mit den Juden bald das Ende sein wird.« Als Jude muß Ran sein Studium aufgeben und tritt Ende 1938 in die zionistische Bewegung ein, in der er »sehr sehr aktiv« ist. Diese Tätigkeit wird ihm so wichtig, daß sie seinen Erzählstil und seine Bewältigungsstrategien in unverkennbarer Art prägt: von nun an erzählt er seine Verfolgungsgeschichte als Mitglied der zionistischen Bewegung. Bis 1941 war er unter anderem in der Leitung der Organisation sowie im zionistischen Umschulungslager aktiv, in dem Jugendliche durch landwirtschaftliche Ausbildung auf ihre Emigration nach Palästina vorbereitet wurden. Zusammen mit

Familie Chanoch: Solidarität

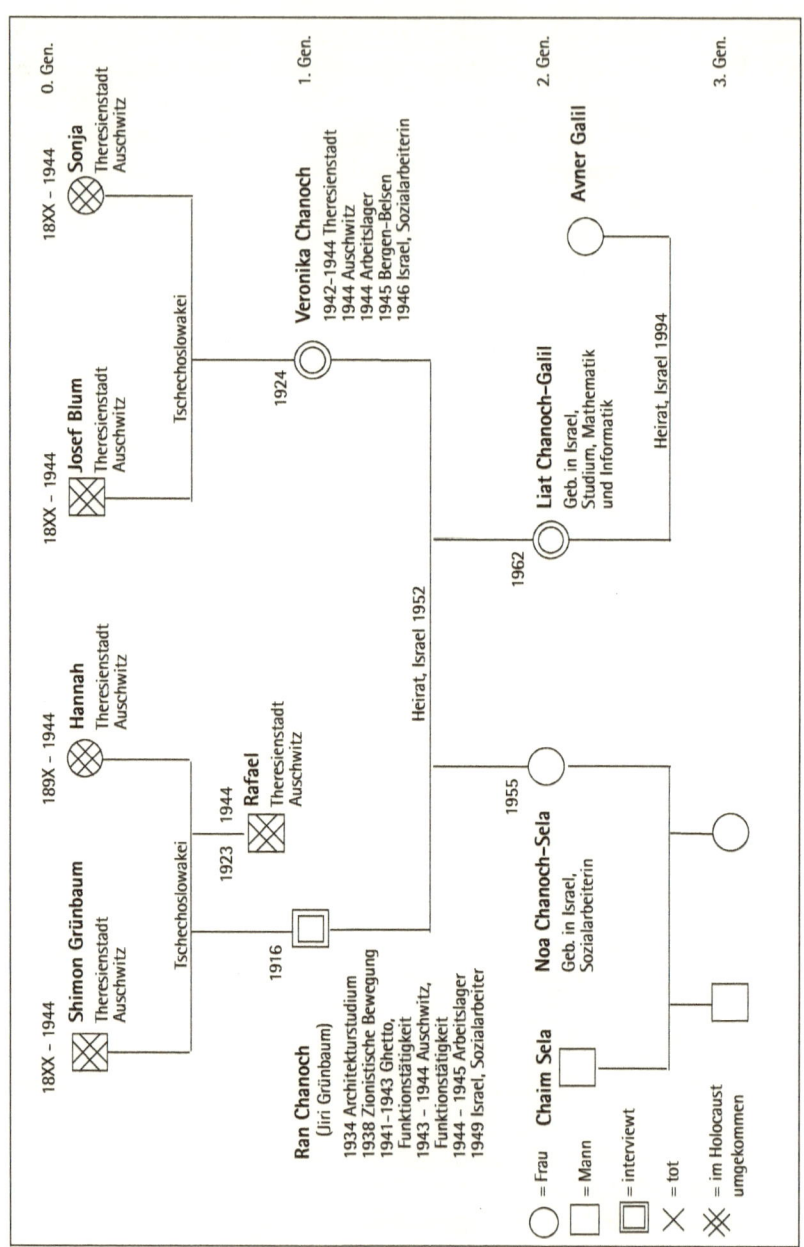

Abbildung 9: Genogramm der Familie Chanoch

seinen zionistischen Freunden sieht er, wie Hitler in Prag einmarschiert. Viele Juden emigrieren bis zum Herbst 1941, denn die Deutschen haben »sich erstmal gewünscht, daß so viele Juden wie möglich, das Land verlassen«, erklärt Ran.

> »Auch ich hatte die Möglichkeit, zu emigrieren. [...] Aber die leitende Führung der zionistischen Bewegung, die Bewegung, die immer angestrebt hat, die Führung des jüdischen Volkes zu sein, forderte, das sinkende Schiff des Judentums nicht zu verlassen [...] um Beispiel zu geben. [...] Es war eine Einstellung, die sich am Ende als naiv herausgestellt hat. [...] Das war die Linie. Deshalb stellte es für mich kein Problem dar, zu emigrieren, denn die Deutschen haben es nicht verhindert.«

Ran betont hier seine Handlungsfreiheit: er kann das bedrohte Land verlassen, entscheidet sich aber, dies aus Solidarität mit seinen zionistischen Genossen und aus seinem Verantwortungsgefühl heraus nicht zu tun. Nach seiner eigenen subjektiven Moralphilosophie wäre ein Verlassen des »sinkenden Schiffs des Judentums« ein Verrat. Obwohl er diese Haltung im nachhinein als »naiv« bezeichnet, klingt sein Stolz durch: ›ich habe nach meinen damaligen Idealen gehandelt‹.

Aufbauphase des Ghettos
Mit anderen zionistischen Genossen wird Ran Ende 1941 nach Theresienstadt deportiert und arbeitet dort zunächst im »Aufbaukommando«. »Wir, die Arbeiter – wir waren tausend junge Leute [...], deren Aufgaben waren: umbauen, abräumen, umräumen, Bänke bauen usw., um die Stadt Theresienstadt in ein Ghetto umzuwandeln.«[1] Die Arbeit im Aufbaukommando rechtfertigt Ran anschließend durch sein Unwissen über das Endziel der Deutschen (»Wir haben nichts gewußt«) sowie durch die Überlegung, daß es »besser« für die Juden sei, im Ghetto zu leben, »als in den Osten geschickt zu werden«.

Später bekommt die Arbeit im Aufbaukommando für Ran eine enorme Bedeutung, denn durch sie kann er seine Eltern und seinen Bruder, die Anfang 1943 nach Theresienstadt deportiert werden, vorläufig schützen:

> »Weil ich in dem Gründungskommando war, hatten wir das Recht, daß unsere Eltern nicht direkt in den Osten geschickt werden. D. h., wenn ein Städtchen nach Theresienstadt evakuiert worden war, wurden die meisten am nächsten Tag nach Auschwitz geschickt, ja, zur Vernichtung. [...] Es war mir erlaubt, daß die Verwandten ersten Grades, die Eltern, vorläufig nicht in den Osten geschickt werden.«

Damals wußte Ran noch nicht, daß Auschwitz »Vernichtung« bedeutete (»Keiner hat gewußt, was Auschwitz ist. Niemand hat diesen Namen jemals gehört.«). Sein heutiges Wissen, daß er »vorläufig« seine Eltern vor der Vernichtung schützen konnte, wertet für Ran seine damalige Tätigkeit auf. Schutzlisten bekamen im Ghetto meist jüdische Funktionshäftlinge, die die Deutschen motivieren wollten, bestimmte, eher ambivalente oder heikle Aufgaben zu übernehmen (oder zu behalten), schreibt der Historiker Trunk (1972). So berichtet Ran, daß die Judenratsmitglieder in Theresienstadt eine viel größere Schutzliste, »eine Schutzliste von dreißig Leuten hatten« und daß sie vor einer sehr schweren Aufgabe standen: sie mußten die Deportationslisten namentlich bestimmen.

Die Angst vor der Deportation (»Alptraum«, »eine sehr schlechte Sache [...] eine schlimme Sache«) wird in Rans Erzählung spürbar. Von den 140.000 Juden, die in Theresienstadt von 1941 bis 1945 interniert waren, wurden ca. 88.000 in die Vernichtungslager deportiert. Nur 3.000 von ihnen überlebten Auschwitz und Treblinka (Gutman 1995, S. 1405). Im Ghetto selbst starben in dieser Zeit mehr als 33.000 Menschen durch Seuchen, Krankheiten und Hunger (ebd.). Besonders die Älteren litten unter den Seuchen und den Erkrankungen, erzählt Ran und in diesem Kontext des Todes erwähnt er, fast beiläufig, einen der bedrohlichsten und schwersten Teile seiner Tätigkeit in der Bereitschaftseinheit:

> »Bis auf einige, die hingerichtet wurden, eine sehr kleine Gruppe, bei der ich selber am Anfang beim Schaufeln der Gräber teilnahm, [...] starben die Dreißigtausend an Krankheit und nicht durch direkte Gewalt.«

»Vierzehn junge Männer« wurden hingerichtet, weil sie Kontakt zu Personen außerhalb des Ghettos aufnahmen, was »extrem verboten« war. Mit der Erwähnung des »Schaufelns der Gräber« will Ran verdeutlichen, daß es nicht oft zum Tod »durch direkte Gewalt« kam. Aber gerade durch den erzwungenen Akt des Gräberschaufelns wird die alltägliche Todesangst im Ghetto gegenwärtig. Innerhalb des Aufbaukommandos stellten die Nazis eine Bereitschaftseinheit zusammen, zu der Ran und dreißig weitere zionistische Genossen gehören.

> »Wenn die Nazis etwas wollten, wenn man etwas sofort machen sollte, dann anstatt Leute zu suchen, was Zeit kostet, gab es diese Einheit, die den ganzen Tag nichts tat, sondern in jedem Moment des Tages in Bereitschaft war [...] und ich war in dieser Gruppe. Und diese Gruppe wurde gerufen, als man die Gräber schaufeln sollte, für die, die hingerichtet wurden. Und wir haben die Gräber geschaufelt. Warum? Weil wir sofort für so was bereit waren.«

Ran vermittelt hier eindrücklich und hautnah den Zwangskontext. »Wenn die Nazis etwas wollten«, dann mußten die Juden es »sofort machen«. Er beschreibt die Situation des Gräberschaufelns in der Pluralform (»*Wir* haben die Gräben geschaufelt. [...] Weil *wir* sofort für so was bereit waren«). Er macht es nicht allein, sondern mit anderen. Es fällt auf, daß Ran sehr häufig – und nicht nur in diesem Kontext – die Pluralform wählt (»Wir haben nichts gewußt.«, »Wir hatten das Recht, daß unsere Eltern [...]«, »Was mußten wir tun?«). Das erlebte Gemeinschaftsgefühl drückt sich durch dieses »wir« aus und kann eine Hilfe bei der Verarbeitung der traumatischen Erlebnisse bedeuten: Das Gemeinschaftsgefühl als eine Stütze bei der Bewältigung in der Situation selbst und im nachhinein. Mit der Gruppe teilt Ran die Zweifel, die Angst, die Entscheidung und die Trauer um die Ermordeten.

Flucht aus dem Ghetto?
Dank seines zionistischen Genossen und Freundes Zwi Gross, der zur zionistischen Führung im Ghetto gehört, erhält Ran Ende 1942 eine neue Funktionstätigkeit im Verwaltungsbereich. Zwi hat Beziehungen zum Judenrat und schlägt Ran vor: »Du wirst eine Abteilung (in der Arbeitsverwaltung) leiten.« Dabei ist Zwi überzeugt, daß sie dafür sorgen müssen, daß »auch die neu Ankommenden arbeiten werden«. Ran scheint diese neue Tätigkeit als eine Art wichtige Verpflichtung gegenüber seinen zionistischen Genossen zu erleben.

Ran betont die Solidarität unter den zionistischen Genossen. Solidarität läßt sich definieren als »Zusammengehörigkeitsgefühl von Individuen«; als Bündnis, »das sich in gegenseitiger Hilfe und Unterstützung äußert« (Meyers großes Taschen-Lexikon). Rans Solidarität wird besonders deutlich, als er sich entscheidet, aus dem Verpflichtungsgefühl seinen Genossen gegenüber, nicht aus dem Ghetto zu fliehen, obwohl er durch die neue Funktionstätigkeit das Ghetto täglich verlassen darf. Wenn er im Jahre 1942 geflohen wäre, hatten seine Genossen eine Kollektivstrafe erhalten. Somit ist die neue Funktionstätigkeit einerseits mit mehr Handlungsfreiheit (z. B. durch das tägliche Verlassen des Ghettos) aber zugleich auch mit mehr Zwängen und Moraldilemmata verbunden.

Anfang 1943, als seine Familie nach Theresienstadt deportiert wird, beschäftigt sich Ran immer noch mit der Fluchtidee. Er beschreibt seine Auseinandersetzung mit Fragen der Loyalität gegenüber seiner Familie:

»Und ich habe einen Durchgangsschein erhalten, unterschrieben von den Nazis, daß ich die Erlaubnis habe, die Arbeitenden außerhalb der Mauer zu beaufsichtigen. Und ich habe sogar die Unterschrift des Chefs gelernt. So als Sport habe ich gelernt, sie zu fälschen. Aber was, ich ging raus und mußte bis zwölf Uhr zurückkommen. D. h. theoretisch gesehen, wenn ich fliehen wollte [...] dann hätte man es erst um zwölf Uhr entdeckt. [...] Jetzt, mach die Rechnung: Ich konnte es tun. Die erste Sache dann: Sie hätten meine Mutter, meinen Vater und meinen Bruder genommen. Das wäre die erste Sache, die sie gemacht hätten.«

Das Moraldilemma, vor dem Ran steht, betrifft seine Freiheit versus das Leben seiner Familie. Nur »theoretisch gesehen« kann er fliehen. Praktisch aber darf er dies aus seiner Sicht heraus nicht tun, weil seine Familie für die Flucht bestraft würde. Er schildert auch seine Gedanken über mögliche Folgen seiner Flucht für seine Freunde außerhalb des Ghettos:

»Und jetzt, wo verstecke ich mich? Ich habe zwei sehr gute Freunde, [zwei tschechische, nicht jüdische Freunde, mit denen er bis heute befreundet ist]. Dann habe ich mir vorgestellt: Ich werde bei ihnen zu Hause erscheinen. [...] Ich hätte sie in eine schlimme Verlegenheit gebracht, weil dies eine schlimme Gefahr für sie wäre. [Besonders nach der Ermordung Heydrichs durch einen tschechischen Widerstandskämpfer, für den Tausende von Tschechen mit dem Leben bezahlten, erklärt Ran hier ausführlich.] Auf jeden Fall wußte ich, daß ich nicht fliehen kann.«

Eine Flucht bedeutet eine Gefährdung der anderen und hier formuliert Ran eines seiner Moralprinzipen: anderen nicht schaden, um sich selbst zu helfen, bzw. die ihm Nahestehenden nicht gefährden, um die eigenen Lebenschancen zu verbessern. Ran kehrt täglich im Namen der Loyalität zu seinen Eltern und im Namen der Solidarität zu seinen Freunden in das Lager zurück. Er ist sein eigener moralischer Gesetzgeber und folgt seinen Maximen. Die Pflichten gegenüber sich selbst stellt er zurück. Im Laufe des Jahres 1943 sind auch die Funktionshäftlinge nicht mehr vollständig vor den Transporten geschützt und einige von Rans Kollegen wurden bereits im März 1943 in den Osten deportiert.

Verwaltungsaufgabe: »Wenn ein neuer Transport kam, bekam ich die Liste.«
Rans neue Funktionstätigkeit ist eine administrative Tätigkeit: »Ich saß im Büro. Wenn ein neuer Transport kam, bekam ich die Liste und ich nahm mir die ganzen Namen aus den Jahrgängen raus.« »Ich habe mir auch ein Arbeitsbüro mit zwei Chevre errichtet, die die Arbeit umsetzten« (das Wort Chevre steht im Hebräischen für »Leute« bzw. meist für eine Gruppe sympathischer Menschen, Kumpel oder Kameraden). Die neu Ankommenden werden erstmal zu »Gelegenheitsarbeiten« geschickt und erhalten mit der Zeit eine »feste Arbeitsstelle«, wie z. B. Tischler oder Elektriker. Ran ist dafür zuständig, neue mögliche Arbeitsstellen zu finden. Für diese werden dann die

passenden Leute von Rans Mitarbeitern gesucht. Zuletzt prüft Ran, ob der Arbeitseinsatz funktioniert.

Ist eine Verwaltungsarbeit auf Befehl der Deutschen eine Kollaboration mit den Nazis oder Hilfe an den Mitmenschen? In der Spannung zwischen dem Zwangskontext und den wenigen Wahlmöglichkeiten, die er hatte, scheint Ran seine eigenen Handlungen während der Funktionstätigkeit als positiv zu erleben. Er schafft Arbeitsplätze, durch die ein Teil der Arbeiter ihre Familie besser »ernähren« kann. Ran thematisiert aber auch die negativen Aspekte seiner Arbeit: Ein Teil der Arbeiter ist unzufrieden oder er erhält Beschwerden, daß die Arbeit nicht zufriedenstellend erfüllt wird. Der Arbeitseinsatz stellt eine Zwangsarbeit dar und die Juden, die zuvor frei waren, ihre Arbeit selber wählten und für sie bezahlt wurden, müssen jetzt ohne Lohn eine Arbeit im Ghetto leisten. Durch diese Arbeit wird aber auch das Versorgungs- und Sozialsystem im Ghetto unterhalten. Die Nazis errichteten die Zwangsarbeit mit negativer Absicht (für die Juden). Aber die Folgen dieser Arbeit waren für einen Teil der Juden und z. T. auch für die Gemeinde positiv und dies hebt Ran hervor, wobei er die negativen Aspekte nicht verschweigt und auch seine eigenen Vorteile durch die Tätigkeit thematisiert.

Mit der Zeit bieten die Schutzlisten nicht mehr ausreichend Schutz für die Funktionshäftlinge und Ran wird Ende 1943 noch vor seinen Eltern nach Auschwitz deportiert. Vom Transportzug aus sieht er seine Eltern und weiß, daß er sie nie wieder sehen wird:

>»Wir waren Ende des Jahres dran. Und dann erinnere ich mich ganz genau, daß ich meine Eltern zum letzten Mal sah. Daß sie so mit den anderen Juden auf den Straßen von Theresienstadt standen. Und der letzte Moment [Rans Stimme zittert], an dem ich meine Eltern sah: sie standen da und machten so [Ran zeigt mir, wie seine Eltern ihm zum Abschied winkten]. Und dann habe ich gefühlt, daß ich sie das letzte Mal sehe. [...] Das Bild meiner Eltern.«

Ran und seine Familie sind vom Tod umgeben und zurecht ahnt Ran, daß es kein Wiedersehen geben wird. Beide Eltern und der Bruder werden 1944 nach Auschwitz deportiert und sofort vergast.

Auschwitz: »Wen soll ich wählen?«

Rans erste Erinnerung an Auschwitz ist der schwere Durst nach der zweitägigen Deportation im Viehwaggon. Er tauscht seine Uhr gegen Wasser: »Bald brauchst du die Uhr nicht mehr«, sagt der ältere Häftling, der ihm das Wasser anbietet. Diese Äußerung beginnt Ran einige Minuten später zu verstehen: Im Bad sieht er, wie ein alter Mann zusammenbricht und stirbt. Zwei Häftlinge in gestreifter Kleidung nehmen den Toten und werfen ihn vor dem Gebäude in den Schnee. »Danach habe ich Tausende von solchen Situationen gesehen und noch schlimmer. Aber dieses Bild, das man einen Mann nimmt und ihn in den Schnee schmeißt.«

Funktionstätigkeit:
»Ein sehr positiver Punkt für das Überleben«
Um das Gerücht zu widerlegen, daß die Juden im Osten ermordet werden, beschlossen die Nazis, eine bestimmte Zahl von deportierten Juden sechs Monate lang in Auschwitz am Leben zu erhalten, erläutert Ran die Situation, in der er in Auschwitz lebt. Die Juden aus diesen Transporten werden im Familienlager interniert und sollen ihren Verwandten in Theresienstadt schreiben, daß es ihnen gut geht. Danach sollten sie nach dem Plan der Nazis ermordet werden. Im Familienlager trifft Ran seinen Freund Zwi wieder, der drei Monate zuvor im Familienlager interniert wurde. »Diese Person hat mein Leben mindestens dreimal gerettet«, erzählt Ran voller Respekt, Bewunderung und Dankbarkeit. Dank Zwi erhält er eine Funktionstätigkeit in Auschwitz. Diese Funktionstätigkeit ist lebensrettend, denn viele andere Juden aus Rans Transport sterben während der nächsten sechs Monate unter den schweren Bedingungen, vor denen Ran durch seine Funktionstätigkeit partiell geschützt ist.

> »Er hat gesagt, hör mal, wir haben von den Deutschen etwas Zusätzliches erreicht: Daß Söhne, die mit ihren Eltern in diesen Baracken gewohnt haben, von ihren Eltern getrennt werden. Im Alter von zehn bis vierzehn. Etwa dreihundert, vierhundert Kinder. Sie werden dort getrennt leben. Und ich werde ihr Hausvater sein. D. h. er gab mir diesen Job, weil er mich gekannt hat. Und statt in der Kälte von minus zwanzig zu sein, auf der Straße zu laufen und nichts zu machen, war ich unter einem Dach. Und dies war ein sehr positiver Punkt für das Überleben, potentiell gesehen auf jeden Fall.«

Ran beschreibt hier und an anderen Stellen die gegenseitige Unterstützung der zionistischen Kampfgenossen untereinander. Zwi, der einer der Leiter der Zionisten im Familienlager ist, steht hier als Initiator der Funktionstätigkeit. Er versucht, die Lebensbedingungen seiner Genossen durch die Vermittlung von Funktionstätigkeiten zu verbessern.

Die Schaffung neuer Baracken und auch neuer Aufgaben erweist sich für die Funktionshäftlinge, bzw. für ihr vorläufiges »Überleben« als nützlich. Für die Jugendlichen bringt die Errichtung der neuen Baracke Vor- und Nachteile mit sich: sie werden von ihren Eltern getrennt. Andererseits werden sie jetzt den ganzen Tag über versorgt und beschäftigt und zwar auch, wenn ihre Eltern sich bei der Arbeit befinden. Die Schulung von Jugendlichen in Auschwitz und anderen KZs läßt sich als »Abwehr totaler Demoralisierung und Verwahrlosung« beschreiben (Langbein 1980b, S. 338). So erlebt zum Teil auch Ran diese Tätigkeit. Mit Stolz erzählt er, wie Zionisten aus dem Transport von Zwi schon zuvor illegalen Unterricht für die Kinder im Familienlager organisiert haben. Als Ran ins Familienlager kommt, verändert sich die Situation: Jetzt erhalten sie die offizielle Erlaubnis von den Deutschen, getrennte Baracken zu errichten, sowie Unterricht zu erteilen. Hier sind wir wieder bei der Überlegung, daß die Nazis mit dem Errichten des Familienlagers eigentlich nichts Positives für die Juden bewirken wollten. Doch die jüdischen Funktionäre schafften es, zumindest vorübergehend, etwas Positives zu gestalten.

Vor ähnlichen Moralfragen standen auch die Betreuer von Kindern und Jugendlichen in Theresienstadt. Auf Befehl der Nazis sollten die Kinder und Jugendlichen von ihren Eltern getrennt und in Heimen untergebracht werden. Dies wurde mit großer Sorge von der jüdischen Führung und den Eltern verfolgt, mußte aber durchgeführt werden, wie Redlich (1983) in seinem Tagebuch notiert. Die jüdischen Jugendbetreuer versuchten, die Kinder vor der Ghettorealität zu schützen und erteilten ihnen z. B. Unterricht, obwohl dies von den Deutschen verboten wurde, was sich als Widerstand gegen die Nazis verstehen läßt. Auch Ruth Klüger, die als Kind in Theresienstadt war, schwärmt von ihren damaligen Betreuern: »Ich habe Theresienstadt irgendwie geliebt, und die neunzehn oder zwanzig Monate, die ich dort verbrachte, haben ein soziales Wesen aus mir gemacht« (1994, S. 103). Sie thematisiert dabei die Frage, ob »alles, was von den Deutschen kam« und damit auch die Einrichtung der Heime nur »Elend« und Leid bedeutete und ob die Funktionshäftlinge, die auf Befehl der Deutschen »Ordnung« unter ihren Mitmenschen halten sollten, damit richtig handelten:

> »Aus meiner Kinderperspektive sage ich, was wäre aus uns geworden, wenn die Juden nichts getan hätten, um das Chaos, das die Deutschen ringsherum verbreiteten, zu verringern, wenn es diese Kinderheime, die sie innerhalb der Nazivorschriften organisierten und verwalteten, nicht gegeben hätte?« (ebd.)

Seine Tätigkeit in Auschwitz beschreibt Ran folgendermaßen:

> »In jeder Baracke gab es solche drei Askanim [hebräisch: für die Gemeinde tätiger Mensch, auch Kommunalpolitiker; Begriff etwas abwertend]: Blockleiter, Schreiber und noch eine Aufgabe. [...] Und ich war der vierte in dieser Gruppe. Als so ein Hausvater für diese dreihundert Kinder. Ich sorgte für die Sauberkeit. [...] Dann war ich zuständig, daß die Chevre am Morgen aufstehen und im Zählappell stehen. Wer krank ist, geht nicht. Und daß sie sich außerdem waschen, mit kaltem Wasser waschen, weil es

kein warmes Wasser gab. Sie bekamen Essensportionen. Die Essensportionen wurden erst verteilt, nachdem die drei Askanim das meiste gestohlen hatten. Dann wurde es für die dreihundert Kinder verteilt. Das war üblich [sagt Ran leise und schnell].«

Es »war üblich«, daß Funktionshäftlinge »gestohlen hatten«, hält Ran fest, aber nimmt sich hier aus dem Kollektiv der Funktionshäftlinge aus: »Die drei Askanim« haben »gestohlen«, er jedoch nicht, läßt sich aus seiner Formulierung verstehen. Ran scheint sich im Vergleich zu den drei »Askanim« als moralisch gut zu erleben. Meint Ran mit Stehlen, daß die drei mehr aßen oder, daß sie ihre Familien und Freunde mit Nahrung versorgten oder vielleicht eher, daß sie das Essen für Tauschgeschäfte benutzten? Die drei Funktionshäftlinge haben »das meiste« gestohlen, sagt Ran und will damit vermitteln, daß das Essen, das sicherlich bereits knapp war, durch das Stehlen noch knapper wurde. Etwas später erwähnt er, daß ein Teil der Jugendlichen starb, was nicht zuletzt mit dem Hunger und den Erkrankungen zusammenhing. Es ist ungewöhnlich für Ran, daß er zionistische Genossen kritisiert, aber er scheint die drei Genossen als Individuen zu kritisieren, da sie in seinen Augen amoralisch handelten. Eine andere Möglichkeit, diese Erzählung zu verstehen, wäre, sie als Rans Versuch zu interpretieren, sich selbst moralisch aufzuwerten, in dem er die anderen Funktionshäftlinge moralisch abwertet; ein Muster, das auch bei Rebekka Halevi-Oz zu finden ist. Hinter dieser Bewältigungsstrategie könnte aber auch das folgende innerpsychische Geschehen stehen: Man thematisiert das, was andere schlecht tun, wobei diese Kritik an den anderen auch eine latente Thematisierung von Aspekten des eigenen Handelns beinhaltet, die man bei sich als amoralisch erlebte. So könnte Rans Kritik an den drei Askanim eine Art latente Selbstkritik sich selbst gegenüber bedeuten. Um dieser Annahme nachzugehen, werde ich in einem späteren Abschnitt überprüfen, ob Ran prinzipiell in der Lage ist, Aspekte seines Handelns während der Shoahzeit zu benennen, die er als nicht moralisch erlebte.

Drei Monate nach Beginn der Funktionstätigkeit kommt es zu einem Zwischenfall, der zu Rans Entlassung führt:

»Ein Zählappell muß funktionieren. Wie lief ein Zählappell? Wenn Juden während des Tages ›im Bett gestorben‹ sind, wie es in Anführungszeichen hieß, denn sie starben am Hunger und durch die Schläge, wurden sie hinter die Baracke geworfen [...]. Die SS-Leute kamen aus dem benachbarten Lager und prüften den Zählappell. Über diesen Block mußte man mitteilen [...] 250 Personen sind da. 20 Tote liegen hinter der Baracke. Und 30 Kranke liegen hier drin in der Baracke und denen gibt man Essen. So insgesamt 300. Und eines Tages, als es einen Zählappell gab, haben wir mitgeteilt, daß wir 300 Kinder haben, davon 280 dort und 20 Kranke hier in der Baracke, plus die Erwachsenen. Der Mann von der SS kam rein, um die Kranken zu zählen und findet 19. Ein Problem [betont Ran]. ›Daß es hinter jeder Baracke Tote gibt, das ist nicht, das ist nicht sehr /, aber das ein Kind fehlt, das ist ein Problem‹. Es wird gezählt, nicht gefunden. [...] Dann bringt man von einem benachbarten Lager eine ganze Einheit von SS-Männern mit Hunden und Maschinengewehren und und und Motorrädern. Auf Motorrädern kommen sie und beginnen zu suchen. [...] Dann kam einer von draußen und fängt an, zu zählen und findet das Kind Nummer 20 unter der Decke. Alles ist in Ordnung. Man hat das Kind gefunden.«

Als Verantwortlicher für den Zählappell muß Ran anschließend zur »Kommandantur« und wird mit den anderen »Gesetzesbrechern«, wie er sich ironisch in der Sprache der Nazis nennt, bestraft. Stundenlang müssen sie mit Steinen »so groß wie ein Menschenkopf« laufen »und wenn jemand umfiel, dann hat er Schläge bekommen«. Danach »wurde ich von dieser Aufgabe abgesetzt und zur Arbeit geschickt«. Die Arbeit ist Erde schaufeln. »Wir bringen diese Erde zwei oder drei Meter weiter. Und wenn dies zu Ende ist, dann wieder zurück. Dies war mehr oder weniger die Arbeit.«

Nach kurzer Zeit erhält Ran seine frühere Funktionstätigkeit wieder. »Zwi hat mich aber auch dieses Mal nicht enttäuscht und hat sofort irgendjemand bestochen und mich an meine Aufgabe zurückgebracht.« Ran lebt in Auschwitz, fühlt sich aber dank der Solidarität seines Freundes nicht allein und nicht total machtlos. Sein Glaube an die Freundschaft, an die Menschlichkeit stirbt nicht. Durch seine Strafe und Zurücksetzung vermittelt Ran gleichzeitig auch, welche Gefahr die Funktionstätigkeit beinhalten konnte und vielleicht steht hinter dieser Erzählung auch eine Art Selbstopferung, im Sinne ›ich tue für meine Gemeinschaft etwas, was mich gefährden kann‹. Er versteht seine Funktionstätigkeit als Verantwortung im zionistischen Sinne.

Wenige Wochen später ernennt Zwi Ran zu seinem Stellvertreter, wodurch Ran in der Hierarchie unter den Funktionshäftlingen aufsteigt. Zwi tut dies, nachdem er von anderen Funktionshäftlingen, die in der Schreibstube arbeiten, erfahren hat, daß die Juden aus seinem Transport in wenigen Tagen ermordet werden sollen. Von den fünftausend Juden aus diesem Transport lebten zu diesem Zeitpunkt nur noch weniger als viertausend und alle – Frauen, Kinder, Arbeiter und Alte – werden genau sechs Monate nach ihrem Ankommen in Auschwitz ohne Selektion vergast. Auch Zwi und zwanzig weitere Betreuer, die mit Jugendlichen gearbeitet haben, sowie ein Teil der Jugendlichen, mit denen Ran arbeitet, werden ermordet. In der Atmosphäre der Angst trauert Ran um seine Freunde, Genossen und Kinder.

Verantwortung tragen:

»Ich werde Sozialarbeiter«
»Meine Kinder, diese dreihundert Chevre« nennt Ran die Jugendlichen, für die er zuständig ist, und seine Sympathie und Verantwortung für deren Schicksal wird spürbar. Was hilft Ran dabei, mit dem Tod der Kinder und mit dem Tod seiner Genossen, die er so liebte, umzugehen? Als ich Ran frage, wie er seine Erfahrungen während der Shoah nach seinem Empfinden bewältigt hat, antwortet er: »Sehr gut, nur Zwi Gross hätte es vielleicht besser machen können.« Was hätte Zwi Gross besser machen können? Dieses ›Was‹ wird verständlich durch den Schwur, den Ran in Auschwitz leistet:

> »Ich wußte, daß ich nicht als Architekt arbeiten werde, weil ich einen Schwur leistete, als ich in Auschwitz war. Wenn ich hier rauskomme, werde ich Sozialarbeiter, ich werde mich mit solchen Sachen beschäftigen, wenn ich rauskommen werde.«

Ran erfüllt seinen Eid und wird später Sozialarbeiter: er organisiert Programme für bedürftige Menschen, kämpft verantwortungsvoll für andere, ganz wie sein Freund Zwi, der dies alles vielleicht noch »besser« hätte machen können. Er übernimmt Verantwortung. Welcher Zusammenhang besteht zwischen Rans Bewältigungsversuchen der Moraldilemmata und dem Eid? Der Eid als Korrekturstrategie? In Auschwitz, kurz vor seinem Tod, beauftragt Zwi Ran, sein Stellvertreter zu werden und Ran übernimmt diese Stellung symbolisch gesehen als eine Lebensaufgabe: Bis heute betreut er die Kinder, denen er damals nicht allen helfen konnte, die z. T. umgekommen sind, weil sie nicht genug Essen hatten und weil er sie, als verfolgter Jude im Konzentrationslager, kaum vor dem Tod schützen konnte. Ran betreut die Toten symbolisch, indem er bis heute bedürftige Menschen betreut. Mit einem Teil der Jugendlichen, die überlebten, hat er bis heute Kontakt.

Vielleicht glaubt Ran, daß auch er den Kindern zum Teil schadete, obwohl er ihnen doch so gern helfen wollte. Ein persönliches Schuldgefühl entsteht, wenn man das Gefühl hat, für bestimmte Momente »hinter seinen Idealen zurückgeblieben« zu sein (Haeffner 1993, 10). Hat Ran dieses Gefühl bezüglich der Versorgung der Kinder? Oder vielleicht deshalb, weil er die anderen drei Funktionshäftlinge nicht daran gehindert hat, sich vom Essen der Kinder zu nehmen. Denn »man schämt sich auch für schlechte Verhaltensweisen derer, zu denen man sich zugehörig weiß«, schreibt Tugendhat (1993, S. 237). Das heißt, auch wenn man für das negative Geschehen keine direkte Verantwortung trägt, aber eine persönliche Verbindung zu dem Geschehen hat, wie z. B. durch die Zugehörigkeit zu dem Blockpersonal oder der zionistischen Bewegung, kann ein Defizit im moralischen Erleben entstehen. In diesem Dilemma ging es um das Eigenwohl (der Funktionshäftlinge und vielleicht auch von Ran) versus die Hilfe an anderen. Die Korrekturstrategie des unerfüllten Wunsches im Fall der Moraldilemmata ist die Hingabe: »Ich werde Sozialarbeiter.«

Die Verantwortungsübernahme als Korrekturstrategie hat großen Einfluß auf Rans gesamtes Leben, auf seine Zukunft. Mit dem »Wie« leben, als Architekt oder Sozialarbeiter, ändert sich auch das »Wozu«. Rans berufliches Leben richtet sich ganz nach dem Wohl der anderen und nicht auf den möglichen finanziellen Wohlstand oder der Anerkennung als Architekt.

Die Übernahme von Verantwortung stellt eine Form innerer Schuldbewältigung dar. Doch eine Voraussetzung für Schuldbewältigung ist bewußte Wahrnehmung der erlebten Schuldgefühle und das Akzeptieren des eigenen »Schattens« (Hirsch 1997, Hubbertz 1992). Auf diesem Weg bearbeitet und korrigiert Ran die erlebten Schuldgefühle für sich. Die Verantwortungsübernahme ist sein Bewältigungsversuch des entstandenen moralischen Defizits. Aus diesem Grund erlebt und bezeichnet er seine Bewältigung als »sehr gut«.

»Der, den ich auswähle, dem helfe ich [...] zu überleben«
Die zwanzig ermordeten Betreuer aus dem Familienlager sollen durch zwanzig neue Betreuer ersetzt werden. Ran und sein Freund Itzik, der gleichzeitig sein neuer Vorgesetzter geworden war, sollen diese Aufgabe erfüllen.

»Ich bin jetzt der Stellvertreter des Blocks. Und man muß Betreuer suchen. [...] Und uns war es erlaubt von den Deutschen, von den Nazis, zwanzig Nummern zu wählen, die offiziell nicht arbeiten müssen und die Betreuer sein können. Eines meiner größten Dilemmata war, wen soll ich wählen? Denn der, den ich auswähle, dem helfe ich in gewissem Maße zu überleben. Dann gab es hier ein großes Dilemma: Ob ich einen Bekannten nehme, der ein schlechter Betreuer ist, oder irgendein Aas, der ein ausgezeichneter Betreuer ist, der weiß wie /. Ich sage es nur in so einer schematischen Form. Dies war das Dilemma.«

Ran steht hier vor einem Moraldilemma zwischen zwei positiven Pflichten: ›Soll ich Person A oder Person B helfen?‹ Die Hilfe kann lebensrettend sein und der Konflikt ist enorm. Rans Lösung sieht wie folgt aus: Zusammen mit Itzik wählt er zwanzig gute Betreuer aus. »Wir haben noch etwas gemacht«, ergänzt er. Sie nehmen zu den offiziellen zwanzig Namen noch weitere zwanzig Personen dazu.

»Zu ihnen haben wir gesagt: Ihr habt euch eingeschmuggelt. Wir wissen nicht, daß ihr da seid, wenn eine Kontrolle kommt. Wir wissen nicht, wer ihr seid, was ihr seid. Und dies ist eure Sache. D. h. wir haben zwanzig offizielle Nummern angegeben und zusätzlich gab es noch 20 inoffizielle Nummern, die wir quasi auf ihre Verantwortung übernommen haben. Es hätte sein können, daß sie uns verraten, daß wir sie genommen haben. Wir wissen von nichts. Wir haben gesagt: Chevre, die Bedingung ist, daß wir euch im Falle einer Kontrolle nicht kennen.«

Diese Hilfe an den 20 ist lebensgefährlich für Ran, aber so gelingt es ihm in einer ungewöhnlichen Art, sowohl Gruppe A als auch Gruppe B zum Teil gerecht zu werden. Dadurch entsteht aber ein neues Moraldilemma: zwischen dem Wohl der Gruppe B und dem Eigenwohl, bedingt durch die Gefahr des Verrats oder der zufälligen Entdeckung durch die SS. Ran bringt sich im Namen der Solidarität in Gefahr.

Drei Monate später steht der Transport, mit dem Ran kam, unmittelbar vor der Vernichtung. Die Angst von Ran, der in der Zwischenzeit die Fakten kennt, ist sehr groß. Er berichtet, daß viele andere Häftlinge des Familienlagers nicht geglaubt hatten, daß sie selbst ermordet werden könnten, obwohl sie die Schornsteine von Auschwitz sahen. Hier benennt Ran die nackte Wahrheit, wie er sie erlebte:

»Und in der Zwischenzeit kommen die Transporte [aus Ungarn, Juni 1944]. Und jetzt gibt es eine schlimme Sache. Die Transporte hören auf, eine kurze Pause von zwei, drei Tagen. Wir sagen, ah wir sind dran. Am nächsten Tag kommen wieder Transporte. Es gibt eine gewisse Erleichterung. Wir sind nicht dran. Sie sind vorher dran. Es gibt so ein Gefühl, daß solange die Transporte einer nach dem anderen kommen, haben sie keine Zeit für uns.«

Einige Tage vor dem genauen Datum der »Sonderbehandlung« erfährt der jüdische Lagerälteste, der für mehre Blockälteste zuständig ist, daß nicht das gesamte Familienlager mit seinen zehntausend Menschen vergast wird. Eine Selektion, in der dreitausend Häftlinge für Zwangsarbeit ausgewählt werden, soll vorher stattfinden, während die anderen von den Nazis ermordet werden sollen. Diese Information erhalten der jüdische Lagerälteste und die anderen Funktionshäftlinge wieder in Form von Gerüchten und informellen Kontakten zu den Funktionshäftlingen aus den Schreibstuben der SS. Hier erzählt Ran auch, wie er versucht hat, die beiden Frauen davon zu überzeugen, ohne ihre Kinder zur Selektion zu gehen. Ran bildet hier eine Hierarchie von Werten, nach denen er handelt: das Leben der Mütter zu retten, ist nach seiner subjektiven Moralphilosophie moralisch wichtiger, als der Tod der Mutter und ihres Kindes. Ran zeigt mit seiner Erzählung die psychische Fähigkeit, seine moralische vollzogene Handlungsalternative in der Situation der Moraldilemmata als positiv benennen und erleben zu können.

Arbeitslager: »Auch hier gab es ein schlimmes Dilemma«

Während dieser letzten Selektion wird Ran mit tausend weiteren Männern für die Zwangsarbeit selektiert und in ein Arbeitslager nach Deutschland transportiert. Dort arbeitet er von Juli 1944 bis April 1945 in einer Fabrik. Doch mit dem Verlassen des KZs hören Rans Moraldilemmata nicht auf. Im Arbeitslager gefährdet Ran sich und seinen Freund Itzik wegen einer »Torheit«, wie er es nennt. Hier möchte ich zu der Frage zurückkehren, wie Ran mit denjenigen Handlungen umgeht, die er bei sich als amoralisch erlebt. Diese Erzählung beginnt Ran mit der Bemerkung:

> »Aber eine bedeutende Geschichte werde ich dir erzählen. Einmal kam es wirklich über mich und ich beging eine Torheit. Ich gehe jeden Tag zu dieser schweren Arbeit von sieben Uhr am Morgen bis sechs am Abend. Jeden Tag gibt es weniger und weniger Leute. Und das Essen ist richtig erbärmlich.«

Ran fährt an dieser Stelle mit der Beschreibung des schlechten Gesundheitszustands von Itzik fort. Dieser »wunderbare Mann« war »workaholic«, erzählt Ran und erklärt, daß Itzik auch dann gearbeitet hat, wenn die Deutschen nicht schauten und zwar im Widerspruch zur »Ideologie«, die unter den Häftlingen herrschte und lautete »Keine Energie verbrauchen. Wenn jemand dich anschaut, arbeitest du. Wenn jemand nach hinten schaut, hörst du auf zu arbeiten.« Doch Itzik sagt: »Chevre, ich kann das nicht tun.« Dazu rauchte Itzik auch: »Was heißt rauchen? Er hat sein Essen für Zigaretten eingetauscht. D. h. er kam dem Zustand eines Muselmanns nahe. Muselmann war ein gebrochener Mensch. [...] Er hat kaum funktioniert.« Erst dann kehrt Ran zu der »Torheit« zurück:

> »Eines Tages kam mir dieser Unsinn in den Kopf. Jeder ist in solchen Situationen ein wenig Tralala [Hebräisch: Meist von Kindern angewandter Ausdruck für ›nicht ganz normal‹]. Aber bis zum heutigen Tag liebe ich Kohl sehr. Und in dem Hauptquartier des Lagers gab es einen Gemüsegarten. [...] Während des Marschs zur Arbeit habe ich auf der linken Seite gesehen: dort gibt es Kohl. Und eines Tages um fünf Uhr am Morgen, als es noch dunkel war, weil es Winter war, kam mir dieser Unsinn in den Kopf; Ich gehe essen. Ich gehe Kohl stehlen. Warum? Ich weiß es bis zum heutigen Tage nicht. Unsinn, sagte ich. Ich gehe dorthin zwischen vier und fünf Uhr. Ich nehme Kohl [...] Dann beginne ich schon damit, zu laufen und plötzlich – Halt – Halt – Halt. Jemand hat mich gesehen. [...] Ich laufe zu einer Toilette und dort esse ich den ganzen kalten Kohl auf. [...] Was für ein Vergnügen. [...] Nur, daß man von sowas Durchfall bekommen kann. Ich aß es auf der Toilette und dann ging ich zur Arbeit.«

Ran gelingt es, zu fliehen. Doch die Tat wird entdeckt und am nächsten Tag steht er vor einem Moraldilemma:

> »Jetzt am Abend, wenn man von der Arbeit zurückkehrt, werden verschiedene ›Straftäter‹ aufgerufen. [...] Und jetzt das Schwein, der Schweinehund [dies sagt Ran auf Deutsch], der den Kohl gestohlen hat, soll rauskommen. Weißt du, was es bedeu-

tet? Es bedeutet Schläge. Und es hängt dann von der Person ab: Entweder wird sie es verkraften oder sie wird es nicht verkraften. Dann war es ein schlimmer innerer Konflikt, weil dann / Ah und weißt du: wenn der Schweinehund nicht rauskommt, dann wird das ganze Lager, das nach zwölf Stunden müde zurückkehrte, bis zum Morgen marschieren. [...] Das passierte schon. Aber meist nicht bis zum Morgen. [...] Man geht zwei, drei, vier, fünf, sechs Stunden. So war es. Dann sagten sie, wenn der Schweinehund sich nicht zeigt, dann marschiert das ganze Lager bis zum Morgen, sofort zur Arbeit. Und jetzt, was ist die Überlegung? Unter den Marschierenden gibt es immer Halbtote, wie mein Freund [Rans Stimme steigt]. Der schon zuviel arbeitete und auch zuviel rauchte. Es gab nicht wenige von diesen Typen. Dies bedeutet, daß sie umfallen werden. Er wird umfallen und so weiter. Es war ein sehr schlimmer Konflikt. Wie der Konflikt, welche Betreuer zu wählen. Die Dilemmata. Und auch hier gab es ein schlimmes Dilemma. Und am Ende bleibe ich. Es wird, was wird. Keiner ist gestorben. Es vergingen drei Stunden und man nahm uns zurück. Ja. Aber es war ein Konflikt: vortreten ja, vortreten nein.«

Das Moraldilemma vor dem Ran steht, ist der Konflikt zwischen seinem Eigenwohl und dem Wohl der anderen. Auf der einen Seite steht sein möglicher Tod bzw. die Schläge, die er »verkraften oder [...] nicht verkraften« wird. Auf der anderen Seite steht das Leben der »Halbtoten«, von denen es »nicht wenige« gab. Die Pflichten gegenüber sich selbst sind ein Teil von Rans subjektiver Moralphilosophie. Dies ermöglicht ihm auch, diese und andere Moraldilemmata, in denen es um sein Wohl versus das Wohl der anderen geht, auf der bewußten Ebene zu thematisieren. Bei diesem Moraldilemma drückt Ran sehr klar seinen tiefen Schmerz in der Entscheidungssituation aus: »Ein schlimmer innerer Konflikt«, »Ein sehr schlimmer Konflikt«, »Ein schlimmes Dilemma«.

Rans bewußte Wahrnehmung der Moraldilemmata wird auch aus früheren Dilemmasituationen ersichtlich, die er jeweils in ihrer Komplexität beschreibt:

(a) Die Moraldilemmata zwischen der Solidarität zur zionistischen Bewegung in Prag und der Möglichkeit der Emigration.
(b) Die Moraldilemmata im Ghetto zwischen dem Schutz der Eltern und der Freunde und dem Eigenschutz.
(c) Die vielen Moraldilemmata, mit denen Ran als Funktionshäftling in Auschwitz konfrontiert wird. Diese letzten drei Moraldilemmata lassen sich jeweils als ›strukturelle Moraldilemmata‹ verstehen. Sie hängen mit Rans Aufgaben, die er in der zionistischen Bewegung hat (1938-1941) oder als Funktionshäftling im Ghetto und in Auschwitz ausübt, zusammen. Das Moraldilemma im Arbeitslager läßt sich dagegen als ein ›persönliches Moraldilemma‹ beschreiben, da seine Entstehung nicht mit einer Aufgabe oder der Funktionstätigkeit verbunden ist. Doch dieses letztgenannte

Moraldilemma ist für Ran nicht leichter als die früheren.

Ambivalenz aushalten als Bewältigungsform
Aus Rans Erzählungen läßt sich einiges über seinen Umgang mit Moraldilemmata erfahren: Ran beschreibt seine Konflikte sowie die guten und schlechten Seiten seines Handelns. Er geht einerseits behutsam mit sich selbst um, indem er zuerst die Bedingungen erklärt, die ihn zu dieser »Torheit« verführten: schwere Arbeit, Hunger, Tod. Doch gleichzeitig rekonstruiert er in seiner Erzählung auch die Aspekte, die ihm nicht schmeicheln und kritisiert sein eigenes Verhalten. Er hätte die Geschichte auch ganz anders erzählen können: z. B. ohne die Gefährdung von Itzik zu erwähnen, oder mit der Hervorhebung, wie gefährdet er selbst war, als er sich vor dem Hungertod retten wollte oder durch die Betonung, daß der Freund für sein ›falsches‹ Verhalten (zuviel arbeiten, rauchen) allein verantwortlich gewesen wäre. Doch stattdessen beschreibt er sein Handeln offen als die Ursache der Kollektivstrafe.

Diese offene Thematisierung der positiven und negativen Aspekte der eigenen Handlungen drückt Rans Fähigkeit aus, Ambivalenz auszuhalten. Damit ist die Fähigkeit gemeint, Widersprüche und Doppelwertigkeiten des eigenen Verhaltens, Denkens oder Fühlens nebeneinander stehenzulassen. ›Ich will leben und ich will meinem Freund helfen, aber ich kann die beiden moralischen Wünsche nicht gleichzeitig verfolgen.‹ Ran kann seine schweren Moraldilemmata, in denen es um Leben und Tod geht, beschreiben; ihren Schmerz psychisch ertragen; mit diesen Moraldilemmata leben. Das Aushalten der Moraldilemmata ist eine enorme Fähigkeit. Wir streben meist nach Eindeutigkeit und deshalb ist es nicht leicht für uns, mit Moraldilemmata und deren Lösungen zu leben. Im allgemeinen fällt es uns schwer, hinzunehmen, daß wir in bestimmten Situationen – wie diejenigen der Moraldilemmata – nicht absolut gut und richtig (im Sinne unserer subjektiven Moralphilosophie) handeln können. Moraldilemmata auszuhalten bedeutet das Aushalten von Ambivalenzen und dies ist eine wichtige psychische Fähigkeit, wie sie von der Psychologin Otscheret formuliert wird: »Seelische Gesundheit bedeutet, [...] Widersprüche zu erkennen, auszuhalten, bewußt mit ihnen zu leben« (1988, S. 151).

Der Versuch, Ambivalenzen vollkommen zu leugnen, läßt sich eher als pathologisch betrachten. So z. B. wenn eine Person die Unfähigkeit zeigt, jegliche Spannung in ihrer Familie, ihrer Gesellschaft oder ihrem inneren Leben auszuhalten. Eine bewußte Auseinandersetzung mit den Ambivalenzen sollte aus diesem Grund nicht nur als belastend erlebt, »sondern auch als entwicklungsfördernd, als Chance« gesehen werden. »Die Reife eines Menschen drückt sich [...] in seiner Ambivalenztoleranz aus« (ebd., S. 59).

Die Steigerung der Ambivalenztoleranz, wie sie auch bei Ran zu finden ist, ist meiner Ansicht nach eine wichtige Bewältigungsstrategie im Umgang mit Moraldilemmata. Die zentrale Rolle der Ambivalenztoleranz im Bewältigungsprozeß von Moraldilemmata wird verständlich, wenn man die Struktur der Moraldilemmata näher betrachtet: Jede Entscheidung im Fall der Moraldilemmata ist mit ambivalenten Gefühlen verbunden, da man beide Alternativen verfolgen will, aber nicht kann. Auch nach der Entscheidung wird deutlich, daß man sich zwar für eine Alternative entschieden, daß aber

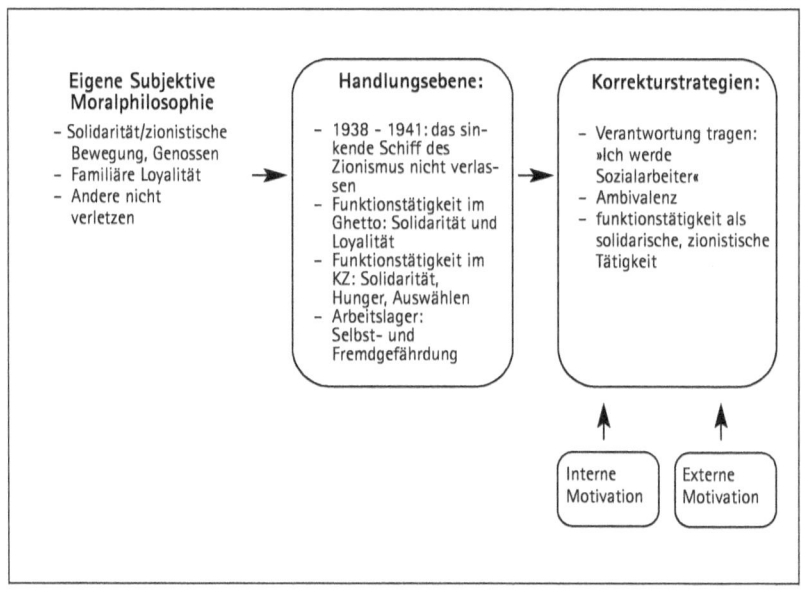

Abbildung 10: Ran Chanoch: Verantwortung tragen und Ambivalenz aushalten
Die Solidarität gegenüber den zionistischen Genossen und die familiäre Loyalität sind neben dem Eigenschutz zentrale Werte in Rans subjektiver Moralphilosophie. Im Ghetto, KZ und im Arbeitslager geraten diese Werte in Konflikt und Ran steht vor mehreren Moraldilemmata. Da er auf der Handlungsebene sich jeweils für einen Wert entscheiden muß, entstehen moralische Defizite und Schuldgefühle. Drei Bewältigungsstrategien helfen Ran im Umgang mit den Moraldilemmata: Das Aushalten von Ambivalenz; die Umwandlung der Schuldgefühle in Verantwortung, indem Ran seinen Beruf als Architekt aufgibt und Sozialarbeiter wird; und das Verständnis der Funktionstätigkeit als eine solidarische, zionistische Tätigkeit.

der andere moralische Wunsch nicht aufgehört hat, zu existieren. Um mit dieser Realität innerlich zu überleben, muß die Ambivalenztoleranz gesteigert werden.

Zusammenfassend läßt sich sagen, daß Rans Erzählung durch seine Fähigkeit, Ambivalenz auszuhalten, geprägt ist. Er nimmt die Moraldilemmata bewußt wahr. Durch das Erzählen kommt es auch zu einer Reinszenierung, zu einer Aktivierung der damaligen Gefühle (Schmerz, Schwäche, Zorn gegenüber den Nazis, Verzweiflung). Doch Ran scheint eigene Werkzeuge entwickelt zu haben, um mit seinen eigenen erlebten Schattenseiten zu leben, um sie zu akzeptieren.

Die Befreiung: »Zwei Chevre tragen mich«
Als das Arbeitslager immer häufiger von den Alliierten bombardiert wird und die Russen näher rücken, werden die Häftlinge von der SS auf den Todesmarsch getrieben. Als Folge der Erschöpfung während des Todesmarsches stirbt Itzik. Ran und andere zionistische Häftlinge tragen seine Leiche über Stunden und schaufeln ihm am Abend ein Grab am Rande des Weges. Einige Tage später werden alle Häftlinge in Waggons gesperrt. Regen dringt in die offenstehenden Waggons und Ran wird schwer krank. In dieser Zeit »sind wir ohne Essen, total ohne Essen«. Nach drei Tagen schreien die Häftlinge: »Ende des Krieges, Ende des Krieges.« Doch Ran, der nur noch 44 Kilo wiegt, ist so geschwächt, daß er ins Koma fällt. »Zwei Freunde tragen mich, weil ich nicht mehr allein gehen konnte. Sie tragen mich über die Entfernung von vier Kilometern, langsam, langsam.« Als er erwacht, liegt er im Krankenhaus des befreiten Ghettos Theresienstadt, wohin seine zionistischen Freunde ihn gebracht haben.

Leben in Israel: »Da können wir etwas beitragen«
In Israel lebt Ran zunächst im Kibbutz (1949) und dort entschließt er sich auch, seinen ursprünglichen Namen Jiri Grünbaum in den israelischen Namen Ran Chanoch zu ändern, womit er die israelische Identität annimmt. Schon 1950 zieht er in die Stadt, um ein Seminar für Sozialarbeiter zu besuchen, wo er seine zukünftige Frau Veronika trifft. Sie leben und arbeiten seit ihrer Begegnung für das gleiche Ziel: Die Unterstützung des Sozialsystems in Israel. Ihre Hochzeit findet direkt nach Ende der Ausbildung statt und nach einer dreitägigen Hochzeitsreise beginnt ihr Berufsleben als Sozialarbeiter (im Jahre 1952). Die kurze Hochzeitsreise erklärt Ran dadurch, daß der Arbeitsbeginn schon feststand. Der Hochzeitstermin zwischen Ende der

Ausbildung und Beginn der Arbeit symbolisiert aber auch die gemeinsame Basis der Partnerschaft: Ran und Veronika verstehen sich als Sozialarbeiterpaar. Nachdem sie in Haifa zwei Jahre gearbeitet haben, entscheiden sie sich, in eine kleinere Stadt in Nordisrael zu gehen. »Da können wir etwas beitragen«, hat Veronika damals den Wunsch der beiden als Erste ausgesprochen, berichtet Ran. In der ersten Institution arbeitet Ran zwanzig Jahre lang. Auf die zweite Stelle wechselt er nahtlos und »so war ich sogar nicht einen Tag ohne Arbeit und da arbeite ich bis heute. Das ist alles. Ich habe alles erzählt«, kündigt Ran das Ende seiner Haupterzählung an. Es ist ein Interview über seine Lebensgeschichte im Schatten der Shoah und Ran beendet die Erzählung mit der Erfüllung der inneren Pflicht, die er auf sich genommen hat. Jetzt ist die Geschichte für ihn rund, jetzt hat er »alles erzählt«.

Veronika ist 1924 in Prag geboren und hat Theresienstadt, Auschwitz und Bergen-Belsen überlebt. Ran und Veronika haben sich erst in Israel kennengelernt. Ran persönlich glaubt, daß die Shoah wenig Einfluß auf ihn und seine Frau hat. Die Shoah ist zwar ein häufiges Thema in der Partnerschaft, z. B. wenn sie an gemeinsame Freunde denken, sich an die eine oder andere Geschichte erinnern. Eine zentrale Rolle für die Partnerschaft spielt aber das gemeinsame Interesse für die Sozialarbeit, wobei bei Ran dieses Interesse von der Shoah nicht zu trennen ist. Die individuellen Bewältigungsstrategien, die Ran bei seiner Verarbeitung der Shoaherlebnisse entwickelt hat, sind für ihn hilfreich, so daß er weniger auf partnerschaftliche Bewältigungsstrategien angewiesen zu sein scheint.

»Eine israelische Familie«, »eine normale Familie«

Die zwei Töchter der Familie sind 1955 und 1962 geboren. Noa ist Sozialarbeiterin und Liat arbeitet im Informatikbereich. Welchen Einfluß hat die Shoah auf die beiden Töchter, frage ich Ran, und es fällt auf, daß er die Frage nicht mag: »Wir haben sie in einer normalen Form erzogen. Eine israelische Familie. [...] Eine normale Familie. [...] Ich denke, daß es nichts Spezifisches gibt, daß sie so oder anders wegen der Shoah sind.« Auch Veronika antwortet ähnlich: »Bei uns war die Shoah nicht auf dem Teller. Wenn ich esse, müssen die Kinder nicht essen.« Auch sie sieht ihre Familie zuallererst als israelische Familie (»Ich bin sehr schnell Israelin geworden. Ich war es sofort, nachdem ich vom Schiff gestiegen bin. Ich bin keine Tschechin mehr«). Ich frage Ran weiter, ob er glaubt, daß seine Familie besonders gebunden sei, weil sie als Eltern die Shoah erlebt haben. Er erwidert wieder: »Ich kenne Familien, die nicht in der Shoah waren und bei denen ist es ähnlich. Ich sehe nichts Besonderes. Wir haben uns auch bewußt bemüht, keine Verknüpfung zwischen der Vergangenheit und der Gegenwart herzustellen. Was war, war und was wird, wird.«

Durch Fragen auf der Metaebene bzw. direkte Fragen kann man erfassen, was die Person auf der bewußten Ebene denkt und was sie sich wünscht. Es ist Rans bewußter Wunsch, seinen Kindern ein »normales« Zuhause zu geben; mit ihnen und seiner Frau eine normale israelische Familie zu bilden. Doch durch Erzählungen vermittelt die Person manchmal auch ihr unbewußtes, indirektes Wissen. So berichtet Ran ein wenig später, wie stolz er und seine Frau waren, als Liat einen Preis nicht annahm, den sie erhalten sollte: der Preis war eine Reise nach Deutschland. Und als Liat klein war, hing ein Gemälde im Wohnzimmer, vor dem sie Angst hatte: Es war das Gemälde einer Frau in Auschwitz. Ein anderes Mal erzählt er, daß er befürchtet, daß etwas wie die Shoah sich wiederholen kann und zwar nicht durch die Deutschen, sondern durch die Araber. Auch wenn »was war war«, hinterläßt die Vergangenheit doch ihre Spuren bei der Familie, auch bei den Kindern.

»Ekelhafte Arbeit«
Das Verschwinden des Kapo-Begriffs
Liat Chanoch – Zweite Generation

Von Liats Vater Ran erfahre ich, daß Liat in der Vergangenheit die Teilnahme an einem Forschungsinterview mit einer Psychologin ablehnte, da sie sich von der Shoah nicht betroffen fühlt. Vier Monate später rufe ich Liat an und zu meiner Überraschung stimmt sie einem Interview sofort zu. Eine Erzählung von Liats Mutter Veronika kommt mir dabei in den Sinn: Einige Monate vor dem Interview, als Liat wegen eines gebrochenen Fußes im Krankenhaus liegt, sagt sie: »Mutti, ich weiß eigentlich nicht viel über deine Erlebnisse während der Shoah, nichts Chronologisches.« »Dann frag doch«, antwortet ihr Veronika. Als Liat zu fragen beginnen will, klingelt das Telefon. Damit endet das Gespräch über das Thema, berichtet die Mutter. Liats ambivalente Haltung zu der Thematisierung ihrer Familiengeschichte während der Shoah wird damit schon im Vorfeld spürbar.

Liat ist 1962 in Israel geboren. Sie ist eine große, stämmige Frau, hat kurze Haare, trägt Jeans und ein weites T-Shirt. Ihre Erzählungen sind knapp, würzig, humorvoll. Sie verwendet im Gespräch viele umgangssprachlichen Ausdrücke, was die Erzählungen über die Shoah z. T. ironisch und merkwürdig klingen läßt. Ihr Humor scheint ihr bei diesem bedrohlichem Thema als Schutzmechanismus zu dienen. Zum Teil habe ich das Gefühl, daß sie gern kleiner, unsichtbarer, unauffälliger sein möchte, was bei ihrer Größe, ihrem Humor und ihren Fähigkeiten nicht ganz gelingen kann. Nach ihrem Studium in Informatik und Mathematik promoviert sie und hat heute eine leitende Position inne.

Unser Gespräch dauert zweieinhalb Stunden. Liats Erzählstil ist assoziativ und selten chronologisch: Sie beschreibt die Vergangenheit und verknüpft dies häufig mit Bemerkungen über ihre heutige Wahrnehmung der Eltern. An einer Stelle, an der sie die Shoah-Erfahrungen ihrer Eltern thematisiert, sagt sie z. B. über ihren Vater: »Er wird dir alles erzählen, was du hören und nicht hören willst.« Was Liat hören und nicht hören will und welchen Einfluß dies auf die Gestaltung ihrer Erzählung hat, möchte ich in ihrer biographischen Analyse herausarbeiten. Weiterhin werde ich auf die Frage eingehen, was Liat über die Funktionstätigkeit und die Moraldilemmata ihres Vaters weiß und wie sie diese verarbeitet.

›Der Freund meines Vaters war Kapo‹

Ihre biographische Erzählung eröffnet Liat mit der Kindheit ihrer Eltern, in der sie liebevoll ihren Vater als »dicklichen Lausbub« beschreibt, der in der Schule z. B. die Wände der Toiletten auf Latein beschriftet und erwischt wird, weil nur er unter den Schülern so gut Latein konnte. Über ihre Mutter sagt sie: »sie war ein verwöhntes, schönes Kind« aus einer reichen gebildeten Familie. Doch sofort danach betont Liat, daß ihre Mutter später zu einer zionistischen Pionierin wurde und nicht verwöhnt blieb. Beide Eltern »besiedelten und verteidigten den Norden des Landes Israel«. Dazu sind sie ein romantisches Paar und haben ihre »Selbstverwirklichung« in Israel erreicht , vervollständigt sie die Beschreibung ihrer Eltern anschließend. In diesem Interview, das die Lebensgeschichte von Holocaust-Familien zum Thema hat, spricht Liat zuerst die Zeit vor der Verfolgung an und beschreibt anschließend ihre Eltern als Chaluzim, als Israelis, in der Zeit nach der Shoah bis heute. Die Shoahzeit überspringt sie. Am Beginn des Interviews definiert sie damit ihre Eltern als Israelis, die sich in und dank Israel verwirklicht haben. Erst später geht sie auf die Shoah-Erfahrungen ihrer Eltern ein. Ihr detailliertes Wissen einerseits, ihr Unwissen andererseits sind hier überraschend.

Die Mutter: Solidarität als »gegenseitige Unterstützung«
und »gemeinsame Trauer«
»Ich wäre bereit, ein halbes Jahr in Theresienstadt zu sein, für einen Tag in Auschwitz«, sagt ein Bekannter der Eltern, als Liat vor einigen Jahren ihre Eltern besucht. Dies spiegelt für sie auch »die Proportion« zwischen Ausch-

witz und Theresienstadt wieder und später bemerkt sie: »Insgesamt habe ich verstanden, daß es in Theresienstadt nicht so schlimm war. D. h. relativ gesehen. Es war eng und solche Sachen.« Die in dieser Form wahrgenommenen Proportionen haben auch Einfluß auf Liats Erzählstil, als sie über die Erfahrungen ihrer Mutter in Theresienstadt berichtet:

> »Einmal, als wir so locker gesprochen und gelacht haben, dann hat meine Mutter erzählt, daß sie weiter Geschlechtsverkehr hatte. So daß sie innerhalb der Gruppe [Chevre] weiter Geschlechtsverkehr hatten. So untereinander. Sie waren siebenhundert junge Leute und es war sehr üblich. Die Frauen haben die Männer weiterhin getroffen. Es waren so gesellschaftliche Sachen. Und ich verstehe, daß es so weiter ging, bis sie nach Birkenau ging. Sie ging mit ihren Eltern.«

Lachend erzählt sie auch, wie ihre Mutter gestohlenes Essen in ihrem BH versteckt hat. Doch andererseits versucht Liat auch die schweren Seiten des Erlebens ihrer Mutter zu verstehen. Sie fragt ihre Mutter z. B. wie es mit der Periode im Ghetto war oder »überhaupt wie es war«. Dann »sagt meine Mutter immer, daß alle in ihrer Umgebung so waren«. Die Mutter erzählt Liat damit eine kollektive Geschichte über die Shoah, in der sie nicht allein ist. »Das ist leichter«, bemerkt Liat und versucht sich dies genau vorzustellen: »Wenn dir jemand stirbt, ist das eine sehr persönliche, intime Trauer. Aber es war weniger persönlich, weil die Trauer auch eine Rolle in der Gruppe spielte.« »Es gab nicht nur eine gegenseitige Unterstützung, sondern auch eine gemeinsame Trauer, denke ich.« Doch zuletzt verläßt die Mutter ihre Gruppe, ihre »Chevre« und geht »freiwillig« nach Auschwitz-Birkenau. »Sie wollte einfach mit ihren Eltern in den Zug einsteigen. Sie ist mit ihnen gefahren und dann hat man sie getrennt, weil sie jung war und arbeiten konnte. Ihre Eltern wurden zu den Verbrennungsöfen gebracht.« In Auschwitz und später auch im Arbeitslager wird die Mutter »sehr krank«. Es sei für sie »die schwere Phase« der Verfolgung gewesen.

In der Mutter-Tochter-Beziehung kommt es zur Tradierung der gelebten Solidarität und Loyalität. Liat nimmt das Gemeinschaftsgefühl und die »gegenseitige Unterstützung«, die der Mutter physisch und psychisch halfen, wahr und erlebt ihre Mutter als loyale Tochter gegenüber ihren ermordeten Eltern. Die Solidarität, die Verbundenheit mit den eigenen Freunden wird auch in den Erzählungen über den Vater immer wieder spürbar. So erzählt Liat die Geschichten ihres Vaters oft im Plural. Der Vater ist nicht allein, sondern stets zusammen mit seinen Freunden, die Liat z. T. selber kennt.

Vater: »Physische Arbeit« in Auschwitz

Bei dem Versuch, die Frage zu beantworten, was Liat über die Moraldilemmata und Funktionstätigkeit ihres Vaters weiß, stieß ich immer wieder auf ein widersprüchliches Bild der familiären Kommunikation über die Shoah. Einerseits bemerkt Liat, daß ihr Vater viel über die Shoah spricht: »Mein Vater erzählt die ganze Zeit.« oder »Mein Vater, gib ihm nur zu reden. [...] Komm und hör zu. Nein, ihm macht es gar nichts aus.« Andererseits begründet Liat ihr Unwissen damit, daß man in der Familie nicht viel über die Shoah spricht: »Ich weiß nicht alle Details. Wir vertiefen uns zu Hause nicht in die Shoah.« Insgesamt kennt Liat viele Geschichten über die Erfahrungen ihres Vaters während der Shoah, aber sie weiß nicht alles. So scheint sie die Moraldilemmata ihres Vaters nicht zu kennen und hat nur ein partielles Wissen über seine Funktionstätigkeit.

Liat berichtet z. B., wie ihr Vater den Kohl gestohlen hat und danach fast an Durchfall starb. Seine Moraldilemmata im Zusammenhang mit dem Stehlen des Kohls – die kollektive Strafe, die Gefährdung des Lebens von Itzik und den anderen geschwächten Häftlingen – werden von ihr nicht erwähnt. Sie kennt den Eid ihres Vaters, Sozialarbeiter zu werden, falls er überleben wird, aber auch hier scheint sie die Hintergründe seiner Entscheidung – seine damaligen Moraldilemmata und die Funktionstätigkeit in Auschwitz – nicht zu kennen.

Die Arbeit ihres Vaters im Ghetto verbindet Liat mit seiner heutigen Arbeit als Sozialarbeiter: »Ich weiß, daß er in Theresienstadt im Bereich der Arbeitsorganisation gearbeitet hat. Ich weiß, daß er dort dafür zuständig war usw. Und was ist Organisation? Was macht er heute bei der Arbeit? Formulare.« Die heutige Tätigkeit ihres Vaters als Sozialarbeiter ist für Liat positiv besetzt: mit den heutigen Formularen versucht der Vater, seinen Klienten zu helfen. Durch den Vergleich zwischen den beiden Tätigkeiten hinterfragt Liat nicht, ob die damaligen »Formulare« für die Ghettobewohner ebenfalls hilfreich waren. Mehr weiß Liat über diese Arbeit nicht, aber durch diesen Vergleich entsteht der Eindruck, daß sie seine damalige Tätigkeit positiv bewertet. Diese Bewertung hängt vermutlich auch mit den Erzählungen der Mutter über Theresienstadt zusammen, sowie mit Liats Eindruck, daß die schwere Phase der Verfolgung für beide Eltern in Auschwitz begann. Theresienstadt ist in ihren Erzählungen eine ›Zwischenstation‹ vor dem Grauen in Auschwitz. Und vielleicht nimmt Liat aus diesem Grund auch an, daß eine Tätigkeit mit »Formularen« im Ghetto niemanden schaden konnte, weil »es in Theresienstadt nicht so schlimm war«.

Am schwersten für die Überlebenden sei die Ermordung ihrer Familie und die Erniedrigung durch die Nazis gewesen, sagt Liat in einer allgemeinen Form, als sie beschreiben will, was für ihren Vater in Auschwitz am schwierigsten war. Seine Erfahrungen in Auschwitz formuliert sie fast ohne Ausnahme in der unpersönlichen Pluralform: »Man steckt dich in ein Lager, sagt dir dies und dies zu machen, und um dich herum sterben Leute.« Als ich sie frage, ob sie eine spezifische Situation kennt, in der ihr Vater persönlich erniedrigt wurde, verneint sie dies und sagt:

> »In Auschwitz war mein Vater ein Jahr oder ein halbes Jahr. Das ist die schwerste Phase. Ich nehme an, daß es wie im Militär ist. Also wie in der Armee sein, nur viel schlimmer, d. h. unter der Hierarchie leiden und noch andere Sachen.«

Wo ist der Vater in der »Hierarchie« plaziert? Dies wird in keiner von Liats Erzählungen deutlich. An einer Stelle bemerkt sie, daß ihr Vater in Auschwitz keine Kranken zur Arbeit geschickt hat. Sie formuliert auch diesen Satz in Plural: Während man in anderen Baracken dies wohl tat, »haben sie solche Sachen nicht gemacht«. Der Vater handelt nicht allein, sondern als Teil des Kollektivs. Damit sind vermutlich Rans Freunde aus der zionistischen Bewegung gemeint. Liat ahnt damit schon, daß ihr Vater nicht ganz unten in der Hierarchie ist, aber seine genaue Plazierung oder die Bezeichnung seiner Tätigkeiten nennt sie nicht. Wird es einfach nicht ausgesprochen oder weiß Liat den Namen für diese Tätigkeit nicht? Ich frage Liat anschließend:

> I: »Wie ist dein Bild von deinem Vater in Auschwitz. Wie siehst du ihn da?«
> L: »Ich sehe ihn nicht. Als ob / Ich bin nicht in der Lage, es mir vorzustellen.«
> I: Siehst du ihn dort arbeiten?«
> L: »Physische Arbeit, physische Arbeit. D. h. sie haben erzählt. Ich weiß es nicht, Steine bewegen, weitergeben. Ich will dir einfach nicht Sachen sagen, weil ich mich nicht erinnere, was ich aus Dokumenten weiß, die ich sah, und was von ihm stammt.«

In Auschwitz ist der Vater für Liat ein einfacher Häftling, der »physische Arbeit« leistet, der Steine trägt. Diese Zwangsarbeit mußte Ran in Auschwitz tatsächlich für eine kurze Zeit, für einige Tage tun, als er aus seiner Funktionstätigkeit entlassen wurde und bevor er sie wieder erhalten hat. Es kommt hier zu einer Verwechslung und irgendwie ahnt Liat dies. Liats Erzählungen sind in sich nicht ganz stimmig: einerseits schickt ihr Vater die Kranken nicht zur Arbeit und andererseits ist er ein einfacher Häftling, wie sie es in Dokumentarfilmen sah. Ihr Vater ist für sie auf jeden Fall kein Funktionshäftling, kein Kapo in Auschwitz, obwohl sie seinen Freund, der mit ihm in Auschwitz war, »Kapo« nennt.

Der Kapo: »Er wurde vor Gericht gestellt«

»Sie haben einen Freund, der dauernd anruft, und er war Kapo. Er wurde vor Gericht gestellt und später noch einmal. Und mein Vater hat zu seinen Gunsten ausgesagt, daß er, sagen wir mal, jemandem einen Pullover ausgeliehen hat, der die ganze Nacht draußen stehen mußte. Solche Hilfen. Die Sache der Komplexität als Kapo.«

Liat kennt den Begriff »Kapo«, der für sie aber nicht im Zusammenhang mit ihrem Vater steht. »Kapos« werden vor Gericht verurteilt und ihr Vater übernimmt in ihren Augen hier eher eine Vermittlerrolle, indem er zu Gunsten des Freundes aussagt. Fast zusammenhangslos spricht Liat am Ende von »der Komplexität als Kapo«. Was steht für Liat hinter diesem Ausdruck? Später frage ich sie, ob sie mehr über den Freund des Vaters erzählen kann. Ihre Antworten sind dabei meist äußerst kurz:

> L: »Ich weiß nicht viel. Er ging nach Chile. Und ich weiß nicht genau, in welchem Rahmen man gegen ihn Prozesse machte. Aber es wurde entschieden, ihn zu verklagen, die Gemeinde oder jemand ähnliches.«
> I: »Ist er Jude?«
> L: »Ja, ja, Er heißt David Stein [Name anonymisiert].«
> I: »Hast du ihn jemals getroffen?«
> L: »Ich kenne ihn nur von Anrufen. Er ruft meine Eltern die ganze Zeit an, einmal im Monat.«
> I: »Sie sind richtig gute Freunde.«
> L: »Er ist einfach ein Millionär.«
> I: »Und voller Dankbarkeit.«
> L: »Ja, daß man ihn gerettet hat. Ein sehr kleines Vergnügen, was ihm passiert ist [Redepause].«
> I: »Ja, was scheint dir, daß für ihn schwer war, wenn du sagst, daß es kein großes Vergnügen war?«
> L: »Was, von der eigenen Gemeinde beschuldigt zu werden, daß du sie verraten hast, das ist kein Vergnügen [Ihr Ton bezeugt dabei, daß dies alles doch ganz selbstverständlich wäre.].«
> I: »Und was denkst du, wie hat er sie verraten? Wofür wurde er beschuldigt?«
> L: »Ein Kapo? Für was wird ein Kapo beschuldigt? [Es ist eine rhetorische Frage von Liat, die sich über meine Frage oder mein Unwissen erstaunt zeigt.]«
> I: »Ja.«
> L: »Was heißt das? Daß er Entscheidungen treffen sollte, daß diese hierhin gehen und diese dahin gehen. Diese werden sterben und diese werden nicht sterben. D. h., das Recht, über Menschenleben zu entscheiden. Er hat Menschen ausgeliefert, machte verschiedene Sachen, solche Sachen. Das sind die Argumente dagegen. Die Argumente dafür sind, daß er dies tun mußte.«

Liat erkennt die Komplexität: die Kapos haben verraten und ausgeliefert, erklärt sie, aber sie »mußten« es aufgrund des Zwangskontextes tun. Doch das Bild der Kapos, das Liat schildert, ist teilweise ungenau, denn Kapos führten nicht Selektion durch, in denen sie über »Menschenleben« entschieden. Sie konnten aber in anderen Situation im KZ das Überleben der Mithäftlinge beeinflussen; sie z. B. so stark schlagen, daß sie arbeitsunfähig wurden, was dann zu ihrem Tod führen konnte (Paran 1999). Liats Beschreibung vermittelt vielmehr das Bild der Kapos, wie es in der israelischen Gesellschaft oft vorhanden ist und zwar als Abbild des absolut Bösen: »Verrat«, »ausliefern«, »Selektion«. Dies ist jedoch kein Abbild der historischen Realität jüdischer Funktionshäftlinge. Direkt anschließend formuliert Liat ihre gesamte Bewertung der Kapotätigkeit: »Ich denke, daß es eine ekelhafte Arbeit ist, die man machen mußte.«

An dieser Stelle verurteilt Liat die Kapos im Sinne der israelischen Gesellschaft. Neben der Verurteilung hört man bei Liat auch eine Art versöhnliche Stimme, als sie anschließend die Kapos verteidigt: »Man hat ihn dazu verpflichtet? Was hättest du an seiner Stelle gemacht?«

Der ›reiche Kapo‹ ist mehr der Freund des Vaters und lädt diesen oft auf Europareisen ein. Die Mutter mag diesen Freund nicht und nahm seine Einladung nur einmal »aus Höflichkeit« an, bemerkt Liat zum Schluß.

Dethematisierung des Kapobegriffs in der ersten und zweiten Generation
Welcher Mechanismus könnte hinter Liats Wissen und Unwissen stehen bzw. wie ließe sich ihr Unwissen über die Funktionstätigkeit ihres Vaters erklären, obwohl Ran doch »die ganze Zeit« erzählt. An dieser Stelle möchte ich zwei mögliche Mechanismen für das Verschwinden des Kapobegriffs beschreiben.

(a) Das Verschwinden des Kapobegriffs in der zweiten Generation: Liat kennt die Verfolgungsgeschichte ihres Vaters und die Inhalte seiner Tätigkeiten. Was in ihrer Beschreibung fehlt, sind die Begriffe, die diese Tätigkeit beschreiben und zwar weil diese in der israelischen Gesellschaft negativ besetzt sind, wie Liat dies schon früh erfahren hat. Liat steht dabei zwischen ihren Eltern, die die Kapos »nicht richten« und der Gesellschaft, die die Kapos als »ekelhaft« bezeichnen würde. Dies ist bei den Kindern von Funktionshäftlingen der Kern der Soziose.

Es läßt sich hier vermuten, daß der Vater durch seine Korrekturstrategie über seine Funktionstätigkeit offen und »viel erzählt«, daß Liat aber ›weghört‹, wenn es um die bedrohlichen Begriffe oder Inhalte geht. Diese Begriffe gefährden das moralische Bild, das sie von ihrem Vater hat. Das ›Weghören‹ hat eine schützende Funktion für sie und so löst sie den Konflikt zwischen der Funktionstätigkeit ihres Vaters und der verurteilenden Gesellschaft, die Kapos sogar vor Gericht stellt. Sie kennt positive Aspekte seiner Arbeit, so z. B., daß er keine Kranken zur Arbeit schickte, aber sie läßt die

299

für sie unangenehmen Aspekte seiner Tätigkeit weg, die stigmatisierende Bezeichnung Kapo. So verschwindet der Begriff, aber nicht der Inhalt. Es kommt zu einer inneren Spaltung im Sinne der Soziose: die anderen waren ›ekelhafte Kapos‹, aber nicht der eigene Vater, den Liat teilweise als einfachen Häftling beschreibt. Das Nicht-Benennen, das Unwissen ist in diesem Sinne eine Bewältigungsstrategie, die eine schützende Funktion für Liat hat.

(b) Das Verschwinden des Kapobegriffs in der ersten Generation: Vielleicht ist aber Ran die Quelle der Dethematisierung des Begriffs Kapo. Er kennt den negativen Ruf der Kapos und spürt ihn auch direkt, z. B. als Zeuge im Prozeß gegen seinen Freund (allerdings erwähnt Ran diesen Prozeß nicht in unserem Interview). Vielleicht vermeidet er aus diesem Grund den Begriff Kapo, wenn er über sich spricht. In diesem Fall würde Liat diese Begriffe von ihrem Vater über sich nie gehört haben. Sie hätte wohl das Wissen, um es sich zusammenzureimen, aber dies würde sie aus den oben genannten Gründen nicht tun.

Um diese Annahme über das Verschwinden des Kapobegriffs in der ersten Generation zu überprüfen, kehre ich zu Rans Interview zurück. Es fällt im gesamten Gespräch auf, daß Ran die genaue Bezeichnung seiner Funktionstätigkeit nicht eindeutig beim Namen nennt. Dies steht im Gegensatz zu beispielsweise Rebekka Halevi-Oz, die sich als Kapo und Blockälteste bezeichnet. Ran verwendet vielmehr Alltagsbegriffe, um seine Funktionstätigkeit zu beschreiben. Im Ghetto nennt er sich »Arbeiter« oder spricht davon, daß er eine »Aufgabe erfüllt« hat. Dies gilt auch für die Tätigkeit in Auschwitz: »Ich war der Vierte«, »Job«, »Askanim«. Von seiner Beschreibung her scheint Ran in Auschwitz erst im Stubendienst gewesen zu sein. Später erhält er eine höhere Funktionstätigkeit und wird Blockältester. Doch diese beiden Begriffe verwendet er nicht. Es kommt dadurch zu dem Verschwinden der Begriffe Funktionstätigkeit, Kapo oder Blockältester, da sie im gesellschaftlichen Kontext eher negativ besetzt sind. Somit ist Ran trotz der vielen positiven (intern motivierten) Bewältigungsstrategien, die er entwickelt hat, vom Schatten der Vergangenheit nicht gänzlich befreit. Er ist sich des schlechten Rufes der Funktionshäftlinge bewußt und vermeidet deshalb den Kapobegriff. Dies ist eine kognitive Bewältigungsstrategie. Mögliche negative Assoziationen wie ›böse Kapos‹ oder ›Kollaborateure‹ werden dadurch vermieden. Gleichzeitig wird das Lagerleben detailliert beschrieben und eine Verständlichkeit für die Situation der »Arbeiter« gewonnen, ohne dabei die von Ran oder Liat befürchtete psychosoziale Ablehnung zu erwecken, die durch die Verwendung des Begriffs Kapo entstehen könnte. Diese Korrekturstrategie von Ran ist extern motiviert: er strebt an, nach außen hin moralisch zu wirken. Sie ist kein Widerspruch zu seiner internen Motivation der Korrektur, bzw. zu dem Wunsch, Verantwortung zu übernehmen, um sich als moralisch zu erleben.

Eltern: ›Holocaust-Opfer oder Israelis?‹

In Liats biographischer Erzählung steckt ein latenter Konflikt bezüglich der Beschreibung der Eltern: Es ist weniger die Frage, ob sie ihren Vater als Funktionshäftling definiert oder nicht, sondern vielmehr, ob sie ihre Eltern als Israelis oder Holocaust-Überlebende erlebt. »Ich habe meine Eltern wegen der Shoah nie geschont. Auch meine Schwester nicht. [...] Sie erschienen mir sehr stark [...] so israelisch, sehr stark.« Es wird hier das Bild vermittelt, daß Holocaust-Überlebende im Gegensatz zu den starken Israelis schwächer sind, weshalb man als Kind eines Überlebenden die Eltern schonen soll.

Während der biographischen Erzählung treten bei Liat mehrere Zwischentöne auf, die die Wahrnehmung der Eltern ausschließlich als starke Israelis z. T. abschwächen. In ihrer ironischen Art bemerkt sie: »Ich falle nicht bei jedem Detail in Ohnmacht«, wenn es um die Shoah geht. Doch als sie Theresienstadt besucht, wird ihr beim Anblick des Krematoriums »schlecht«. Besonders erschüttert ist Liat, als sie von den Alpträumen ihres Vaters erfährt: »Ich war sicher, daß es Vergangenheit war«, sagt sie und äußert ihren Schock über die Gegenwärtigkeit der Shoah.

> »Er hatte mindestens zweimal Alpträume oder so was. Vor zehn, zwanzig Jahren. Relativ lange nach der Shoah. Dies z. B. tut mehr weh, als wenn man ihn in der Vergangenheit während der Shoah mit einer Peitsche geschlagen hat. Aber er hat keine seelischen Narben, die er nicht überwunden hätte. [...] Er hat sich damit auseinandergesetzt. Sie sind beide optimistisch.«

Liat erfährt von den Alpträumen, als sie hört, wie ihr Vater in der Nacht aufwacht und ihn fragt, was passiert sei. »Ich habe dir erzählt: mein Vater ist sehr offen und er hat über die Alpträume erzählt, über Situationen im Ghetto.« Liat bringt beide Bilder, die starken, optimistischen Eltern und die Alpträume, nicht zusammen, als ob sie vor einer Entweder-oder-Frage stünde: ›entweder sind meine Eltern starke Israelis oder schwache Holocaust-Überlebende mit Narben‹.

Insgesamt ist Liats Leben von den Shoah-Erfahrungen ihrer Eltern recht stark beeinflußt, auch wenn sie auf der bewußten Ebene jeglichen Einfluß ablehnt. Auf die Frage, ob die Shoah sich wiederholen kann, antwortet sie: »Auf jeden Fall, auf jeden Fall.« Die Neonazis in Deutschland und der Krieg in Jugoslawien sind für sie Vorzeichen. Und als sie über den von ihr abgelehnten Preis, die Reise nach Deutschland, erzählt, sagt sie: »Ich werde nicht nach Deutschland fahren, solange meine Eltern leben, aber auch danach nicht.«

Symbolisch für Liats Umgang mit ihrer inneren Diskussion um die Definition der Eltern steht ihre Erzählung über Hitlers Buch »Mein Kampf«, das sie vor einigen Jahren im Regal ihrer Eltern gefunden hat und zwar versteckt, ganz hinter den anderen Büchern. »Es ist mir nicht klar, warum sie es behalten haben. Es ist nicht allein aus Ehre zum geschriebenen Wort.« Sie überlegt und sagt zuletzt: Mit dem Buch wollten sie irgendwie vermitteln: »Ob ihr es glaubt oder nicht, diese Sache hat wirklich existiert.« »Komisch, es war ganz hinten.« Damit war und steht hinter dem Israeli-Sein auch die Existenz als Holocaust-Überlebende, ob »ihr es glaubt oder nicht«.

Eigene Lebensgeschichte: »Normale Kindheit«
»Ich hatte eine normale Kindheit. Ich war aktiv in der Jugendbewegung. Meistens war ich nicht sehr konventionell.« Mit diesen drei kurzen Sätzen eröffnet Liat die Erzählung ihrer Lebensgeschichte. Insgesamt beschreibt Liat ihre Kindheit und das familiäre Leben offen, lebhaft und vielseitig. Ihre Eltern sieht sie als ein Paar, das sich liebt und auch Streit hat. Über sich sagt sie: »Ich war ein schweres und ein leichtes Mädchen.« Sie ist einerseits sehr diszipliniert (gute Schülerin, kommt pünktlich nach Hause), schließt sich aber auch in der Toilette ein, als sie über die Eltern verärgert ist, und schreit. Dies machte der Mutter Sorgen und ist ihr wegen der »Nachbarn natürlich unangenehm«. Sie selbst vergleicht sich mit dem Vater, die Schwester eher mit der Mutter. Die Schwester ist schön, interessierte sich als Jugendliche für Kleidung und Tanzen, machte ihr Abitur mit Mühe und Not und ist heute »eine warme« und »gute Sozialarbeiterin«. Als Kinder »haben wir uns viel gestritten«, berichtet sie ganz natürlich.

Mit der Beschreibung »normale Kindheit« will Liat mir als Psychologin vielleicht verdeutlichen, daß ihre Familie und damit auch ihre Kindheit mit oder trotz der Shoah »normal« war. Was ist eine »normale Familie«? Eine »normale Familie« bei Holocaust-Überlebenden wäre nicht eine Familie, die die Vergangenheit gänzlich verdrängt oder die Last der Shoah-Erfahrungen in keiner Hinsicht mehr spürt. Dies wäre eher anormal. Liat beschreibt ihre Familie als »normale Familie« im Sinne des Familientherapeuten Minuchin (1977, S. 72f). Minuchin hat die Familienstruktur von ›gut funktionierenden‹ Familien außerhalb des Therapiekontextes untersucht und hat herausgefunden, daß für die Qualität der Beziehungen innerhalb der Familie die Subsysteme und die Beziehung zwischen ihnen eine entscheidende Rolle spielen.[2] Die Grenzen zwischen den verschiedenen Subsystemen – z. B. Eltern-Kind, Geschwister, Partnerschaft – »müssen fest, gleichzeitig aber auch flexibel genug sein« (ebd., S. 89). Bei rigiden undurchlässigen Grenzen oder diffus verwischten Grenzen zwischen den Subsystemen kommt es zu Verstrickungen, z. B. zu einer Verletzung der Generationsgrenze, wenn eine Mutter ihr Kind als Partnerersatz mißbraucht. Doch dies alles passiert in der Familie Chanoch nicht. Das letzte Thema im Gespräch ist Liats Hochzeit im Jahre 1995, ein Jahr vor unserem Gespräch. Zum Zeitpunkt des Gesprächs ist der Kinderwunsch ein zentrales Thema in der Partnerschaft. Eine neue Familie – nicht ohne Bezug zu der persönlichen und kollektiven Geschichte – ist im Entstehen.

Spaltung im Sinne der Soziose: Kapos anstößig, Vater anständig
Liats Eltern entwickeln Bewältigungsstrategien, die ihnen helfen, mit ihren Shoah-Erfahrungen und Moraldilemmata umzugehen. Ihre gelebte Solidarität und Loyalität wird an die Tochter weitergegeben. Anerkennend und liebevoll berichtet Liat über den Vorsatz ihres Vaters, falls er überleben sollte, Sozialarbeiter zu werden und seinen Beruf als Architekt aufzugeben. Damit beschreibt sie seine Korrekturstrategie: die Verantwortungsübernahme als eine innere Wiedergutmachung. Auf der bewußten Ebene scheint Liat aber die Moraldilemmata und die Funktionstätigkeit ihres Vaters in Auschwitz, die ihn zu dieser Verantwortungsübernahme brachten, nicht zu kennen.

Liat ist gewissermaßen aus der Last der Vergangenheit entlassen, da ihr Vater als ehemaliger Funktionshäftling erfolgreiche Bewältigungsstrategien für sich entwickelte, wie z. B. das Aushalten von Moraldilemmata und die Wiedergutmachung der erlebten moralischen Verletzung. Die Verfolgungsvergangenheit beider Eltern ist für Liat kein Geheimnis, denn beide sprechen relativ offen über ihre Erfahrungen. Somit ist Liat im Vergleich zu Chanan Sachaf weniger auf die Vergangenheit ihrer Eltern neugierig oder davon belastet.

Doch gerade durch die biographische Analyse von Liat als Angehöriger der zweiten Generation werden die Schwierigkeiten der ersten Generation mit der Soziose ersichtlich: Ran vermeidet bestimmte Begriffe im Zusammenhang mit seinen Funktionstätigkeiten und erwähnt den Prozeß gegen seinen Freund in seinem Interview nicht.

Insgesamt läßt sich in der Familie Chanoch das folgende Muster auf

Grund der Ablehnung der Funktionshäftlinge innerhalb der israelischen Gesellschaft festhalten: Der Begriff Kapo verschwindet im Zusammenhang mit dem Vater. Die anderen waren Kapos, und zwar »ekelhafte« Kapos, der eigene Vater nicht. Es gelingt Liat dadurch: (a) einerseits die Kapos im Sinne der israelischen Gesellschaft zu verurteilen und (b) andererseits eine gute, treue Tochter zu bleiben, indem sie die positiven Handlungen ihres Vaters beschreibt. Es ist eine Spaltung im Sinne der Soziose.

Bewältigungsstrategien jüdischer Funktionshäftlinge und ihrer Kinder

Umgang mit Moraldilemmata

In einer traumatischen Situation kommt es zu einer psychischen Überforderung der Person, zum Zusammenbruch ihrer Schutzmechanismen. Die Situation des Moraldilemmas ist insofern ein moralisches Trauma, da die Person in einer Zwangssituation zwischen zwei Moralprinzipien wählen muß. Durch diese erzwungene Wahl entsteht ein Defizit in ihrem moralischen Selbstbild. Diese traumatische Situation muß im nachhinein bewältigt werden. In den biographischen Analysen der Angehörigen der ersten Generation lassen sich drei individuelle psychische Muster im Umgang mit Moraldilemmata erkennen.

Individuelle Bewältigungsmuster
›Zerbrechen an den Moraldilemmata‹
Das Moraldilemma als ein moralisches Trauma, an dem die Person psychisch zerbrechen kann, wird besonders deutlich bei Yalda Sachaf. Yalda gelingt es nicht, auf der individuellen Ebene erfolgreiche Bewältigungsstrategien im Umgang mit den Moraldilemmata zu entwickeln. Sie blickt ausschließlich auf die unerfüllten Moralprinzipien. Das Schreiben der Deportationslisten und das Verlassen der Mutter sind für sie bis heute psychisch belastend. Sie beschäftigt sich allein mit der Scham, leidet an Schuldgefühlen, hat ein geringes Selbstwertgefühl und will sich zweimal das Leben nehmen. Auf der individuellen Ebene kann man bei ihr von einem ›Zerbrechen an den Moraldilemmata‹ sprechen. Ohne die familiäre Bewältigungshilfe durch ihren Mann und ihren Sohn wäre sie vermutlich psychisch gänzlich zerbrochen.

›Ausblenden von Moraldilemmata‹
Rebekka Halevi-Oz dagegen thematisiert offen die moralischen Prinzipien und Handlungen, die sie verfolgen konnte und auf die sie stolz ist. Andererseits blendet sie Situationen aus, in denen sie, bedingt durch die Moraldilemmata, anderen geschadet hat. Sie thematisiert die beiden Werte nicht, zwischen denen der Konflikt bestand, sondern erwähnt lediglich den Wert, den sie erfüllen konnte. Den Wert, den sie zu verletzen gezwungen war,

spricht sie nicht an. Dieses Ausblenden des Bestehens eines Dilemmas stellt eine Bewältigungsstrategie dar, denn es ermöglicht der Person eine moralische Selbstrekonstruktion: Nur das, was die Person bei sich als gut erlebt hat, wird erzählbar gemacht.

›Aushalten von Moraldilemmata‹
Das ›Zerbrechen an den Moraldilemmata‹ und das ›Ausblenden von Moraldilemmata‹ vergegenwärtigen zwei Pole des individuellen Bewältigungsspektrums. Zwischen diesen beiden Polen läßt sich das ›Aushalten von Moraldilemmata‹ lokalisieren, wie es in der Biographie von Ran Chanoch zum Ausdruck kommt. Ran spricht beide bei Moraldilemmata vorkommenden Aspekte an: seinen Stolz und seine Scham über seine Handlungen in den Situationen der Moraldilemmata. Ran ist gewissermaßen Held und Selbstzweifler zugleich. Er leistet Trauerarbeit hinsichtlich des für ihn wichtigen aber nicht erfüllten zweiten moralischen Wertes. Dazu leistet er auch eine bewußte Korrekturarbeit für diese erlebte Wertverletzung. Nach Ende der Shoah übernimmt er mit seiner Tätigkeit als Sozialarbeiter bewußt soziale Verantwortung. Hinter dem Aushalten der Moraldilemmata steht die Fähigkeit, Ambivalenz auszuhalten. Diese Fähigkeit ermöglicht, sowohl die positiven als auch die negativen Folgen des eigenen Handelns in den Situationen der Moraldilemmata bewußt wahrzunehmen.

Loyalität und Solidarität als Fundament der Bewältigung
Loyalität und Solidarität sind zwei zentrale moralische Werte der subjektiven Moralphilosophie, die bei allen untersuchten jüdischen Funktionshäftlingen zu finden sind. Viele Moraldilemmata von Funktionshäftlingen waren mit diesen beiden Werten verbunden.

Mit ›loyal sein‹ ist eine treue und anständige Haltung gegenüber einer Person gemeint. In meiner Untersuchung orientiere ich mich an der zentralen Bedeutung des Loyalitätsbegriffs in der Familientherapie und dabei besonders am Konzept der familiären Loyalität von Boszormenyi-Nagy (1976, 1981). Dieses weist auf die psychischen Belastungen hin, die bei einer Verletzung der familiären Loyalität entstehen können, z. B. wenn es zu einer Verbesserung der eigenen Situation auf Kosten der familiären Loyalität kommt. So verwende ich den Begriff Loyalität als innere Verpflichtung gegenüber der eigenen Familie. Den Begriff Solidarität definiere ich als Zugehörigkeits- und Verpflichtungsgefühl gegenüber einer Gruppe oder einem Kollektiv. Die Begriffe Loyalität und Solidarität werden damit im

Rahmen der Untersuchung auf einen Teil ihrer ursprünglichen Bedeutung hin spezifiziert verwendet: Dies erscheint sinnvoll, da sehr viele moralische Konflikte während der Verfolgungszeit mit diesen beiden Subjekten, Familie und Gemeinschaft/Freunde, verbunden waren. In bestimmten Moraldilemmata widersprachen sich Loyalitäts- und Solidaritätsbestrebungen oder beide widersprachen dem Eigenwohl.

Die biographischen Analysen zeigen, daß die beiden Werte und der Wunsch, ihnen gemäß zu handeln, entscheidend für den Erhalt des moralischen Selbstbildes sind. Das Gefühl, anderen gegenüber solidarisch und/oder loyal gewesen zu sein, ist ein Fundament für die Bewältigung der Moraldilemmata bei den untersuchten Funktionshäftlingen, denn diese Selbstwahrnehmung bedeutet, sich als moralische Person im Zwangskontext erleben zu können. Im Rahmen der Gespräche und der psychologischen Analyse sollte nicht erforscht werden, inwieweit Funktionshäftlinge tatsächlich auf der praktischen Ebene solidarisch und/oder loyal waren. Für den Bewältigungsprozeß ist die Selbstwahrnehmung bzw. das eigene Erleben entscheidend. Um diesen Aspekt zu verdeutlichen, wird im folgenden der Begriff ›gelebt‹ bzw. ›gelebte Loyalität‹ oder ›gelebte Solidarität‹ verwendet. Damit ist gemeint, daß sich die Person selbst als loyal und/oder solidarisch gegenüber anderen fühlt und wahrnimmt.

Bei Rebekka Halevi-Oz, Lola Fröhlich und Ran Chanoch lassen sich zahlreiche Erzählungen finden, in denen sie sich als loyal und/oder solidarisch wahrgenommen haben. Yalda Sachaf hat dagegen das Gefühl, sowohl bei der Solidarität als auch bei der Loyalität versagt zu haben. Das moralische Selbstbild aller interviewten Personen hängt mit dieser gelebten Loyalität und Solidarität zusammen und beeinflußt ihren gesamten Bewältigungsprozeß in entscheidender Weise. Insgesamt kann sich eine Person als moralisch erleben, wenn sie sich ›entweder als loyal oder solidarisch‹ betrachtet. Wenn aber im eigenen Erleben beide Werte verletzt wurden, entsteht die Gefahr des psychischen Zerbrechens.

Hier liegt eine Erklärung dafür, daß Yalda im Gegensatz z. B. zu Rebekka Halevi-Oz oder Ran Chanoch an ihren Moraldilemmata zu zerbrechen droht. Sie schämt sich für die nicht geleistete Loyalität und Solidarität und zerbricht als Folge der Verletzung der von ihr so angestrebten aber nicht geleisteten und emotional nicht gelebten Loyalität und Solidarität. Sie muß mit der Verletzung der Loyalität gegenüber der Mutter und der Solidarität gegenüber der Gemeinde (durch das Schreiben der Listen) weiterleben. Sie leidet infolge des empfundenen Loyalitätsverrats an starker Überlebensschuld. Im Gegensatz zu ihr leidet Lola Fröhlich nicht an diesen Schuldgefühlen, was durch Lolas Gefühl zu erklären ist, daß sie die Loyalität zu ihrer Mutter und Großmutter aufrechterhalten konnte. Yalda dagegen erlebt das Mitgehen mit ihrem zum Teil gehaßten, aber starken Vater als Verrat gegenüber ihrer geliebten und schwachen Mutter, die später ermordet wurde.

Die Verfolgungsgeschichten von Yalda und Lola Fröhlich haben eine weitere Gemeinsamkeit: Beide haben jeweils mit einem Elternteil überlebt, zu dem sie eine sehr ambivalente Beziehung hatten und zwar aufgrund von familiären Konflikten vor der Shoah. Während Lola, die drei Jahre jünger ist als Yalda, das Gefühl hat, ihre Mutter gerettet zu haben, erlebt sich Yalda als passives Kind, das von seinem Vater gerettet wird, und dabei die Mutter, die ihrem Gefühl nach ihren Schutz gebraucht hätte, im Stich läßt. Der zentrale Unterschied liegt hier in der gelebten Loyalität, die Einfluß auf das psychische Befinden nach der Shoah hat. Beide Töchter haben nach der Shoah weiterhin eine schwierige Beziehung zu dem Elternteil, mit dem sie überlebt haben. Lola aber erlebt sich als loyal ihrer Mutter gegenüber. Sie weiß, daß sie alles getan hat, was sie konnte, während Yalda bis heute an dem empfundenen moralischen Defizit leidet.

Überlebensschuld und Moraldilemmata

Vor Moralkonflikten stand vermutlich die Mehrzahl der Überlebenden. Dies wurde mir durch Interviews, die ich mit Holocaust-Überlebenden durchführte, die keine Funktionshäftlinge waren, sowie durch meine psychotherapeutische Arbeit mit Holocaust-Überlebenden deutlich. Ich begegnete Moraldilemmata in der Therapie mit Partisanen sowie mit Ghetto- und KZ-Überlebenden. Auch sie standen z. B. vor Moraldilemmata bei Fragen hinsichtlich der Loyalität gegenüber ihrer Familie und/oder Solidarität gegenüber ihren Freunden. Ein Teil von ihnen mußte sich entscheiden: ›Soll ich bei meiner Familie bleiben oder aus dem Ghetto fliehen?‹ oder ›Soll ich das Essen mit meinem kranken Freund teilen?‹[1]. Dies wird beispielsweise in der Geschichte des Partisanen Gideon Fröhlich, dem Ehemann von Lola Fröhlich ersichtlich. Die durch die biographischen Analysen gewonnenen Erkenntnisse über die Bewältigungsstrategien jüdischer Funktionshäftlinge im Umgang mit Moraldilemmata sind daher auch für andere Holocaust-Überlebende relevant. Die Bedeutung der Moraldilemmata wurde mir zuerst bei jüdischen Funktionshäftlingen bewußt, weil deren Moraldilemmata von ihrer Intensität und Häufigkeit her besonders augenfällig sind und da sie aufgrund ihrer Funktionstätigkeit mit zusätzlichen, spezifischen Moraldilemmata konfrontiert waren.

Das Phänomen der Überlebensschuld wird oft diagnostiziert, doch psychologisch gesehen kaum erklärt.[2] Dazu wissen wir aus mehreren Studien (Hass 1995, Robinson u. a. 1991) sowie aus den Ergebnissen der vorliegenden Studie, daß nicht alle Holocaust-Überlebende an Überlebensschuld leiden. Es bleibt aber die Frage, warum die Überlebensschuld entsteht. Wenn wir dem, der Überlebensschuld zugrunde liegenden Gefühl (›Ich habe etwas Schlechtes gemacht, um zu überleben‹) nachgehen, gelangen wir zu den Moraldilemmata der Person zwischen ihrem Eigenwohl und anderen Werten. Da fast alle Holocaust-Überlebende vor Moraldilemmata standen, gehe ich davon aus, daß ihre Schuldgefühle auf die Tatsache zurückzuführen sind, daß sie aufgrund der Dilemmata gezwungenermaßen zentrale Werte ihrer subjektiven Moralphilosophie verletzen mußten.

Viele Moraldilemmata waren mit der familiären Loyalität und/oder Solidarität verbunden und führten zu der Entstehung von moralischen Defiziten. Die Quelle der Überlebensschuld ist häufig an dieser Stelle zu finden. Sie ist mit dem Gefühl verbunden, die eigene Familie verlassen und/oder die eigenen Freunde betrogen zu haben, um zu überleben. Die zentrale Bedeutung der Loyalität bei der Entstehung von Überlebensschuld läßt sich auch durch Fallbeispiele aus der psychologischen Literatur über die Shoah verdeutlichen, in denen Therapeuten und Forscher über starke Schuldgefühle bei Überlebenden aufgrund der Trennung von der eigenen Familie berichten, die subjektiv als Betrug erlebt wird (Dreifuss 1980, Shoshan 1986, Tyrangiel 1989, Hass 1995). Die Überlebensschuld entsteht damit aufgrund einer bestimmten Realitätswahrnehmung. Es kommt zu einem Konflikt auf der Handlungsebene, bei dem die Person glaubt, sie hätte ihrer Familie treu bleiben müssen (wie z. B. bei Gideon Fröhlich und Yalda Sachaf).

Eine der wenigen psychologischen Erklärungen für das Phänomen der Überlebensschuld stammt von Bruno Bettelheim (1980). Ihm zufolge entsteht die Überlebensschuld durch die Vorstellung der Überlebenden, als Häftling die Wahl gehabt zu haben, den Tod des anderen zu verhindern.

»Doch da man das nicht getan hatte, fühlte man sich schuldig, und schuldig fühlte man sich vor allem auch deshalb, weil man froh war, noch einmal davongekommen zu sein, denn man wußte sehr genau, daß einen nichts zu der Hoffnung berechtigte, man könnte selbst verschont werden.« (ebd., S. 12)

Aus Bettelheims Ausführungen lassen sich meiner Ansicht nach zwei Erklärungen für die Überlebensschuld ableiten, die mit den in meiner Untersuchung erzielten Ergebnissen zusammenhängen.

(a) Nach dem ersten Erklärungsmuster kommt es zur Überlebensschuld durch das Gefühl, die eigenen Werte verletzt, bzw. etwas unterlassen zu haben. Die Überlebensschuld entsteht aufgrund einer realen oder subjektiv erlebten Unterlassung in der Situation der Moraldilemmata: Auf der Handlungsebene entschied man, sich selbst, der Familie oder einem Freund zu helfen und litt daraufhin an dem Gefühl, andere im Stich gelassen zu haben. (b) Die zweite mögliche Erklärung basiert auf Bettelheims These, nach der die *Überlebensschuld aufgrund der empfundenen Freude* entsteht, am Leben geblieben zu sein. Doch die Überlebenden haben das Gefühl, daß es eine verbotene Freude ist, da so viele umgekommen sind. An dieser Stelle ließe sich die Überlebensschuld meiner Meinung nach als eine unbewußte Selbstbestrafung verstehen: man bestraft sich dafür, daß man froh ist, am Leben geblieben zu sein und erlebt sich gerade durch die Selbstbestrafung wieder als moralisch. Dieser psychische Prozeß läßt sich ebenfalls als Bewältigungsstrategie betrachten: die Überlebensschuld als Teil eines stützenden psychischen Mechanismus. Dies erscheint im ersten Moment paradox, kann aber folgendermaßen verdeutlicht werden: ›Ich fühle mich schuldig, also bin ich auch moralisch.‹ Gerade die Fähigkeit, Schuldgefühle zu empfinden, belegt, daß man eine moralische Person ist. Denn mit ihrem Leiden bekundet die Person, daß sie »noch nicht ganz verdorben ist« bzw. daß sie den Wunsch hat, »ehrbar zu leben«, schreibt Spinoza (1977, S. 561, zit. n. Schultheiss 1997, S. 107).[3]

Die Verletzung der eigenen Werte und die Überlebensfreude sind zwei mögliche Antworten auf die Frage, wie Überlebensschuld entstehen kann. Doch nicht alle Überlebenden leiden unter Überlebensschuld. Hierfür gibt es nach meiner Einschätzung zwei Gründe:
(a) wenn die Person im Fall der Moraldilemmata das Gefühl hat, loyal und/oder solidarisch gehandelt zu haben, und (b) wenn die Person über die Zeit hinweg erfolgreiche Bewältigungsstrategien im Umgang mit den Moraldilemmata entwickelt hat.
Zu a) Die Ergebnisse der biographischen Analysen zeigen, daß Rebekka Halevi-Oz, Lola Fröhlich und Ran Chanoch nicht an Überlebensschuld leiden und daß dies mit ihrem Gefühl zusammenhängt, loyal gegenüber ihrer Familie und/oder solidarisch gegenüber ihren Freunden und Mithäftlingen gewesen zu sein. Die Eltern von Rebekka, Ran und Veronika sind umgekommen. Doch Überlebende scheinen nicht zwangsläufig Überlebensschuld zu entwickeln, weil ihre Eltern umgekommen sind, sondern nur wenn sie das Gefühl haben, ihren Eltern gegenüber nicht loyal gewesen zu sein. So

entscheidet sich Veronika Chanoch, freiwillig mit ihren Eltern nach Auschwitz zu gehen. Die Eltern werden sofort vergast, aber Veronika hat das Gefühl, für ihre Eltern alles getan zu haben, was sie konnte und bleibt frei von Schuldgefühlen. Für die Abwesenheit von Überlebensschuld ist also die Bewertung der eigenen Handlung hinsichtlich der Moraldilemmata zentral. Auch der amerikanische Psychologe Hass schreibt, daß nicht alle von ihm untersuchten Überlebenden an Überlebensschuld leiden, wobei er den psychischen Mechanismus, der dahinter steht, nicht erklärt. Hierzu möchte ich zwei Beispiele aus seiner Befragung von Holocaust-Überlebenden zitieren:

>»I didn't want to leave my parents. A man came to my house and said he could get me papers to go to Switzerland, but I wouldn't leave them alone. But I am not sorry. I could not live with myself to know that I left my parents.«

>»I run away for a few months to the other side of the River Bug (1940). But I felt very bad that I left my parents behind so I went back to Warsaw. I was glad I was with my parents. I never would have forgiven myself if I wasn't with my parents until the last minute.« (1995, S. 38ff)

Beide Überlebende beschreiben hier ihre Dilemmata zwischen der Loyalität zu den Eltern und dem Eigenwohl. Beide entscheiden sich für ihre Eltern, erleben sich dadurch als loyale Kinder und leiden daraufhin nicht unter Schuldgefühlen.

Zu b) Die zweite Erklärung für das Nichtvorhandensein der Überlebensschuld ist das Entwickeln erfolgreicher Bewältigungsstrategien. Die Überlebensschuld, die aufgrund der Moraldilemmata entstanden ist, stellt eine emotionale Belastung dar und es ist zu erwarten, daß die Person Bewältigungsstrategien entwickelt, um diese Belastung zu reduzieren. Diese Annahme stimmt auch mit der Beobachtung von Hass überein, nach der viele Holocaust-Überlebende direkt nach der Shoah an starker Überlebensschuld litten (ebd.). Im Laufe der Jahre entwickelten sie erfolgreiche Bewältigungsstrategien, die zur Reduzierung der Überlebensschuld führten.

Aktive Helden, passive Opfer: Das Selbstbild als Funktionshäftling

Wie gehen Funktionshäftlinge heute mit ihrer damaligen Funktionstätigkeit um? Wie benennen sie ihre Tätigkeit gegenüber Dritten, wenn Begriffe wie Kapo, Judenrat oder Funktionstätigkeit in der Gesellschaft, in der sie leben, verachtet und stigmatisiert sind? In solch einer Situation entstehen psychosoziale Belastungen, für deren Linderung die Person psychosoziale Bewältigungsstrategien entwickeln muß. Die psychosozialen Bewältigungsstrategien lassen sich anhand der Selbstbeschreibung der Person identifizieren. Selbstbeschreibungen sind dabei immer subjektive Rekonstruktionen, die von den direkten Erfahrungen der Person abhängen, aber auch von ihrem heutigen Wissen und ihrem Streben, sich als moralisch zu erleben. Jede Selbstbeschreibung erfüllt damit eine Funktion für die Person und durch die Analyse dieser Selbstbeschreibung lassen sich mögliche Bewältigungsstrategien erfassen. Dabei wählte ich vier biographische Analysen aus, die verschiedene Typen von moralischen Selbstrekonstruktionen verkörpern. In diesen Biographien läßt sich eine Tendenz zum Verschweigen der eigenen Funktionstätigkeit nach außen feststellen, die nicht zuletzt aufgrund der sozialen Angst, verurteilt zu werden, entstanden ist.[4] Eine Ausnahme stellt die biographische Erzählung von Rebekka Halevi-Oz dar.

(a) Die stolze Kapofrau
Stolz auf die Funktionstätigkeit und wie sie ausgefüllt wurde, läßt sich bei Rebekka Halevi-Oz wahrnehmen (»Ich war Kapo [...] alles habe ich gemacht«). Sie erlebt sich als Heldin, die sich für andere einsetzt, die ihre Mithäftlinge vor den Nazis schützt sowie für Gerechtigkeit unter ihnen sorgt. Insgesamt betont Rebekka ihren Handlungsspielraum als eine aktive, unbeugsame Helferin im Zwangskontext.

Das Nicht-Eingestehen von Ambivalenzen ist gleichzeitig die Stärke und die Schwäche der Helden: Sie sind in der Lage, das Positive im eigenen Handeln zu sehen. Doch es ist keine flexible Bewältigungsstrategie, denn Rebekka muß ständig auf der Hut sein: Sie muß z. B. bestimmte Situationen verdrängen oder Bemerkungen von anderen überhören (wie z. B. im Gruppeninterview), in denen sie von den anderen nicht als die Heldin, nicht als die helfende Kapofrau wahrgenommen wurde. Die Selbstbeschreibung als ›aktive Heldin‹ und ›stolze Kapofrau‹ ist eine moralische Selbstrekonstruktion.

(b) Der beschämte Funktionshäftling
Yalda Sachaf erlebt sich im Gegensatz zu Rebekka als passives machtloses Opfer, das keine Handlungsmöglichkeit hatte und nichts Aktives für das eigene Überleben tat. Diese Selbstwahrnehmung als passives Opfer stellt eine große moralische Hilfe für Yalda dar, denn ein Opfer schadet niemandem; ihm wird Schaden zugefügt. Und dahinter steht auch die Moralvorstellung von Yalda: ›Lieber leiden als Leiden zufügen‹. Doch gleichzeitig hat Yalda das

Gefühl, daß sie ihrer Gemeinde – trotz ihrer guten Absicht – mit dem Schreiben der Transportlisten schadete. Aus diesem Grund ist die Funktionstätigkeit für sie mit so viel Scham besetzt. Die negative Selbstwahrnehmung als Schreiberin im Judenrat wird allerdings teilweise durch die alleinige Selbstwahrnehmung als passives Opfer korrigiert und stellt daher eine moralische Selbstrekonstruktion dar. Yalda verkörpert das Bild des beschämten, leidenden Funktionshäftlings, der sich bis heute psychisch belastet fühlt.

(c) Der solidarische Kapo
Die Funktionstätigkeit kann als ein Dienst für ein politisches Ziel oder für das Wohl einer bestimmten Gruppe erlebt werden. So versteht sich Ran als Funktionshäftling im Dienste der zionistischen Bewegung. Er erlebt sich als verantwortungsvoller Genosse und solidarischer Funktionshäftling.

Ran ist aber auch ›ein realistischer Held und Kapo‹: er hilft anderen, wo es für ihn möglich ist, aber nicht um jeden Preis, wie Rebekka. Er ist in bestimmten Situationen ein Held und in anderen ein Antiheld. So beschreibt er seine Handlungsspielräume, aber auch die Situationen, in denen er sich machtlos fühlte. Er ist ein realistischer Kapo nicht zuletzt, weil er die Fähigkeit hat, die Ambivalenz, die die Funktionstätigkeit in sich birgt, auszuhalten. Die Themen Scham und Stolz stehen in seiner biographischen Erzählung nebeneinander. Er zerbricht nicht an seinen Handlungen, sondern übernimmt die Verantwortung für die negativ erlebten Aspekte seines Tuns und gleicht diese aus.

(d) Der unbekümmerte Funktionshäftling
Der Typus des unbekümmerten Funktionshäftlings für den Lola Fröhlich steht, kommt vermutlich selten vor. Lolas unbekümmerte und heitere Schilderungen, nach denen die SS-Aufseherinnen zu ihr phantastisch waren, rechtfertigen in gewissem Maße ihre Tätigkeit für sie. Es entsteht hier z. T. eine ›Bagatellisierung des Grauens‹. Doch diese Bagatellisierung führt auch dazu, daß Bekannte und Freunde Lola vorwerfen, daß für sie »auch Auschwitz ein Kurort gewesen ist«. Andererseits läßt sich Lolas Rekonstruktion ihrer persönlichen Erfahrungen als Funktionshäftling als eine mutige Rekonstruktion sehen. Denn sie wird durch ihre Freunde und Bekannten damit konfrontiert, daß ihre Erfahrungen nicht auf Verständnis und Zustimmung in Israel stoßen. Doch sie bleibt sich treu und entscheidet, ihre persönliche Verfolgungsgeschichte weiter in dieser gesellschaftlich nicht konformen Weise zu rekonstruieren. Ihre Wahl, ihre Funktionstätigkeit in dieser Form

darzustellen, hängt nicht zuletzt mit ihrer persönlichen Dankbarkeit gegenüber bestimmten SS-Aufseherinnen, die sie geschützt und unterstützt haben, zusammen.

Der Einstieg in die Funktionstätigkeit:
Rechtfertigungszwang zwischen guter Absicht und Unwissen
Mit Beginn der Funktionstätigkeit wurden die Funktionshäftlinge zu einem Teil der Nazimaschinerie und die Qualität und Quantität ihrer Moraldilemmata nahm zu. Die Übernahme der Funktionstätigkeit stellt ein Schlüsselereignis für alle interviewten Funktionshäftlinge dar, und jeder von ihnen spricht von sich aus dieses für ihn entscheidende Ereignis an. Diese Erzählungen sind Rechtfertigungsversuche, in denen die Person jeweils die Übernahme der Tätigkeit (a) durch das Unwissen über die Endziele der Nazis erklärt und (b) betont, daß sie bei der Übernahme der Tätigkeit gute Absichten hatte. Das Bedürfnis, die Funktionstätigkeit zu rechtfertigen, zeigt sich besonders in den Erzählungen über die Übernahme der Tätigkeit. In diesen Erzählungen erklärt die Person, wie sie ihre Tätigkeit sieht. Damit haben diese Erzählungen eine Schlüsselfunktion für das gesamte Verständnis der Funktionstätigkeit aus der Sicht der Person.

Der Historiker Strebel (1995, S. 35) stellt in seinem Aufsatz die Frage, ob die Funktionshäftlinge mit ihrem Handeln »verlängerter Arm der SS oder schützende Hand« waren und versucht damit die Frage zu klären, ob die Funktionshäftlinge ihre »geliehene Macht« für oder gegen ihre Mithäftlinge angewendet haben. Er führt Beispiele an, in denen beide Verhaltensweisen vorkommen. Mein Interesse galt der psychologischen Frage, wie sich Funktionshäftlinge selbst erlebten und sich retrospektiv beschreiben. Die Antwort lautet: Meist als Menschen mit guten Absichten, als »schützende Hand«. Sie waren für die Deutschen tätig, betonen aber, daß sie nicht gegen die Juden, sondern für die Juden arbeiten wollten.

Alle vier befragten Funktionshäftlinge geben zu verstehen, daß sie ursprünglich keine Funktionstätigkeit angestrebt haben: Der Einstieg wird als zufällig dargestellt, von anderen organisiert oder gewünscht. Nach Antritt ihrer Funktionstätigkeit betonen sie ihre positive Absicht während der Tätigkeit. Die positive Absicht einer Handlung läßt sich als die Grundlage der moralischen Handlung verstehen und in diesem Sinne betonen alle untersuchten Funktionshäftlinge, daß sie ihre Tätigkeit übernommen haben, weil sie ihrer Familie, ihren Mithäftlingen und/oder Genossen helfen wollten. Die Rekonstruktion des Einstiegs in dieser Form unterstützt das eigene moralische Selbstbild. Die Hervorhebung der Absicht stellt dabei eine Bewältigungsstrategie dar.

In der Regel thematisieren die untersuchten Funktionshäftlinge die möglichen Schäden durch ihre Tätigkeit – die Folgen – nicht. Bei einer unvorhersehbaren Folge trägt die Person keine moralische Verantwortung. Das Unwissen gilt damit auch als Entschuldigung, als psychische Entlastung; es dient der Person als kognitive Erklärung für ihre Handlung und mildert dadurch die Intensität der erlebten Schuld. Das Unwissen der Funktionshäftlinge war aber oft mit negativen Vorahnungen verbunden.[5] Diese konnten dazu führen, daß im nachhinein Schuldgefühle trotz des Unwissens entstanden. Denn die Person konnte das Gefühl haben, daß sie ihre Werte, ohne es zu wollen, verletzt hat. Hier zeigt sich, wie die beste Absicht sich ungewollt in das Gegenteil verkehren kann (Hegel 1968). Und dies genau ist die Tragik der jüdischen Funktionshäftlinge.

›Die anderen waren schlechte Kapos‹

Das Erzählmuster ›Andere Funktionshäftlinge waren böse, während ich mich bemüht habe, moralisch gut zu handeln‹ stellt eine typische Rekonstruktion des moralischen Selbstbildes von Funktionshäftlingen dar. Sie läßt sich wie folgt ergänzen: ›Andere Funktionshäftlinge waren böse, weil sie schlechte und egoistische Menschen sind. Ich selbst war meist ein moralisch guter Kapo bzw. hatte immer moralisch gute Absichten.‹ Die interviewte Person präsentiert sich in der Regel als eine moralische Ausnahme und vermittelt dabei, daß sie während der Ghetto- und KZ-Haft zwar wahrgenommen hatte, daß böse Kapos existieren, beschreibt sich selbst aber als »Superkapo«, wie Bettelheim (1995) die moralischen Kapos nennt. So erzählen die Personen über sich selbst in erster Linie moralische Geschichten oder moralisch neutrale Geschichten, während die Erzählungen über die anderen Funktionshäftlinge oft negativ besetzt sind. Nach Bettelheim gab es in der Realität, wie er sie erlebt hat, nur wenige »Superkapos«, also Kapos, die »Mut und Selbstlosigkeit« zeigten (ebd., S. 203).

An dieser Stelle nehme ich an, daß die eigenen negativ erlebten Verhaltensweisen als Funktionshäftling auf die anderen Kapos projiziert werden. Diese Projektion stellt eine psychosoziale Bewältigungsstrategie dar: Der negative Ruf der Funktionshäftlinge ist allen untersuchten Personen geläufig und mit diesem Erzählmuster drücken sie aus: ›Ich weiß, daß es schlechte Kapos gab. Dies waren aber die anderen, nicht ich.‹ Dieses Erzählmuster reflektiert eine bestimmte Form des Erinnerns und legt damit eine Bewältigungsstrategie offen: Als Funktionshäftling konnte man vermutlich nicht ausschließlich moralisch gut handeln; die Person spaltet daher die negativ erlebten Anteile ab und verschiebt sie projektiv auf Dritte.

Der Mensch als moralischer Erzähler:
Erzählmuster als kognitive Bewältigungsstrategien
Der bei Funktionshäftlingen häufig zu findende Rechtfertigungszwang beeinflußt ihre Erzählart. Der Ursprung des Rechtfertigungszwangs ist das Streben, sich selbst als moralisch gut erleben zu wollen, sowie der Wunsch, nach außen hin als moralische Person wahrgenommen zu werden – zwei grundlegende menschliche Bedürfnisse. In den Erzählmustern der befragten Funktionshäftlinge wird der Einfluß dieser beiden grundlegenden Bedürfnisse deutlich. Wenn das innere oder äußere moralische Selbstbild besonders bedroht ist, kommt es zu Korrekturversuchen der Person, die sich in der spezifischen Erzählweise über die Lebens- und Verfolgungsgeschichte niederschlagen. Durch die Rekonstruktion der unterschiedlichen Erzählmuster werden zugleich die verschiedenen Bewältigungsstrategien im Umgang mit der belastenden Vergangenheit erkennbar. Die Erzählmuster lassen sich als kognitive Bewältigungsstrategien verstehen, mit denen die Person sich bemüht, das eigene moralische Selbstbild aufzuwerten, um die Last der Vergangenheit psychisch zu reduzieren. Die innerpsychische Belastung durch die Moraldilemmata und durch die psychosozialen Belastungen aufgrund der Soziose führten dazu, daß die untersuchten Funktionshäftlinge zahlreiche moralische Erzählungen über sich und ihre Funktionstätigkeit in den Interviews vermittelten.

Da es kaum psychologische Untersuchungen über Funktionshäftlinge gibt, anhand derer sich meine Befunde überprüfen und vergleichen ließen, möchte ich der Frage nachgehen, inwieweit diese Erzählmuster sich in historischen Quellen wie z. B. Tagebüchern, biographischen Berichten, Briefen, Zeugenaussagen oder Interviews von und mit Funktionshäftlingen wiederfinden lassen. Welche Ähnlichkeiten mit und Unterschiede zu Erzählmustern anderer Funktionshäftlinge sind zu finden und welche Bewältigungsstrategien im Umgang mit der Funktionstätigkeit kommen darin zum Ausdruck? Ich gehe dabei auf acht Erzählmuster ein, die anhand der biographischen Analysen in der vorliegenden Untersuchung rekonstruiert wurden. Die beschriebenen Erzählmuster überschneiden sich zum Teil. Ihnen allen gemeinsam ist der kognitive Aspekt: Es sind kognitive Bewältigungsstrategien, die der Person helfen, sich als moralisch zu erleben und zu vermitteln.

»Meine Sehnsucht war, Häftling ohne Rang und Verantwortung bleiben zu dürfen«, schreibt Hermann Joseph, der als politischer Häftling Lagerältester von Fürstengrube, einem Arbeitslager in der Nähe von Auschwitz, wurde. Für ihn begann mit der Funktionstätigkeit eine gefährliche Zeit, in der er »grübelte [...], wie ich den Häftlingskameraden helfen und mein eigenes Leben retten konnte« (Wollenberg 1997, S. 75f). Damit zeigt sich bei Hermann Joseph ein Erzählmuster, das auch bei allen von mir untersuchten Funktionshäftlingen zu finden war: Die positive Absicht, *anderen zu helfen*, wird als Motivation für die Übernahme der Funktionstätigkeit genannt und mit beispielhaften Geschichten belegt. Auf diese Weise betont die Person, daß sie den Einstieg in die Funktionstätigkeit auf keinen Fall persönlich (bzw. aus egoistischen Gründen) angestrebt hat. An dieser Stelle wird oft auch die Lebensgefahr, der ein Funktionshäftling ausgesetzt war, angesprochen und zwar als Beleg dafür, daß man sich für andere einsetzte und daß diese Tätigkeit persönlich nicht vorteilhaft war.

Dieses Erzählmuster findet sich auch in einem Brief von Magda Blau-Hellinger, die als Jüdin eine Funktionstätigkeit als Lagerälteste von Birkenau inne hatte. Es sei der Kommandant Josef Kramer gewesen, der sie als Lagerälteste wollte, betont sie. Sie persönlich habe keine Funktionstätigkeit angestrebt und habe sie übernommen, um ihren Mithäftlingen zu helfen, erzählt sie weiter. Heute lebt Magda in Australien. Sie hat Israel in den 50er Jahren verlassen, nachdem sie dort zweimal vor Gericht stand. Im Jahre 1990 schrieb sie der israelischen Gedenkstätte Yad-Vashem: »I'm sending you a tape to show how one person helped.«[6] Sie berichtet z. B. wie sie von Kramer Löffel und Matratzen für ihre Häftlinge verlangte und wie dieser ihr antwortete: »What are you worrying about others? Worry about yourself.«[7] Letztlich erreichte sie diese Verbesserungen für ihre Häftlingsfrauen aber doch und bemerkt stolz: »Everybody was surprised that I dared to speak up like that and that I brought such a result from it.« Sie erzählt weiterhin, wie sie ihr Brot mit anderen teilte und den Frauen erlaubte, ihre Ehemänner am Zaun zu treffen.

Ihre Geschichten ähneln dem Erzählmuster von Rebekka Halevi-Oz: eine mutige Heldin, die negative Aspekte ihres Tuns nicht thematisiert. Daß diese Erzählungen nur einen Ausschnitt der komplexen Situation als Funktionshäftling zeigen, verdeutlichen besonders das Gruppeninterview mit Rebekka und ihren zwei Mithäftlingen, das Interview mit Magda Blau-Hellinger[8] und der Dokumentarfilm »Kapo« von Daniel Paran (1999), in dem ein Interviewausschnitt mit Magda Blau-Hellinger gezeigt wird. Magda erzählt, daß sie teilweise streng zu den Häftlingsfrauen war, aber nur, um die Frauen zu schützen.[9] »Es wird jedoch deutlich, daß auch einige sehr unangenehme Vorfälle stattgefunden haben«, schreibt Berlatzky, die Magda interviewt hat (1995, S. 17).[10] Nach dem Krieg wurde Magda einmal in Prag und zweimal in Israel vor Gericht gestellt, da sie Häftlinge geschlagen hat. Nach ihrer Aussage wurde sie von jeder Schuld freigesprochen, da sie beweisen konnte, daß sie die Frauen schlug, um sie zu retten. Auch im Dokumentarfilm von Paran werden solche Zwischenfälle ersichtlich, in denen Magda das eigene negative Verhalten kognitiv umdeutet, um sich als moralisch zu erleben.[11] Hier zeigt sich also ein weiteres Erzählmuster: *Nicht-Thematisierung und Umdeuten von negativen Aspekten des eigenen Handelns.*

Ein zentrales Erzählmuster, das der Restaurierung eines moralischen Selbstbildes bei Funktionshäftlingen dient, ist das ›*Nicht-schaden-wollen*‹ und das ›*Nicht-schaden*‹. Alle von mir interviewten sowie die oben genannten Funktionshäftlinge beschreiben sich als moralische Menschen, die anderen ›nie schadeten‹ und/oder ›nie schaden wollten‹. Sie wollen damit vermitteln, daß sie eine gute *Absicht* hatten und ihre Handlungen deshalb keine moralisch negativen *Folgen* hatten. So betont Herman Joseph: »Ich habe niemals einen Häftling verraten. [...] Kein Häftling hat durch mich sein Leben verloren« (Wollenberg 1997, S. 86).[12] Viele ehemalige Funktionshäftlinge beschreiben sich in diesem Sinne eher als »Superkapos« bzw. als heldenhafte Funktionshäftlinge, ähnlich wie Rebekka Halevi-Oz. Die möglichen Schäden an anderen durch die Zwischenposition als Funktionshäftling und durch die strukturellen Moraldilemmata verschwinden in den meisten biographischen Erzählungen und im Vordergrund steht die positive Absicht des eigenen Handelns.

Die von mir untersuchten Funktionshäftlinge thematisierten von sich aus amoralische Verhaltensweisen anderer Funktionshäftlinge sowie den negativen Ruf der Funktionshäftlinge. Damit vermitteln sie, ›die anderen waren schlechte Kapos, ich dagegen war ein guter Funktionshäftling‹. Dieses Erzählmuster läßt sich auch bei den interviewten Funktionshäftlingen des Sonderkommandos aus Auschwitz (Greif 1995) sowie bei den interviewten Funktionshäftlingen im Dokumentarfilm von Paran (1999) beobachten. Die Mitglieder des Sonderkommandos waren gezwungen, in den Gaskammern »an der physischen Vernichtung anderer Juden aktiv teilzunehmen«. Im Rahmen der Funktionstätigkeit mußten Mitglieder des Sonderkommandos die neu ankommenden Juden überzeugen, sich in den Entkleidungsräumen auszuziehen, sie in die »Duschen« begleiten und die Leichen der Vergasten später verbrennen (Greif 1995, XLI.). Der ehemalige Sonderkommando-

Funktionshäftling Josef Sackar beschreibt, wie andere Mitglieder des Sonderkommandos »mit den Händen« die neu Ankommenden schlugen, wenn diese sich weigerten, sich auszuziehen. »Ich habe niemals geschlagen«, betont er (ebd., S. 23). Nach der Vergasung mußten die Mitglieder des Sonderkommandos die Leichen aus der Gaskammer in die Verbrennungsöfen tragen. Dabei kam es zu Fällen, in denen die Mitglieder des Sonderkommandos Wertsachen wie Juwelen suchten und fanden. Sackar sagt von sich aus: »Ich habe niemals etwas Wertvolles gesucht. Ich habe niemals etwas mitgenommen.« Als der Interviewer ihn fragt: »Und ihre Freunde – haben Sie gesehen, wie ihre Freunde Juwelen suchen?«, antwortet er: »Die suchten ziemlich viel, ja, sehr viel« (ebd., S. 26). Die Funktion dieses Erzählmusters ist wichtig für das moralische Selbstbild: Die Person sagt damit: ›Ich war moralisch, die anderen nicht immer‹. Damit kommt es zu einer projektiven Übertragung, in der vermutlich negativ erlebte Aspekte des eigenen Verhaltens auf die anderen Funktionshäftlinge projiziert werden.

Ein rares Erzählmuster, in dem die komplexe Situation der Funktionshäftlinge thematisiert wird, ist das Erzählmuster des ›*Ambivalenz aushalten*‹. Es geht um die psychische Fähigkeit und Stärke, sich mit eigenen vergangenen moralischen und amoralischen Hnadlungen auseinanderzusetzen und sie psychisch auszuhalten. Die Funktionstätigkeit umfaßte vermutlich immer und ohne Ausnahme beide Handlungen. Dieses Erzählmuster läßt sich auch in der Autobiographie des polnischen Schriftstellers Wieslaw Kielar (1997) »Anus Mundi« beobachten. Kielar war ein polnischer, nicht-jüdischer Funktionshäftling, der offen, ohne Pathos, unverhüllt und sensibel sein Überleben als Funktionshäftling beschreibt. Er nennt die Momente, in denen er anderen half, aber auch die Momente, in denen er in erster Linie sich selbst half, was z. T. auf Kosten anderer geschah. Er erwähnt die Nachteile der Funktionstätigkeit, aber auch ihre Vorteile. Detailliert beschreibt er die Machtkämpfe unter den Funktionshäftlingen. Er spricht die Momente der Angst, der Feigheit und des Mutes an. In den ersten vier Jahren seiner Haft beschäftigt er sich mit dem Gedanken, zu fliehen. Er gibt dies aber auf, weil er weiß, daß seine Familie einen hohen Preis dafür bezahlen würde. Im letzten Jahr der Naziherrschaft, als die Russen seinen Heimatort bereits besetzt haben und es im Lager keine »Kollektivverantwortlichkeit« mehr gibt, organisiert er sich eine SS-Uniform, mit der er fliehen will. Die Uniform versteckt er im Strohsack eines anderen Häftlings: »Im Falle eines Falles würde er alles erklären müssen, nicht ich. Ich mochte ihn nicht«, notiert Kielar in seiner Autobiographie über diesen anderen Häftling (ebd., S. 282).

Ein ganz anderes Erzählmuster ist das *Bagatellisieren des eigenen Leides*. Es fällt auf, daß Rebekka, Lola und Ran ihr Leid nicht in den Vordergrund stellen. Dies steht im Kontrast zu Erzählungen von anderen Holocaust-Überlebenden, in denen das erlebte Leid im Zentrum steht. Die Funktionshäftlinge haben aber während der Shoah nicht weniger gelitten als andere Holocaust-Überlebende. Die Bagatellisierung des eigenen Leides kann mit einem persönlichen Schuldgefühl zusammenhängen, da man als Funktionshäftling ›privilegiert‹ war und es aufgrund der besseren Lebensbedingungen ›leichter‹ als andere Holocaust-Überlebende hatte. In der Regel waren die Privilegien minimal – ein wenig mehr Nahrung, Schutzlisten oder Schutz vor körperlicher Arbeit. Doch diese minimalen Privilegien konnten im Lager lebensrettende Bedeutung haben. Eine ähnliche Erzählstruktur fand die deutsche Soziologin Rosenthal (1996) in ihrer Untersuchung. Sie interviewte eine Holocaust-Familie aus Israel, in der die Ehefrau als Lagerälteste überlebte. »Ich hatte es nicht so schwer. [...] Ich [war] immer in einer Funktion«, sagt die Überlebende und hebt eher das Leid ihrer Geschwister während der Shoah hervor (ebd., S. 114).

Auch in der Untersuchung von Knapp (1996) über »Das Frauenorchester in Auschwitz« drückt sich in den Erzählungen die Bagatellisierung des eigenen Leids aus. Knapp untersuchte als Musiktherapeutin und Pädagogin die Auswirkungen der »musikalischen Zwangsarbeit und ihre Bewältigung«. Die Scham aufgrund der Privilegien als Funktionshäftlinge ist bei den Musikerinnen immer wieder spürbar. »Wie alle ›Privilegierten‹ waren die Musikerinnen zwangsläufig bis zu einem gewissen Grad in die Zusammenarbeit mit der SS verstrickt« (ebd., S. 304). Sie »spürten, daß sie die Funktion hatten, die Opfer zu quälen oder zu täuschen« (ebd., S. 314). Von anderen Häftlingsfrauen wurden sie z. T. als »Verräterinnen« angesehen und aufgrund der besseren Bedingungen beneidet. »Es war für dortige Verhältnisse ein Paradies für uns«, sagt eine der überlebenden Musikerinnen. Knapp interpretiert die Privilegien wie folgt: »Die Kluft zwischen den ›privilegierten Häftlingsfrauen‹ und der ›grauen Masse‹ war ein Bestandteil der strukturellen Gewalt in Auschwitz, die von der SS bewußt etabliert wurde, um die Gefangenen gegeneinander aufzuhetzen, um Haß, Neid und Konkurrenz zu schüren« (ebd., S. 303). Und genau diese Situation führte auch zu der Entstehung von Scham, Rechtfertigungszwang und Bagatellisierung des eigenen Leidens.

Sich als ›politischer Funktionshäftling‹ wahrzunehmen, der seine Funktionstätigkeit im Dienste einer politischen Überzeugung übernimmt und ausübt, und darzustellen ist ein markantes Erzählmuster, das sich bei den kommunistischen Kapos finden läßt. Dieses Muster wurde auch bei Ran Chanoch, der sich als zionistischer Funktionshäftling versteht, deutlich. Als politischer Funktionshäftling versteht man sich nicht als Individuum, das für sich alleine kämpft, sondern als Teil eines Kollektivs und dies genau hat eine wichtige Funktion für das moralische Selbstbild. Durch das politische Ziel lassen sich schwere Entscheidungen bei Moraldilemmata wie der »Opfertausch« erklären. Um »zehn antifaschistische Kämpfer zu retten«, war z. B. »der rote Kapo« Bartel bereit, andere, nicht-deutsche Kommunisten zu opfern. »Das hielt und halte ich für richtig«,[13] sagt er in seinem Prozeß vor dem sowjetischen Militärtribunal, denn er glaubte, daß jede seiner Taten als moralisch galt, wenn sie die kommunistische Revolution in Deutschland beschleunigen konnte.[14]

Eine ganz andere Möglichkeit, das moralische Selbstbild als Funktionshäftling zu korrigieren, wenn es zu Verletzungen der eigenen subjektiven Moralphilosophie gekommen ist, sind *Bewältigungsstrategien auf der Handlungsebene*. Dieses Muster kommt seltener als die kognitiven Bewältigungsstrategien vor. Bei diesem Muster geht es darum, die äußere Realität, in dem Versuch, sich als moralisch zu erleben, zu verändern und zu korrigieren. Dieses Muster läßt sich auch in dem Roman von Aleksandar Tisma (»Kapo«, 1997) wiederfinden. Furfa lebt als ehemaliger Kapo mit schweren Schuldgefühlen gegenüber einer jüdischen Häftlingsfrau, die er im KZ sexuell mißbrauchte. Der SS-Offizier, für den er tätig war, wußte nicht, daß er Jude ist, weshalb er ihm erlaubte, jüdische und christliche Häftlingsfrauen zu sich zu bestellen. Nach der Befreiung quält sich Furfa besonders wegen einer mißbrauchten Jüdin. Er hat Angst vor ihrer Rache, will von ihr aber auch bestraft werden und sich bei ihr entschuldigen. Im Alter, schon krank und geschwächt, sucht er sie und findet ihr Haus nach langem Suchen. Doch Helena Lifka ist einige Monate zuvor gestorben. Furfa selbst stirbt kurze Zeit darauf.

Familiäre Bewältigungsstrategien im Umgang mit Moraldilemmata

Welchen Einfluß hat der Umgang der ersten Generation mit den Moraldilemmata auf die zweite Generation und umgekehrt? Während die Person bei den individuellen Bewältigungsstrategien die eigenen psychischen Belastungen zu reduzieren versucht, stellen die familiären Bewältigungsstrategien einen komplexeren Prozeß dar: In einem ersten Schritt kommt es zur Tradierung der psychischen Belastung von den Eltern auf die Kinder. Dann

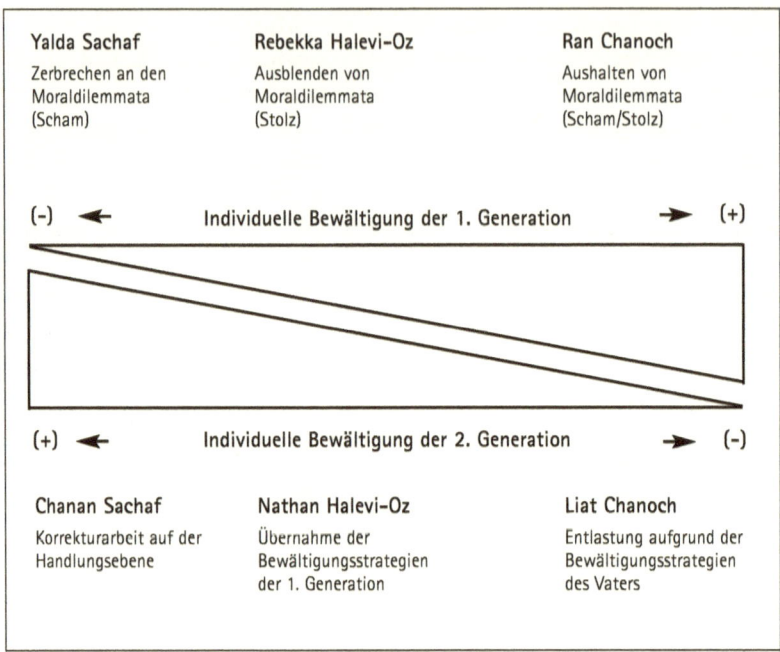

Abbildung 11: Verhältnis der Bewältigungsstrategien jüdischer Funktionshäftlinge und ihrer Kinder im Umgang mit Moraldilemmata

entwickeln die Kinder gemeinsam mit den Eltern – oder stellvertretend für diese – bewußte oder unbewußte Bewältigungsstrategien, um die psychische Belastung der Familie zu reduzieren. Die vorliegende Analyse zeigt deutlich die folgende Tendenz: Je mehr Probleme die erste Generation bei der Bearbeitung ihrer Moraldilemmata hat, desto mehr Bewältigungsarbeit muß seitens der Familie – also von der zweiten Generation und dem Ehepartner – geleistet werden. Das heißt, wenn die individuellen Bewältigungsstrategien der ersten Generation nicht ausreichen, um die durch die Moraldilemmata entstandene psychische Belastung zu mildern, sind familiäre Bewältigungsstrategien nötig.

Im oberen Teil der Abbildung stehen die individuellen Bewältigungsstrategien der ersten Generation. Während Ran Chanoch für sich viele erfolgreiche individuelle Bewältigungsstrategien entwickelt hat, lassen sich bei Yalda Sachaf nur wenige beobachten, weshalb sie fast an der Last ihrer Moraldilemmata zerbricht. Im unteren Teil der Abbildung sind die Bewältigungsstrategien der zweiten Generation abgebildet.

Die beiden Dreiecke verdeutlichen das oben genannte Familienmuster: Es besteht ein enger Zusammenhang zwischen den individuellen Bewältigungsstrategien der ersten Generation im Umgang mit ihren Moraldilemmata und den Bewältigungsprozessen bei ihren Kindern. Je mehr Schwierigkeiten die Person im Umgang mit ihren Moraldilemmata hat, desto mehr Verantwortung haben die Kinder (und die Partner) im Bewältigungsprozeß zu tragen. Die individuellen Bewältigungsstrategien der ersten Generation beeinflussen damit die familiären Bewältigungsstrategien in entscheidender Weise. Die Familie als Bündnis, also die erste und zweite Generation gemeinsam, leistet die Bewältigungsarbeit. Ich stelle im folgenden drei familiäre Bewältigungsmuster vor. Insgesamt leisten alle drei Familien – als familiäre Einheit – eine gute Bewältigungsarbeit: die eine Bewältigungsform ist nicht besser als die andere.

a) Der Sohn von Yalda Sachaf leistet Korrekturarbeit für seine Mutter, die für sich auf der individuellen Ebene wenig Bewältigungsstrategien entwickelt hat. Yalda wünscht sich, eine Erinnerungsarbeit als Korrektur zu leisten, doch dies gelingt ihr innerlich nicht. Es ist letztendlich Chanan, der diese Erinnerungsarbeit für seine Mutter leistet, u. a. durch die Gründung eines Privatarchivs. Chanans Bewältigungsstrategie ist eine Korrekturarbeit auf der Handlungsebene. In diesem familiären Bewältigungsprozeß tut der Sohn etwas für die Mutter und damit für die ganze Familie. Diese vom Sohn geleistete Korrekturarbeit entsteht durch die Übernahme der mütterlichen Delegation, sich mit der Shoah zu beschäftigen. Es handelt sich dabei um eine unbewußte Bewältigungsstrategie und Wiedergutmachung, denn der Sohn weiß auf der bewußten Ebene nicht, daß seine Mutter im Judenrat war und kennt ihr damaliges Moraldilemma, das Schreiben der Deportationslisten, nicht.

b) Der Sohn von Rebekka Halevi-Oz hat es diesbezüglich leichter: Er übernimmt die individuellen Bewältigungsstrategien seiner Mutter. Die kognitiven Bewältigungsstrategien, die der Mutter halfen, helfen auch dem Sohn und damit rückwirkend wieder der Mutter. Der Sohn Nathan nimmt seine Mutter als starke Frau und moralische Heldin wahr, bzw. er nimmt sie so wahr, wie sie sich selbst wahrnimmt. Die Übernahme dieser Wahrnehmung durch den Sohn bestärkt die Mutter. Sie erwähnt im Interview, wie stolz ihr Sohn auf sie ist. Der Mutter und dem Sohn gemeinsam ist somit die offene Benennung der Funktionstätigkeit und der Heldengeschichten. Gleichzeitig dethematisieren beide die Moraldilemmata, die mit der Funktionstätigkeit verbunden waren.

c) In der Familie Chanoch kommt es zum Aushalten von Moraldilemmata bei der ersten Generation bzw. zum offenen Benennen der moralischen Konflikte und zu einer Trauerarbeit über die nicht erfüllten moralischen Wünsche. Ran, der für sich die Korrekturarbeit leistet, benötigt im Gegensatz zu Yalda Sachaf keine familiäre Hilfe in seinem Bewältigungsprozeß. So berichtet seine Tochter Liat mit Respekt über die Entscheidung ihres Vaters, als Sozialarbeiter und nicht als Architekt zu arbeiten. Aufgrund der erfolgreichen individuellen Korrekturstrategien ihres Vaters und seiner Fähigkeit, die Moraldilemmata auszuhalten, ist Liat entlastet bzw. nicht gezwungen, eigene Korrekturarbeit zu entwickeln. Das Muster lautet: Wenn die Eltern ihre eigene moralische Belastung im Zusammenhang mit den Moraldilemmata für sich ausgleichen, müssen die Kinder in geringerem Maß die psychische Last der Vergangenheit tragen.

Doch mit der psychosozialen Last durch die gesellschaftliche Stigmatisierung der Funktionstätigkeit ihrer Eltern müssen sich alle untersuchten Personen aus der zweiten Generation – auch Liat – auseinandersetzen. Welche Bewältigungsstrategien sie dafür entwickeln, wird im nächsten Abschnitt geschildert.

Zwischen lieben und urteilen – Psychosoziale Bewältigungsstrategien in der zweiten Generation

Die Tradierung einer moralischen Familiengeschichte

Die untersuchten Eltern vermitteln ihren Kindern in der Regel eine moralische Geschichte, in der das moralisch Erlebte erzählt wird. Es kommt zu einer familiären Geschichtsüberlieferung, in der die Eltern als moralische Personen erlebt werden. Jedes Kind identifiziert sich bewußt oder unbewußt mit den tradierten Werten und Geschichten seiner Eltern und zwar aus Stolz, Anerkennung und/oder aus dem Wunsch heraus, die Last des erlebten Leidens während der Shoah mit den Eltern zu teilen. Die Eltern werden von ihren Kindern z. B. als loyal, solidarisch, heldenhaft oder im zionistischen Sinne verantwortungsvoll angesehen.

Doch gleichzeitig verschweigen die Eltern bestimmte Ausschnitte ihrer Funktionstätigkeit oder sogar die gesamte Tätigkeit als Funktionshäftling. Sie vermitteln ihren Kindern meist die moralisch erlebten Momente, jedoch nicht solche Erlebnisse, die sie in einem amoralischen Licht erscheinen lassen könnten. Dies geschieht vermutlich aus dem tiefen Bedürfnis heraus, dem eigenen Kind gegenüber als moralische Person zu erscheinen und vermutlich auch aus dem Wunsch, sich und das Kind vor der damaligen moralischen Verletzung schützen zu wollen. So erzählt Yalda Sachaf ihrem Sohn nicht von ihrer Tätigkeit im Judenrat und auch Rebekka erwähnt nicht alle Facetten ihrer Funktionstätigkeit. Demzufolge weiß Chanan auf der bewußten Ebene nicht, daß seine Mutter im Judenrat war, während die anderen drei interviewten Kinder jeweils bestimmte Aspekte kennen und andere nicht.

Doch alle Kinder scheinen eine düstere Ahnung davon zu haben, was ihnen nicht erzählt wurde. Sie thematisieren diese Problematik in verschiedenen Formen. So taucht bei Nathan z. B. die unterschwellige Frage auf, was seine Mutter als Judenratsleiterin wirklich gewußt und wie sie daraufhin gehandelt hat. An dieser Stelle stehen die Kinder auch vor einer psychosozialen Belastung im Zusammenhang mit der Funktionstätigkeit.

Psychosoziale Bewältigungsstrategien:
Spaltung zwischen persönlicher Geschichte
und gesellschaftlicher Verurteilung

Bei allen untersuchten Personen aus der zweiten Generation läßt sich die Soziose im Zusammenhang mit der Funktionstätigkeit beobachten. Einerseits streben die Kinder danach, ihren Eltern gegenüber loyal zu sein. Andererseits wollen sie sich als ein moralisch integriertes Mitglied ihrer Gesellschaft erleben, was sie zum Teil aufgrund der scharfen gesellschaftlichen Verurteilung der Funktionshäftlinge in eine widersprüchliche Lage bringt. Nach der Staatsgründung wurden in der israelischen Gesellschaft besonders die Partisanen verehrt. Seit den 60er Jahren findet parallel dazu auch eine starke gesellschaftliche Identifizierung mit dem Leid der Holocaust-Überlebenden statt. Doch die jüdischen Funktionshäftlinge blieben bis heute eine verachtete Außenseitergruppe. Somit ist in Israel die Bearbeitung der eigenen Familienvergangenheit als Kind eines Funktionshäftlings nie konfliktlos. Die untersuchten Angehörigen der zweiten Generation identifizieren sich mit ihren Eltern und mit der israelischen Gesellschaft und stehen deshalb vor einem Konflikt zwischen ihrer Familie und der Gesellschaft, bzw. vor einer psychosozialen Belastung.[15]

Die Identifikation mit der Gesellschaft könnte gleichzeitig die Übernahme der Verurteilung der Funktionshäftlinge bedeuten. Diese Tendenz läßt sich tatsächlich bei den Kindern der untersuchten Funktionshäftlinge finden. So bezeichnet Liat Chanoch die Funktionstätigkeit als »ekelhafte Aufgabe«. Auch Dalia Fröhlich spricht über die Funktionstätigkeit als eine negative gesellschaftliche Problematik (»Dieses Problem [...], daß die Kapos von ihren und von unseren Leuten waren«). Und Chanan Sachaf thematisiert indirekt die Schuld, die auf den Judenräten aus der Sicht der Ermordeten lastet und glaubt, daß die ermordeten Opfer, falls sie »mit uns wären«, den Judenrat gehaßt hätten.

Eine Korrektur scheint psychisch notwendig zu sein, um sich als moralisch und als integriertes Mitglied der Gesellschaft zu erleben. Psychosoziale Bewältigungsstrategien sind dabei ein Versuch des Ausgleichs zwischen der Familie und der Gesellschaft. Die Diskrepanz zwischen dem angestrebten Selbst- und Familienbild und dem von der Gesellschaft geschätzten Idealbild soll reduziert werden. Wie die interviewten Kinder diesen Konflikt für sich lösen, verdeutlicht ein in der Analyse herausgearbeitetes Bewältigungsmuster. Die Untersuchung läßt vier unterschiedliche Muster in der zweiten Generation erkennen, die sich zum Teil ergänzen und überschneiden.

(a) Das Verschwinden der Funktionstätigkeit:
›Mein Vater war ein einfacher Häftling‹
›Keiner war das Kind eines Kapos.‹ Dieses Gefühl entsteht, wenn man die biographischen Erzählungen von Chanan Sachaf, Dalia Fröhlich und Liat Chanoch zum ersten Mal hört, denn sie verbinden die Verfolgungsgeschichte ihrer Eltern nicht mit den Begriffen Kapo, Judenrat oder Funktionstätigkeit. Chanan Sachaf glaubt, daß seine Mutter eine einfache Häftlingsfrau im Ghetto war; Dalia Fröhlich beschreibt die Arbeit ihrer Mutter als Putzen bei den Deutschen, und Liat sieht ihren Vater als einfachen Häftling in Auschwitz, der körperliche Arbeit leistete. Zwar waren tatsächlich alle Funktionshäftlinge auch für eine bestimmte Zeit einfache Häftlinge und zwar vor Beginn ihrer Funktionstätigkeit und nach deren Beendigung. Auffällig ist hier aber, daß die Funktionstätigkeit in den Beschreibungen der Verfolgungsgeschichte der Eltern fast gänzlich verloren geht. In anderen Kontexten, die mit den Eltern nicht zusammenhängen, thematisieren die Kinder aber das Thema der Funktionstätigkeit und verurteilen die Funktionstätigkeit in einer allgemeinen Form, wie es oben ersichtlich wurde.

Es gelingt ihnen auf diese Art, zwei entgegengesetzte Wünsche zu verfolgen: (a) loyal zu ihren Eltern zu bleiben und die Eltern weiter als moralische Menschen wahrzunehmen, indem sie den stigmatisierten Begriff Kapo oder Judenrat nicht mit ihren Eltern in Zusammenhang bringen und (b) gleichzeitig das Phänomen der Funktionstätigkeit ganz im Sinne der israelischen Gesellschaft zu verurteilen und sich so ihrem Gefühl nach nicht im Widerspruch zum allgemeinen gesellschaftlichen Urteil zu befinden.

Angehörige der zweiten Generation rekonstruieren dadurch ihre eigene Lebensgeschichte als moralische Geschichte: Sie erleben sich als loyal zu ihren Eltern und als integriertes Mitglied ihrer Gesellschaft. Nathan Halevi-Oz stellt hier eine Ausnahme dar. Er ist der einzige, der ganz offen die Tätigkeit seiner Mutter im Judenrat nennt und sie als »Chefin im Lager« definiert (jedoch nicht als Kapo). Bei ihm kommt es zu dem folgenden Muster.

(b) ›Wenn meine Eltern Partisanen wären‹
Die eigenen Eltern und ihre Vergangenheit kann man sich nicht aussuchen. Doch die Rekonstruktion der Familiengeschichte wird sehr oft von den Wünschen der Kinder beeinflußt und geprägt. So haben einige der interviewten Funktionshäftlingskinder sich ihre Eltern als Partisanen oder kämpfende Zionisten gewünscht. Diese idealisierten Figuren des Partisanens und des kämpfenden Zionisten fließen zum Beispiel in die biographischen Erzählungen von Nathan Halevi-Oz und Liat Chanoch ein, als sie das Leben ihrer Eltern im Lager beschreiben. So beschreibt Nathan Halevi-Oz seine Mutter als kämpfende Helferin, Heldin und »große Anführerin«. Sie ist für ihn eine Widerstandskämpferin im Ghetto und im KZ, die danach strebt, »allen beim Überleben zu helfen«.

Auch Liat Chanoch nimmt ihren Vater als eine kämpfende Figur in Ghetto und KZ wahr, als einen kämpfenden Zionisten. Er ist für sie auf keinen Fall ein Funktionshäftling oder Kapo. Sie hat dabei auch Schwierigkeiten mit der Bezeichnung ihres Vaters als Holocaust-Überlebenden. Vielmehr erlebt sie ihn als starken Israeli.

(c) Identifizierung mit den Opfern:
Die Eltern ausschließlich als leidende Opfer
Auch Dalia Fröhlich beschäftigt sich mit dem Thema Heldentum. Ihr Vater überlebte als Partisan und sie bewundert ihn sehr. Mit seiner Lebensgeschichte beginnt sie ihre biographische Erzählung. Doch ihr Umgang mit der Funktionstätigkeit ihrer Mutter ist ein anderer als der von Nathan und Liat. Die Mutter erzählt ihr »heiteren« Geschichten aus dem KZ, in denen die Deutschen die Mutter liebten. Dalia wandelt diese »heiteren« Geschichten, mit denen sie viele Schwierigkeiten hat, in Leidensgeschichten um, in denen ihre Mutter gelitten hat, auch wenn die Mutter es selber nicht gemerkt hätte, wie Dalia es formuliert. Insgesamt erlebt Dalia ihre Mutter nicht als Funktionshäftling sondern als Opfer. Es kommt bei Dalia zu einer Identifizierung mit den Opfern und Helden, jedoch nicht mit der Geschichte der

Mutter als Funktionshäftling. Dalias Ehrung der Helden und Opfer der Shoah repräsentiert die Synthese zwischen Heldentum und Leid, wie sie heute in der israelischen Gesellschaft zu finden ist. Die Funktionstätigkeit wird aus der persönlichen Familiengeschichte von Dalia ausgeklammert, und wie die anderen interviewten Kinder kritisiert sie die Funktionshäftlinge auf der gesellschaftlichen Ebene.

(d) ›Ich will nicht richten‹
In den obigen Mustern gehen die Eltern als Funktionshäftlinge ›verloren‹. Dies ist anders bei dem Muster ›Ich will nicht richten‹, wie es bei Dana, der Tochter von Mina Dunkelmann zum Ausdruck kommt.[16] Dana erzählt, daß ihre Mutter Kapo für einen Tag war. Sie betont dabei, daß sie nicht weiß, wie sie selbst in dieser Situation gehandelt hätte und daß sie deshalb nicht urteilen will. Dies ist eine ganz andere Möglichkeit, den Soziose-Konflikt zu lösen: sich als nicht urteilende Partei zu verstehen. Die komplexe Situation der Funktionshäftlinge, vielleicht sogar ihre Moraldilemmata, werden von der Tochter verstanden (Eigenwohl als Kapo versus Gemeinschaft mit den Freundinnen). Es ist eine differenzierte Stimme im Umgang mit der Funktionstätigkeit, eine tolerante Tendenz gegenüber allen Funktionshäftlingen und nicht nur gegenüber der eigenen Mutter.

Die beschriebenen psychosozialen Bewältigungsstrategien enthalten ein zentrales Grundmuster: Die Spaltung zwischen der persönlichen Verfolgungsgeschichte der Eltern und der gesellschaftlichen Verurteilung der Funktionshäftlinge. Die Eltern werden als moralische Personen wahrgenommen, während andere Funktionshäftlinge als amoralisch und negativ im Sinne der Gesellschaft verurteilt werden.

Moralische Kinder – Moralische Menschen: Kinder von NS-Tätern, Shoahopfern und jüdischen Funktionshäftlingen

In diesem Abschnitt möchte ich den Umgang mit den Erfahrungen der Eltern während der Nazizeit in drei Gruppen vergleichen: bei Kinder von Funktionshäftlingen, Kindern von anderen Holocaust-Überlebenden und Kindern von deutschen NS-Tätern und Mitläufern. Über die beiden letzten Gruppen – die Kinder der Opfer und Täter – existiert eine umfangreiche psychologische Literatur.[17] Über Kinder von Funktionshäftlingen konnte ich lediglich eine einzige biographische Analyse finden (Rosenthal 1997). Neben der Literatur zu diesem Thema werde ich auch meine eigenen Erfahrungen aus der therapeutischen Arbeit mit Opfer- und Täterfamilien berücksichtigen.[18] Durch diesen Vergleich sollen Unterschiede und Überschneidungen in den psychischen Belastungen und ihren Bewältigungsversuchen herausgearbeitet werden.

In der Literatur über die Kinder von Holocaust-Überlebenden steht häufig die nahe Beziehung zu den Eltern, in der Literatur über die Kinder der Täter der Umgang mit der Schuldfrage der Eltern im Vordergrund. Kinder von Holocaust-Überlebenden haben oft den Wunsch, ihre Eltern zu schützen, weil sie so viel gelitten haben. Sie haben daher auch eine sehr enge Beziehung zu ihren Eltern. Die häufig angesprochenen Probleme in der Autonomie-Entwicklung der zweiten Generation entstehen nicht zuletzt auf diesem Hintergrund. Im Rahmen des normalen Entwicklungsprozesses strebt das Kind an, sich von den Eltern physisch und psychisch zu lösen. Doch da eine solche Trennung von den Eltern als sehr schmerzhaft erlebt werden kann (sie haben keine anderen Familienangehörigen; für sie bedeutete Trennung häufig Tod), und da man die Eltern doch schonen will, lassen sich symbiotische Eltern-Kind-Beziehungen mit einer Tendenz zu Problemen in der Autonomie-Entwicklung beobachten. Darüber hinaus werden die Kinder damit konfrontiert, daß ihre Eltern ganz ›normale‹ Eltern sind und dies bedeutet, daß sie wie alle Eltern Fehler begehen und unschöne Seiten haben. Auch in dieser Hinsicht steht die zweite Generation aufgrund der Leidensgeschichte der Eltern vor dem Konflikt, ob sie ihre Eltern je kritisieren darf. Es kommt u. a. zur Hemmung jeglicher aggressiver Äußerungen.[19] Als Kind von Holocaust-Überlebenden erlebt man sich daher eher als eine moralische Person, wenn man die Eltern schont, schützt und eine nahe Beziehung zu ihnen hat.

Bei Kindern von deutschen Tätern sieht es oft umgekehrt aus. Um sich als moralische Person zu erleben, haben die Kinder häufig das Gefühl, daß sie Abstand von ihren Eltern und deren amoralischen Taten nehmen müssen. Hier läßt sich eine distanzierte Beziehung zu den Eltern feststellen, wie ich wiederholt beobachten konnte. Doch wenn man soviel Abstand von den Eltern nimmt, sie quasi psychisch sterben läßt, bedeutet dies, daß man elternlos und extrem einsam wird. Diese Prozesse werden z. B. in dem Interview mit Renate, der Tochter eines SS-Mannes, erkennbar (Bar-On 1993):

> »Erst später habe ich erfahren, daß mein Vater bei der SS war; es hieß immer, er sei Soldat gewesen. [...] Er hat an einem Erschießungskommando teilgenommen und es auch geleitet; [...] Ich hatte immer gehofft, er würde einmal etwas über die Opfer sagen, irgendein Wort über die Menschen, die er getötet hat [...]. Er hat nur über sein bedauernswertes Schicksal gejammert. [...] Aber ich konnte es nicht akzeptieren, solange er nicht wenigstens einmal das Schicksal seiner Opfer anerkennt. [...] Ich habe dann Jura studiert, und

das hängt auch mit meinem Vater zusammen [...] ich habe zu meiner Mutter sogar gesagt, ich fände es richtig, daß er verurteilt worden ist und daß man die Sache auch juristisch aufarbeitet; und ich könnte es nicht akzeptieren, daß er sich einfach mit dem ›Befehlsnotstand‹ herausredet. [...] Je länger mein Vater tot ist, desto mehr interessiert er mich. [...] Ich sagte ihm: ›Wenn du nur gesagt hättest, du würdest es nicht tun.‹ Darauf sagte er: ›Du hättest so gern einen Vater, der das getan hätte und dafür erschossen worden wäre.‹ Ja, vielleicht hätte ich lieber einen solchen Vater. (weint). [...] Vielleicht hat auch meine Berufswahl etwas damit zu tun, eine kleine persönliche Wiedergutmachung, daß ich Leuten helfe, und sie, so weit es irgendwie geht, vor Elend und Leid bewahren möchte. Ich sehe meinen Beruf auch als Kampf gegen Autorität und staatliche Gewalt.« (ebd., S. 207ff)

Persönlich streben Kinder von Tätern und Mitläufern, die der 68er Generation angehören, einen großen Abstand zur NS-Geschichte und ihren Eltern an, wie die Therapeutin Helma Sanders-Brahms (1990) es in diesem inneren Dialog der 68er Generation wiedergibt:

»Diese Opfer-Täter-Geschichte, das geht mich nicht an. Wir sind keine Deutschen, ist das klar? Wir sind Bürger der Bundesrepublik. Und unsere Eltern, damit haben wir nichts zu tun. Warum? Wir haben mit ihnen gebrochen, wir sehen sie nicht mehr, wollen nichts von ihnen wissen. So ist das.« (ebd., S. 134)

Sie berichtet weiter, wie Nikolaus Frank, der Sohn des Gauleiters und Reichsleiters des Generalgouvernements Polen, masturbiert hat, während er das Photo seines hingerichteten Vaters ansah, nachdem er beschlossen hat, mit seinem Vater innerlich abzubrechen. Damit drückt der Sohn seine Verachtung gegenüber dem Vater aus und versucht, meiner Ansicht nach, sich mit dieser extremen Distanzierung als moralisch zu erleben. Kinder der Täter befinden sich in einem inneren Kampf bei ihrem Versuch, ›sich als moralische Kinder von amoralischen Monstern‹ zu erleben.[20]

Bei den interviewten Kindern der Funktionshäftlinge läßt sich ein anderes Muster beobachten: Niemand von ihnen sieht seine Eltern als Täter oder hebt ihre Täterseiten hervor. Vielmehr werden die Eltern entweder als leidende Holocaust-Überlebende oder als Helden und Widerstandskämpfer im KZ beschrieben. Diese Art der Wahrnehmung bedeutet, die Eltern als moralische Personen erleben zu können und damit auch sich selbst. Die Beziehung zu den Eltern ist damit sehr nah. Insgesamt stehen Kinder von Funktionshäftlingen zum einen vor ähnlichen, zum anderen aber auch vor ganz anderen Problemen als die Kinder von Holocaust-Überlebenden aus der ersten Gruppe. Auch sie wollen ihre Eltern unterstützen, da sie sich als moralisch erleben möchten. Doch wie oben gezeigt wurde, fühlen sie sich gleichzeitig verpflichtet, die Kapos im Sinne der Gesellschaft zu verurteilen, wenn sie sich als ›gute Israelis‹ betrachten wollen. Dabei gelingt es ihnen, beide Wünsche zu erfüllen: Sowohl ein gutes, loyales Kind zu sein als auch ein integrierter Bürger, ›ein guter Israeli‹, indem sie sich mit dem erlebten Leid der Eltern als Opfer identifizieren, während sie auf der gesellschaftlichen Ebene die ›anderen Kapos‹ scharf verurteilen. So stehen Kinder jüdischer Funktionshäftlige zwischen der Liebe zu ihren Eltern und dem Verurteilen und Verachten der ›anderen Kapos‹. Denn oftmals ahnen die Kinder unbewußt die Komplexität der Verfolgungsgeschichte ihrer Eltern als Repräsentanten einer Zwischenschicht.

Diese unbewußte Ahnung äußert sich z. B. durch Versprecher oder durch die intensive historische Beschäftigung mit dem Judenrat und der Kapotätigkeit. Doch die Eltern werden in keiner Weise direkt kritisiert, denn die Kinder würden dies als eine aggressive Äußerung gegenüber Menschen sehen, die sehr viel gelitten haben. Hier liegt ein großer Unterschied zu der offenen, direkten und scharfen Kritik der Kinder der Täter an ihren Eltern. Kinder von deutschen NS-Tätern streben danach, mehr über die Handlungen ihrer Eltern während der NS-Zeit zu erfahren, doch es kommt zu keinem Dialog zwischen den beiden Generationen, wie es der Psychoanalytiker Moser (1992) beschreibt. Die 68er-Generation war ihren Eltern gegenüber so aggressiv, daß ein Dialog zwischen ihnen und den Eltern nicht möglich war. Sie ermöglichten den Eltern nicht zu erzählen, sondern machten ihnen Vorwürfe. Damit schützen sich diese Kinder auch vor dem bedrohlichen genauen Wissen, das durch einen Dialog hätte zustande kommen können. Es kommt zu einem unbewußten ›Pakt des Schweigens‹ zwischen Eltern und Kindern.[21] Auch die Kinder der befragten Funktionshäftlinge haben jeweils noch offene Fragen an ihre Eltern. Doch auch sie scheinen ihre Eltern nicht zu fragen, da sie die ganze bedrohliche damalige Realität (unbewußt) nicht kennenlernen wollen. Hinzu kommt vermutlich auch ihr Gefühl, daß bestimmte Fragen die Eltern verletzten könnten, wie z. B. bei Chanan Sachaf. Chanan ist neugierig auf die Vergangenheit, hat gleichzeitig Angst vor ihr und wird seine Mutter nicht direkt fragen, um ihr nicht weh zu tun.

Das ›Nicht-fragen‹ ist auch ein Muster, das Rosenthal (1995) beschreibt. Es geht um die bereits erwähnte Familie, in der die Mutter Lagerälteste und der Vater Funktionshäftling bei Mengele war. Zum Schicksal des Vaters als Helfer von Mengele sagt die Tochter: »Ich wollte nichts weiteres mehr wissen, er wollte nicht erzählen und ich wollte nicht fragen.« Die zweite Generation will über die Funktionstätigkeit der Eltern nichts erfahren und blockiert den Dialog. Stattdessen kommt es zur Mythosbildung, derzufolge die Eltern humanistisch waren. Dabei wird z. B. nicht gefragt, in welcher Art der Vater Mengele half. Auch die Mutter wird nicht als Lagerälteste, sondern als eine »typische Überlebende dargestellt«. Im Zusammenhang mit ihrer Verfolgungsgeschichte spricht die Tochter meist über den Hunger und die Kälte, unter denen die Überlebenden litten und schließt die Mutter damit ein. »Durch diese Verallgemeinerungen gelingt es« der Tochter, »den persönlichen Erfahrungsbereich ihrer Mutter – in einer privilegierten Position und für andere verantwortlich gewesen zu sein [...] – zu umgehen«. Doch gleichzeitig ist das unbewußte Wissen über die Funktionstätigkeit der Eltern präsent, z. B. durch den Versprecher der Tochter, als sie erzählt, daß sie geboren wurde, nachdem ihre Eltern bei der »Armee« waren und korrigiert sich dann: ›Nachdem sie in der Shoah waren‹ (ebd., S. 124ff). Die Vergangenheit der Eltern wird durch solch unbewußten Versprecher, die auch bei Nathan Halevi-Oz vorkommen, in Frage gestellt.

Inwieweit das ›Nicht-fragen-wollen‹ mit der Vergangenheit der Eltern als Funktionshäftlinge zusammenhängt, verdeutlicht eine israelische Untersuchung zum Thema ›Kommunikation über die Shoah in Familien von Partisanen und KZ-Überlebenden‹. Die Kommunikation über die Shoah in Familien von Partisanen ist viel offener, legitimer und informativer als die Thematisierung der Verfolgungsvergangenheit in Familien von KZ-Überlebenden, berichten Kav-Venaki u. a. (1985). Ein Grund für diesen Unterschied liegt vermutlich darin, daß es als Kind leichter ist, die Eltern über ihre Vergangenheit zu befragen, wenn sie als heldenhafte Widerstandskämpfer und nicht als schutzlose Opfer wahrgenommen werden. Dementsprechend besitzen Kinder von Partisanen ein umfangreicheres Wissen über die Verfolgungszeit ihrer Eltern. Kinder von Funktionshäftlingen scheinen im Vergleich dazu noch weniger über die Verfolgungsgeschichte ihrer Eltern zu wissen.

Das ›Nicht-fragen‹ und damit das ›Nicht-wissen-wollen‹ dient Kindern von Funktionshäftlingen als Schutz. Doch durch Schweigen und Unwissen können beim Kind Phantasien über das Erleben und Handeln der Eltern entstehen, die sogar belastender als die komplexe traumatische Realität sein können, wie der Psychiater Davidson (1980) feststellt. Es sind gerade die zu häufige und die zu seltene familiäre Thematisierung der Shoah, die zu psychischen Schäden führen kann, berichtet er aus seiner klinischen Erfahrung. Im allgemeinen wird jedoch das Sprechen über die Vergangenheit im Vergleich zum Schweigen als positiver für die Kinder eingeschätzt.

Ein anderer Bewältigungsmechanismus, der sich bei Kindern von Funktionshäftlingen und Kindern von Tätern finden läßt, ist die Korrekturarbeit seitens der zweiten Generation im Zusammenhang mit der Vergangenheit der Eltern. Renate, die Tochter des SS-Mannes, berichtet über ihren Wunsch

»eine kleine persönliche Wiedergutmachung« zu leisten und anderen zu helfen. Es ist das gleiche Muster wie bei Chanan Sachaf, der eine Korrekturarbeit im Zusammenhang mit der Funktionstätigkeit seiner Mutter leistet.

Es ist das erlebte Leid, das die Kinder von Holocaust-Überlebenden und die Kinder der jüdischen Funktionshäftlinge mit ihren Eltern so stark verbindet. Der hohe Stellenwert der Familie hängt mit dieser Identifizierung mit dem Leid und der Verfolgungsgeschichte zusammen. Den Eltern wurde ein Unrecht getan und man wollte die ganze Familie, das ganze Volk vernichten. Genau dies ist das trennende Glied in den Familien der Täter: Die Eltern wollten anderen schaden, andere vernichten, anderen nicht helfen. Der tiefe Wunsch nach Trennung von den Eltern und ihren Handlungen nimmt für Kinder aus Täterfamilien eine zentrale Rolle ein, um die innere Furcht davor zu reduzieren, man könne selber solche Handlungen wiederholen.[22] Im alten Testament steht: Du sollst Vater und Mutter ehren. »Wer könnte Vater und Mutter ehren in Deutschland. Wer könnte in Deutschland leben, wenn er Vater und Mutter ehrt?«, fragt Sanders-Brahms. Diese Generation betreibt einen »Vater- und Muttermord im Geiste« (1990, S. 135). In dem inneren Kampf, sich als moralischer Mensch wahrnehmen zu können, zahlt das Kind einen emotional hohen Preis.

Die Komplexität des Bewältigungsprozesses

Komplexe psychische Belastungen machen komplexe Bewältigungsstrategien notwendig. Und so entwickeln die befragten Funktionshäftlinge und ihre Kinder vielfältige individuelle, familiäre und psychosoziale Bewältigungsstrategien im Umgang mit ihren Moraldilemmata und der gesellschaftlichen Stigmatisierung. Dabei sind diese drei Bewältigungsebenen bei jedem Individuum oft eng miteinander verbunden und beeinflussen sich gegenseitig.

Angesichts der Vielfalt an Bewältigungsstrategien könnte sich die Frage aufdrängen, welche Bewältigungsstrategie die beste oder hilfreichste ist. Doch um die Effizienz einer bestimmten Bewältigungsstrategie zu bewerten, muß die individuelle Geschichte der Person berücksichtigt werden. Die Bewältigungsstrategie soll der Person eine Erleichterung bringen. Durch die biographischen Analysen wurde deutlich, daß jede Person auf dem Hintergrund ihrer Vorgeschichte, Familiengeschichte, der aktuellen Belastung, der eigenen subjektiven Moralphilosophie und Persönlichkeitsstruktur für sich die bestmöglichen Bewältigungsstrategien entwickelt hat. So wäre das, was für Rebekka richtig war, niemals richtig für Yalda und umgekehrt. Generell sind Bewältigungsstrategien als besonders hilfreich zu bezeichnen, wenn sie flexibel sind. Bei Yalda und Rebekka kommt es im Vergleich zu Ran zu wenig flexiblen Bewältigungsstrategien, da die beiden nur einen Teil ihrer Handlungen in den Vordergrund stellen. Beide müssen jeweils in bestimmten Situationen psychische Ausgleichsmechanismen entwickeln, damit die anderen Seiten ihrer Handlungen nicht ›ans Licht‹ kommen. Die Bewältigungsstrategie ›Ambivalenz aushalten‹ weist eine höhere Flexibilität auf, und mit ihr kann die Person berichten und abwägen, was sie gut und schlecht gemacht hat.

Ausblick: Implikationen für die Therapie

Die traumatischen Erfahrungen aus der Shoahzeit und mit ihnen die durch die Moraldilemmata bedingte psychische Not lassen sich nicht rückgängig machen. Über die Zeit hinweg entwickelten die von mir interviewten Funktionshäftlinge jedoch verschiedene Bewältigungsstrategien, die einem Teil von ihnen halfen, die psychischen Belastungen aufgrund der Moraldilemmata zu reduzieren. Anhand der durch die Untersuchung erkennbar gewordenen Bewältigungsstrategien lassen sich erste Überlegungen für die Psychotherapie mit Holocaust-Überlebenden bezüglich des Umgangs mit Moraldilemmata und Überlebensschuld formulieren. Es kann davon ausgegangen werden, daß eine Person Hilfe im Rahmen einer Psychotherapie sucht, wenn es ihr nicht gelungen ist, die durch die Moraldilemmata entstandene psychische Belastung durch die Entwicklung eigener individueller oder familiärer Bewältigungsstrategien zu mindern. Im therapeutischen Prozeß geht es darum, der Person zu helfen, für den Umgang mit ihren Moraldilemmata Bewältigungsstrategien zu entwickeln und/oder die vorhandenen zu stärken.[23]

Innerhalb der Psychologie gibt es bisher keine theoretischen Konzepte zur therapeutischen Arbeit mit Moraldilemmata.[24] Es waren vielmehr die philosophischen Texte von Bernard Williams (1984) und Jean-Paul Sartre (1989), die mir an dieser Stelle geholfen haben. Williams weist darauf hin, daß für Moraldilemmata in der Regel keine rationalen Lösungen existieren, sondern vielmehr eine emotionale Bewältigung nötig ist.[25] Die Verfolgungsgeschichten der interviewten Funktionshäftlinge bestätigen dies auf eindrucksvolle Weise: für die Moraldilemmata der Judenratsmitglieder zwischen dem Wohl der Familie und dem der Gemeinde bzw. dem zwischen dem Wohl der eigenen Eltern und dem Eigenwohl gibt es keine logischen Lösungen. Moraldilemmata konfrontieren das Individuum vielmehr mit einer psychisch belastenden Situation, in der es, nur auf sich gestellt, eine Entscheidung treffen muß, da keine allgemeine oder universelle Moralphilosophie ihm eine Antwort auf die Frage geben kann, welche Entscheidung die richtige wäre (Sartre 1989).

Bei der emotionalen Verarbeitung muß es gerade darum gehen, der Person zu helfen, Mechanismen zu entwickeln, um die Komplexität und Widersprüchlichkeit, die mit den eigenen Moraldilemmata verbunden sind, psychisch aushalten zu können. Diese komplexe Widersprüchlichkeit beinhaltet, daß wir in der Situation der Moraldilemmata nach unseren moralischen Werten handeln, zur selben Zeit aber andere verletzen müssen. Daraus ergibt sich das Gefühl, daß wir auf eine Entscheidung stolz sind und uns zugleich dafür schämen. Wir streben in der Regel nach Eindeutigkeit und deshalb ist es nicht leicht für uns, mit Moraldilemmata emotional umzugehen. So betrachten manche Personen im nachhinein nur den in der Situation des Moraldilemmas nicht erfüllten Wert, woran sie extrem leiden. Andere nehmen im Gegensatz dazu nur den erfüllten Wert wahr, was sie dazu treibt, die andere Seite des Dilemmas zu verdrängen, innerlich vor ihr zu fliehen. Im allgemeinen fällt es uns schwer, die Tatsache auszuhalten, daß wir in bestimmten Situationen nicht immer absolut gut und richtig handeln können; daß wir in der Situation der Moraldilemmata einen unserer Werte verletzen mußten, um einen anderen zu erfüllen. Das Aushalten von Moraldilemmata bedeutet damit gleichzeitig das Aushalten von Ambivalenz, und dies ist eine wichtige psychische Fähigkeit (Otscheret 1988).

Die erzwungene Wertverletzung aufgrund von Moraldilemmata kann zur Entstehung von Schuldgefühlen und Überlebensschuld führen. Die entstandenen Defizite im moralischen Selbstbild haben extreme Auswirkungen auf den psychischen Zustand und machen eine psychische Verarbeitung nötig. Dem Gefühl der Person, ihren eigenen Werten nicht gerecht werden zu können, sollte in der Therapie mehr Beachtung geschenkt werden als dies bisher in der Regel der Fall ist. Dies bedeutet zugleich, auf den tief verankerten Wunsch der Person einzugehen, sich als moralisch erleben zu wollen. Zwei Aspekte scheinen mir von zentraler Bedeutung für die therapeutische Arbeit mit psychischen Belastungen aufgrund eines schweren Moraldilemmas: die emotionale und die kognitive Verarbeitung.

Emotional sollte die Therapie der Person einen Raum bieten, in dem Trauerarbeit über den unerfüllten moralischen Wunsch stattfinden kann. Dieser Prozeß der Trauer kann die entstandenen Schuldgefühle reduzieren, wie auch Miller treffend beschreibt: »Die Fähigkeit zu trauern ist das Gegenteil von Schuldgefühlen: Trauer ist der Schmerz darüber, daß es so geschehen ist und daß die Vergangenheit durch nichts zu ändern ist« (1980, S. 288). Im Fall der Trauer können wir den Schmerz zulassen und ihn mit anderen teilen. Bei den Scham- und Schuldgefühlen verspüren wir dagegen das Bedürfnis, uns zu verstecken, das Geschehene zu verdrängen.

Von zentraler Bedeutung für die Therapie bei Moraldilemmata ist die Umwandlung von Schuldgefühlen in Verantwortung. Es sollte der Person geholfen werden, die Defizite im moralischen Selbsterleben und damit die empfundenen Schuldgefühle in Verantwortung umzuwandeln. Dafür plädiert auch der Psychiater Hillel Klein (1986) aufgrund seiner psychotherapeutischen Arbeit mit Holocaust-Überlebenden:

> »In meiner eigenen Arbeit habe ich Angst, Trauer und Schuldgefühle der Überlebenden als durchaus positive Kräfte für die Reindividuation kennengelernt: ich verstehe sie in einem weniger pathologischen Sinne wie manche meiner Kollegen. [...] Was anfangs als psychopathologisch imponierte, erschien bei späterer Betrachtung häufig als ein Schritt vorwärts, hin zur psychosozialen Integration und Erneuerung. Darin erkannten wir die Fähigkeit der Überlebenden, die Gesamterfahrung des Holocaust zu integrieren, durchzuarbeiten, mittels Selbstbejahung und Aufbau eigener Fähigkeiten das Schuldgefühl des Überlebenden in Verantwortungsbewußtsein zu transformieren, um damit die eigene Identität und Selbstkongruenz zu erhalten.« (ebd., S. 160)

Die Umwandlung von Schuldgefühlen in Verantwortung geschieht z. B. durch die Suche nach einem Lebenssinn, was ein wesentliches Ziel in der Therapie mit Holocaust-Überlebenden sein sollte.

Die Moraldilemmata und die empfundenen Schuldgefühle haben jeweils einen subjektiven, aus der Sicht der Person konkreten Grund. Dieser kann aber nur entdeckt werden, wenn die individuelle Lebens- und Verfolgungsgeschichte der Person im Rahmen der Therapie genau exploriert wird. Dadurch kann die eigene subjektive Moralphilosophie der Person erfaßt werden, und damit auch die Werte, zwischen denen ein Konflikt entstand, sowie die innerpsychischen und psychosozialen Belastungen und Bewältigungsversuche nach Ende der Shoah.

Die kognitive Verarbeitung erfolgt auf der Metaebene. Die psychische Struktur und Komplexität der Moraldilemmata sollte der Person transparent und bewußt gemacht werden: der Wille, zwei moralische Werte zu verfolgen, die aufgrund des NS-Zwangskontextes nicht gleichzeitig erfüllt werden konnten. Das Verstehen der Rolle des NS-Systems bei der Entstehung der eigenen Moraldilemmata kann für die Person eine psychische Entlastung bedeuten. Die Person selbst hat um ihre Moral gekämpft, aber aufgrund des von den Nazis organisierten Zwangskontextes war die Verwirklichung der eigenen subjektiven Moralphilosophie nicht vollständig möglich. Die Wut gegenüber den Nazis als Verantwortliche für die Entstehung der Moraldilemmata kann an dieser Stelle ausgelebt werden. Hier wird auch die Überlappung zwischen den kognitiven und emotionalen Aspekten der Verarbeitung offenkundig. In diesem Bewältigungsprozeß stehen Wut, Ärger, Trauer, Schmerz und Leid nebeneinander und der Prozeß der Selbstakzeptanz sollte unterstützt werden.

Eine weitere wichtige kognitive Unterstützung im Rahmen der Therapie mit Moraldilemmata hängt mit der elementaren Überlegung von Sartre (1989) zusammen, nach der jede Entscheidung im Falle eines Moraldilemmas eine moralische Entscheidung, eine moralische Wahl ist, egal nach welchem der beiden Moralprinzipien die Person zu handeln gewählt hat. Denn die Person hat sich jeweils für eines ihrer Moralprinzipien entschieden. Die Vermittlung von Sartres Überlegungen kann meiner Ansicht nach bei der Therapie hilfreich sein.

Mit der kognitiven Ebene ist außerdem der Aspekt gemeint, daß Menschen weniger auf ein Geschehen an sich reagieren, sondern vielmehr auf die Art und Weise, wie sie es wahrnehmen und interpretieren. Emotionale Störungen können dabei aufgrund bestimmter kognitiver Interpretationsstile entstehen, z. B. aufgrund einer negativen Interpretation der eigenen Lebensgeschichte. Solche negativen Interpretationen basieren nach Beck auf Denkfehlern wie z. B. der Personalisierung (›alles wegen mir‹) oder Übergeneralisierung (›einmal unmoralisch, immer unmoralisch‹) (Beck 1979). Solche Denkmechanismen sind auch bei ehemaligen Funktionshäftlingen zu beobachten. In der Therapie sollte die Person auf solche möglichen Denkfehler aufmerksam gemacht und diesbezüglich sensibilisiert werden. Gleichzeitig sollte verdeutlicht werden, daß Moraldilemmata auf keinen Fall pathologische Phänomene darstellen. Denn Wertkonflikte gehören zum menschlichen Dasein. Jeder ist in seinem Leben mit alltäglichen Moraldilemmata konfrontiert, bei denen er zwischen zwei ihm wichtigen Werten wählen muß. Moraldilemmata hängen mit der Pluralität unserer eigenen Werte zusammen und ihre Bewältigungsversuche sind ein verständliches, menschliches Verhaltensmuster.

Die vorliegende Untersuchung macht deutlich, daß neben den individuellen Bewältigungsmechanismen der Person auch familiäre Bewältigungsstrategien den Umgang mit Moraldilemmata unterstützen. Dieser Aspekt läßt sich sowohl im Einzel-Setting als auch in Familiengesprächen berücksichtigen. Es zeigte sich, daß Kinder ihren Eltern bei der Bewältigung der

Moraldilemmata behilflich sein können. Das Ausmaß dieser familiären Bewältigungshilfe ist unterschiedlich, je nachdem wie die Eltern selbst diese Belastungen individuell bewältigt haben. Je weniger Bewältigungsstrategien die Eltern für sich auf der individuellen Ebene entwickeln, desto eher entstehen familiäre Bewältigungsstrategien. Es kommt in diesem Sinne zu einer Tradierung der Moraldilemmata, in der Form, daß die Kinder sich bei deren Bewältigung beteiligen, z. B. durch Korrekturarbeit. Dieses in Familien von Funktionshäftlingen deutlich gewordene Muster läßt sich vermutlich auch auf Kinder von Holocaust-Überlebenden übertragen.

Schließlich stehen auch Therapeuten selbst in ihrer therapeutischen Arbeit oft vor Moraldilemmata; ein Thema, das selten angesprochen wird. Solche Moraldilemmata kommen z. B. bei der therapeutischen Arbeit mit Sexualtätern, in der Sterbehilfe oder bei Familiengeheimnissen vor. Der Therapeut, der seine eigene subjektive Moralphilosophie als Person hat, fragt sich dann: ›Soll ich mit Sexualtätern arbeiten, deren Taten ich verurteile? Mir ihr Leid anhören und ihnen gegenüber empathisch sein, in der Hoffnung, daß sich ihr Verhalten aufgrund der Therapie ändern wird?‹ Und der Familientherapeut steht bei Familiengeheimnissen vor dem Moraldilemma, daß die Enthüllung des Geheimnisses für bestimmte Familienmitglieder schmerzhaft sein wird, während sie für andere Familienmitglieder heilende Wirkung haben kann. Auch der Therapeut kann im Rahmen seiner Arbeit nicht gleichzeitig allen seinen Werten nachgehen. Vasco u. a. beschreiben diese Situationen als Dissonanz zwischen den persönlichen Werten des Therapeuten und der Art und Weise, in der er in der Therapie agiert oder agieren kann (Vasco u. a. 1993, zit. n. Carlson und Erickson 1999).

Die therapeutische Arbeit mit Moraldilemmata stellt insgesamt eine Herausforderung für den Therapeuten dar. Es ist wichtig, das Phänomen der Moraldilemmata im Rahmen psychologischer Forschung und therapeutischer Praxis weiter zu untersuchen. Wichtig wäre es, aktuelle Moraldilemmata – z. B. bei Folteropfern und Kriegsflüchtlingen – zu untersuchen. Politisch verfolgte Menschen, die gefoltert werden, sind physischen und psychischen Schmerzen ausgesetzt und sollen gezwungen werden, ihre Genossen, politischen Überzeugungen oder Familien zu verraten. Sie stehen vor einem Moraldilemma des Eigenwohls (Leben ohne Schmerzen oder Leben überhaupt) gegenüber dem Verrat eines anderen für sie wichtigen Wertes. Das psychische Leiden im Leben nach der Folter hängt damit zusammen, sich als moralische Person während der Folter »verraten« zu haben. Über siebzig Prozent der Folteropfer leben mit schweren psychischen Symptomatiken

(Rasmussen und Lunde 1999). Die Verletzung der eigenen Moral aufgrund eines extremen Zwangskontextes bedeutet für ehemalige Funktionshäftlinge, Folteropfer und Kriegsflüchtlinge oft ein nicht rückgängig zu machendes moralisches Trauma, das durch die im therapeutischen Kontext geförderten Bewältigungsstrategien sowie durch ein gesellschaftliches Verständnis zumindest teilweise gelindert werden kann.

Epilog: Jüdische Kapos zwischen Mythos und Wirklichkeit

Wir versuchen oft, das Geheimnis des Bösen, des absolut Bösen, zu verstehen, und sind zugleich von dem Geheimnis der Märtyrer, des Guten an sich, fasziniert. Der jüdische Kapo gilt bis heute als eine böse Figur, für die sich die jüdische Welt schämt. Wie gegenwärtig der Mythos des ›bösen Kapos‹ ist, zeigt sich z. B. in der Auseinandersetzung um den Dokumentarfilm »Kapo« von Daniel Paran. Als der Film im Juni 1999 auf dem Filmfestival Media-Net in München vorgeführt wurde, zeigte sich die Münchner Jüdische Gemeinde zutiefst empört, daß der Film dieses Thema anspricht (Zimmerman 1999). Es ging den Protestierenden dabei nicht um die Art der Darstellung im Film, sondern um die Tatsache, daß sich der Film überhaupt mit dieser Thematik befaßt und daß dadurch die jüdische Welt in ein negatives Licht geraten könnte. Ähnlich wurde in empörten Briefen von französischen Juden an die Redaktion France 2 argumentiert, nachdem der Film im französischen Fernsehen gesendet worden war.[1] Die emotionale Schärfe in der Auseinandersetzung um die Figur des »bösen Kapos« zeigt die Bedeutung, die dieser Mythos bis heute hat.

Der negative Ruf der Funktionshäftlinge läßt sich als ein negativer Mythos verstehen. Der Mythos vermittelt ein Bild der Wirklichkeit, in der die Komplexität der Geschichte der Kapos verloren geht und damit auch die Möglichkeit, ihre Handlungen in ihrer Ganzheit zu verstehen. Es kommt zu einer dämonischen Überlieferung. Doch die äußere und innere Wirklichkeit, mit der jüdische Funktionshäftlinge konfrontiert waren, war komplexer. Im Verlauf meiner Forschungsarbeit entdeckte ich in der Begegnung mit Kapos ›normale‹ Menschen, die keine ›amoralischen Monster‹ waren, sondern die aufgrund ihrer Zwischenposition zwischen den Tätern und den Opfern in Extremsituationen vor schweren Entscheidungen standen. Der Schlüssel für das Verständnis der Psychologie der Kapos sind ihre Moraldilemmata. Zudem steht hinter jedem Funktionshäftling die Komplexität eines Einzelschicksals bzw. eine dichte Biographie, die von der Familiengeschichte, persönlichen Krisen und der eigenen Persönlichkeit geprägt ist. Nachdem ich diese Komplexität erkannt hatte, machte ich es mir zum Ziel, die Vielschichtigkeit und die moralischen Konflikte dieser Menschen zu beschreiben und zu zeigen, daß die moralische Person trotz des Zwangskontextes nicht gestorben war und damit eine pauschale Verurteilung der Kapos nicht zulässig ist.

Unter der Stigmatisierung aufgrund des negativen Mythos leiden ehemalige Funktionshäftlinge bis heute. Ihre individuellen Bewältigungsmechanismen oder auch therapeutische Hilfe können diese psychosoziale Belastung – die Soziose – nicht gänzlich aufheben. Für die Aufhebung der Soziose ist ein Entgegenkommen seitens der Gesellschaft, in der sie leben, nötig. Das Bild der Kapos in der Gesellschaft muß sich ändern. Bei der Lösung der Soziose sollen ›beide Parteien‹, die Gesellschaft und das Individuum, aufeinander zugehen, denn nur dann ist eine vollständige Lösung des Konflikts möglich.

> »Auf alle Fälle muß man sich bewußt sein, daß die Therapie der Soziose nicht vom Leidenden allein abhängt, auch nicht von seiner Familie und daß sie oft auch nicht von einem isolierten Therapeuten allein geleistet werden kann, sondern daß immer ein Entgegenkommen der Gesellschaft notwendig ist«. (Herzka 1989, S. 141)

Es bleibt die Frage, ob es eine ›richtige‹ Einstellung gegenüber Funktionshäftlingen gibt. ›Ich will nicht richten‹, sagt die Tochter einer ehemaligen Kapofrau und solche toleranten Stimmen lassen sich vereinzelt innerhalb der Gesellschaft – in Israel und den jüdischen Gemeinden – neben der resoluten Verurteilung der Funktionshäftlinge hören. Es ist eine Stimme, die zum Verständnis aufruft; eine Stimme, die für die Zukunft wichtig wäre. Denn wie jeder einzelne von uns damals gehandelt hätte, bleibt offen. In die Zukunft schauend wünsche ich mir, daß die vorliegenden Biographien jüdischer Funktionshäftlinge und ihrer Kinder dazu beitragen werden, die einseitige Wahrnehmung und Beurteilung der Kapos zu verändern.

Anmerkungen

Vorwort

1 Vgl. Durrer 1996, Höss 1963, Himmler 1944, Trunk 1979, Hilberg 1992b, Niethammer 1994.
2 Vgl. Langbein 1980a, Graber 1997.
3 Vgl. Trunk 1979, Paran 1999.
4 Shoah ist das hebräische Wort für »Katastrophe«, für die Massenvernichtung der Juden unter der Naziherrschaft.
5 Das vorliegende Buch beruht auf meiner Dissertation und stellt eine überarbeitete und reduzierte Version der Dissertationsschrift dar. Ludewig-Kedmi, R. (2000): Moraldilemmata jüdischer Funktionshäftlinge. Bewältigungsstrategien von Holocaust-Überlebenden und ihren Kindern. Dissertation. Technische Universität Berlin.
6 Seit Anfang 1998 arbeite ich als Psychologin bei Tamach, der psychosozialen Beratungsstelle für Holocaust-Überlebende und ihre Angehörigen in der Schweiz. Weiterhin führte ich Seminare mit Kindern von deutschen Tätern und Mitläufern sowie mit Kindern von Holocaust-Überlebenden durch, die u. a. in den Gedenkstätten Bergen-Belsen und Buchenwald, sowie in Bremen und in Köln stattfanden.

Die Funktionstätigkeit aus historischer Sicht

1 Gradowski, 1944, S. 60, zit. n. Cohen 1990, S. 209. Übersetzung aus dem Hebräischen ins Deutsche durch die Autorin.
2 Sonderkommando ist die Bezeichnung für jüdische Funktionshäftlinge, die in den Vernichtungslagern in Gaskammern und Krematorien arbeiten mußten.
3 Eichmann – Leiter des Judenreferats im Reichssicherheitshauptamt – schrieb dies am 22.4.1942 der Gestapo. Akte 1298/T – 1395/T, 61-64. Archiv, Stapoleitstelle – Düsseldorf. zit. n. Trunk 1979, S. 324.
4 Funktionshäftlinge wurden auch »Arbeitsjuden«, »Hofjuden«, »Funktionäre«, »Vorarbeiter« und »Häftlingsselbstverwaltung« genannt (Heike und Strebel 1994, Glazar 1992).
5 Befehl von Reinhard Heydrich an die Einsatzgruppen in Polen in einem

»Schnellbrief« am 21.9.1939 betr. der »jüdischen Ältestenräte«, Teil 2, Punkt 1-4. zit. n. Arad u. a. 1978, Documents on the Holocaust. S. 140f.
6 Alle folgenden Zitate von Trunk (1979) wurden von der Autorin übersetzt.
7 Kaplan 1966, zit. n. Arad u. a. 1978, S. 183. Übersetzung durch die Autorin.
8 Die Tätigkeit der Judenräte läßt sich in zwei Phasen unterteilen: vor und nach Beginn der Deportationen.
9 Übersetzung durch die Autorin.
10 Auch Rabinovici, der die Geschichte des Judenrats in Wien untersuchte, geht davon aus, daß es für die jüdische Administration »keinen Ausweg aus dem Dilemma gab. Sie mußte, um für ihre Mitglieder noch sorgen zu können, an der Verschleppung mitwirken« (2000, S. 340).
11 Himmler, Juni 1944, vor Generälen der Wehrmacht, zit. n. Pingel 1978, S. 164f.
12 Neander zählt die folgenden unterschiedlichen Funktionstätigkeiten in den Konzentrationslagern auf: Blockältester, Lagerschutzkapo, Oberkapo, Lagerkapellen-Kapo, Blockschreiber, Stubenältester, Stubendienst, Küchen-Kapo, Handwerker-Kapo, Krematoriums-Kapo, Schreiber, Läufer, Dolmetscher, Häftlingsarzt (1997, S. 18).
13 Juden wurden nur als Kapos in Judenlagern/jüdischen Baracken eingesetzt, nie in Lagern mit Nichtjuden. Denn sie standen nach der Nazi-Rassenhierachie auf einer niedrigeren Stufe. Sie sollten Deutschen auf keinen Fall Befehle geben. Andererseits hatten Juden nicht nur jüdische Kapos.
14 Bartel (25.05.1993), zweite Befragung vor der ZPKK, zit. n. Niethammer 1994, S. 426.
15 Auch Jürgens und Rahe (1997, S. 132f) benutzen den Begriff Funktionshäftlinge um die Judenratsmitglieder zu beschreiben.

Wie ›schuldig‹ sind jüdische Funktionshäftlinge?

1 Übersetzung durch die Autorin.
2 Die Urteile in diesen Prozessen basierten auf gesetzlichen Bestimmungen des Zentralkomitees der DP-Lager und deren Rechtsabteilungen. Die DP-Lager bzw. Displaced-Persons-Lager wurden 1945 für heimatlos gewordene Menschen von den Alliierten errichtet. 1946 lebten schätzungsweise 250.000 Holocaust-Überlebende in DP-Lagern in Deutschland, Österreich und Italien. In dieser Zeit wurde das jüdische Leben in

den DP-Lager von jüdischen Zentralkomitees organisiert, die u. a. im DP-Lagern Bergen-Belsen und in Bayern gegründet wurden. Sie regelten u. a. die Fürsorge, Lebensmittelrationen, Ausbildung und juristische Hilfe. Das letzte DP-Lager wurde 1953 aufgelöst (Gutman 1995, S. 345ff).
3   Die NS-Prozesse sind ein Sammelbegriff für strafrechtliche Verfahren wie den Nürnberger Prozeß oder die britischen Folgeverfahren, die zuerst von den Alliierten und später auch in verschiedenen europäischen Ländern durchgeführt wurden (Gutman 1995).
4   Übersetzung durch die Autorin.
5   Gesetzbuch 57, 09.08.1950, S. 284. Übersetzung durch die Autorin.
6   Gerichtsurteil des Obersten Gerichtshof, Israel, Band 18, 1965-1964, 2. Teil, S. 101, zit. n. Trunk 1979, S. 504.
7   Gerichtsurteil des obersten Gerichtshof, Band 13, 1959, S. 1056, zit. n. Segev 1995, S. 350.
8   Gadisch Goldstein, L. (26.11.1989) Zeugenaussage Nr. 03/5474, Yad-Vashem. S. 24f. Übersetzung durch die Autorin.
9   Hoffmann, M (10.03.1991) Zeugenaussage Nr. 03/6318, Yad-Vashem. S. 11. Übersetzung durch die Autorin.
10 Kamil, L. (23.07.1992): Zeugenaussage Nr. 03/6772, Yad-Vashem.
11 Hurwitz Weiss, T. (24.07.1990): Zeugenaussage Nr. 03/6160, Yad-Vashem.
12 Slikowitz, M. (07.07.1991) Zeugenaussage Nr. 03/6316, Yad-Vashem.
13 Maibaum, F. (12.04.1989), Zeugenaussage Nr. 03/4326, Yad-Vashem, S. 21. Übersetzung durch die Autorin.
14 Übersetzung durch die Autorin.
15 Magda Blau-Hellinger. Zeugenaussage Nr. 03/5998, Yad-Vashem.
16 Zit. n. Shalom Rosenfeld, Kriminalakte 124 des Prozesses Grünwald-Kastner, Tel-Aviv 1955, S. 16f, zit. n. Gschwend u. a. 1998, S. 13.
17 Urteil des Bezirksgerichts Jerusalem (22.06.1955) gemäß dem Original S. 20ff., zit. n. Segev 1995, S. 376.
18 Übersetzung durch die Autorin.
19 Alle Zitate von Feingold (1989, 1982) wurden von der Autorin aus dem Hebräischen ins Deutsche übersetzt.

Tod der moralischen Person?
Im Spannungsfeld zwischen Philosophie und Geschichte

1   Borowski, T. 1976, S. 168, zit. n. Todorov 1996, S. 31. Übersetzung durch die Autorin.

² Todorovs Buch erschien im Original auf Französisch und später auf Deutsch und Englisch. Ich fand oft die englische Übersetzung erheblich besser, weshalb ich sie an dieser Stelle zitiere.
³ Eine ausführliche Darstellung von Moraldilemmata in der Philosophie ist unter Ludewig-Kedmi (2000) zu finden.
⁴ Schon die Definition der Begriffe Ethik und Moral werden sehr unterschiedlich in der Philosophie diskutiert. Ich entschied mich, beide Begriffe im Sinne von Tugendhat (1993, S. 33f) synonym zu verwenden. Unterschiede zwischen ihnen sind umgangssprachlich nicht vorhanden. Eine Differenzierung zwischen beiden Begriffen wäre kein Gewinn für die untersuchte Fragestellung.

Moraldilemmata aus psychologischer Sicht

¹ Zur ausführlicheren Darstellung vgl. Ludewig-Kedmi (2000).
² Hinter der Psychoanalyse als Wissenschaft, Theorie und Behandlungsmethode stehen Erfahrungen aus mehr als 100 Jahren, die hier nicht zusammengefaßt werden können. In diesem Abschnitt gehe ich in erster Linie auf die Bedeutung von Moral und Moraldilemmata bei Freud ein, dessen Grundideen zu Psyche und Moral bis heute enorme Tragweite haben.
³ Freuds Brief an Putnam vom 08.07.1915, zit. n. Gottschalch 1988, S. 115.
⁴ Frankls Buch las ich während meiner Jugend auf Hebräisch. Der Buchtitel auf Deutsch lautet. »... trotzdem ja zum Leben sagen. Ein Psychologe erlebt das Konzentrationslager« (1979).
⁵ Müller-Fohrbrodt 1983, S. 282, zit. n. Stiksrud 1988, S. 851.
⁶ Der Begriff Soziose, der auf den Konflikt zwischen dem Individuum und seiner Gesellschaft eingeht, wurde bereits ausführlich vorgestellt (Van den Berg 1960).
⁷ In seinem umfangreichen Aufsatz »Die Theorie der kognitiven Dissonanz« faßt Dieter Frey (1984), die Theorie von Festinger sowie Forschungsergebnisse aus dem Bereich der Dissonanztheorie zusammen. Dieser Aufsatz dient mir in diesem Abschnitt als Quelle für die Darstellung der Dissonanztheorie. Es werden die Untersuchungen von Bramel, Collins, Cooper, Pallak, Sogin und Tedeschi nach Frey zitiert.
⁸ Ausführliche Darstellungen sind bei Filipp (1981) sowie Tesch-Römer u. a. (1997) zu finden.
⁹ Ich gehe davon aus, daß Kognition und Emotionen sich gegenseitig beeinflussen und einander benötigen. »Ein Denken ohne Gefühle würde uns

[...] handlungsunfähig machen«, genau wie ein Gefühl ohne Denken, schreibt Hänze (1998, S. 9). Was ich fühle, beeinflußt mein Denken und was ich denke mein Gefühl. Deshalb bevorzuge ich die Formulierung »emotional-kognitiv« gegenüber der separaten Verwendung der Ausdrücke kognitiv oder emotional.

[10] Horowitz u. a. 1980, Coyne u. a. 1981, Revenson 1981, Stone u. a. 1984, Jäger 1985, Janke u. a. 1985, Lazarus 1981, Bremm 1990.
[11] Horowitz u. a. 1980, Revenson 1981, Lazarus 1981, Jäger 1985.
[12] Coyne u. a. 1981, Lazarus 1981, Revenson 1981, Jäger 1985, Janke u. a. 1985.
[13] Revenson 1981, Janke u. a. 1985.
[14] Coyne u. a. 1981, Janke u. a. 1985.
[15] Horowitz u. a. 1980, Stone u. a. 1984.

Zur Psychologie der ersten und zweiten Generation

[1] Man muß zwischen psychologischen *Bewältigungs*strategien der Überlebenden nach der Shoah und ihren *Überlebens*strategien während der Shoah unterscheiden. Bettelheim beschreibt eine Überlebensstrategie: Durch Anpassung an den Aggressor war ein Leben im KZ eher möglich.
[2] Amcha ist das größte psychosoziale Zentrum, das in Israel mit Holocaust-Überlebenden und ihren Kindern arbeitet (The National Israeli Centre for psychosocial Support of Survivors of the Holocaust and the second Generation).
[3] Übersetzung durch die Autorin.
[4] Z. B. die Tagebücher von Redlich 1983 und Czerniaków 1986 sowie Berichte über Tagebücher in den Werken von Trunk 1979 und Schweid 1990.
[5] Vgl. Kap. 12 sowie Sichrowsky 1978, Stierlin 1982, Massing und Beushausen 1986, Heimannsberg und Schmidt 1988, Hardtmann 1992, Bar-On 1993, Moser 1996, Posner 1994.
[6] Ausführliche Darstellung vgl. Ludewig-Kedmi 2000.
[7] Die Gedenkkerze (Memorial candle) wird im Judentum während des siebentägigen religiösen Tauerprozesses zum Andenken an die Toten angezündet. Die Gedenkkerze brennt 24 Stunden. Es soll immer eine neue Gedenkkerze angezündet werden, bevor die andere erlischt. Die Gedenkkerze wird auch am 30. Todestag sowie an jedem Jahrestag des Todes angezündet.

Theoretisches Konzept und Fragestellung

1 Vgl. Kap. »Tod der moralischen Person?«

Biographieforschung

1 Die Eingangsfrage basiert u.a. auf Erfahrungen und Übungen im Seminar zur Biographieforschung an der Technischen Universität Berlin, klinische Psychologie, Sommersemester 1993 von Prof. Fischer Rosenthal und dem Quatext-Seminar »Einführung in die offene Interviewführung« von Prof. Fischer-Rosenthal und Prof. G. Rosenthal 1993, Institut für qualitative Sozialforschung e.V.

Familie Halevi-Oz: Heldentum

1 Alle Namen und andere persönlichen Daten, die zur Identifizierung der Person führen könnten (z. B. Wohnorte und beruflicher Werdegang), wurden anonymisiert.
2 Die zwei Mithäftlinge waren Frau Fröhlich und Frau Dunkelmann. Vgl. auch Kapitel zu »Familie Fröhlich – Familiäre Loyalität« und das Kapitel »Bewältigungsstrategien jüdischer Funktionshäftlinge und ihrer Kinder«.
3 Auf Hebräisch, der Sprache des Interviews, benutzt man die persönliche Anredeform.
4 Der Talmud wurde ca. 300 v. Chr. bis ca. 500 n. Chr. von zahlreichen jüdischen Gelehrten und Rabbinern geschrieben. Er beinhaltet vielfältige Diskussionen, die sich mit der Deutung der Thora beschäftigen.
5 Rebekkas Familie ist jüdisch-religiös jedoch nicht orthodox. Es wird auf die Einhaltung der religiösen Gesetze geachtet (Schabbat halten, kosches Essen, Beten), aber auch die Assimilationstendenzen sind spürbar (Fechten, Abitur, Kulturreisen nach Berlin). Weiterhin herrscht in der Familie ein Enthusiasmus für die zionistische Bewegung, die von der Ultraorthodoxie abgelehnt wird.
6 In den Judenräten saßen in der Regel nur Männer (Trunk 1972, S. 31f). Wie wurde Rebekka als Frau zur Chefin des Judenrats? Rebekkas Erklärung für ihren Aufstieg ist die Angst der anderen. Sie wird Chefin dank ihres Mutes, bzw. weil die anderen Judenratsmitglieder ängstlich sind und »wegrennen«. Vielleicht war es in Ungarn etwas leichter als Frau in den Judenrat zu kommen, da viele jüdische Männer zum Militär eingezogen

worden waren. Jedoch wurden die älteren Männer nicht eingezogen und meist leiteten sie die Gemeinden schon vor der Nazizeit und wurden so Mitglieder der Judenräte. Rebekka bewegt sich in einer Männerwelt, und ihre Sprache ist dem angepaßt. Dafür spricht auch die männliche Form, die Rebekka bei der Erzählung wählt (»der Boß«).

7 Die Judenratsleiter wurden (im Gegensatz zu den einzelnen Judenratsmitgliedern) oft von der deutschen Besatzung selbst bestimmt. Wenn die Leiter von den Deutschen nicht direkt gewählt worden waren, mußten sie auf jeden Fall von den Deutschen bestätigt werden (Trunk 1972, S. 31f).

8 Die jüdische Polizei, auch Ordnungsdienst genannt, wurde vom Judenrat auf Befehl der Deutschen gegründet. Die Mitglieder der Polizei sollten gesund sein und militärische Erfahrung haben. Die »polizeilichen Pflichten« waren die »Erfüllung spezieller deutscher Forderungen, die der Polizei über den Judenrat zugetragen wurde« (Gutman 1995, S. 700). Dabei sollten sie die »Bußzahlungen« und Steuern eintreiben und nicht zuletzt den Deutschen bei den Festnahmen vor der Deportation helfen (Trunk 1972, S. 433). Die Ordnungsdienste genossen eine relative Bewegungsfreiheit, Befreiung von der Zwangsarbeit und erhielten mehr Nahrungsmittel

9 Israel Kastner konnte durch Verhandlungen mit der SS im Jahre 1944 die Rettung von 1684 ungarischen Juden bewirken. Ein großer Teil dieser Juden waren Persönlichkeiten aus den Gemeinden in Ungarn (vgl. Kapitel »Wie ›schuldig‹ sind jüdische Funktionshäftlinge?).

10 Die Begriffe Kapo, Blockova und Blockälteste sind identische Bezeichnungen für Juden, die von den Deutschen für eine Wohneinheit (Block) als Verantwortliche benannt wurden. In der Lagersprache wurden u. a. polnische und tschechische Wörter integriert und der Begriff Blockälteste wurde zu »Blockova« und »Blokowy.« Zudem diente der Begriff Kapo auch als Oberbegriff für alle Funktionstätigkeiten im KZ und Arbeitslager (Langbein 1980a, S. 29. Vgl. auch Kapitel »Die Funktionstätigkeit aus historischer Sicht«).

11 Joma 85a. Der babylonische Talmud. Lazarus, Goldschmidt, 1930, S. 249f. Die Klammern sind aus dem Original.

12 Der Rabbiner Eliezer Berkovitz sieht die Shoah als Strafe Gottes. Gott gibt uns die Wahl zwischen gut und schlecht. Im Namen dieser Wahl hat er auch nicht eingegriffen, als die Nazis die Juden töteten. Aber am Ende geschah das Wunder, das Volk Israel wurde gerettet und bekam den Staat Israel (Berkovitz 1973, 1979, zit. n. Schweid 1996, S. 172f).

[13] Baba Mecia 62a. Der bab. Talmud. Goldschmidt 1933.
[14] Im letzten Jahr des zweiten Weltkrieges wurden etwa 250.000 Häftlinge auf den Todesmärschen ermordet. Die Gefangenenkolonnen waren gezwungen, unter starker Bewachung hunderte von Kilometern über mehrere Tagen bis Wochen zu marschieren. Der Tod traf die Häftlinge auf dem Marschweg und an ihrem Ende, und so wurde der Name »Todesmärsche« von den Überlebenden selbst geprägt und später von Historikern übernommen (Gutman 1995).
[15] Diese Einzelinterviews werden später näher vorgestellt. Vgl. Kapitel »Familie Fröhlich – Familiäre Loyalität« und das Kapitel »Bewältigungsstrategien jüdischer Funktionshäftlinge und ihrer Kinder«.
[16] Wehrfähige Juden wurden ab 1938 in besonderen Einheiten des Arbeitsdienstes eingezogen. Erst wurden sie zum Bergbau und zum Bau von Befestigungsanlagen eingeteilt. Später bauten sie Gräben an der Front und mußten Minenfelder räumen. Sie litten an Hunger, Kälte und Krankheiten und wurden auch Opfer antisemitischer Mißhandlungen in der Armee. Gegen Ende des Krieges gab es auch Fälle, in denen eingezogene Juden »von den Soldaten ausgeplündert und ermordet« wurden. Von den etwa 100.000 Juden, die bis 1942 zu diesen Einheiten eingezogen wurden, sind 25.400 im Krieg gestorben. Etwa zwanzig Prozent gerieten in sowjetische Gefangenschaft (Gutman 1995, S. 970).
[17] Mehr zu dem Thema partnerschaftlicher Dynamik bei Holocaust-Überlebenden vgl. auch den Beitrag der Autorin: »Trauma und Partnerschaft. Zur Partnerschaftsdynamik bei Holocaust-Überlebenden«. In: Ludewig-Kedmi u. a. (Hg.) (2001): Das Trauma der Shoah zwischen Psychologie und Geschichte.
[18] Das Interview fand fast ein Jahr nach der Ermordung von Rabin statt. Im Jahre 2000 ist auch Lea Rebin gestorben.
[19] Vgl. Kapitel über Biographieforschung.
[20] Der Sabre im Gegensatz zum Diaspora-Juden ist »ein Kämpfer, Soldat, Kriegskenner« (Auron 1993, S. 27).

Familie Chanoch: Solidarität

[1] Kurz zuvor wurden die tschechischen Einwohner von Theresienstadt, von Kaiser Josef II. am Ende des 18. Jahrhunderts gegründet, evakuiert und die Stadt sollte als Ghetto für die Juden aus dem Protektorat dienen.
[2] Es existieren verschiedene Subsysteme innerhalb einer Familie: das part-

nerschaftliche (Mann-Frau), eheliche (Eltern-Kind), geschwisterliche und geschlechtliche Subsystem. Jede Person in der Familie ist Mitglied in verschiedenen Subsystemen. So z. B. ist das Geschlechtersubsystem (Mutter-Tochter oder Vater-Sohn) notwendig für die Entwicklung der Geschlechtsidentität. »Das Familiensystem differenziert und bezieht seine Funktionen durch seine Subsysteme« (Minuchin 1972).

Bewältigungsstrategien jüdischer Funktionshäftlinge und ihrer Kinder

1 Auch in Lebensberichten von Holocaust-Überlebenden lassen sich die Moraldilemmata immer wieder finden: So berichtet der Holocaust-Überlebende Felix Sandmann (1995) in seiner Biographie von einem Großvater, der mit drei Kleinkindern zurückblieb, um den anderen Familienmitgliedern die Flucht zu ermöglichen. Und ein anderer Holocaust-Überlebender beschreibt, wie sein Bruder dessen einjähriges Kind erwürgte, weil es im Versteck laut weinte und alle Versteckten in Gefahr brachte (Livneh 1999).
2 Vgl. Kap. »Zur Psychologie der ersten und zweiten Generation«.
3 Überlebende haben oft bewußte Schuldgefühle und es ist ihnen wichtig, diese zu artikulieren, stellen Brainin u. a. fest, und weisen darauf hin: »Als Psychoanalytiker müßte uns das stutzig machen und zumindest nachfragen lassen, welche unbewußten Beweggründe hinter diesem bewußt geäußerten Gefühl stehen« (1994, S. 22). Eine Antwort darauf läßt sich mit Hilfe der These Bettelheims, daß die Überlebensschuld aufgrund der empfundenen Freude entsteht und sich als eine unbewußte Selbstbestrafung verstehen läßt, um sich als moralisch zu erleben.
4 In meinen Gesprächen mit allen Holocaust-Überlebenden unterstreiche ich, daß die persönlichen Daten anonymisiert werden. Viele Interviewte meinen erst, daß die Anonymisierung ihnen nicht wichtig sei. Doch für die Funktionshäftlinge scheint dies wichtig gewesen zu sein. Auch unter dieser Bedingung neigen sie dazu, ihre Funktionstätigkeit erst in einem späteren Teil des Gesprächs zum ersten Mal zu erwähnen.
5 Besonders bei der Funktionstätigkeit im Ghetto (im Gegensatz zu der Funktionstätigkeit im KZ) spielt das Unwissen eine zentrale Rolle bei der Rechtfertigung der Funktionstätigkeit. Denn im KZ erfahren die Funktionshäftlinge nach und nach von der Massenvernichtung und hier rechtfertigen sie ihre Tätigkeit nur noch mit der Absicht, anderen helfen zu wollen.

Anmerkungen

6   Brief von Magda Blau-Hellinger an Esther Blumenberg, Research Coordinator von Yad-Vashem. 26.02.1990. Dokument 033c/1667 in der Zeugenaussage 03/5998 Yad-Vashem 1990 enthalten.
7   Zeugenaussage Nr. 03/5998 von Magda Blau-Hellinger in Yad-Vashem, 1990, S. 2.
8   Das Interview mit Magda Blau-Hellinger in Yad-Vashem (03/5998) wurde von Berlatzky durchgeführt.
9   Rebekka Halevi-Oz betont auf ähnliche Weise, daß sie als Kapo streng zu ihren »Mädchen« war, da sie nur durch das Halten von Ordnung Kollektivstrafen verhindern konnte.
10 Die Historikerin Berlatzky (1995) vergleicht in ihrem Vortrag »Geschichte und Frauen. Frauen und die Shoah« Lebensgeschichten von Frauen, die die Shoah überlebt haben. Dabei berichtet sie u. a. über das Interview mit Magda Blau-Hellinger als Funktionshäftling.
11 Als amoralisches Verhalten betrachte ich hier, was Magda selbst als amoralisches Verhalten im Sinne ihrer eigenen subjektiven Moralphilosophie definieren würde. Sie erwähnt z. B., daß sie Mithäftlinge nie ohne berechtigten Grund schlug. Wenn sie Häftlinge schlug, war dies, um die Häftlinge zu schützen, erklärt sie weiter. Damit wäre ein Schlagen ohne berechtigten Grund, ohne daß es Schutz für das Überleben der geschlagenen Frau bedeutet, eine Verletzung der eigenen subjektiven Moralphilosophie für Magda. Über solche Fälle berichtet sie nicht. Sie schließt sie sogar ganz aus.
12 Hermann Joseph stand wegen »Beihilfe zum Mord in Auschwitz« zweimal vor Gericht. Nach einer Zeugenaussage verhielt er »sich übel. Er schlug und betrog die Häftlinge« (Aussage von Rudolf Ehrlich gegen Hermann Joseph. IG-Farben-Prozeß, NI-11879, 105, zit. n. Wollenberg 1997, S. 87). 1950 wurde er wegen körperlicher Mißhandlungen in 53 Fällen angeklagt. Persönlich fühlte sich Joseph nicht schuldig und einige Häftlinge verteidigten ihn auch. Er wurde 1953 freigesprochen und trotzdem hatte seine Funktionstätigkeit negative Auswirkungen auf sein weiteres Leben: er war gezwungen, seine Tätigkeit bei den Sozialdemokraten in Bayern aufzugeben und versuchte mehrmals, sich umzubringen (Wollenberg 1997).
13 Vgl. Befragung des roten Kapos Bartel vor dem sowjetischen Militärtribunal im Kapitel »Die Funktionstätigkeit aus historischer Sicht« sowie Niethammer 1994, S. 426.
14 Ein Unterschied zwischen den jüdischen und den deutschen (nicht-jüdischen) Funktionshäftlingen besteht darin, daß die Nazis alle jüdischen

Funktionshäftlinge zu vernichten beabsichtigten, während die deutschen Funktionshäftlinge für die Nazis Arier mit falschem politischen Bewußtsein waren. So durften Juden aufgrund der nationalsozialistischen Rassenhierarchie nie Funktionshäftlinge von deutschen Häftlingen sein.

15 Auch die in Israel lebenden Funktionshäftlinge definieren und fühlen sich als Israelis. Deshalb erleben sie auch den negativen gesellschaftlichen Ruf der Funktionshäftlinge als so beleidigend und schmerzhaft.

16 Mina Dunkelmann war ein Mithäftling von Rebekka Halevi-Oz. Sie wurde einzeln interviewt und nahm auch an dem Gruppeninterview mit Rebekka Halevi-Oz und Lola Fröhlich teil.

17 Literatur über die Kinder der Opfer: Vgl. Kap. »Zur Psychologie der ersten und zweiten Generation«. Über die Kinder der Täter schrieben u. a. Stierlin 1982, Massing und Beushausen 1986, Sichrowsky 1987, Heimannsberg und Schmidt 1988, Müller-Hohagen 1988, Moser 1992, 1996, Bar On 1993, Posner 1994, Hardtmann 1995, Rosenkötter 1995, Rosenthal 1997.

18 Hier werde ich sowohl meine therapeutische Arbeit mit Holocaust-Überlebenden und ihren Kindern als auch die Seminare mit Kindern von deutschen Tätern und Mitläufern sowie mit Kindern von Holocaust-Überlebenden, die ich seit 1999 durchführe, berücksichtigen (vgl. auch Einleitung).

19 Vgl. u. a. Sigal 1971, Karr 1973, Lempp 1979, Freyberg 1980, Kestenberg und Brenner 1986, Halik u. a. 1990, Keilson 1991, Kestenberg 1991, Bunk und Eggers 1993, Bromm u. a. 1996

20 Bei dieser Beschreibung der Kinder von Mitläufern und Tätern beziehe ich mich im wesentlichen auf Angehörige der 68er-Generation (Vgl. u. a. Moser 1992, 1996, Rosenkötter 1995, Stierlin 1982, Hardtmann 1995, Sichrovsky 1987). Eine ganz andere Reaktion läßt sich bei Neonazis und anderen rechten Gruppierungen beobachten, die sich von der NS-Vergangenheit nicht distanzieren. Die letztere Gruppe stellt eine Minderheit im Vergleich zur 68er-Generation dar und ist bisher seltener bezüglich ihres Umgangs mit der Vergangenheit der Eltern untersucht worden.

21 Vgl. auch Stierlin 1982 und Müller-Hohagen 1988

22 Versöhnungsprozesse mit den Eltern konnte ich in der Arbeit mit Kindern von Tätern erst dann beobachten, wenn die Kinder ihre Eltern als Täter und Opfer erleben können. Dies kann z. B. geschehen, wenn sie die Biographie ihrer Eltern aus der Zeit vor der Shoah erforschen oder ihre Eltern als kranke und schwache Menschen, die vor dem Tod stehen, erle-

ben. Es geht im Therapieprozeß auch darum, die schwere Ambivalenz auszuhalten: ›Mein Vater war Täter anderen gegenüber, aber ein guter Vater zu mir‹ (wenn er für die Person ein guter Vater war).

[23] Insgesamt betrachte ich die Therapien mit jüdischen Funktionshäftlingen als Therapien mit Holocaust-Überlebenden, die vor schweren Moraldilemmata standen. Eine Therapie mit Angehörigen der ersten Generation bedeutet dabei immer ein Schwanken zwischen den traumatischen, leidvollen Erfahrungen und den Ressourcen der Person. Für die Therapie mit ehemaligen Funktionshäftlingen sind damit auch die Erkenntnisse aus der psychologischen Literatur – wie die Trauerarbeit im Zusammenhang mit den ermordeten Angehörigen, Zeugnisablegen und die Stärkung der Ressourcen – unverzichtbar.

[24] Vgl. Kap. »Moraldilemmata aus psychologischer Sicht«.

[25] Vgl. Kap. »Tod der moralischen Person?« sowie »Theoretisches Konzept und Fragestellung der Untersuchung«.

Epilog

[1] Kopien dieser Briefe wurden der Autorin von Daniel Paran überlassen.

Literaturverzeichnis

Adler, H. G. (1960): Selbstverwaltung und Widerstand in den Konzentrationslagern der SS. In: Vierteljahrshefte für Zeitgeschichte 8 (3), S. 221–236.
Ahlheim, R. (1985): »Bis ins dritte und vierte Glied«. Das Verfolgungstrauma in der Enkelgeneration. In: Psyche 49 (4), S. 330–354.
Amati, S. (1990): Die Rückgewinnung des Schamgefühls. In: Psyche 44 (8), S. 724–740.
Antonovsky, A., u. a. (1971): Twenty-five years later: A limited study of the sequelae of the concentration camp experience. In: Social Psychiatry 6, S. 186–193.
Arad, Y. (1980): Ghetto in Flames. The Struggle and Destruction of the Jews in Vilna in the Holocaust (hebr.). Jerusalem (Yad-Vashem).
Arad, Y., u. a. (1978): Documents of the Holocaust. Selected Sources on the Destruction of the Jews of Germany and Austria, Poland and the Soviet Union. Jerusalem (Yad Vashem).
Arendt, H. (1986): Elemente und Ursprünge totaler Herrschaft. 4. Auflage. München (S. Piper).
Arendt, H. (1986): Eichmann in Jerusalem. Ein Bericht von der Banalität des Bösen. 9. Auflage. München (S. Piper).
Aristoteles (1972): Nikomachische Ethik. Auf der Grundlage der Übersetzung von Eugen Rolfes. Herausgegeben von Günther Bien. Hamburg (Meiner).
Augstein, R. (1997): Anschlag auf die »Ehre« des deutschen Soldaten. Rudolf Augstein zu den Kriegsverbrechen der Wehrmacht im Osten. In: Spiegel 11, S. 92–99.
Auron, Y. (1993): Jewish – Israeli identity (hebr.). Tel-Aviv (Sifriat Poalim).
Axelrod, S., u. a. (1980) Hospitalized offspring of Holocaust survivors. In: Bull. Menninger Clin. 44, S. 11–14.
Barocas, H. A., u. Barocas, C. B. (1979): Wounds of the fathers: The next generation of Holocaust victims. In: International Review of Psycho-Analysis 6 (3), S. 331–340.
Bar-On, D. (1993): Die Last des Schweigens. Gespräche mit Kindern von Nazi-Tätern. Frankfurt (Campus).
Battegay, R. (1994): Überlebende des Holocaust: eine Außenseitergruppe. In: Gruppendynamik 30, S. 86–99.
Bauman, Z. (1992): Dialektik der Ordnung. Die Moderne und der Holocaust. Hamburg (Europäischer Verlag).
Beck, A. T., u. a. (1981): Kognitive Therapie der Depression. München (Urban u. Schwarzenberg).
Beck, A. T. (1979): Wahrnehmung und Wirklichkeit der Neurose. München (Pfeiffer).
Becker, D. (1992): Ohne Hass keine Versöhnung. Das Trauma der Verfolgten. Freiburg (Kore).
Benesch, H. (1988): Weltanschauung. In: Asanger, R., u. Wenninger, G. (Hg.): Handwörterbuch der Psychologie. München, Weinheim (Psychologie Verlags Union), S. 839–840.
Berg, J. H. van den (1960): Metabletica. Über die Wandlung des Menschen. Grundlinien einer historischen Psychologie. Göttingen (V&R).
Bergaman, M. V. (1995): Überlegungen zur Über-Ich-Pathologie Überlebender und ihrer Kinder. In: Bergmann, M.S., u. a. (Hg.): Kinder der Opfer – Kinder der Täter. Psychoanalyse und Holocaust. Frankfurt a. M. (S. Fischer), S. 322–356.
Bergmann, M. S., u. a. (Hg.) (1995): Kinder der Opfer – Kinder der Täter. Psychoanalyse

und Holocaust. Frankfurt a. M. (S. Fischer).
Berlatzky, I. (1995): Geschichte und Frauen. Frauen und die Shoah (hebr.). Vortrag auf dem Kongreß: »Frauen in der Shoah«. Juni 1995. Hebräische Universität, Jerusalem. Unveröffentliches Manuskript.
Bettelheim, B. (1952): Die psychische Korruption durch den Totalitarismus. In: Bettelheim, B. (1980): Erziehung zum Überleben. Zur Psychologie der Extremsituation. Stuttgart (Deutsche Verlags-Anstalt), S. 331–348.
Bettelheim, B. (1980): Erziehung zum Überleben. Zur Psychologie der Extremsituation. Stuttgart (Deutsche Verlags-Anstalt).
Bettelheim, B. (1995): Aufstand gegen die Masse. Die Chance des Individuums in der modernen Gesellschaft. Frankfurt a. M. (Fischer).
Biema, D. van (1987): Poisoned Lives. In: The Washington Post Magazine, 24.4.1988, S. 1829.
Bondy, R. (1997): Whole Fractures (hebr.). Tel-Aviv (Gvanim).
Borowski, T. (1976): This way for the Gas. Ladies and Gentlemen. New York.
Boszormenyi-Nagy, I. (1976): Loyalität und Übertragung. In: Familiendynamik 1, S. 153–171.
Boszormenyi-Nagy, I., u. Spark, G. M. (1981): Unsichtbare Bindungen. Die Dynamik familiärer Systeme. Stuttgart (Klett-Cotta).
Braining, E., u. a. (1994): Die Zeit heilt keine Wunden. Pathologie zweier Generation oder Pathologie der Wirklichkeit. In: Wiesse, J, u. a. (Hg.): Ein Ast bei Nacht kein Ast. Seelische Folgen der Menschenvernichtung für Kinder und Kindeskinder. Göttingen (V& R), S. 21–51.
Bramel, D. (1968): Dissonace, expectation, and the self. In: Abelson, R. P. u. a. (Hg.): Theories of cognitive Consistency. A Sourcebook. Chicago (Rand McNally).
Brehm, J. W., Cohen, A. R. (1962): Explorations in cognitive dissonance. New York (Wiley).
Bremm, H. M. (1990): Coping von Alltagsproblemen. Eine Pilotstudie über den Zusammenhang zwischen Bewältigungsverhalten und Persönlichkeitseigenschaften. Koblenz (Edorgen).
Brom, D., u. a. (1996): A controlled double-blind study on the offspring of Holocaust survivors. Second World Conference of the International Society for traumatic Stress Studies. 9.–13. Juni 1996. Jerusalem.
Bruckner, P. (1996): Ich leide, also bin ich. Die Krankheit der Moderne. Eine Streitschrift. Weinheim, Berlin (Beltz Quadriga).
Brumlik, M. (1997): Mittäter und Zeuge im Inferno. Die Lebensgeschichte des Calel Perechodnik. In: Perechodnik, C.: Bin ich ein Mörder? Das Testament eines jüdischen Ghetto-Polizisten. Lüneburg (zu Klampen), S. 7–12.
Brzezicki, E., u. a. (1986): Die Funktionshäftlingen in den Nazi-Konzentrationslagern: Ein Disskussion. In: Auschwitz-Hefte 1, S. 231–239.
Bude, H. (1988): Der Fall und die Theorie. In: Gruppendynamik 19 (4), S. 421–427.
Bude, H. (1990): Was sagt der Anfang eines offenen Interviews über die Lebenskonstruktion einer Rheumakranken? In: Jüttemann, G. (Hg.) (1990): Komparative Kasuistik. Heidelberg (Asanger), S. 218–226.
Bühler, C. (1962): Die Rolle der Werte in der Entwicklung der Persönlichkeit und in der Psychotherapie. Stuttgart (Klett).
Bühler, C. (1969): Die allgemeine Struktur des menschlichen Lebenslaufes. In: Bühler, C., u. Massarik, F. (Hg.): Lebenslauf und Lebensziele. Studien in humanistisch-psychologischer Sicht. Stuttgart (G. Fischer), S. 10–22.
Bunk, D., u. Eggers, C. (1993): Die Bedeutung beziehungsdynamischer Faktoren für die

Psychopathogenese im Kindesalter Naziverfolgten. In: Fortschritte der Neurologie-Psychiatrie 61 (2), S. 38–45.
Carlson, T., u. Erickson, M. (1999): Recapturing the therapists, personal values, commitments, and beliefs. In: The International Connection 12 (1), S. 8–10.
Carpenter, B. N. (1992): Personal Coping. Theory, Research, and Application. Westport CN, London (Praeger).
Cohen, H. (1916/17): Streiflichter über jüdische Religion und Wissenschaft. 3. Gottvertrauen. In: Neue jüdische Monatshefte, S. 79–82.
Cohen, H. (1971): Religion der Vernunft aus den Quellen des Judentum. Jerusalem (Goldberg).
Cohen, N. (1990): Tagebücher von Häftlingen des Sonderkommandos aus Auschwitz. Umgehen mit Schicksal und Realität (hebr.). In: Yad Vashem Studies, S. 90–1160, S. 190–218.
Collins, B. E. (1969): The effect of monetary inducements on the amount of attitude change induced by forced compliance. In: Elms, A. C. (Hg.): Role playing reward and attitude change. Princeton (Van Nostrand), S. 209–233.
Cooper, J. (1971): Personal responsibility and dissonance: The role of foreseen consequences. In: Journal of Personality and Social psychology 18, S. 354–363.
Copi, I. M. (1982): Introduction to logic. 6. Aufl. New York, London (Macmillan).
Coyne, J. C., u. a. (1981): Depression and coping in stressful episodes. In: Journal of Abnormal Psychology 46, S. 792–805.
Czerniak. C., u. a. (1981): Depression and coping in stressful episodes. In: Journal of Abnormal Psychology 4.
Davidson, S. (1980): The clinical effects of massive psychic trauma in families of holocaust survivors. In: Journal of Marital and Family Therapy 6 (1), S. 11–21.
Davidson, S. (1981): Überlebende und deren Familien – ein klinischer Therapeutischer Versuch (hebr.). In: The family physician 10 (2), S. 313–320.
Davidson, S. (1992): Holding on to humanity – The message of Holocaust survivors: The Shamai Davidson papers. Charny. I. W. (Hg.): Submitted for publication. New York (Univ. Press).
Diner, D. (Hg.) (1988): Zivilisationsbruch. Denken nach Auschwitz. Frankfurt a. M (Fischer).
Diner, D. (1992): Die Perspektive des Judenrats. Zur universellen Bedeutung einer partikularen Erfahrung. In: Kiesel, D., u. a. (Hg.): Wer zum Leben, wer zum Tod. Strategien jüdischen Überlebens im Ghetto. Frankfurt a. M., S. 11–35.
Dreifuss, G. (1980): Psychotherapy of Nazi Victims. In: Psychother. Psychosom 34, S. 40–44.
Dtv-Atlas zur Weltgeschichte (1992). 26. Aufl. München (dtv).
Durrer, B. (1996): Als Funktionshäftling im KZ Ravensbrück. Die Blockälteste Carmen Maria Mory. Philosophisch-historische Fakultät der Universität Heidelberg. Unveröffentlichte Diplomarbeit.
Durst, N. (1996): Ein Kind überlebt und was dann? Schicksale von Überlebenden des Holocaust im Kindesalter und psychosoziale bzw. therapeutische Unterstützungsmöglichkeiten heute. Vortrag am 15.01.1996 in Berlin.
Edelstein, W., u. a. (Hg.) (1993): Moral und Person. Frankfurt a.M (Suhrkamp).
Eissler, K. R. (1963): Die Ermordung von wievielen seiner Kinder muß ein Mensch symptomfrei ertragen können, um eine normale Konstitution zu haben? In: Psyche 17 (2), S. 241–291.
Eitinger, L. (1990): KZ-Haft und psychische Traumatisierung. In: Psyche 44 (2), S. 118–132.

Eitinger, L. (1991): Die Traumatisierung der KZ-Gefangenen und deren heutige Probleme. In: Esra (Hg.): Spätfolgen bei NS-Verfolgten und deren Kinder. Berlin (Samson).
Epstein, H. (1990): Die Kinder des Holocaust. Gespräche mit Söhnen und Töchtern von Überlebenden. München (dtv).
Erikson, E. E. (1982): Kindheit und Gesellschaft. Stuttgart (Klett-Cotta).
Feingold, B. (1982): Das Thema der Shoah im israelischen Drama als seelische Auseinandersetzung und Identitätsfrage (hebr.). In: Sehut: Zeitschrift für jüdische Werke/Schöpfung, S. 199–208.
Feingold, B. (1989): The theme of the Holocaust in Hebrew drama (hebr.). Jerusalem (Kibbutz-Echad).
Felsen, I. (1998): Transgenerational Transmission of Effects of the Holocaust. The North American Research Perspective. In: Danieli, Y. (Hg.): International Handbook of Multigenerational Legacies of Trauma. New York (Plenum), S. 43–68.
Fenichel, O. (1977): Psychoanalytische Neurosenlehre. 3. Bd. Olten, Freiburg i. B. (Walter).
Festinger, L. (1957): A theory of cognitive dissonance. Stanford (Stanford Univ. Press).
Filipp, S. H. (1997): Geleitwort. In: Tesch-Römer, u. a. (Hg.): Psychologie der Bewältigung. Weinheim (Beltz), S. 7–8.
Fischer, W., u. Kohli, M. (1987): Biographieforschung. In: Voges, W. (Hg.): Methoden der Biographie- und Lebenslaufforschung. Opladen (Leske und Budrich), S. 25–49.
Fletcher, G. P. (1994): Loyalität. Über die Moral von Beziehungen. Frankfurt a. M. (Fischer).
Fogelman, E. (1992): Gruppenarbeit mit der Zweiten Generation von Holocaust-Überlebenden in den USA. In: Hardtmann, G. (Hg.): Spuren der Verfolgung. Gerlingen (Bleicher), S. 102–118.
Forgas, J. P. (1992): Soziale Interaktion und Kommunikation. Eine Einführung in die Sozialpsychologie. Weinheim (Psychologie Verlags Union).
Frankl, V. (1979): »... trotzdem ja zum Leben sagen. Ein Psychologe erlebt das Konzentrationslager«. München (Kösel).
Frankl, V. (1981): Man's search for meaning. An Introduction to Logotherapy (hebr.). (Dt.: »... trotzdem ja zum Leben sagen. Ein Psychologe erlebt das Konzentrationslager.). 11. Aufl. Jerusalem (Dvir).
Freud, A. (1936/1959): Das Ich und die Abwehrmechanismen. 7. Aufl. München (Kindler).
Freud, S. (1912/1982): Ratschläge für den Arzt bei der psychoanalytischen Behandlung. Studienausgabe. Schriften zur Behandlungstechnik. Frankfurt a. M. (Fischer), S. 171–180.
Freud, S. (1916/1977): Vorlesungen zur Einführung in die Psychoanalyse. Frankfurt a. M. (Fischer).
Freud, S. (1930/1990): Das Unbehagen in der Kultur. Frankfurt a. M. (Fischer).
Freud, S.: Gesammelte Werke. 8. Aufl. Frankfurt a. M. (S. Fischer).
Frey, D. (1984): Die Theorie der kognitiven Dissonanz. In: Frey, D., u. Irle, M. (Hg.) (1984): Kognitive Theorien. Theorien der Sozialpsychologie. 2. Auflage. Bern, Göttingen (H. Huber), S. 243–293.
Freyberg, J. T. (1980): Difficulties in Separation-Individuation as Experienced by Offspring of Nazi Holocaust Survivors. In: American Journal of Orthopsychiatry 50 (1), S. 87–95.
Fried, E. (1981): Lebensschatten. Gedichte. Berlin (Wagenbach).
Friedman, P. (1948): Some aspects of concentration camp psychology. In: The American Journal of Psychiatry 105, S. 601–605
Frister, R. (1993): Die Mütze oder Der Preis des Leben. Ein Lebensbericht. Berlin (Siedler).
Fröhlich, W. D. (1993): Wörterbuch zur Psychologie. München (dtv).
Fromm, E. (1954): Psychoanalyse und Ethik. Zürich (Diana).

Gampel, Y. (1995): Eine Tochter des Schweigens. In: Bergmann, M. S., u. a. (Hg.): Kinder der Opfer. Kinder der Täter. Psychoanalyse und Holocaust. Frankfurt a. M. (S. Fischer), S. 147–172.
Gaylin, N. (1999): The philosophy and practice of client-centered family therapy. Manuscript. XI. IFTA World Congress. Akron. Ohio. 17.4.1999 (Manuskript).
Gaylin, N. L. (1999): The Moral Imperative within the Practice of Marriage and Family Therapy. XI IFTA World Congress, Akron, Ohio. April 15, 1999. (Manuskript).
Gesetz für die Bestraftung der Nazis und ihrer Helfer. Gesetzbuch 57. 9.08.1950. Israel.
Gilligan, C. (1984): Die andere Stimme. Lebenskonflikte und Moral der Frau. 3. Aufl. München (Piper).
Glaser, B. G., u. Strauss, A. L. (1967): The Discovery of Grounded Theory: Strategies for qualitative research. Chicago (Aldine).
Glazar, R. (1992): Die Falle mit dem grünen Zaun. Überleben in Treblinka. Frankfurt a. M. (Fischer).
Gottschalch, W. (1988): Narziß und Ödipus. Anwendungen der Narzißmustheorie auf soziale Konflikte. Ausgewählte Schriften. Heidelberg (Asanger).
Gowans, C. W. (1987): Moral Dilemmas. New York, Oxford (Oxford Univ. Press).
Graber, S. (1997): Schloime. 42649 (hebr.). Unveröffentliches Manuskript der Erinnerungen des Holocaust-Überleber Shlomo Graber.
Gradowski, S. (1944): En Haaretz gehenom. Akte MJ/3793. Jerusalem (Yad-Vashem).
Greif, G. (1995): Wir weinten tränenlos. Augenzeugenberichte der jüdischen »Sonderkommandos« in Auschwitz. Köln (Böhlau).
Grubrich-Simitis, I. (1979): Extremtraumatisierung als kumulatives Trauma. In: Psyche 33, S. 991–1023.
Gschwend, H., u. Elam, S. (1998): Staatsraison und Moral. Diskussionsendung. Eine Serie im Doppelpunkt auf DRS1 am 25.01.1998. Diskussionsteilnehmer: S. Elam, H. Gschwend, P. Tschopp, H. Levin Goldschmidt, u. C. Schmid.
Gschwend, H., u. Elam, S. (1998): Staatsraison und Moral. Humanitäre Frlüchtlingsmaskerade. Manuskript Sendung im Doppelpunkt auf DRS1 18.1.1998.
Gutman, I., u. a. (Hg.) (1995): Enzyklopädie des Holocaust. Die Verfolgung und Ermordung der europäischen Juden. München, Zürich (Piper).
Haeffner, G. (1993): Schuld. Anthropologische Überlegungen zu einem ebenso problematischen wie unverzichtbaren Begriff. In: Haeffner, G. (Hg.): Schuld und Bewältigung. Keine Zukunft ohne Auseinandersetzung mit der Vergangenheit. Düsseldorf: Patmos Verlag. S. 10-28.
Halik, V., u. a. (1990): Intergenerational Effects of the Holocaust: Patterns of Engagement in the Mother Daughter Relationship. In: Family Process 29 (3), S. 325–339.
Hanover, L. A. (1981): Parent-child relationships in children of survivors of the Nazi Holocaust. Doctoral dissertation Abstracts. 42, 2-B, S. 770.
Hardtmann, G. (1992): Begegnung mit dem Tod. Die Kinder der Täter. In: psychosozial 15 (3), S. 42–53.
Hardtmann, G. (1995): Die Schatten der Vergangenheit. In: Bergmann, M. S., u. a. (Hg.): Kinder der Opfer – Kinder der Täter. Psychoanalyse und Holocaust. Frankfurt a. M. (S. Fischer), S. 238–261.
Hare, R. M. (1992): Moralisches Denken: seine Ebenen, seine Methode, sein Witz. Frankfurt a. M. (Suhrkamp).
Härtle, H. (1979): Was Holocaust verschweigt. Deutsche Verteidigung gegen Kollektivschuld – Lügen. Leoni (Druffel).
Hass, A. (1990): In the Shadow of the Holocaust. The Second Generation. New York (Cornell Univ. Press).

Hass, A. (1995): The Aftermath. Living with the Holocaust. Cambridge (Cambridge Univ. Press).
Haug, F. (Hg.) (1983): Frauenformen 2. Sexualisierung der Körper. Argument-Sonderband 90. Berlin (Rothbuch).
Hegel, G. (1968): Grundlinien der Philosophie des Rechts. Gesammelte Werke. Hamburg (Rheinisch-Westfälische Akademie der Wissenschaften).
Heider, F. (1958/1977): The psychology of Interpersonal Relations. New York (Wiley).
Heike, I., u. Strebel, B. (1994): Häftlingsverwaltung und Funktionshäftlinge im Konzentrationslager Ravensbrück. In: Füllberg-Stolberg, C. (Hg.): Frauen in Konzentrationslagern. Bremen (Ed. Temmen), S. 89–97.
Heimannsberg B., u. Schmidt, C. J. (Hg.) (1988): Das kollektive Schweigen. Nazivergangenheit und gebrochene Identität in der Psychotherapie. Heidelberg (Asanger).
Herman, S. N. (1977): Jewish Identity. A social psychological perspective. London (Sage).
Hermanns, H. (1991): Narratives Interview. In: Flick, U., u.a. (Hg.): Handbuch der qualitativen Sozialforschung. München (Psychologie Verlags Union), S. 182–185.
Herzka, H. S., u. a. (1989): Die Kinder der Verfolgten. Die Nachkommen der Naziopfer und Flüchtlingskinder heute. Göttingen (V&R).
Hilberg, P. (1979): The Judenrat: Conscious or unconcious »tool«. In: Pattern of jewish Leadership in Nazi-Europe 1933- 1945. Jerusalem (Yad-Vashem), S. 31–44.
Hilberg, R. (1992a): Rettung und Kollaboration – der Fall Lodz. In: Kiesel, D., u. a. (Hg.): Wer zum Leben, wer zum Tod. Strategien jüdischen Überlebens im Ghetto. Frankfurt a. M. (S. Fischer), S. 65–76.
Hilberg, R. (1992b): Täter, Opfer, Zuschauer. Die Vernichtung der Juden 1933-1945. Frankfurt a. M. (S. Fischer).
Hildenbrand, B. (1990): Mikro-Analyse von Sprache als Mittel des Hypothetisierens. Familiendynamik. Bd. 15., S. 244-256.
Hildenbrand, B. (1991a): Alltag als Therapie. Ablöseprozesse Schizophrener in der psychiatrischen Übergangseinrichtung. Bern (H. Huber).
Hildenbrand, B. (1991b): Fallrekonstruktive Forschung. In: Flick, U., u. a. (Hg.): Handbuch der qualitativen Sozialforschung. München (Psychologie Verlags Union), S. 256–260.
Hilgers, M. (1996): Scham. Geschichte eines Affekts. Göttingen, Zürich (V&R).
Hirsch, M. (1997): Schuld und Schuldgefühl. Zur Psychoanalyse von Trauma und Introjekt. Göttingen (V&R).
Hodgkinson, P. E., u. Stewart, M. (1991): Coping with catastrophe. A Handbook of disaster management. London, New York (Routledge).
Höffe, O., u. a. (Hg.) (1997): Lexikon der Ethik. München (C.H.Beck).
Hoffmann, S. O. (1988): Psychoanalyse In: Asanger, R., u. Wenninger, G. (Hg.): Handwörterbuch der Psychologie. München, Weinheim (Psychologie Verlags Union), S. 597-586.
Hoffmann, S. O., u. Hochapfel, G. (1991): Einführung in die Neurosenlehre und Psychosomatische Medizin. Stuttgart, New York (Thieme).
Horowitz, M. J., u. Wilner, N. (1980): Life events, Stress and Coping. In: Poon, L.W. (Hg.): Aging in the 1980s. Psychological Issues. Washington D.C.
Höss, R. (1947/1968): Kommandant in Auschwitz. Autobiographische Aufzeichnungen des Rudolf Höss. Herausgegeben von Martin Broszat. München (dtv).
Hubbertz, K. P. (1992): Schuld und Verantwortung. Eine Grenzbeschreitung zwischen Tiefenpsychologie, Ethik und Existenzphilosophie. In: Psychologie. Bd. 18.
Huppenbauer, M. (1997): Perversionen der Moral. Ethische Überlegungen im Anschluß an Nietzsche. Vortrag in der Reihe: Logik des Holocaust. 2.12.1997. Kath. Akademie.

Zürich. Unveröffentlichtes Manuskript.
Hutterer-Krisch, R. (1996): Fragen der Ethik. In: Hutterer-Krisch, R. Kriz, J., u. a. (Hg.): Psychotherapie als Wissenschaft – Fragen der Ethik. Wien (Facultas), S. 208–336.
Jacoby, M. (1997): Scham-Angst und Selbstwertgefühl. In: Kühn, R., u. a. (Hg.): Scham – ein menschliches Gefühl. Kulturelle, psychologische und philosophische Perspektiven. Wiesbaden (Westdeutscher Verlag), S. 159–168.
Jaeggi, E, u. a. (1990): Gibt es auch Wahnsinn, hat es doch Methoden. Eine Einführung in die klinische Psychologie aus sozialwissenschaftlicher Sicht. München (Piper).
Jaeggi, E. (1997): Zu heilen die zerstoßenen Herzen. Die Hauptrichtungen der Psychotherapie und ihre Menschenbilder. Reinbek (Rowohlt).
Jaeggi, E., u. Fass, A. (1993): Denkverbote gibt es Nicht! In: Psychologie und Gesellschaft 17 (3/4), S. 141–162.
Jäger, R. S. (1985): Coping von Life Events. Darstellung eines umfassenden Forschungszugangs. Unveröffentliches Manuskript. Frankfurt a. M. (Deutsches Institut für Internationale Pädagogische Forschung).
Janke, W., u. a. (1985) (Hg.): Streßverarbeitungsbogen. Handanweisung. Göttingen.
Kant, I. (1785/1998): Grundlegung zur Metaphysik der Sitten. Herausgeben von Theodor Valentiner. Stuttgart (Reclam).
Kant, I. (1797/1907): Die Metaphysik der Sitten. Kants gesammelte Schriften. Bd. 4. Berlin (Reimer), S. 203–375.
Kant, I. (1991). Über ein vermeintes Recht, aus Menschenliebe zu lügen. In: Nunner-Winkler, G. (Hg.): Weibliche Moral. Die Kontroverse um eine geschlechtsspezifische Ethik, S. 307–311.
Kapeliouk, A. (1996): Rabin – Ein politischer Mord (hebr.). Tel-Aviv (Sifriat Poalim).
Kaplan, C. (1966): Megilat Yissurin. Scroll of Agony – Warsaw Ghetto Diary. September 1, 1939 – August 4, 1942. Tel Aviv, Jerusalem.
Karr, S. D. (1973): Second-generation effects of the Nazi Holocaust. In: Dissertation Abstracts International 1973 34 (6-B), S. 2935–2936.
Keilson, H. (1991): Sequentielle Traumatisierung bei Kindern. Ergebnisse einer Follow-up-Untersuchung. In: Stoffels, H., u. a. (Hg.): Schicksale der Verfolgten. Psychische und somatische Auswirkungen von Terrorherrschaft. Berlin (Springer), S. 98–109.
Kestenberg, J. S. (1991): Kinder von Überlebenden und überlebende Kinder. In: Stoffels, H., u. a. (Hg.): Schicksale der Verfolgten. Psychische und somatische Auswirkungen von Terrorherrschaft. Berlin (Springer), S. 110–126.
Kestenberg, J. S. (1993): Spätfolgen bei verfolgten Kindern. In: Psyche 47 (8), S. 730–742.
Kestenberg, J. S., u. Brenner, I. (1986): Children who survived the Holocaust. The role of rules and routines in the development of the superego. In: International Journal of Psychoanalysis 67 (3), S. 309–16.
Kettner, M. (1997): Moralpsychologie jenseits von Gilligan und Kohlberg. Vortrag. Tagung: Politische Psychologie der Moral. Sigmund-Freud-Institut. Frankfurt. 26./27. April 1997.
Kielar, W. (1997): Anus Mundi. Fünf Jahre Auschwitz. Frankfurt a. M. (S. Fischer).
Klein, H. (1986): Der Holocaust, seine Folgen und Bewältigungsmechanismen. In: Faust, V. (Hg.): Angst – Furcht – Panik. Stuttgart (Hippokrates), S. 157–162.
Klein, H. (1983): The meaning of the Holocaust. In: Israel Journal Of Psychiatry And Related Sciences 20 (1/2), S. 119-128.
Klüger, R. (1994): Weiter leben. Eine Jugend. München (dtv).
Knapp, G. (1996): Das Frauenorchester in Auschwitz. Musikalische Zwangsarbeit und ihre Bewältigung. Hamburg (von Bockel).

Knaur (1985): Das deutsche Wörterbuch. Erarbeitet von Ursula Hermann. Koordination und Redaktion. München (Lexikographisches Institut).
Kogan, I. (1990): Vermitteltes und reales Trauma in der Psychoanalyse von Kindern von Holocaust-Überlebenden. In: Psyche 44 (6), S. 533–544.
Kogon, E. (1946): Der SS-Staat. Das System der Deutschen Konzentrationslager. München (Alber).
Kohlberg, L. (1995): Die Psychologie der Moralentwicklung. Herausgegeben von W. Althof u. a. Frankfurt a. M. (Suhrkamp).
Kotre, J. (1996): Weiße Handschuhe. Wie das Gedächtnis Lebensgeschichten schreibt. München (Hanser).
Krainz, E. E. (1987): Identität. In: Grubitzsch, S., u. Rexilius, G. (Hg.): Psychologische Grundbegriffe. Mensch und Gesellschaft in der Psychologie. Ein Handbuch. Reinbek (Rowohlt), S. 474–478.
Langbein, H. (1980a). Menschen in Auschwitz. Ungekürzte Ausgabe. Frankfurt a. M., Berlin, Wien (Ullstein).
Langbein, H. (1980b): ... nicht wie die Schafe zur Schlacht. Widerstand in den nationalsozialistischen Konzentrationslager. Fischer.
Langbein, H. (1982): Die Stärkeren. Ein Bericht aus Auschwitz und anderen Konzentrationslagern. Frankfurt a. M. (Bund).
Lansen, J. (1991): Gruppentherapie mit der »Zweiten Generation« von Holocaust-Überlebenden. In: Stoffels H., u. a. (Hg.). Schicksale der Verfolgten. Psychische und somatische Auswirkungen von Terrorherrschaft. Berlin (Springer), S. 277–291.
Laub, D., u. Auerhahn, N. C. (1992): Zentrale Erfahrung des Überlebenden: Die Versagung von Mitmenschlichkeit. In: Stoffels H., u. a. (Hg.): Schicksale der Verfolgten. Psychische und somatische Auswirkungen von Terrorherrschaft. Berlin (Springer), S. 254–276.
Lazarus, R. S. (1992): Foreword. In: Perrez, M., u. Reicherts, M. (1992): Stress, Coping, and health. (Hogrefe & Huber).
Lazarus, R. S. (1981): Streß und Streßbewältigung – Ein Paradigma. In: Filipp, S. H. (Hg.): Kritische Lebensereignisse. München, S. 198–232.
Lazarus, R. S. (1998): Fifty years of the research and theory of R. S. Lazarus. An Analysis of Historical and Perennial Issues. Mahwah NJ (Erlbaum).
Legewie, H. (1987): Interpretation und Validierung biographischer Interviews. In: Jüttemann, G., u. Thoa, E. (Hg.): Biographie und Psychologie. Berlin, Heidelberg (Springer), S. 138–150.
Legewie, H. (1988): Arbeitsmaterialien zur Durchführung und Auswertung offener (biographischer) Interviews. Berlin (TU Berlin).
Lempp, R. (1991): Die Langzeitwirkung psychischer Traumen im Kindes- und Jugendalter. In: Stoffels, H., u. a. (Hg.): Schicksale der Verfolgten. Psychische und somatische Auswirkungen von Terrorherrschaft. Berlin (Springer), S. 89–97.
Lerner, M. (1985): Kastner (hebr.). Theaterstück.
Lester, D. (1986): Suicide: The concentration camp and the survivors. In: Israel Journal of Psychiatry & Related Sciences 23 (3), S. 221–223.
Levi, P. (1991): Ist das ein Mensch. München (dtv).
Levinas, E. (1983): Die Spur des anderen. Freiburg, München (Alber).
Livneh, N. (1999): Promises to keep. In: Haaretz magazin April 9, 1999.
Ludewig, K. (1996): Werte in der Psychotherapie aus einer systemischen Perspektive. Vortrag, gehalten am 04.05.1996 in Heidelberg. Manuskript.
Ludewig-Kedmi, R. (1998): Geteilte Delegation in Holocaust-Familien: Umgang mit der Ambivalenz gegenüber Deutschland. In: System Familie 11, S. 171–178.

Ludewig-Kedmi, R. (1999): Bewältigungsstrategien einer Holocaust-Familie. In: Systema 13 (1), S. 25–40.
Ludewig-Kedmi, R. (2000): Moraldilemmata jüdischer Funktionshäftlinge. Bewältigungsstrategien von Holocaust-Überlebenden und ihren Kindern. Dissertation. Fach: Psychologie. Technische Universität Berlin.
Ludewig-Kedmi, R., u. Tyrangiel, S. (1999): Die Wunden berühren. Therapeutische Arbeit mit Holocaust-Opfern und ihren Kindern in der Schweiz. In: Psychoscope. Zeitschrift der Föderation der Schweizer Psychologinnen und Psychologen 5, S. 11–14.
Ludewig-Kedmi, R., u. Tyrangiel, S. (2000): Psychotherapie mit Holocaust-Überlebenden: Zwischen Trauer, Schuldgefühlen und Opferneid. In: Zeitschrift für politische Psychologie 8 (4), S. 533–548.
Ludewig-Kedmi, R. (2001): Trauma und Partnerschaft. Zur Partnerschaftsdynamik bei Holocaust-Überlebenden. In: Ludewig-Kedmi, Spiegel, M. V., u. Tyrangiel, S. (Hg.): Das Trauma des Holocaust zwischen Psychologie und Geschichte. Zürich (Chronos). Im Druck.
MacIntyre, A. (1991): Geschichte der Ethik im Überblick. Frankfurt a. M. (Hain).
Marcus, R. B. (1987): Moral Dilemmas and Consistency. In: Gowans, C. W. (Hg.): Moral Dilemmas. New York, Oxford (Oxford Univ. Press), S. 188–204.
Maslow, A. H. (1977): Motivation und Persönlichkeit. Olten, Freiburg i. B. (Walter).
Massing, A., u. a. (1992): Die Mehrgenerationen-Familientherapie. Göttingen (V&R).
Massing, A, u. Beushausen, U. (1986): »Bis ins dritte und vierte Glied«. Auswirkungen des Nationalsozialismus in den Familien. In: psychosozial 9, S. 27–42.
Matussek, P. (1977): Bedrängnis und Bewältigung im Spiegel des Einzelschicksals individueller Streßreaktion bei ehemaligen KZ-Häftlingen. In: Klinische Wochenschrift 55, S. 869–876.
Mazor A., u. Gampel, Y. (1990): Holocaust survivors: Coping with post-traumatic memories in childhood and 40 years later. In: Journal of Traumatic Stress 3 (1), S. 1–14.
McGoldrick, M., u. a. (1990): Genogramme in der Familienberatung. Bern, Stuttgart, Toronto (H. Huber).
Meyer, W. U., u. Schmalt, H. D. (1984): Die Attributionstheorie. In: Frey, D., u. Irle, M. (Hg.): Kognitive Theorien. Theorien der Sozialpsychologie. 2. Aufl. Bern (H. Huber), S. 98–137.
Meyers großes Taschen Lexikon in 24 Bänden (1995): Herausgegeben und bearbeitet von Meyers Lexikonredaktion. Mannheim, Leipzig, Wien, Zürich (BI-Taschenbuchverlag).
Mieg, H. A. (1994): Verantwortung: Moralische Motivation und die Bewältigung sozialer Komplexität. Opladen (Westdeutscher Verlag).
Miller, E. (1980): Am Anfang war Erziehung. Frankfurt a. M. (Suhrkamp).
Minuchin, S. (1977): Familie und Familientherapie. Freiburg i. B. (Lambertus).
Moser, T. (1992): Die Unfähigkeit zu trauern: Hält die Diagnose einer Überprüfung stand? Zur psychischen Verarbeitung des Holocaust in der Bundesrepublik. In: Psyche 46 (5), S. 389–405.
Moser, T. (1996): Dämonische Figuren. Die Wiederkehr des Dritten Reichs in der Psychotherapie. München (Kösel).
Müller-Hohagen, J. (1988): Verleugnet, verdrängt, verschwiegen. Die seelischen Auswirkungen der Nazizeit. München (Kösel).
Neander, J. (1996): Das Konzentrationslager »Mittelbau« in der Endphase der nationalsozialistischen Diktatur. Diss. Phil. Bremen.
Niederland, W. (1980): Folgen der Verfolgung: Das Überlebenden-Syndrom Seelenmord. Frankfurt a. M. (Suhrkamp).
Niethammer, L. (Hg.) (1994): Der »gesäuberte« Antifaschismus. Die SED und die roten Kapos von Buchenwald. Berlin (Akademie Verlag).

Nietzsche, F. (1887/1972): Zur Genealogie der Moral. Eine Streitschrift. Friedrich Nietzsche Werke III. Berlin (Ullstein), S. 207–346.
Nunner-Winkler, G. (1991): Die These von den zwei Moralen. In: Nummer-Winkler, G. (Hg.): Weibliche Moral. Die Kontroverse um eine geschlechtsspezifische Ethik. Frankfurt a.m., New York (Campus).
NZZ (1998): Flämische NS-Kollaborateure sollen entschädigt werden. (Brüssel. dpa/afp) In: Neue Zürcher Zeitung 134, 13.06.1998, S. 7.
Oevermann, U. (1980a): Struktureigenschaften sozialisatiorischer und therapeutischer Interaktion. MS. Fankfurt a.M.
Oevermann, U. (1981): Beiträge zur Fallrekonstruktion der Familie B. MS. Fankfurt a. M.
Oevermann, U., u. a. (1979): Die Methodologie einer »objektiven Hermeneutik« und ihre allgemeine forschungslogische Bedeutung in den Sozialwissenschaften. In: Soeffner, G. H. (Hg.): Interpretative Verfahren in den Sozial- und Textwissenschaften. Stuttgart (Metzler), S. 353–434.
Otscheret, E. (1988): Ambivalenz. Geschichte und Interpretation der menschlichen Zwiespältigkeit. Heidelberg (Asanger).
Paran, D. (1999): »Kapo.« Dokumentarfilm von Daniel Paran. Set Productions. Spiegel TV und Telad/Israel (Videofilm).
Perechodnik, C. (1997): Bin ich ein Mörder? Das Testament eines jüdischen Ghetto-Polizisten. Lüneburg (zu Klampen).
Perrez, M., u. Reicherts, M. (1992): Stress, Coping, and Health. (Hogrefe & Huber).
Pingel, F. (1978): Häftlinge unter SS-Herrschaft: Widerstand, Selbstbehauptung und Vernichtung im Konzentrationslager. Hamburg (Hoffmann und Campe).
Platon (1916): Der Staat. Herausgeber Otto Apelt. 4. Aufl. Leipzig (Meiner).
Platon (1989): Gorgias. Oder über die Beredsamkeit. Herausgegeben von Kurt Hildebrandts. Stuttgart (Reclam).
Posner, G. (1994): Belastet. Meine Eltern im Dritten Reich. Gespräche mit den Kindern von Tätern. Berlin (Das Neue Berlin).
Posner, G. (1994): Belastet. Meine Eltern im Dritten Reich. Gespräche mit den Kindern von Tätern. Berlin (Das Neue Berlin).
Quekelberghe, R. van (1990): Biographieforschung als diagnostisch-therapeutische Konstruktion des Lebenslaufs. In: Jüttemann, G. (Hg.): Komparative Kasuistik. Heidelberg (Asanger).
Rabinovici, D. (2000): Instanzen der Ohnmacht. Wien 1938–1945. Der Weg zum Judenrat. Berlin (Jüdische Verlagsanstalt).
Rakoff, V., u. a. (1966): Children and families of concentration camp survivors. In: Canada's Mental Health 14, S. 24–26.
Rasmussen, O. V., u. Lunde, I. (1990): Evaluation of investigation of 200 torture victims. In: Danish Medical Bulletin 27, S. 241–243.
Reber, A. S. (1992): Dictionary of Psychology (hebr.). Herausgegeben von Avi Katzman. Jerusalem (Keter).
Redlich, E. (1994): Life as if. The diaries of Egon Redlich from ghetto Theresienstadt (1942–1944). Herausgegeben von Ruth Bondi. 2. Aufl. Jerusalem, Tel-Aviv (Ghetto Fighters House).
Rehberger, R. (1992): Die Zweite Generation als Opfer der Verfolgung – Psychoanalytische Überlegungen zur Generationspsychologie. In: Hardtmann, G. (Hg.): Spuren der Verfolgung. Seelische Auswirkungen des Holocaust auf die Opfer und ihre Kinder. Gerlingen (Bleicher), S. 155–166.
Revenson, T. A. (1981): Coping with loneliness: The impact of causal attributions. In: Personality and Social Psychology Bulletin 7, S. 565–571.

Rieck, M. (1987): The psychological state of Holocaust offspring. An epidemiological study. Pressented at the Colloquium of School Psychology Association. Bamberg.
Rieck, M. (1991): Die Nachkommen der Holocaust-Überlebenden. Ein Literaturüberblick. In: Stoffels, H. (Hg.): Schicksale der Verfolgten. Psychische und somatische Auswirkungen von Terrorherrschaft. Berlin (Springer), S. 129–147.
Rim, Y. (1991): Coping styles of Holocaust survivors. In: Personality & Individual Differences 12 (12), S. 1315–1317.
Robinson, S., u. a. (1991): Spätfolgen bei älteren Überlebenden des Holocaust: Eine empirisch-statistische Untersuchung. In: Stoffels, H., u. a. (Hg.): Schicksale der Verfolgten. Psychische und somatische Auswirkungen von Terrorherrschaft. Berlin (Springer), S. 62–70.
Robinson, S., u. a. (1994): The Present State of People who Survived the Holocaust as Children. Acta Psychiatrica Scandinavica 89, S. 242–245.
Rosenthal, G. (1987): »Wenn alles in Scherben fällt«. Opladen (Leske und Budrich).
Rosenthal, G. (1990): Die Auswertung: Hermeneutische Rekonstruktion erzählter Lebensgeschichten. In: Rosenthal, G. (Hg.): »Als der Krieg kam, hatte ich mit Hitler nichts mehr zu tun«. Zur Gegenwärtigkeit des »dritten Reichs« in erzählten Lebensgeschichten. Opladen (Leske und Budrich), S. 246–251.
Rosenthal, G. (Hg.) (1997): Der Holocaust im Leben von drei Generationen. Familien von Überlebenden der Shoah und von Nazi-Tätern. Gießen (Psychosozial-Verlag).
Sagy, S., u. Antonovsky, A. (1992): The Family Sense of Coherence and the Retirement Transition. In: Journal of Marriage and the Family 54, S. 983–993.
Sanders-Brahms, H. (1990): Die Therapeutenpersönlichkeit und die deutsche Geschichte. In: Brunner, E. J. und Greitemeyer, D. (Hg.): Die Therapeutenpersönlichkeit. 2. Weinheimer Symposium 1989. Weinheim (Bögner-Kaufmann), S. 134–142.
Sandman, F. (1995): Mein Weg von Vichy nach Vichy (hebr.). Jerusalem (Keter).
Sartre, J. P. (1989): Ist der Existentialismus ein Humanismus. Berlin (Ullstein).
Sartre, J.P. (1994): Überlegungen zur Judenfrage. Reinbek (Rowohlt).
Schatzker, C. (1993): Die Bedeutung des Holocaust für das Selbstverständnis der israelischen Gesellschaft. In: Ehrlich, E. L. (Hg.): Der Umgang mit der Shoah. Wie leben Juden der zweiten Generation mit dem Schicksal der Eltern? (Lambert Schneider), S. 45–65.
Schilansky, D. (1980): In einem hebräischen Gefängnis: Aus dem Tagebuch eines politischen Gefangenen. Tel Aviv (Armoni).
Schimank, U. (1988): Biographie als Autopoiesis – Eine systemtheoretische Rekonstruktion von Individualität. In: Brose, H. G., u. Hildenbrand, B. (Hg.) (1988): Biographie und Gesellschaft. Vom Ende des Individuums zur Individualität ohne Ende. Opladen (Leske und Budrich), S. 55–71.
Schultheiss, C. (1997): Scham und Normen. Überlegungen aus sozialwissenschaftlicher und analytisch-philosophischer Sicht. In: Kühn, R., u. a. (Hg.): Scham ein menschliches Gefühl. Kulturelle, psychologische und philosophische Perspektive. Opladen (Westdeuscher Verlag), S. 97–109.
Schütze, F. (1987): Das narrative Interview in Interaktionsfeldstudien. Studienbrief der Fern-Universität Hagen. Kurseinheit 1. Fachbereich Erziehungs-, Sozial und Geisteswissenschaften.
Schütze, F. (1983): Biographieforschung und narratives Interview. In: Neue Praxis 3, S. 283–294.
Schütze, F. (1984): Kognitive Figuren des autobiografischen Stegreiferzählens. In: Kohli (Hg.): Biographie und soziale Wirklichkeit. Stuttgart, S. 78–117.
Schwarz, G. (1994): SS-Aufseherinnen in nationalsozialistischen Konzentrationslagern (1933-1945). In: Dachauer Hefte: Täter und Opfer 10 (10), S. 32–49.

Schweid, E. (1996): Wrestling Until Daybreak (hebr.). 2. Aufl. Jerusalem (Hakibbutz).
Segall, A. (1974): Spätreaktion auf Konzentrationslagererlebnisse. In: Psyche 28, S. 221–230.
Segev, T. (1995): Die siebte Million. Der Holocaust und Israels Politik der Erinnerung. Reinbek (Rowohlt).
Selvini Palazzoli, M., u. a. (1981): Hypothetisieren – Zirkularität – Neutralität. In: Familiendynamik 6, S. 123–139.
Shacham, N. (1954/1989): Cheschbon-Chadasch. Neue Rechnung (hebr.). Jerusalem, Tel-Aviv (Or-Am).
Shoshan, T. (1986): Tiod. Lebensgeschichte von Holocaust-Überlebenden. Zeugnisablegen mit Hilfe von Videoaufnahmen (hebr.). Vortrag. Tagung für Schulpsychologen im Arad, Israel. 05.05.1986. Manuskript.
Sichrovsky, P. (1985): Wir wissen nicht was morgen wird, wir wissen nur was gestern war. Köln (Kiepenheuer & Witsch).
Sichrovsky, P. (1987): Schuldig geboren. Kinder aus Nazifamilien. Köln (Kiepenheuer & Witsch).
Sigal, J. J. (1971): Second generation effects of survival of massive psychic Trauma. In: Krystal, H., u. Niederland, W. (Hg.): Psychic traumatization. IPC. Boston (Little, Brown and Company); In: International psychiatry Clinics 8 (1), S. 55–66.
Singer, I., u. a.: (1903): The Jewish Encyclopedia. (Funk and Wagnall).
Sinnott-Armstrong, W. (1988): Moral Dilemmas. Oxford (Blackwell).
Smith, A. (1759/1994): Theorie der ethischen Gefühle. Übersetzung von Gawlick. Hamburg (Meiner).
Sobol, J. (1992): Ghetto. (hebr.) Jerusalem, Tel-Aviv (Or-Am).
Sofsky, W. (1993): Die Ordnung des Terrors: Die Konzentrationslager. Frankfurt a. M. (S. Fischer).
Sogin, S. R., u. Pallak, M. M.: (1976): Bad decisions, responsibility, and attitude change: Effects of volition, foreseeability and locus of causality of negative consequences. In: Journal of Personality and Social Psychology 33 (3), S. 300–306.
Sperling, E., u. a. (1982): Die Mehrgenerationen Familientherapie. Göttingen (Verlag für medizinische Psychologie).
Spinoza, B. (1977): Die Ethik. Stuttgart (Reclam).
Steinzaltz, A. (1995): Talmud für jedermann. Basel, Zürich (Morascha).
Stierling, H. (1978): »Delegation und Familie. Frankfurt a. M. (Suhrkamp).
Stierling, H. (1982): Der Dialog zwischen den Generationen über die Nazizeit. In: Familiendynamik 7, S. 31–48.
Stone, A. A., u. Neale, J. M. (1984): New measure of daily coping. In: Journal of Personality and Socialpsychology 46, S. 892–906.
Strauss, A. L. (1994): Grundlagen qualitativer Sozialforschung. UTB.
Strebel, B. (1995): Verlängerter Arm der SS oder schützende Hand? Drei Fallbeispiele vom weiblichen Funktionshäftlingen im KZ Ravensbrück. In: Werkstatt Geschichte 4 (12), S. 35–49.
Strobe, W., u. a. (Hg.): Sozialpsychologie. Eine Einführung. Berlin (Springer).
Styron, W. (1981): Sophie's Choice (hebr.). Jerusalem (Zmora, Bitan, Modan).
Südmersen, I. (1983): Hilfe, ich ersticke in Texten! Eine Anleitung zur Aufarbeitung narrativer Interviews. In: Neue Praxis 3, S. 294–306.
Talmudic Encyclopedia (1987). Herausgegeben von Berlin, M. u. a. Jerusalem (Talmudic Encyclopedia Publ. Ltd.).
Taylor, C. (1996): Quellen des Selbst. Die Entstehung der neuzeitlichen Identität. Frankfurt a. M. (Suhrkamp).
Taylor, G. (1985): Pride, Shame and Guilt. Emotions of Self-Assessment. Oxford (Clarendon).

Tedeschi, J. T., u. a. (1971): Cognitive dissonance: Private ratiocination or public spectacle? American Psychologist 26, S. 685–695.
Tisma, A. (1997): Kapo. München, Wien (Hanser).
Todorov, T. (1993): Angesichts des Äußersten. München (Fink).
Todorov, T. (1996): Facing the extreme. Moral life in the concentration camps. New York (Holt and Company).
Tölle, R. (1991): Psychiatrie. Lehrbuch. 9. Aufl. Berlin (Springer).
Tomer, B. Z. (1963): Die Schattenkinder (hebr.). Theaterstück. Tel-Aviv. (Amikam.).
Trunk, I. (1972): Judenrat. The Jewish Councils in Eastern Europe under Nazi Occupation. NewYork.
Trunk, I. (1979): Judenrat. The Jewish Councils in Eastern Europe under Nazi Occupation (hebr.). Jerusalem (Yad-Vashem).
Tugendhat, E. (1993): Vorlesungen über Ethik. Frankfurt a. M. (Suhrkamp).
Tyrangiel, S. (1989): Emigrantenkinder – die zweite Generation. In: Herzka, H. S., u. a. (Hg.): Die Kinder der Verfolgten. Die Nachkommen der Naziopfer und Flüchtlingskinder heute. Göttingen (V&R), S. 23–79.
Urmson, J. O. (1969): Saints and Heroes. In: Feinberg, J. (Hg.): Moral concepts. Oxford (Oxford Univ. Press), S. 60–73.
Vasco, A. B., u. a. (1993): Psychotherapist know thyself! Dissonance between metatheoretical and personal values in psychotherapists of different theoretical orientations. In: Psychotherapy Research 3 (3), S. 181–196.
Wardi, D. (1990): The Memorial Candles (hebr.). Tel-Aviv (Keter).
Weber, M. (1919): Politik als Beruf. In: Max Weber Gesamtausgabe. Bd. 17. Herausgegeben von Horst Baier, u. a. Tübingen (Mohr/Siebeck).
Weiss, A. (1977): Jewish Leadership in Occupied Poland – Postures and Attitudes. In: Reprint from Yad Vashem Studies XXI, S. 335–365.
Westerhagen, D. von (1987): Die Kinder der Täter. Das Dritte Reich und die Generation danach. München (Kösel).
Wierling. D. (1991): Geschichte. In: Flick, U., u. a. (Hg.): Handbuch qualitative Sozialforschung. München (Psychologie Verlags Union), S. 47–52.
Willi, J. (1975): Die Zweierbeziehung. Reinbek (Rowohlt).
Willi, J. (1985): Die Familiengeschichte als Evolution des familiären Ideengutes. In: Familiendynamik 10, S. 170–187.
Williams, B. (1984): Moralischer Zufall. Philosophische Aufsätze 1973-1980. Verlag Anton Hain Meisenheim. Königsstein.
Wirth, H. J. (1987): Die Sehnsucht nach Vollkommenheit. Zur Psychoanalyse der Heldenverehrung. In: psychosozial 31, S. 96–113.
Wolff, K. (1958): Psychologie und Sittlichkeit. Stuttgart (Klett).
Wolffsohn, M. (1991): Israel. Opladen (Leske und Budrich).
Wollenberg, J. (1997): Die »roten Kapos« Hitlers unwilling executors? Vom Opfer zum Täter. Eine neue Sicht auf die KZ-Funktionshäftlinge. IN: Neue Sammlung 37 (1), S. 71–94.
Wortman, C. B. (1976): Causal attributions and personal control. In: Harvey, J. H., u. a. (Hg.): New directions in attribution research. 1. Bd. Hillsdale NJ (Erlbaum), S. 23–52.
Wurmser, L. (1981): Das Problem der Scham. In: Jahrbuch der Psychoanalyse. Bd. 13. Stuttgart, Bad Cannstatt (Frommann-Holzboog), S. 11–36.
Wurmser, L. (1997): Identität, Scham und Schuld. In: Kühn, R., u. a. (Hg.): Scham – ein menschliches Gefühl. Kulturelle, psychologische und philosophische Perspektive. Opladen (Westdeuscher Verlag), S. 11–24.

Yad-Vashem (1953): Das Gesetz für Erinnerung der Shoa und des Heldentum. Jerusalem (Yad-Vashem).
Zachor, D. (1974): Kollaborateure (hebr.). Theaterstück aus der Shoahzeit. Tel-Aviv (Ladori).
Zimmerman, D. (1999): »Kapo« im Filmfestival in München. Haaretz. 8.7.1999. Galerie-Teil, S. 2.

Unveröffentliche Quellen und Archivmaterial
Bartel-Prozeß. Zweite Befragung des Genossen Walt Bartel durch die Genossen Max Sens, Herta Geffke und Günter Tenner (ZPKK), 29.05.1953. Stiftung Archiv der Parteien und Massenorganisationen der DDR im Bundesarchiv (SAPMO-BA), ZPA IV 2/4/282, Bl.
Blau-Hellinger, M. (26.2.1990): Zeugenaussage Nr. 03/5998. Yad-Vashem. Die Akte enthält den Brief von Magda Blau-Hellinger an Esther Blumberg, Research Coordinator von Yad-Vashem, 26.2.1990.
France 2 (1999): Briefe an der Redaktion von France 2 bezüglich des Films »Kapo« von Daniel Paran. Kopien dieser Briefe wurden der Autorin von Daniel Paran überlassen.
Gadisch Goldstein, L. (26.11.1989): Zeugenaussage Nr. 03/5474, Yad-Vashem.
Himmler, H. (21.06.1944): Archiv für Zeitgeschichte München. MA 315, Bl. S. 3949ff.
Hirsch, G. (1997): Rückblick auf die Hohen-Feiertage vor 53 Jahren oder der Goebbels - Kalender. Kopie dieses unveröffentlichten Briefes an die Redaktion des Israelitischen-Wochenblatts wurde der Autorin von Gabor Hirsch überlassen.
Hoffmann, M. (10.03.1991): Zeugenaussage Nr. 03/6318.
Hurwitz Weiss, T. (24.07.1990): Zeugenaussage Nr. 03/6160. Yad-Vashem.
Kamil, L. (23.07.1992): Zeugenaussage Nr. 03/6772. Yad-Vashem.
Maibaum. F. (12.04.1989): Zeugenaussage Nr. 03/4326 Yad-Vashem.
Rosenfeld, S. (1955), Strafsache. Kriminalakte 124, der Prozeß Grünwald-Kastner. Tel-Aviv (Vgl. auch Gerichtsurteil des obersten Gerichtshofs, 1958, 12, S. 2017ff.).
Slikowitz, M. (07.07.1991): Zeugenaussage Nr. 03/6316. Yad-Vashem.

2000
264 Seiten · Broschur
DM 49,90 · öS 364,–
SFr 46,– · Euro 25,51
ISBN 3-89806-005-5

Namhafte internationale Experten und ein Herausgeberkreis von jüdischen und nicht-jüdischen Psychotherapeuten suchen Erklärungen zu dem Phänomen, daß Kinder und Enkel von Tätern und Opfern des Holocaust in einer ähnlichen Sprachlosigkeit verharren. Die unterschiedlichen Ursachen und die Möglichkeiten eines Dialogs werden in einer auch für Laien verständlichen Form erläutert. Das Besondere an diesem Buch: Die persönlichen Erfahrungen der Autoren werden nicht ausgespart.

Mit Beiträgen von:
Liliane Opher-Cohn, Johannes Pfäfflin, Bernd Sonntag, Bernd Klose, Peter Pogany-Wendt, Ira Brenner, Yolanda Gampel, Ilany Kogan, Klaus E. Grossmann, Mathias Hirsch, Jean-Jaques Moscovitz, Bernd Nitzschke, Terez Virag, Vamık D. Volkan, Jörn Rüsen, Annette Streeck-Fischer.

P V
Psychosozial-Verlag

1997 · 461 Seiten · Broschur
DM 48,– · EUR 24,54
ISBN 3-932133-08-0

»In jedem Fall liegt eine zukunftsweisende Studie vor.«

H. Weilnböck, Psyche 11/99

»Die Brisanz von Rosenthals Analysen wird durch die Einbettung der Interviews in die gesellschaftliche Erinnerungskultur der jeweiligen Länder unterstrichen. Das Buch zeigt vor allem, wie tief die NS-Verbrechen in der deutschen Gesellschaft verwurzelt sind und wie sehr sich hierzulande deren Verleugnung und die Nicht-Wahrnehmung der Opfer weiter fortsetzt.«

J. Schulze Wessel, Flüchtlingspolitik und Fluchthilfe 1999

P🙰V
Psychosozial-Verlag

Regula Schiess
Wie das Leben nach dem Fieber
Ein ungarisches Schicksal

1999 · 560 Seiten
121 Abbildungen
Broschur
DM 98,– · öS 715,– · SFr 89,–
ISBN 3-932133-60-9

Wie das Leben nach dem Fieber ist »eine Geschichte Ungarns vom Ersten Weltkrieg an, über Bela Kuns Räterepublik, das Horthy-Regime, Naziherrschaft und Judenverfolgung, Befreiung, kommunistische Regierung unter dem so genannten Rakosi-Stalinismus, den Aufstand der Ungarn 1956 und die Niederlage beim Einmarsch der Sowjetarmee. (...) Das scheinbar Zufällige, daß eine Psychoanalytikerin und nicht ein Forscher aus dem mainstream der Geschichtswissenschaft dieses Buch verfaßt hat, spricht nicht dagegen, es als einen Schritt zu einer neuen Geschichtsschreibung zu bezeichnen (...), eine ›Geschichte von unten‹, auf die man lange gewartet hat. (...) Regula Schiess hat ›Oral History‹ geschrieben (...), sie ist Psychoanalytikerin (...), ihr war es selbstverständlich, daß Menschen nicht nur von bewußt erlebten Ereignissen erzählen. Auch die Erinnerung ist zum guten Teil vom Unbewußten der Erzähler bestimmt. (...) Die Autorin hat den Schritt getan, selber alle verfügbaren Zeugnisse, Dokumente, soziologischen Analysen, die Äußerungen von Verwandten, Freunden und politischen Gegnern der sich erinnernden Protagonisten (Gàbor und Juca Màgos) zu einem Gesamtbild zusammenzufassen. (...) Die Sehnsucht nach Befreiung hat das Leben von Gàbor und Juca Màgos geprägt; ebenso ist die Autorin von dieser utopischen Idee getragen. Große Themen unserer Zeit werden beleuchtet: Psychoanalyse, Faschismus, Krieg, realexistierender Sozialismus, Aufstand, Flucht, Flüchtlingsdasein. Neben den Protokollen der Gespräche enthält das Buch kurze Biographien aller Personen, die Texte von Dokumenten und Proklamationen und eine reiche Auswahl von Fotographien.«
Paul Parin im Basler Magazin

P V
Psychosozial-Verlag

Horst-Eberhard Richter (Hg.)
Kultur des Friedens

2001 · 309 Seiten
Broschur
DM 39,80 · öS 291,–
SFr 37,– · EUR 20,35
ISBN 3-89806-068-3

Kultur des Friedens – damit ist ein hohes Ziel gemeint. Es ist die Vision einer echten Leitkultur, die über alle ethnischen, nationalen und religiösen Grenzen hinausreicht und die hervorbringen soll, was heute noch eher eine Leerformel darstellt, nämlich eine menschliche Gemeinschaft, eine Gemeinschaft der Menschlichkeit, was die englische Sprache mit dem einem doppelsinnigen Wort Humanity erfassen kann.«
Horst-Eberhard Richter

»Die ›Kultur des Friedens‹ ist wie tägliches Brot für eine engagierte Friedensarbeit.«
Norbert Copray in Publik-Forum

»Ein sehr anregendes, auch sehr ermutigendes Buch.«
Das Parlament

**P🕮V
Psychosozial-Verlag**

1998 · 209 Seiten · Broschur
DM 17,– · EUR 8,19
ISBN 3-932133-28-5

»Wolfgang Hammerschmidt ist ein Buch von großer Lebendigkeit und Individualität gelungen, ein Lebenszeugnis und Sittenbild unseres Jahrhunderts, das von heute aus schon fast phantastisch anmutet und doch allein durch seinen dokumentarischen, sachlichen Stil von seiner Wahrhaftigkeit überzeugt.

Erst durch dieses Buch habe ich eine anschauliche Vorstellung vom Leben im Berliner Untergrund bekommen und erlebte die Stadt als ein labyrinthisches Versteck, in dem sich der Unterschlupfsuchende mühsam zurechtfinden musste, denn es gab ja nur wenige Verbindungen und Überlebenspfade, die alle im Dunkel der Geheimhaltung lagen. Es ist atemverschlagend, wie der Autor diese Situation gemeistert hat.«

Dieter Wellershoff

P🕮V
Psychosozial-Verlag

» BIBLIOTHEK DER PSYCHOANALYSE «
im Psychosozial-Verlag
herausgegeben von Hans-Jürgen Wirth

Karl Abraham: Psychoanalytische Studien. 2 Bände.
Josef Christian Aigner: Der ferne Vater.
Karin Bell, Kurt Höhfeld (Hg.): Psychoanalyse im Wandel.
Karin Bell, Kurt Höhfeld (Hg.): Aggression und seelische Krankheit.
Karin Bell u. a. (Hg.): Migration und Verfolgung.
Heike Bernhardt, Regine Lockot (Hg.): Mit ohne Freud.
Jaap Bos: Autorität und Erkenntnis in der Psychoanalyse.
Georges Devereux: Baubo.
Rosemarie Eckes-Lapp, Jürgen Körner (Hg.): Psychoanalyse im sozialen Feld.
W. R. D. Fairbairn: Das Selbst und die inneren Objekte.
Otto Fenichel: Aufsätze. 2 Bände.
Otto Fenichel: Psychoanalytische Neurosenlehre. 3 Bände.
Otto Fenichel: Probleme der psychoanalytischen Technik.
Alf Gerlach: Die Tigerkuh.
André Green: Geheime Verrücktheit.
Béla Grunberger: Vom Narzissmus zum Objekt.
Bernhard Handlbauer: Die Freud-Adler-Kontroverse.
Hans-Peter Hartmann u. a. (Hg.): Übertragung und Gegenübertragung.
Jürgen Hardt u. a. (Hg.): Wissen und Autorität in der psychoanalytischen Beziehung.
André Haynal: Die Technik-Debatte in der Psychoanalyse.
Robert Heim: Utopie und Melancholie der vaterlosen Gesellschaft.
Mathias Hirsch (Hg.): Der eigene Körper als Objekt.
Mathias Hirsch: Realer Inzest.
Kurt Höhfeld, Anne-Marie Schlösser (Hg.): Psychoanalyse der Liebe.
Maurice Hurni, Giovanna Stoll: Der Haß auf die Liebe.
Ludwig Janus: Die Psychoanalyse der vorgeburtlichen Lebenszeit und der Geburt.
Otto F. Kernberg: Affekt, Objekt und Übertragung.
Elisabeth Anna Landis: Logik der Krankheitsbilder.
Marina Leitner: Ein gut gehütetes Geheimnis.
Marianne Leuzinger-Bohleber (Hg.): Psychoanalysen im Rückblick.
E. James Lieberman: Otto Rank – Leben und Werk.
Hans-Martin Lohmann (Hg.): Das Unbehagen in der Psychoanalyse.
Christiane Ludwig-Körner: Wiederentdeckt – Psychoanalytikerinnen in Berlin.

P V
Psychosozial-Verlag

» BIBLIOTHEK DER PSYCHOANALYSE «
im Psychosozial-Verlag
herausgegeben von Hans-Jürgen Wirth

Esther Menaker: Schwierige Loyalitäten.
Joyce McDougall: Plädoyer für eine gewisse Anormalität.
Wolfgang E. Milch u. a. (Hg.): Die Deutung im therapeutischen Prozeß.
Emilio Modena (Hg.): Das Faschismus-Syndrom.
Angela Moré: Psyche zwischen Chaos und Kosmos.
Ludwig Nagl u. a. (Hg.): Philosophie und Psychoanalyse.
Anna und Paul H. Ornstein: Empathie und therapeutischer Dialog.
Otto Rank: Das Trauma der Geburt.
Otto Rank: Kunst und Künstler.
Reimut Reiche: Geschlechterspannung.
Paul Roazen: Sigmund Freud und sein Kreis.
Paul Roazen: Wie Freud arbeitete. Berichte von Patienten aus erster Hand.
Paul Roazen: Brudertier
Christa Rohde-Dachser: Expedition in den dunklen Kontinent.
Anne-Marie Schlösser, Kurt Höhfeld (Hg.): Trauma und Konflikt.
Anne-Marie Schlösser, Kurt Höhfeld (Hg.): Trennungen.
Anne-Marie Schlösser, Kurt Höhfeld (Hg.): Psychoanalyse als Beruf.
Anne-Marie Schlösser, Alf Gerlach (Hg.): Kreativität und Scheitern.
Johann August Schülein: Die Logik der Psychoanalyse.
Günter H. Seidler: Hysterie heute.
Robert J. Stoller: Perversion. Die erotische Form von Haß.
Ulrich Streeck (Hg.): Das Fremde in der Psychoanalyse.
Ulrich Streeck, Karin Bell (Hg.): Die Psychoanalyse schwerer psychischer Erkrankungen
Neville Symington: Narzißmus.
Vamik D. Volkan: Das Versagen der Diplomatie.
D. W. Winnicott: Reifungsprozesse und fördernde Umwelt.
Siegfried Zepf: Allgemeine psychoanalytische Neurosenlehre.

P V
Psychosozial-Verlag

Oktober 2001 · ca. 160 Seiten ·
Broschur
DM 38,– · EUR 19,43
ISBN 3-89806-107-8

Dieses Buch des Tübinger Philosophen und Psychoanalytikers ist ein Plädoyer für ein individuelles Gewissen »hinter« dem Sozialgewissen. Aktuell greift es in politische, kirchliche und ethische Debatten ein. Historisch-wissenschaftlich unternimmt Rolf Denker eine Genealogie des modernen Gewissensbegriffs anhand der genauen und kritischen Analyse der Positionen verschiedenster Theorien. Das Buch ist ein Geschenk für den interdisziplinären Diskurs zwischen Philosophie, Psychoanalyse, Sozialwissenschaften, Pädagogik, Medizin und Theologie.

P V
Psychosozial-Verlag

www.ingramcontent.com/pod-product-compliance
Lightning Source LLC
Chambersburg PA
CBHW030105010526
44116CB00005B/99